SURVIVAL
TOTAL

SURVIVAL
TOTAL

DAS GROSSE BUCH DES ÜBERLEBENS

HUGH McMANNERS

PIETSCH VERLAG STUTTGART

EIN DORLING KINDERSLEY BUCH

Originaltitel: **Commando Survival Manual**

Einbandgestaltung: Johann Walentek unter Verwendung des Umschlages der Originalausgabe.

Die Übertragung ins Deutsche besorgte Karl Veltzé jun.

ISBN 3-613-50216-x

3. Auflage 1999

Satz: primustype Robert Hurler GmbH, 73274 Notzingen
Printed in China

Wichtiger Hinweis

Die Ratschläge in diesem Buch sind auch für die deutsche Ausgabe von Übersetzer und Verlag sorgfältig erwogen und geprüft. Einige der in diesem Buch beschriebenen Techniken sollten wirklich nur in Notsituationen zur Anwendung gebracht werden, wenn es um die Rettung von Menschenleben geht. Eine Haftung des Autors, des Verlages und seiner Beauftragten für Personen-, Sach- und Vermögensschäden oder strafrechtliche Verfolgungen, die aus dem Gebrauch oder Mißbrauch von Techniken oder Informationen resultieren mögen, die in diesem Buch beschrieben werden, ist ausgeschlossen. Die im Buch beschriebenen Techniken sollten nicht ohne die Erlaubnis des Eigentümers auf Privatbesitz ausgeübt werden und sämtliche Gesetze zum Schutz von Personen, Grund und Boden, des Privateigentums sowie der Pflanzen- und Tierwelt müssen beachtet werden.

Inhalt

Kapitel 4 Auffinden von Wasser

Kapitel 5 Suchen und zubereiten von Nahrung

Kapitel 6 Unterwegs

Anhang A

Anhang B

EINLEITUNG

EINEM DER GROSSEN PHILOSOPHEN wird der Spruch »Jeder Dummkopf kann es ungemütlich haben« zugeschrieben – wahrscheinlich nach einem verregneten Camping-Urlaub. Gleichgültig, ob Sie auf einem Lagerplatz, der unter Wasser steht, nur Ihr Bettzeug trocknen wollen, oder ob Sie nach einer Naturkatastrophe zu überleben versuchen, ist das Wissen um die Grundprinzipien des Lebens in der Natur von unschätzbarem Wert. Dazu zählen der Zeltaufbau und das Errichten eines Unterschlupfes, die Wahl des richtigen Schlafsacks und der Bau einer Bettstatt, das Anlegen einer Feuerstelle sowie die Vermeidung und Behandlung von Blasen und anderen körperlichen Beschwerden. Kenntnisse in weitergehenden Survival-Bereichen, etwa der genauen Orientierung im Gelände oder des Genießbarmachens von Wasser, sind nicht nur interessant und hilfreich für den Freizeit-Anwender, sondern geradezu unerläßlich und lebensrettend für diejenigen, die das Unglück haben in eine wirkliche »Survival-Situation« zu kommen.

AUF DAS UNERWARTETE VORBEREITET SEIN

Das tägliche Leitmotiv bei den britischen Commando-Einheiten lautet: »Erwarte immer das Unerwartete«. Das jahrelange Training machte sich bezahlt – wir hatten die richtige Ausrüstung, um überall auf der Welt eingesetzt werden zu können und das oft genug in feindlicher Umgebung. Die Angehörigen von Spezialeinheiten haben keine Illusionen, was ihre Aufgaben anbelangt; nachdem bereits in der Ausbildung sämtliche Möglichkeiten durchgespielt wurden, hatten wir daher keine Probleme damit, dieses Wissen im Ernstfall richtig einzusetzen. Trotzdem hatten wir ständig mit »dem Unerwarteten« zu tun und mußten damit fertig werden.

Einem Zivilisten, für den eine Panne mit dem Auto oder schlechtes Wetter die bedrohlichsten Situationen darstellen, die er sich vorstellen kann, mag der Gedanke vielleicht lächerlich vorkommen, sich auf die unterschiedlichsten Krisensituationen vorzubereiten. Doch selbst der harmloseste Familienausflug kann, vor allem in den Bergen, mit einem Male eine unangenehme Wendung nehmen, wenn die Beteiligten überhaupt nichts von Wetterkunde, Erster Hilfe, Orientierung, angemessener Bekleidung und Schuhwerk verstehen. Nur durch ein besseres Verständnis des Lebens in der Wildnis lassen sich viele gewöhnliche Unglücksfälle vermeiden – oder zumindest so rechtzeitig erkennen, daß sie keine ernste Lebensbedrohung mehr darstellen können.

Sich auf das Unerwartete vorzubereiten ist ein beständiger Prozeß. Dazu gehört, daß wir versuchen müssen, ein Verständnis dafür zu entwickeln, wie die verschiedenen Dinge funktionieren und zusammenhängen, um anschließend Parallelen ziehen zu können zwischen unserer eigenen Erfahrung, dem was wir verstehen können und anderen, uns fremden Dingen, mit denen wir bisher noch keine Erfahrungen sammeln konnten. Selbst wenn wir uns entschließen sollten in abgelegene Gebiete oder »unterentwickelte« Länder zu reisen, bleiben wir doch zumeist nur Beobachter und bekommen von den alltäglichen Problemen dort so gut wie nichts mit, die für uns Stadtmenschen mit all unseren Errungenschaften der modernen Technik nicht existent sind. Wenn wir jedoch begreifen wollen, wie das Leben wirklich funktioniert, müssen wir zuerst unsere ganzen bequemen Hilfsmittel vergessen – sollte es uns beispielsweise nach einem Flugzeugabsturz auf eine abgelegene tropische Insel verschlagen, dürften wir höchstwahrscheinlich kein frisch abgefülltes Trinkwasser, Fertignahrung oder auch nur Sonnenbrillen dabei haben, während sich die für das Stadtleben so unverzichtbar scheinende Kreditkarte etwa, als völlig nutzlos erweisen würde.

Wenn wir daher ernstgemeinte Anstrengungen unternehmen, die Sicherheiten und Bequemlichkeiten unseres Lebens auch mal hinter uns zu lassen, so ist das nur zu unserem eigenen Nutzen. Haben wir erst einmal begriffen, welchen Platz wir in dieser Welt einnehmen und wo unsere körperlichen und geistigen Stärken, beziehungsweise Schwächen liegen, dann können wir auch den nächsten Schritt unternehmen und damit beginnen, auch unsere Rolle in der Welt zu spielen, wo immer wir wollen.

Wissen kann Leben retten

Es ist unmöglich genau vorherzusagen, welche Katastrophen sich ereignen können und daher ist es auch unmöglich bestimmte Überlebenstechniken zu lernen, um auf alle Möglichkeiten vorbereitet zu sein. Es ist wesentlich wichtiger, die grundlegenden Survival-Prinzipien zu begreifen, als mechanisch irgendwelche Techniken auswendig zu erlernen, da die meisten Techniken sowieso immer wieder den jeweiligen Umständen angepaßt werden müssen. Egal, wie gut Sie auch ausgebildet sind, es wird nie leicht sein; haben Sie sich jedoch die Grundlagen angeeignet, dürften Sie auch in der Lage sein, sich einer Vielzahl unterschiedlicher Situationen anzupassen.

Die physikalischen Grundgesetze, auf denen alle Arbeit basiert, sind oftmals vor lauter moderner Technik nicht mehr zu erkennen. Wir haben für sämtliche Aufgaben eigene Maschinen entwickelt, die uns die Arbeiten abnehmen sollen, die andernfalls einen Großteil unserer Zeit in Anspruch nehmen würden. Wir haben darüber jedoch die physikalischen Zusammenhänge vergessen, ohne die von unseren improvisierten Werkzeugen bis hin zum Wetter, nichts funktionieren würde.

Auch wenn wir in unserem bisherigen Leben vielleicht schon eine ganze Menge gelernt und verstanden haben, so ist doch vieles davon irgendwo tief in unserem Gehirn verborgen und läßt sich nicht so ohne weiteres im Alltag anwenden. Das Leben in der Stadt läßt uns allgemein unflexibel werden, wenn es darum geht, unser vorhandenes Wissen auch praktisch anzuwenden – gerade weil wir dort normalerweise nie in Situationen geraten, in denen wir keine andere Wahl haben als zu improvisieren, wenn wir überleben wollen.

Die Grundsätze des Überlebens

In der Wildnis sind vielerlei Prinzipien von Bedeutung. Selbst nebulöse Erinnerungen an den Stoff der Physik-, Chemie- und Biologiestunden aus längst vergangenen Schultagen ersparen Ihnen vielleicht so stundenlanges Herumexperimentieren. Im Kindesalter stellen wir beständig irgendwelche Werkzeuge und andere Gegenstände her und lernen so die grundlegenden Prinzipien kennen – ein Prozeß, der endet, wenn wir größer werden und anfangen vorgefertigte Sachen zu kaufen. In der Wildnis müssen wir in vielerlei Hinsicht zu unseren Kindertagen zurückkehren und wieder erlernen, was es heißt, zu improvisieren und zu erfinden. Allerdings müssen wir diese Arbeit wie erwachsene Menschen angehen, müssen technische Prinzipien um Druck, Stabilität und Spannung beachten und diese kombinieren können mit einer ziemlich genauen Vorstellung davon, was wir im Endeffekt damit bewirken wollen. Dieser Prozeß findet notgedrungen statt – unterläuft uns ein Fehler, dann werden wir naß, bleiben hungrig oder frieren weiter.

Dieses Buch enthält eine Fülle an Informationen über die verschiedensten praktischen Fähigkeiten und zeigt anhand von schrittweise dargestellten Anleitungen, die mit vielen Fotos und Bildmaterial erläutert werden, daß es vergleichsweise leicht sein kann, den Übergang zu schaffen vom Leben in der Stadt hin zur Natur, in der schon unsere »primitiven« Vorfahren um ihr Überleben kämpfen mußten. Die Informationen in diesem Buch könnten eines Tages auch Ihr Leben retten, wenn Sie in eine Überlebenssituation geraten sollten. Dies könnte bei einem Unfall sein, einer Naturkatastrophe, nach einem Motorschaden Ihres Fahrzeuges oder während einer extremen Wetterlage, wenn die öffentlichen Versorgungsnetze zusammengebrochen sind.

Vielleicht wollen Sie aber auch nur mit dem Rucksack in die Wildnis ziehen, um sich einmal einen Urlaub fernab der ganzen Zwänge und Komplikationen zu gönnen, die unser modernes Leben bestimmen. Unabhängig davon, vor welcher dieser Situationen Sie stehen mögen, wird dieses Buch Ihnen wertvolle Dienste leisten, indem es Sie mit dem nötigen Hintergrundwissen versieht und eine sehr große Bandbreite an Sachgebieten behandelt.

Körperliche Und Geistige Verfassung

In Kapitel 1 wird die körperliche und die geistige Verfassung des Stadtmenschen erörtert und Vergleiche mit anderen Säugetieren angestellt, wie auch mit sogenannten »primitiven« Völkern, die sich an ihre unwirtlichen Lebensräume angepaßt haben, um in ihnen zu überleben. In Situationen, in denen es um das nackte Überleben geht, werden wir urplötzlich mit den harten Gesetzen der Natur konfrontiert, die wir bis zu diesem Zeitpunkt durch die Brille unseres modernen Lebens nicht wahrgenommen haben. Mit einem Schlag wird es wichtig, körperlich fit zu sein. Je besser wir unseren Körper in Form halten, desto größer sind unsere Chancen eine Katastrophe zu überleben und wir wissen dann auch genau was wir uns physisch zutrauen können. Daher werden in diesem Kapitel auch einige einfache aber effektive Möglichkeiten gezeigt, körperlich fit zu werden und es wird dazu noch eine Menge Wissenswertes über die Grundlagen einer ausgewogenen und gesunden Ernährung geboten.

Die Richtige Ausrüstung

Kapitel 2 behandelt die gesamte Ausrüstung, die Sie in der Wildnis brauchen können. Das Spektrum reicht von der richtigen Bekleidung über Schlafsäcke und Werkzeuge bis hin zur persönlichen Survival-Notausrüstung, die Sie sich selber zusammenstellen können. Es werden die verschiedenen kommerziellen Produkte miteinander verglichen, doch zeigt Ihnen dieses Buch auch, wie Sie sich selber helfen können, wenn Sie mal gerade nicht die passende Ausrüstung dabei haben. Sind die hierzu benötigten Grundmaterialien nicht verfügbar, müssen Konstruktionsmethoden angepaßt, Entwürfe verändert und Kompromisse gefunden werden – mit ein paar Ästen und mehreren Stücken Schnur läßt sich schon eine ganze Menge anfangen. Derartig improvisierte Ausrüstung sieht zwar nicht besonders elegant aus und muß mit Sorgfalt verwendet werden, doch ist dies vollkommen zweitrangig, solange sie nur ihren Zweck erfüllt. Der Schutz und die Erhaltung der Natur wird im Verlauf dieses Kapitels – ja eigentlich im gesamten Buch – immer wieder betont. Es gibt absolut keine Entschuldigung für Umweltzerstörung. Denn wenn wir lernen mit der Natur zu leben, anstatt gegen sie, haben wir wesentlich größere Überlebenschancen, nicht nur als Einzelne, sondern auch als Gattung.

Die Grundlagen Des Lagerlebens

Sollten Sie sich in einer Überlebenssituation wiederfinden, müssen Sie sich zuallererst um einen Wetterschutz kümmern, indem Sie entweder ein Zelt aufbauen oder einen Unterschlupf aus natürlichem Baumaterial errichten. Kapitel 3 zeigt die verschiedenen Arten von Unterschlupfen, die in so unterschiedlichen Gebieten wie dem tropischen Regenwald oder den Polarbereichen zum Einsatz kommen können. Das Entfachen von Feuer ist in einer Überlebenssituation oft Ihr nächstes Problem – ein Feuer kann Ihre Nahrung genießbar machen, hält Sie warm, tötet Keime im Trinkwasser ab und hält die allgemeine Stimmung aufrecht. Verschiedene Feuerarten und das Entzünden von Feuer wird in Kapitel 3 ebenfalls gezeigt. Das folgende Kapitel erläutert, wie sich Wasser gewinnen läßt und welche Bedeutung es für den menschlichen Organismus hat. Wildwasser ist meistens nicht ganz rein und kann Krankheiten übertragen, die gefährlich für Sie sind. Daher liegt ein Schwerpunkt dieses Kapitels in der Wasseraufbereitung. Wenn Sie Wasser haben, benötigen Sie als nächstes auch etwas zu essen. Kapitel 5 stellt einige Lebensmittel vor, die Sie sich für eine Rucksackreise kaufen können, um anschließend das Erkennen und Sammeln von Nahrung aus der Natur zu zeigen, von Pflanzen über Wirbellose bis hin zu Fischen. Außerdem gibt es in diesem Kapitel sowohl Hinweise darauf, wie Sie diese Lebensmittel aus der Natur zubereiten können, als auch auf die Konservierung von Nahrung für die Zeiten, in denen nichts Eßbares zu finden sein wird.

Reisen in der Wildnis

Möglicherweise sind Sie noch nie durch die wirklich abgelegenen Gebiete der Wildnis gereist, aber Sie haben die besten Voraussetzungen selbst dort zu überleben, solange Sie die Grundprinzipien kennen, nach denen das Leben dort funktioniert. Kapitel 6 stellt so unterschiedliche Landschaften wie den Dschungel und die Wüste vor, als auch Eiswüsten und die Bergwelt, und sagt Ihnen, wie Sie mit den jeweiligen Bedingungen fertig werden können.Es werden Techniken gezeigt, mit denen Sie einen Fluß überqueren können und Sie lernen das richtige Gehen zur Vermeidung von Verletzungen; es werden die Grundlagen der Orientierung vorgestellt, die Sie überall auf der Welt einsetzen können sowie mehrere Klettertechniken, die für Notfälle gedacht sind. Neben der Reise zu Fuß befaßt sich dieses Kapitel auch mit der Verwendung von motorisierten Fahrzeugen, Flößen, Kanus, anderen schwimmenden Untersätzen und Hundeschlitten. Dazu kommen Ratschläge zur Herstellung, Beladung und Verwendung solcher Transportmittel.

Keine Panik!

Das Überleben hängt davon ab, ob die richtigen Entscheidungen getroffen werden. Nur wenn wir verstehen, was in einer Überlebenssituation alles passieren kann, schaffen wir es, ein drohendes Unglück bereits im Vorfeld zu erkennen und die notwendigen Schritte zu unternehmen, um es zu verhindern. In einer Überlebenssituation finden wir uns plötzlich in etwas wieder, dem wir nicht entgehen können und das die meisten unserer alltäglichen Fertigkeiten zur Bedeutungslosigkeit verdammt. Die erste Schwierigkeit besteht für uns darin, sich mit dem Geschehenen abzufinden. Panik und Selbstmitleid sind die schlimmsten Gegner des logischen Denkens und halten den Menschen davon ab, seinem natürlichen Überlebenswillen zu gehorchen. Eine logische und ehrliche Einschätzung der Situation, der vorhandenen Mittel und der möglichen Auswege entscheiden über den Erfolg oder Mißerfolg der ersten Schritte.

In Anhang A werden mehrere Arten von Katastrophen und gefährlichen Umständen aufgezeigt, zusammen mit deren Ursachen und wie sie sich vorhersagen lassen. Sie sehen, wie Sie sich auf diese vorbereiten und die Auswirkungen überleben können. Es folgen Beispiele für bedrohliche Situationen in die Sie geraten könnten, etwa auf einem Rettungsfloß auf hoher See zu treiben, mit gefährlichen Tieren konfrontiert zu werden oder mit Naturkatastrophen wie Erdbeben und extremen Wetterbedingungen wie Hurrikans. Dieser Anhang erläutert, woran Sie erkennen, daß solche Umstände kurz bevorstehen und wie Sie damit fertigwerden können.

Anhang B demonstriert grundlegende Erste-Hilfe-Techniken, wobei besonderer Wert darauf gelegt wird, daß diese auch in einer Überlebenssituation funktionieren, wenn man nicht einfach einen Rettungswagen rufen kann. Hier finden Sie auch Informationen über globale Infektionskrankheiten und wie Sie eine Ansteckung vermeiden.

Es liegt an Ihnen

Das Wichtigste zum Überleben ist geistige Widerstandsfähigkeit und ein klarer Kopf. Die logische Auswertung aller Fakten die Sie kennen, sowie die nüchterne Beurteilung Ihrer eigenen Fähigkeiten und der der übrigen Mitglieder Ihrer Gruppe führen unter Umständen zu unangenehmen Schlußfolgerungen und schwierigen Entscheidungen. Aber anders als im Alltagsleben, müssen Sie in einer Überlebenssituation über Ihre eigene Zukunft bestimmen und Ihre Entscheidungen können Leben oder Tod bedeuten.

Dieses Buch zeigt Ihnen zwar, wie verschiedene Angelegenheiten angegangen werden könnten, doch müssen Sie im Ernstfall selber damit zurecht kommen. Wenn manche Sachen nicht genau so funktionieren, wie sie auf den folgenden Seiten beschrieben werden, müssen Sie Ihre eigene Lösung finden. Doch wenn Sie sich an die genauen Angaben in diesem Buches halten und die Grundprinzipien anwenden, werden Sie damit Ihre Überlebenschancen selbst unter widrigsten Bedingungen beträchtlich verbessern.

Kapitel 1

Sind Sie Überlebensfähig?

Wir sind von Natur aus alle mit einem starken Überlebenswillen ausgestattet, getrieben von dem Verlangen lieber zu leben als zu sterben, das nur noch stärker wird, sobald wir unser Leben bedroht sehen und Angst empfinden. Rein von den physischen Voraussetzungen her sind wir nur unzureichend in der Lage, der Natur oder unseren natürlichen Feinden zu trotzen. Doch im Verlauf unserer Evolutionsgeschichte entwickelte sich aus diesem Manko heraus ein gewaltiger Vorteil, da unsere affenartigen Vorfahren, von denen wir abstammen, gezwungen waren ihr Gehirn einzusetzen, um mit Widersachern fertig zu werden, die wesentlich stärker waren als sie selbst. Je mehr diese frühen Menschen ihren Kopf statt ihrer Muskeln einsetzten, desto mehr Vorteile konnten sie ihren natürlichen Feinden gegenüber gewinnen und desto größer wurden ihre geistigen Kräfte und Fertigkeiten. Wir sind die Nachkommen derjenigen, die kontinuierlich ihren Verstand weiterentwickelten, experimentierten und beharrlich blieben und die sich an Veränderungen anpassen konnten, so daß sie überlebten, wo andere untergingen. Da wir von allen Lebewesen mit die besten Voraussetzungen zum Überleben mitbringen, müssen wir uns nur noch etwas zusätzliches Wissen und einige manuelle Fertigkeiten aneignen, um auch in einer für uns fremden Umgebung zurechtzukommen.

Anpassungsfähigkeit
Obwohl der »zivilisierte« Mensch normalerweise den Bezug zur Natur verloren hat und sie als bedrohlicher empfindet als seine Vorfahren, kann er sich doch leicht umstellen, um in der Wildnis zu überleben, wenn er muß. Angst stellt die größte Gefahr für das Überleben dar, kann aber mit etwas Wissen und Phantasie überwunden werden.

Körperliche Voraussetzungen

Körperlich gesehen ist der Mensch den meisten, wenn nicht allen anderen Tieren unterlegen. Sein großer Vorteil liegt jedoch in seiner fehlenden Spezialisierung. Er besitzt Intelligenz und die Fähigkeit neue Fertigkeiten zu schaffen und sich an neue Gegebenheiten anzupassen. Stadtmenschen machen von ihrem Körper allerdings nicht soviel Gebrauch, wie sie dies in der freien Natur tun würden. So haben die Menschen in Stammesgesellschaften diesbezüglich viel eher ihr Schicksal in der eigenen Hand.

Der menschliche Körper

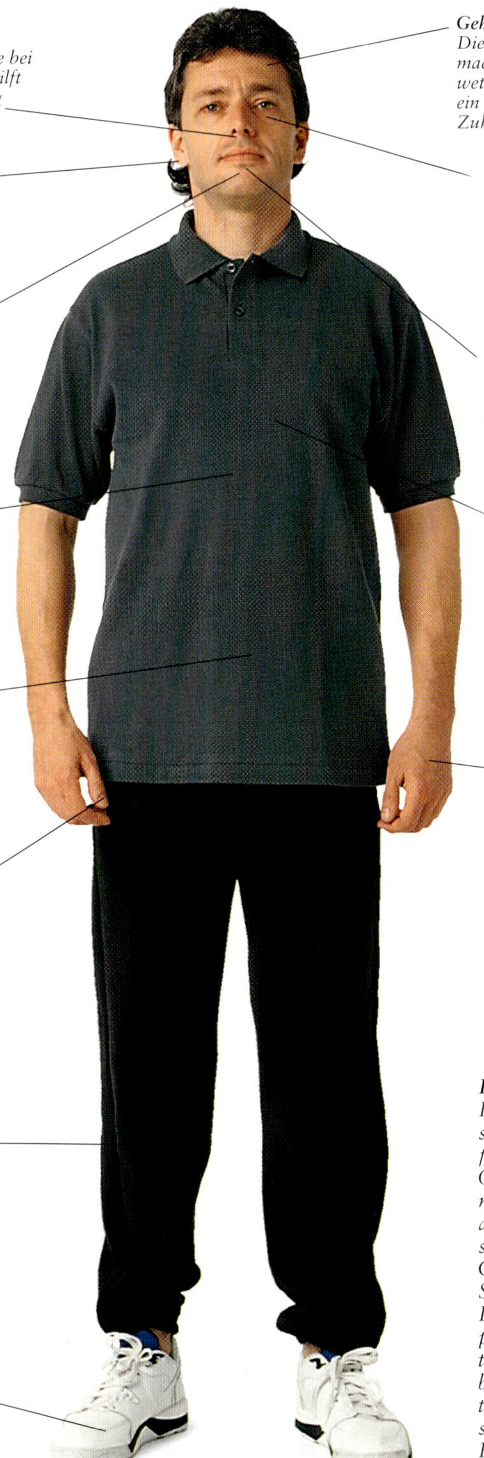

Geruchssinn
Der Mensch verfügt über einen guten Geruchssinn, auch wenn er bei weitem nicht so ausgeprägt ist wie bei den Tieren, etwa bei Hunden. In der freien Natur hilft der Geruchssinn etwa beim Erkennen von Nahrung und von Gefahren, etwa von Waldbränden.

Gehör
Wildtiere nehmen Gefahren oft über das Gehör wahr. Der Stadtmensch lebt jedoch in einer lärmenden Umgebung, welche die Sensibilität seiner Ohren beeinträchtigen kann und ebenso sein Verlangen danach, genau hinzuhören.

Geschmackssinn
Geschmacksknospen auf der Zunge erlauben es dem Menschen zwischen saurem, süßem, salzigem und bitterem Geschmack zu unterscheiden. Das Gehirn verarbeitet die Informationen von den Geschmacksknospen und dem Geruch eines Nahrungsmittels, um allem einen eigenen Geschmack zu verleihen.

Atemfrequenz
Die Atemfrequenz eines Menschen hängt davon ab, wieviel Sauerstoff der Körper nach Ansicht des Gehirns braucht. Die Frequenz nimmt bei körperlicher Anstrengung oder Furcht ebenso zu, wie in großen Höhen, da dort der Sauerstoffgehalt der Luft niedriger ist.

Wirbelsäule
Eigentlich ist der Mensch nicht zum Gehen auf zwei, sondern auf vier Beinen ausgelegt. Häufig sind Rückenbeschwerden die Folge dieses Fehlverhaltens.

Opponierbarer Daumen
Die Daumen und Finger des Menschen können unabhängig voneinander bewegt werden, so daß er Gegenstände damit halten kann. Dadurch ist er in der Lage komplexe Werkzeuge herzustellen und zu benutzen. Dies trägt erheblich zur Vielseitigkeit des Menschen bei.

Gelenke
Manche unserer Gelenke, etwa die in den Knien, sind recht schwach und verletzungsanfällig. Die Menschen in der Stadt bewegen sich nicht ausreichend, wodurch diese Konstruktionsmängel öfters zum Vorschein kommen.

Füße
Da das gesamte Gewicht des Körpers auf den Füßen ruht, sind Verletzungen und Schwierigkeiten damit weit verbreitet. In schwerem Gelände gilt dies vermehrt.

Gehirn
Die Größe und Komplexität des menschlichen Gehirns macht die Unzulänglichkeiten seiner übrigen Sinne mehr als wett. Es ermöglicht dem Menschen logisch zu denken und ein Verständnis für seine Geschichte und eine Vorstellung der Zukunft zu entwickeln.

Sehvermögen
Das Sehfeld des Menschen beträgt ungefähr 210 Grad, von denen sich etwa 120 Grad überschneiden, wodurch stereoskopisches Sehen ermöglicht wird. Dadurch ist der Mensch in der Lage, Gegenstände dreidimensional zu sehen und Entfernungen abzuschätzen. Außerdem erhöht sich die Leistung seines Sehvermögens dadurch, daß er Farben und ihre Abstufungen wahrnimmt.

Zähne
Wir Menschen verfügen über Zähne, mit denen wir gleichermaßen Fleisch durchtrennen, wie auch pflanzliche Nahrung zermahlen und kauen können. Daher sind diese Zähne für eine Allesfresser-Ernährung geeignet.

Herz
Durch das sauerstoffreiche Blut, das es durch den gesamten Körper pumpt, kann der Organismus erst funktionieren. Ohne regelmäßige körperliche Bewegung wird das Herz allerdings immer weniger leistungsfähig, wodurch auch der Rest des Körpers bald nicht mehr voll belastbar ist.

Haut
Abgesehen vom Schutz der inneren Organe, hat die Haut auch die Aufgabe durch Schwitzen die Körpertemperatur zu regulieren. Da der Mensch im Verlauf der Jahrtausende sein Fell verloren hat, muß seine Haut nun anderweitig vor Sonne, Regen und Kälte geschützt werden.

Das Säugetier »Mensch«
Für viele Tiere ist der Mensch, von seinen physischen Voraussetzungen her, kein Gegner. In der freien Natur fällt er anderen Raubtieren leicht zum Opfer, da er sich nicht mit Krallen, Klauen, Zähnen oder einem Schnabel verteidigen kann und auch keinen Schutzpanzer oder eine dicke Haut besitzt. Ihm fehlt die Sehkraft und der ausgeprägte Geruchssinn der anderen Jäger, wie auch die Schnelligkeit um seine Beute einholen zu können. In bestimmten Gegenden kann er seine Körpertemperatur nicht ohne spezielle Kleidung aufrechterhalten. Dennoch ist der Mensch ein geborener Überlebenskünstler, der durch seine körperliche Benachteiligung gezwungen ist, seine Vielseitigkeit und seine Intelligenz auszubauen – die entscheidenden Fertigkeiten für das Überleben.

Wie einige Tiere sich angepasst haben

Haselmaus
Klein und nervös, mit einem dementsprechend raschen Stoffwechsel, hält die Haselmaus in der kalten Jahreszeit, wenn es nur wenig oder keine Nahrung gibt, ihren Winterschlaf. Während dieses Schlafes schlägt ihr Herz langsamer, die Atemfrequenz sinkt ab und der Körper wird mit den Fettvorräten betrieben, die sie sich vor ihrem langen Schlaf angefuttert hat.

Wal
Obwohl der Wal ein Säugetier ist und Sauerstoff für seine Lungen benötigt, ist er hervorragend für das Leben in den Ozeanen gerüstet und kann bis zu 20 Minuten lang die Luft anhalten, wenn er in den großen Tiefen auf Nahrungssuche ist. Doch gerade weil er sich an seinen Lebensraum so ausgezeichnet angepaßt hat, ist er gleichzeitig auch in seinen Möglichkeiten sehr eingeschränkt und kann außerhalb des Wassers nicht überleben.

Spitzmaus
Wegen ihrer geringen Körpergröße und ihrer Schnelligkeit hat die Spitzmaus eine hohe Stoffwechselrate. Allerdings muß sie beinahe pausenlos fressen, um am Leben zu bleiben.

Fennek
Der Fennek kann seine gewaltigen Ohren in alle Richtungen bewegen und das kleinste Geräusch genau lokalisieren, wodurch es dem Tier möglich ist bei Tag und bei Nacht zu jagen. Über die große Hautfläche kann überschüssige Körpertemperatur abgegeben werden, ein Vorteil in der heißen Wüstenwelt des Fennek.

Menschenähnlich

Außer den Affen sind wir Menschen physiologisch auch den Schweinen sehr ähnlich. Genau wie der Mensch, kann das Schwein sowohl Fleisch, als auch Pflanzennahrung essen und seine Organe und allgemeine Physiologie sind vergleichbar mit dem menschlichen Körper, auch wenn es über mehr Körperfett und eine dickere Hautschicht als der Mensch verfügt. Die Kannibalen auf den Inseln des Pazifischen Ozeans sprachen früher davon »Langschwein« zu essen – möglicherweise ein Hinweis auf die Ähnlichkeit zwischen Schweine- und Menschenfleisch.

Hausschwein
Die Physiologie des Schweines ist der des Menschen sehr ähnlich.

Einflüsse der Umwelt

Die Wildnis ist kein Garten Eden. Selbst kleine Beschwerden, über die sich der Stadtmensch schon lange keine Gedanken mehr macht, wie etwa Zahnfäule, mangelnde Hygiene oder gewöhnliche Infektionen, können hier zum Tode führen. Aber auch das Leben in der Stadt ist nicht viel besser und verursacht beinahe soviele gesundheitliche Probleme, wie es löst. Das kann von gewöhnlichen Kopfschmerzen reichen, die durch Lärm hervorgerufen werden, bis hin zu Krebsleiden durch Strahlenverseuchung.

- Ein geringer Sauerstoffgehalt der Luft in großen Höhen kann das Atmen erschweren und Störungen der Atemwege, etwa Emphyseme, noch verschlimmern.
- Tabakrauch und andere Luftverschmutzungen können Lungenkrebs verursachen sowie Störungen der Atemwege, etwa Asthma.
- Verunreinigtes Wasser und solches, das mit Krankheitserregern verseucht ist, kann für innere Krankheiten verantwortlich sein.
- Im Extremfall können Chemikalien im Essen oder Pestizidrückstände im Getreide Allergien hervorrufen, Krebs, Schädigungen der Eierstöcke, der Leber und der Hoden, sowie Hyperaktivität.
- Die ultraviolette Strahlung der Sonne ist eine Ursache für Hautkrebs und alternde Haut.
- Staub und Pollen in der Luft sind oft für Allergien, wie den Heuschnupfen verantwortlich, aber auch für Störungen der Atemwege, wie Asthma, Fibrosen und Lungenentzündungen.
- Extreme Lärmbelastung kann Taubheit und Tinnitus (Ohrenklingen) zur Folge haben, oder Kopfschmerzen und Stressymptome, die durch erhöhte Gereiztheit entstehen.
- Kommt die Haut direkt mit industriellen Lösungsmitteln in Kontakt, oder werden ihre Dämpfe eingeatmet, kann dies allergische Reaktionen oder gar Leber- und Nierenschäden nach sich ziehen.
- Radioaktive Strahlungen, etwa aus Maschinen oder leckenden Atomkraftwerken, rufen häufig Schäden an den Samenzellen hervor, wodurch das Risiko, daß die Kinder mit Leukämie oder angeborenen Schädigungen auf die Welt kommen, erheblich zunimmt.
- Streß, der normalerweise die Folge des hektischen Lebensstiles in der Stadt ist, kann eine Vielzahl von physischen und psychischen Krankheiten, etwa Colitis oder Magengeschwüre, nach sich ziehen.

Geistige Einstellung

Unabhängig vom Ernst einer Situation in der jemand steckt, und der körperlichen Befähigung des Einzelnen, damit fertig zu werden, ist die geistige Einstellung der wahre Schlüssel zum Überleben. Der Mensch ist der geborene Überlebenskünstler, wenn er sein Gehirn benützt, um seinen Mitbewerbern immer einen Schritt voraus zu sein. Das Leben in der Stadt beansprucht nur einen Teil der körperlichen und geistigen Leistungsfähigkeit des Menschen. Daher müssen Stadtbewohner, die in der Wildnis überleben wollen, viele manuelle Fertigkeiten neu erlernen. Zu den grundlegendsten und wertvollsten Charakteristika des Menschen gehört seine Vernunftbegabung; doch noch weitaus wichtiger als diese ist der Wille zu überleben, in jeder Situation.

Grundlagen der Ernährung

Wesentliche physische Merkmale der Tiere bestimmen sich durch ihre Ernährung. Pflanzenfresser verfügen über mehrere Mägen um harte Gräser verdauen zu können und Mahlzähne zum Grasen; Fleischfresser haben Zähne, mit denen sie Fleisch reißen können und ihre Körper sind auf Anschleichen oder Schnelligkeit ausgelegt. Der Mensch jedoch ist ein Allesfresser, der sich von Fleisch alleine oder ganz fleischlos ernähren kann. Mit seinen Zähnen kann er sowohl Fleisch zerkleinern, als auch pflanzliche Stoffe zermahlen. Will er sich allerdings rein vegetarisch ernähren, muß er sichergehen, daß er seinem Körper die benötigten tierischen Vitamine und Mineralstoffe auf andere Weise zuführt.

Bausteine des Lebens

Haselnüsse / Paranüsse

Erdnüsse

Pecanüsse

Walnüsse

Mineralstoffe
Mineralstoffe sind für eine Vielzahl von Aufgaben notwendig, denn sie kontrollieren den Stoffwechsel, sind für das Knochenwachstum zuständig und helfen bei der Wundheilung. Ein Mineralstoffmangel kann zu Muskel und Schüttelkrämpfen führen. Wenn Sie auf Fleisch verzichten, ist ein abwechslungsreicher Speisezettel absolut erforderlich zur Zufuhr der ganzen Mineralstoffe, besonders von Eisen. Sie sollten viele grüne Gemüsesorten essen, sowie Nüsse und Früchte. Auch Pilze enthalten Mineralstoffe, genauso wie Algen.

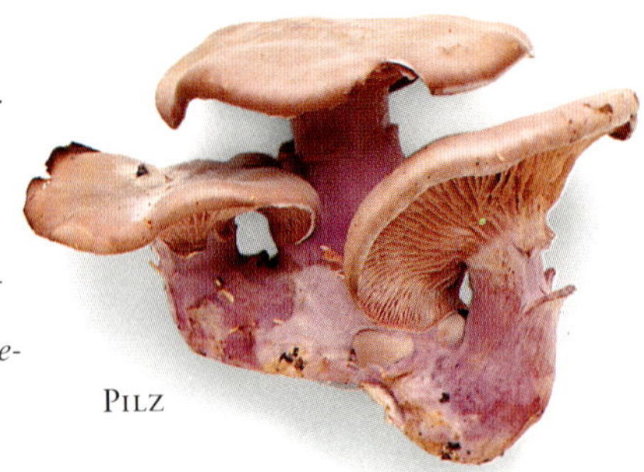
Pilz

Fette
Fette stellen eine wertvolle Energiequelle dar und sind für den Aufbau und die Ausbesserung der Körperzellen notwendig. Sie sorgen auch dafür, daß sich der Körper nach dem Essen befriedigt fühlt. Man sollte daran denken, daß Fette große Mengen an Wasser benötigen, bis sie vom Körper absorbiert werden und daher nur gegessen werden sollten, wenn genügend Wasser zur Verfügung steht. Nüsse enthalten viel Fett und Proteine.

Ballaststoffe
Ballast- oder Faserstoffe helfen dabei, die Abfallstoffe durch den Verdauungstrakt zu transportieren. Sie finden sich in Früchten und Gemüse sowie in Brot.

Kapstachelbeeren

Datteln

Kiwi

Sharonfrucht

Honigwabe

Kohlenhydrate
Kohlenhydrate spielen in der Ernährung eine wichtige Rolle, da sie den Körper mit Energie versorgen. Sie kommen entweder als Stärke oder als Zucker vor und werden aufgespalten und solange in der Leber gespeichert, bis sie gebraucht werden. Die Energie wird in Form von Glukose weitergegeben und die nicht benötigte Glukose wird in Fett umgewandelt. Honig stellt eine ausgezeichnete Quelle für Zukker dar.

Papaya

Vitamine
Vitamine steuern das Wachstum und die Aufrechterhaltung des Körpergewebes und regen die Energieproduktion an. Frisches Obst ist die beste Vitaminquelle. In einer langfristigen Überlebenssituation in gemäßigten Breitengraden mit deutlich unterscheidbaren Jahreszeiten, müssen Vorräte an Früchten für den Winter gesammelt werden (siehe Seite 118).

Fisch

Proteine
Proteine sind unerläßlich für den Aufbau des Gewebes und das Wachstum. Gewisse Proteine müssen über die Nahrung aufgenommen werden, da der Körper die darin enthaltenen wichtigen Aminosäuren nicht selber synthetisieren kann. Im Fleisch und Fisch sind alle wichtigen Aminosäuren enthalten, außerdem noch viele Vitamine und Mineralstoffe. Manche Proteine können auch über pflanzliche Stoffe gewonnen werden.

Täglicher Kalorienbedarf

Die Energie, die aus der Nahrung gezogen wird, wird in Kalorien gemessen. Um am Leben zu bleiben, braucht der Mensch eine bestimmte Anzahl von Kalorien. Selbst wenn er den ganzen Tag im Bett liegen würde, würde er ungefähr 2000 Kalorien verbrennen. Der tägliche Kalorienbedarf hängt von verschiedenen Faktoren ab, etwa vom Alter. In einer Überlebenssituation sollte der Energieverbrauch auf die aufgenommenen Kalorien abgestimmt werden.

Holzfäller
Der tägliche Kalorienbedarf für körperlicher Schwerstarbeit, wie dem Holzfällen, liegt wesentlich höher als für sitzende Tätigkeiten, da für die ganzen Bewegungen des Körpers und der Muskeln viel mehr Energie verbrannt wird. In den Holzfäller-Camps ist das Essen daher sehr umfangreich und kalorienhaltig.

Tropenwissenschaftler
Die Bewohner der tropischen Regionen benötigen weniger Kalorien als die Menschen, die in kalten Klimazonen leben. Die hohen Temperaturen bewirken eine starke Schweißabsonderung, wodurch dem Körper Mineralstoffe und Salze verlorengehen. Die Ernährung sollte darum ausgeglichen sein und viel Wasser einschließen.

Bergsteiger
Durch Temperaturen, die ständig unter dem Gefrierpunkt liegen und der Notwendigkeit, jederzeit aufmerksam zu sein, ist das Bergsteigen eine Tätigkeit, die enorm viel Kalorien verbraucht. Der Körper benötigt über 5000 Kalorien täglich um seine normale Temperatur halten zu können. Für zusätzliche Anstrengungen, wie dem Ziehen eines Schlittens oder dem Gehen mit Schneeschuhen, erhöht sich der Kalorienbedarf noch weiter.

Energieverbrauch

Der Kalorienbedarf bei verschiedenen Aktivitäten ist völlig unterschiedlich und hängt vom Klima, der körperlichen Kondition und der Schwere der jeweiligen Arbeit ab. Die folgenden Zahlen stellen Orientierungswerte für »durchschnittliche« Männer und Frauen dar. Sie sollten bedenken, daß Ihr eigener Kalorienbedarf und die Energie, die Sie für verschiedene Arbeiten aufwenden müssen, durch das Wetter und das Gelände beeinflußt wird, in dem Sie arbeiten.

Aktivität	Kalorien pro Stunde
Ruhen	70
Sitzen	90
Feuer anzünden	135
Gehen	180
Radfahren	240
Holzhacken	360
Sprinten	360
Langlaufen	400
Schwimmen	500

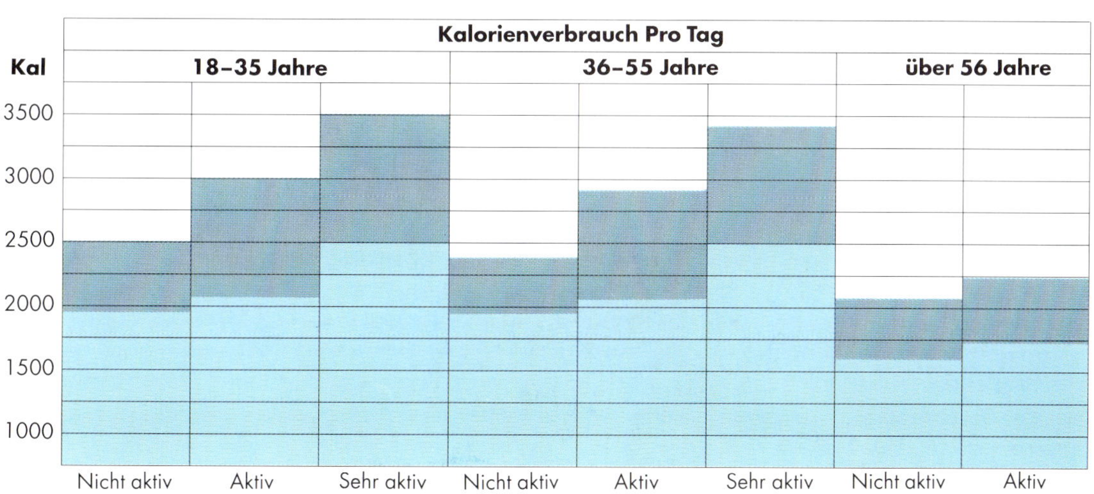

Kalorienverbrauch
Der männliche Stoffwechsel ist nicht so effizient wie der weibliche und die natürliche Wärmeisolierung der Männer ist ebenfalls schlechter, weswegen sie mehr Kalorien verbrennen. Junge Menschen verbrauchen mehr Kalorien als ältere, teilweise weil sie aktiver sind, aber auch weil die Wachstumsjahre normalerweise den Stoffwechsel verlangsamen.

Männer

Frauen

Anpassung an den Lebensraum

Dank seines Einfallsreichtums ist der Mensch in der Lage, in jedem Lebensraum dieser Erde zu leben und über die Jahrtausende haben sich Menschen dem Klima und den Bedingungen, die in ihren jeweiligen Umgebungen herrschen, biologisch und bezüglich der Sozialstruktur angepaßt. Die sogenannten »primitiven« Völker überleben dadurch, daß sie mit den Gegebenheiten und Beschränkungen ihrer Umwelt zu leben gelernt haben. Viele von ihnen haben ein ausgeklügeltes Sozialverhalten entwickelt und sich auch biologisch angepaßt. Im Gegensatz dazu hat der »zivilisierte«, urbane Mensch viel von seiner Fähigkeit verloren, mit der Natur zu leben, während er seine Methoden entwickelte um im Dschungel der Großstadt zu überleben. Der Stadtmensch begreift sich als Individuum und hat so die Verbindung zu den natürlichen Zyklen verloren, zu den Jahreszeiten und allem, was sich außerhalb seiner Stadt und seiner Vororte in der freien Natur abspielt. Um in der Wildnis zu überleben, muß der Mensch der Städte die ganzen Fertigkeiten erst wieder neu erlernen, die seine Vorfahren noch beherrschten, ebenso wie die heutigen Naturvölker.

Inuit
Noch vor vierzig Jahren trugen die Eskimos, oder Inuit, wie sie sich selber nennen, Bekleidung aus Tierfellen und errichteten Iglus als Behausungen, wenn sie ihre Jagdausflüge unternahmen. Da ihre Ernährung vorwiegend aus Fleisch bestand, verfügen sie über eine große Leber, um die tierischen Proteine in Kohlehydrate umwandeln zu können, die in ihrer Diät fehlt. Auch wenn sich heutzutage viel Technik in den Siedlungen der Arktis findet, sind die Inuit physisch immer noch an das Leben unter den extremen arktischen Bedingungen angepaßt.

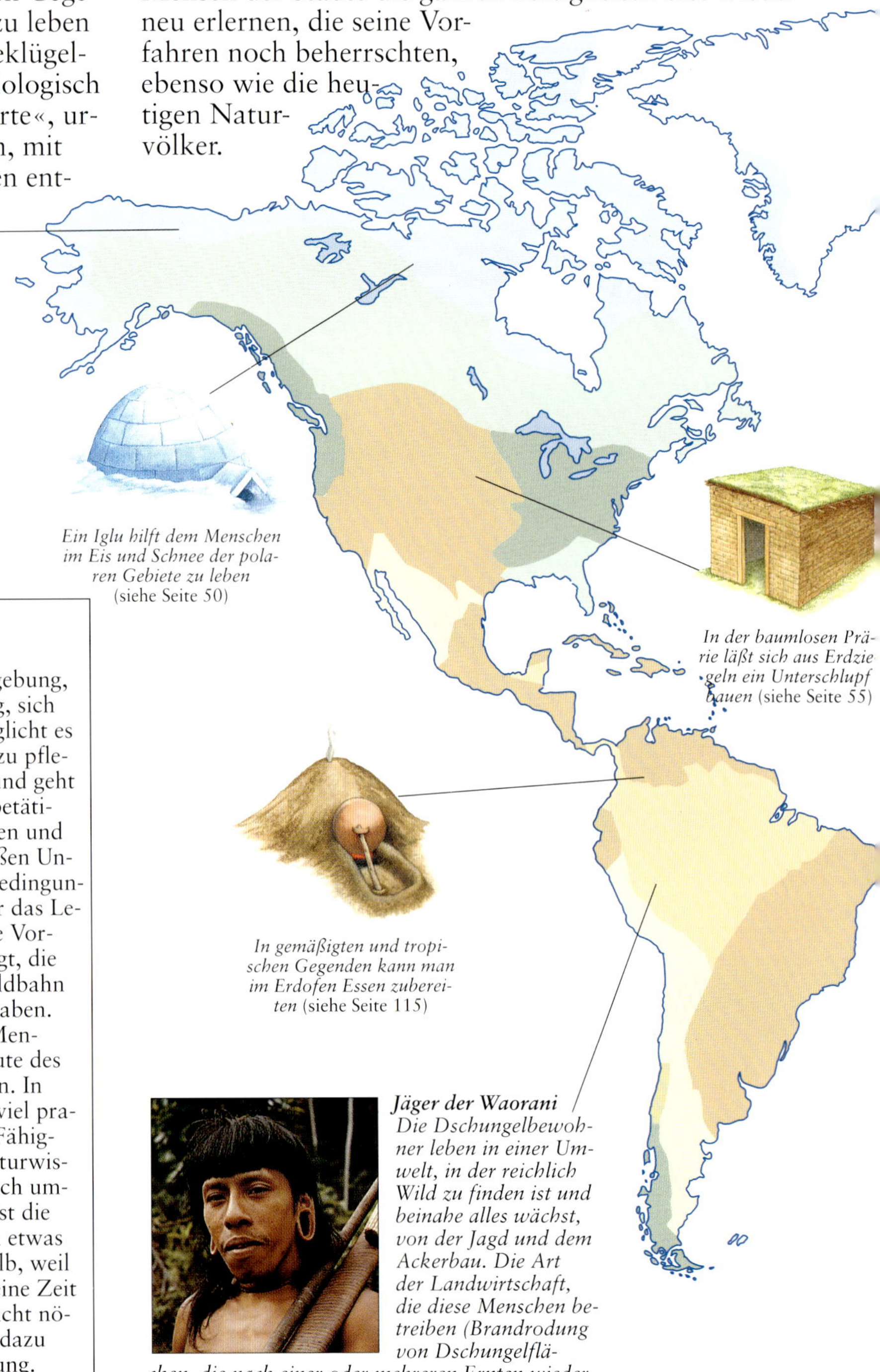

Ein Iglu hilft dem Menschen im Eis und Schnee der polaren Gebiete zu leben (siehe Seite 50)

In der baumlosen Prärie läßt sich aus Erdziegeln ein Unterschlupf bauen (siehe Seite 55)

In gemäßigten und tropischen Gegenden kann man im Erdofen Essen zubereiten (siehe Seite 115)

Jäger der Waorani
Die Dschungelbewohner leben in einer Umwelt, in der reichlich Wild zu finden ist und beinahe alles wächst, von der Jagd und dem Ackerbau. Die Art der Landwirtschaft, die diese Menschen betreiben (Brandrodung von Dschungelflächen, die nach einer oder mehreren Ernten wieder dem Urwald überlassen werden), sichert ihnen genügend Nahrung, so daß sie viel Zeit zur Pflege sozialer Kontakte haben.

Der urbane Mensch

Der Stadtmensch lebt in einer sehr naturfremden Umgebung, völlig abhängig von der Technik und ohne den Zwang, sich seine Nahrung mühsam suchen zu müssen. Das ermöglicht es ihm, gesellschaftliche Kontakte als Freizeitgestaltung zu pflegen. Er bewegt sich vorwiegend mit einem Fahrzeug und geht gewöhnlich nur dann zu Fuß, wenn er sich sportlich betätigen möchte. Durch Zentralheizungen und Klimaanlagen herrschen keine großen Unterschiede zwischen den Umweltbedingungen der verschiedenen Städte. Für das Leben in der Stadt sind ganz eigene Voraussetzungen und Talente gefragt, die mit denen, die in der freien Wildbahn gefordert sind, nichts zu tun haben. Daher fällt es dem urbanen Menschen schwer, ohne die Attribute des modernen Lebens zu überleben. In der Wildnis braucht man sehr viel praxisbezogenen Verstand und die Fähigkeit, die Grundprinzipien der Naturwissenschaften für den Alltagsgebrauch umzusetzen. Für den Stadtmenschen ist die Lösung von praktischen Problemen etwas Ungewohntes, in erster Linie deshalb, weil ihm sein Lebensrhythmus dafür keine Zeit läßt, aber auch weil er es einfach nicht nötig hat. Doch in der Wildnis hat er dazu Zeit und auch genügend Veranlassung.

Rucksackreisender
Damit der Stadtmensch in der Wildnis überleben kann, benötigt er eine spezielle Ausrüstung.

Sherpa
Die Sherpas haben sich dem Leben im Gebirge ausgezeichnet angepaßt. Sie verfügen über kurze, kräftige Beine und eine große Lungenkapazität, wodurch sie körperlich prädestiniert sind in großen Höhen zu leben. Anders als Bewohner des Flachlandes können die Sherpas problemlos schwere Lasten tragen, ohne außer Atem zu geraten oder in ihrem Schwung nachzulassen. Gebirgsbewohner produzieren zusätzliche rote Blutkörperchen, um den niedrigen Sauerstoffgehalt in großen Höhen ausgleichen zu können.

Farbenlegende

POLARGEBIETE	BUSCHLAND
TUNDRA	REGENWALD
NADELWALD	GRASSTEPPE
LAUBWALD	WÜSTE

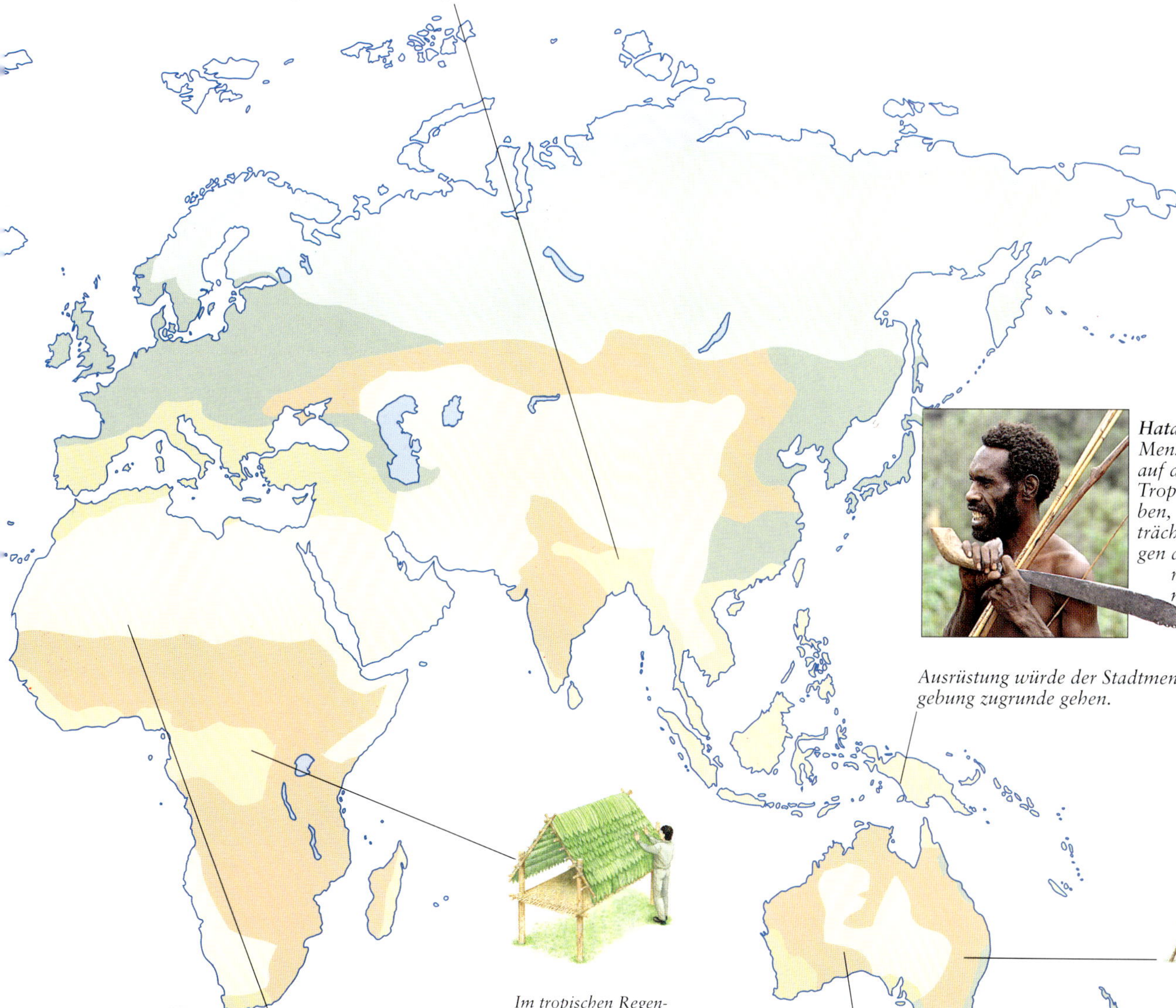

Hatam
Menschen, die die sich auf das Leben in den Tropen spezialisiert haben, mußten sich an beträchtliche Schwankungen der Temperaturen und des Klimas anpassen. Ohne besondere Kleidung und Ausrüstung würde der Stadtmensch in dieser Umgebung zugrunde gehen.

Im tropischen Regenwald muß der Wetterschutz ein Stück über dem nassen Boden errichtet werden (siehe Seite 53)

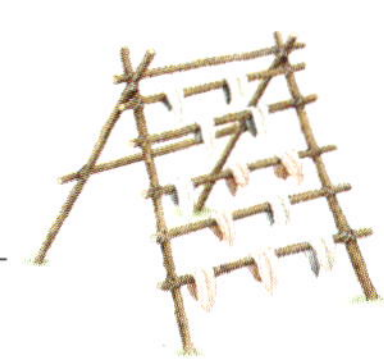

Fisch läßt sich durch Trocknen haltbar machen, vorausgesetzt es ist nicht feucht oder bewölkt *(siehe Seite 118)*

Tuareg
Bleiben sie zu lange an einem Ort, werden die Nomaden der Wüste unruhig. Sie haben sich an ihre unbarmherzige Umgebung angepaßt, indem sie sich vom Fleisch, dem Blut und der Milch ihrer Herden ernähren und in kleinen Familienverbänden beständig zwischen den verschiedenen Wasserstellen umherziehen. Politische Grenzen verursachen den nomadisch lebenden Hirten erhebliche Probleme, da sie dadurch auf Gebiete beschränkt werden, die nicht weiträumig genug sind, um ihren Tieren genügend Futter und Wasser zu bieten.

Australische Aborigines
Trotz der kargen Landschaft und den Extremen mit denen sie fertig werden müssen, sind diese Menschen in der Lage, ohne jeglichen materiellen Besitz zu überleben. Sie leben im Einklang mit der Natur und nur durch ihren reichhaltigen Legendenschatz, ihre Bräuche und ihr unerschöpfliches Wissen über die Welt in der sie leben, können sie die Gratwanderung zwischen Leben und Sterben bestehen.

Fitness

Wenn wir nicht regelmäßig gehen, laufen und Dehnungsübungen machen, werden unsere Muskeln schwächer, die Leistungsfähigkeit unseres Herz-Lungen Systems nimmt ab und wir setzen Fett an, wo wir es nicht brauchen. Aerobic-Übungen sind mit am wichtigsten, um für eine längere Reise und den Aufenthalt in der Wildnis fit zu bleiben und um eine allgemeine Fitness, Schnelligkeit und Gelenkigkeit zu erreichen.

Wie fit sind Sie?

Der Stufen-Test
Sie können Ihre Kondition messen – und verbessern – indem Sie eine Kiste oder Stufe hinauf- und hinabsteigen. Die Stufe sollte etwa 20 Zentimeter hoch sein, um übertriebenes Unbehagen und Atemlosigkeit zu vermeiden. Setzen Sie jedesmal den ganzen Fuß flach auf der Stufe ab, während Ihr zweiter Fuß vollständig auf dem Boden bleibt. Nachdem Sie über drei Minuten hinweg ungefähr 24 mal pro Minute auf die Stufe gestiegen sind, machen Sie 30 Sekunden lang Pause und messen Ihren Puls am Handgelenk. Zählen Sie 15 Sekunden lang Ihre Herzschläge und multiplizieren diese mit vier, damit Sie Ihren Herzschlag pro Minute erhalten. Auf der untenstehenden Tabelle können Sie nun die Einschätzung Ihrer Kondition ablesen.

1 Setzen Sie sorgfältig den ganzen Fuß auf der Stufe ab.

2 Drücken Sie Ihren Körper hoch, indem Sie das Bein gerade durchdrücken.

3 Erlangen Sie Ihr Gleichgewicht und steigen Sie dann wieder herab. Führen Sie diese Übung nun mit dem anderen Bein durch.

Mentale Flexibilität

Körperliche Fitness ist eine wichtige Voraussetzung für einen beweglicheren Geist. In der Wildnis müssen Sie ohne die Hilfsmittel des Stadtlebens auskommen, und Ihre Selbstverwirklichung sowie ein eigenes Selbstwertgefühl entstehen durch die Erfahrungen des täglichen Überlebens. Mentales Training ist eine große Hilfe um das Selbstvertrauen zu stärken und läßt Sie besser Ihre eigenen Fähigkeiten und Grenzen erkennen. Die geistige Beweglichkeit kommt aber auch von innen her – indem Sie anfangen zu verstehen, wer (und was) Sie sind und sich mit Ihrem In-der-Welt-sein abfinden. Sie müssen an sich selbst und an Ihre Fähigkeit glauben, mit Ihrer Umwelt zurechtzukommen. Wenn Ihnen das nicht gelingt, können Sie kaum überleben.

Warnung

Wenn Sie etwas für Ihre Fitness tun wollen, gehen Sie es langsam und behutsam an und bauen Sie über mehrere Monate allmählich eine Routine auf. Suchen Sie die Hilfe von Fachleuten und konsultieren Sie lieber einen Arzt, wenn Sie irgendwelche Beschwerden haben.

Einschätzung der Kondition
Je fitter Sie sind, desto kräftiger wird auch Ihr Herz sein. Ein Herz, das in Form ist, pumpt zwar langsamer als ein untrainiertes, dafür aber wesentlich effizienter. Das Herz von Kindern, Frauen und älteren Menschen schlägt schneller als das eines jungen männlichen Erwachsenen, wie sich aus der Tabelle unten links ersehen läßt. Der Pulsschlag, der sich morgens messen läßt, bevor man aufsteht, der sogenannte »Ruhepuls«, ist ein verläßlicher Hinweis auf die Kondition. Die Tabelle unten rechts zeigt die sich nach einer körperlichen Betätigung regenerierende Pulsfrequenz, etwa dem oben beschriebenen Stufen-Test. Je fitter Sie sind, desto rascher wird sich Ihr Herzschlag wieder normalisieren.

ALTER (in Jahren)	**20–29**	**30–39**	**40–49**	**50+**
KONDITION	HERZSCHLÄGE PRO MINUTE IM RUHEZUSTAND			
Männer				
Ausgezeichnet	unter 60	unter 64	unter 66	unter 68
Gut	60–69	64–71	66–73	68–75
Durchschnitt	70–75	72–87	74–89	76–91
Schlecht	über 85	über 87	über 89	über 91
Frauen				
Ausgezeichnet	unter 70	unter 72	unter 74	unter 76
Gut	70–77	72–79	74–81	76–83
Durchschnitt	78–94	80–96	82–98	84–100
Schlecht	über 94	über 96	über 98	über 100

ALTER (in Jahren)	**20–29**	**30–39**	**40–49**	**50+**
KONDITION	HERZSCHLÄGE PRO MINUTE NACH ANSTRENGUNG			
Männer				
Ausgezeichnet	unter 76	unter 80	unter 82	unter 84
Gut	76–85	80–87	82–89	84–91
Durchschnitt	86–101	88–103	90–105	92–107
Schlecht	über 101	über 103	über 105	über 107
Frauen				
Ausgezeichnet	unter 86	unter 88	unter 90	unter 92
Gut	88–93	88–95	90–97	92–99
Durchschnitt	94–110	96–112	98–114	100–116
Schlecht	über 110	über 112	über 114	über 116

Dehnungsübungen

Bevor Sie Ihr Training beginnen, sollten Sie immer vorher ein paar Dehnungsübungen machen, und jeden Teil des Körpers, von oben nach unten, behutsam bewegen. Versuchen Sie nicht gewaltsam Widerstände zu überwinden. Auch nach dem Training ist Dehnung und Lockerung wichtig.

Arme und Schultern

1 Schwingen Sie mit beiden Armen behutsam nach hinten und oben.

2 Schwingen Sie beide Arme nach vorne, so daß Sie dabei Ihre Ohren berühren.

3 Kreisen Sie als nächstes einen Arm vorwärts. Wiederholen Sie das Ganze auch mit dem anderen Arm.

4 Schwingen Sie abwechselnd beide Arme nach hinten.

Die Vorteile des Trainings

Das richtige Training wird Ihren Körper leistungsfähiger machen. Im Laufe der Zeit werden sich allmählich Veränderungen bemerkbar machen, etwa der Verlust überflüssiger Pfunde, eine Verbesserung der Haltung und der Statur sowie ein Ansteigen der Kraft, der Gelenkigkeit und des Durchhaltevermögens. Der Trainingsplan sollte in der Woche mindestens drei Blöcke von je 45 Minuten umfassen, wobei die Pulsfrequenz jedesmal auf 120 Schläge in der Minute hochgetrieben werden sollte.

Langfristige Vorteile
Regelmäßiges Training unterstützt die reibungslose Funktion all Ihrer Organe.

Brustkorb und Schultern

1 Nehmen Sie die Ellenbogen hoch und halten Sie dabei die Unterarme waagrecht.

2 Ziehen Sie die Ellenbogen nun zweimal so weit wie möglich nach hinten.

3 Beim dritten Mal strecken Sie dann noch Ihre Arme seitwärts aus.

Taille

1 Stellen Sie sich mit angehobenen Ellenbogen und Unterarmen hin.

2 Drehen Sie sich in der Hüfte zweimal so weit wie möglich zu einer Seite.

3 Beim dritten Mal schleudern Sie Ihren vorderen Arm in dieselbe Richtung. Wiederholen.

Bauch

1 Legen Sie sich mit angezogenen Knien auf den Rücken, die Hände berühren die Ohren.

2 Heben Sie Ihre Schulter an, so daß der Ellenbogen zum gegenüberliegenden Knie zeigt.

Arme

1 Legen Sie sich auf den Bauch, halten Sie den Körper gerade und die Handflächen flach auf dem Boden.

2 Drücken Sie die Ellenbogen durch und stemmen Sie ihren Körper hoch. Den Körper dabei weiter steif lassen.

Linderung von Kreuzschmerzen

Das Kreuz durchdrücken
Schmerzen im unteren Rückenbereich können durch das Tragen eines schweren Rucksakkes oder andere Belastungen entstehen. Diese Übung unterstützt die natürliche Biegung der Wirbelsäule und kann so Kreuzschmerzen lindern helfen.

1 Legen Sie sich auf den Bauch und entspannen Sie sich völlig.

2 Stützen Sie sich auf den Ellenbogen ab und lehnen sich leicht nach hinten.

3 Strecken Sie die Arme durch und dehnen Sie sich.

Kapitel 2

Grundausrüstung

Mit der richtigen Ausrüstung für Ihr jeweiliges Vorhaben und die entsprechenden Umweltbedingungen, können Sie die Wahrscheinlichkeit eines Unfalls und damit auch das Risiko in eine Situation zu geraten, in der Sie um Ihr Überleben kämpfen müssen, drastisch reduzieren. In den speziellen Ausrüstungs- und »Globetrotter«-Shops finden Sie sorgfältig konzipierte Ausrüstungsgegenstände für jedes Wetter und jedes Gelände. Sie können viel Geld für schicke Stücke ausgeben, doch sollten Sie sich lieber darauf konzentrieren, sich Ausrüstung zu besorgen, die zum Überleben wirklich geeignet ist. Wenn Sie auf diesem Gebiet selber noch keine Erfahrungen besitzen, dann versuchen Sie herauszufinden, was andere, erfahrenere Leute bei vergleichbaren Unternehmungen verwendet haben, anstatt schillernden Worthülsen eines beflissenen Verkäufers zu vertrauen. Einige Ausrüstungsteile, wie Messer und Kompaß, sind unerläßlich und Sie sollten hier das Beste kaufen, das sich finden läßt. Andere Stücke jedoch dienen ausschließlich der Bequemlichkeit, ein aufblasbares Kissen beispielsweise oder ein Feldbett, und Sie können ohne weiteres darauf verzichten. Wenn Sie sich für ein Ausrüstungsstück entschieden haben, sollten Sie auch bereit sein, es notfalls so abzuändern, daß es Ihren Anforderungen exakt entspricht. Überlegen Sie, wo es Schwachstellen gibt, was durchscheuern oder brechen könnte und wie sich Werkzeug und Bekleidung – dies betrifft vor allem Handschuhe und Kopfbedeckungen – so sichern lassen, daß nichts verlorengehen kann.

Überlebensausrüstung
Weltweit hat sich das Rucksackreisen zu einem beliebten Zeitvertreib entwickelt und in der Bekleidung und Ausrüstung zahlreiche Trends hervorgebracht. Solange Sie jedoch die grundlegenden Ausrüstungsstücke dabei haben, können Sie sich vollkommen sicher und voller Selbstvertrauen selbst in die abschreckendsten Gegenden wagen.

Die Richtige Bekleidung

Unsere Kleidung ist in den seltensten Fällen für Survivalzwecke geeignet und nach Aspekten wie Bequemlichkeit und modischem Chic ausgewählt und nicht danach, ob sie in der Lage ist unsere Körpertemperatur aufrecht zu erhalten, da Zentralheizungen und Klimaanlagen uns vor den Einflüßen der Umwelt abschirmen. Selbst dann, wenn wir uns Kleidungsstücke anschaffen, die ausdrücklich für draußen gedacht sind, sind diese oftmals eher an momentanen Modetrends orientiert, als daran, ob sie auch wirklich praktischen Wert besitzen. Sie können eine Menge Geld für »Designer«-Stücke hinblättern – Sie können sich aber auch einfach die zweckmäßigsten Teile besorgen.

Das Zwiebelschalen-Prinzip

Mehrere dünne Kleiderschichten, die zwischen den einzelnen Lagen Luft einschließen, werden Sie mehr wärmen, als ein einziges, dickes Kleidungsstück. Wird es Ihnen zu warm, können Sie die Körpertemperatur regulieren, indem Sie ein paar Schichten ablegen oder durch-»lüften« (Knöpfe oder Reißverschlüsse werden geöffnet, so daß warme Luft entweichen und kühlere Luft hereinströmen kann). Dieses Prinzip funktioniert sowohl bei warmem, wie auch bei kaltem Wetter.

Die Kernschicht
Die erste Schicht, die direkt auf der Haut getragen wird, sollte aus einem Baumwoll-Unterhemd oder einem langärmeligen Thermo-Oberteil bestehen, das gut sitzt, ohne eng zu sein. Es sollte aus einem Material gefertigt sein, das Schweiß aufsaugen kann und ihn dann von der Haut weg-, auf die Außenseite des Gewebes hintransportiert. Diese Schicht sollte man so sauber wie möglich halten, damit sich kein Schmutz ansammeln kann, der sonst die Poren verstopft.

Die zweite Schicht
Die zweite Schicht sollte weit geschnitten sein, aber dennoch gewährleisten, daß die Blutgefäße an Hals und Handgelenken geschützt und warm gehalten werden. Dabei kann es sich um ein Oberteil mit Rollkragen und Reißverschluß handeln oder um ein Hemd mit Kragen, Ärmeln die sich hochrollen lassen und knöpfbaren Manschetten. Bei warmem Wetter kann diese Schicht als äußerste Lage getragen werden, darüber noch unter Umständen eine Windjacke (siehe gegenüberliegende Seite).

Unterhosen
Lange Thermo-Unterwäsche ist normalerweise nur bei Temperaturen unter dem Gefrierpunkt notwendig. Eine »Leistenklappe« aus undurchlässigem Material hilft unangenehme Unterkühlungen in dieser Körperregion zu verhindern. Nasse Hosen trocknen schneller wieder, wenn keine lange Unterhose darunter getragen wird. Dieses Problem läßt sich allerdings beheben, indem Sie wasserdichte Überhosen tragen. Bei mildem Wetter kann diese Schicht auch aus Baumwoll-Shorts bestehen.

Die dritte Schicht
Als dritte Schicht läßt sich ein Wollpullover oder eine leichte Faserpelz-Jacke tragen. Diese Schicht sollten Sie ausziehen, wenn Sie unterwegs sind, selbst in arktischen Gegenden, da sonst die Gefahr der Überhitzung besteht. Ist Ihnen danach immer noch heiß, können Sie ihren Kälteschutz-Parka zum Lüften öffnen. Halten Sie für eine Rast an, dann ziehen Sie diese Schicht wieder an, wenn Sie zu frieren beginnen. In gemäßigten Breitengraden kann die dritte Schicht auch als die äußere fungieren, solange das Wetter mild ist.

Die Außenschicht
Die Außenschicht sollte eine Jacke sein, die entweder windundurchlässig oder wasserdicht ist, oder beides, je nachdem mit welchem Klima Sie es auf Ihrer Reise zu tun haben werden. In der Arktis brauchen Sie einen gefütterten und windundurchlässigen Parka, der Ihnen Schutz vor schneidendem Wind bieten kann. Die Jacke muß sich allerdings auch zum Lüften öffnen lassen, um einer Überhitzung vorbeugen zu können. In den gemäßigten Zonen ist der Regen das Hauptproblem, obwohl Sie eine Regenhaut über die Jacke ziehen können.

Hosen
Die Hose muß ausreichenden Bewegungsspielraum bieten und aus einem rasch trocknenden Gewebe bestehen. Hosenträger verhindern in extrem feuchter Umgebung, daß Sie sich um die Hüfte herum aufscheuern, weil diese Ihnen das Tragen eines Gürtels ersparen. Um Ihre Beine vor peitschendem Regen zu schützen, können Sie wasserdichte Überhosen tragen; sie führen aber leicht zur Überhitzung. Unter sehr kalten Bedingungen ist es sinnvoll, eine wattierte Überhose über Hose und Schuhe zu tragen, die zusätzlichen Schutz bietet.

Eigenschaften verschiedener Stoffarten

Stoffart	Vorteile	Nachteile
Wolle	Diese Naturfaser verliert ihre Isolationsfähigkeit selbst dann nicht, wenn sie feucht ist, sondern ist angenehm zu tragen, bis sie klatschnaß ist. Setzt man sie einer offenen Flamme aus, wird sie nur glimmen und nicht brennen.	Wenn Wolle feucht wird, ist sie recht schwer und braucht lange, bis sie wieder trocken ist. Trägt man sie direkt auf der Haut, kann sie stark kratzen. Sie geht nach dem Waschen öfters ein.
Baumwolle	Baumwolle ist robust und »atmet«, kann so Feuchtigkeit absorbieren. Sie eignet sich daher gut für Unterwäsche und andere Bekleidung, die direkt auf der Haut getragen wird.	In feuchtem Zustand ist Baumwolle recht schwer und kann eingehen, wenn sie unter zu hohen Temperaturen getrocknet wird. Sie reißt auch leicht, läßt den Wind durch und brennt gut.
Faserpelz oder Fleece	Er wird als dritte Schicht getragen, da er Feuchtigkeit vom Körper »wegsaugen« und ihn gleichzeitig warm halten kann. Besitzt ein geringes Gewicht und ist robust. Er absorbiert keine Flüssigkeit.	Dieses künstliche Gewebe ist nicht winddicht. Es läßt sich nur schwer komprimieren und nach langem Gebrauch fängt er an der Außenseite an zu fusseln.
Synthetische, atmungsaktive Stoffe	Sie lassen den Schweiß verdunsten, halten aber gleichzeitig den Regen ab. Normalerweise sind sie winddicht und werden daher meist als äußerste Schicht getragen.	Durch die Nähte kann Wasser eindringen. Wenn es extrem naß ist, verstopfen manchmal die Poren und unter kalten Bedingungen kann sich auf der Innenseite Kondenswasser bilden. Dadurch, daß der Schweiß verdunstet und nach außen transportiert wird, kann ein Wärmeverlust entstehen.

Wahl des Materials
Outdoor-Bekleidung kann aus den unterschiedlichsten Materialien bestehen. Die Palette reicht von Wolle oder Baumwolle bis hin zu synthetischen Stoffen, von denen einige zwar den Schweiß hinauslassen, aber verhindern, daß Regen eindringt. Die synthetischen Gewebe sind jedoch oft nicht so robust wie die natürlichen. Natürliche Stoffe, wie Wolle oder Baumwolle, gehen vielleicht ein, wenn sie zu heiß getrocknet werden nachdem man sie gewaschen hat.

Bekleidung für extreme Wetterverhältnisse

Wenn Sie bei der Auswahl Ihrer Bekleidung das Zwiebelschalenprinzip beherzigt haben, müßten Sie eigentlich in der Lage sein, für jedes Wetter auch die passenden Teile einpacken zu können. In einer Überlebenssituation haben Sie vielleicht nicht gerade Kleidungsstücke dabei, die für ein bestimmtes Klima entworfen wurden, doch können Sie das Zwiebelschalenprinzip in Verbindung mit einem Unterschlupf und Feuer dazu nützen, sich gegen die Elemente zu schützen. Unter extremen Klimabedingungen und in rauhem Terrain, muß die Kleidung Schutz gegen Verhältnisse bieten, die zu Verletzungen oder gar zum Tode führen können – etwa solchen, wie sie in Wüsten herrschen (siehe Seite 142). Wind, Kälte, Hitze, Sonnenschein und Regen sind die hauptsächlichen Gefahren. Manche Teile der Bekleidung, die für spezielle klimatische Bedingungen konzipiert wurden – Dschungelstiefel beispielsweise – mögen für gemäßigtere Zonen ungeeignet sein, doch lassen sich die meisten Bekleidungsstücke Ihren Anforderungen anpassen.

Kopfschutz
Die »Sturmhaube« bedeckt den Kopf, das Gesicht und den Hals und verhindert, daß Körperwärme verloren geht. Als zusätzlicher Wärmeschutz kann darüber noch eine Kälteschutzmaske getragen werden.

Kernschicht
Die erste Schicht besteht aus einem Thermo-Unterhemd und langen Unterhosen. Sie sollten schweißaufsaugend sein und in der Lage diese Feuchtigkeit an die Außenseite des Gewebes zu transportieren.

Mittlere Schicht
Eine Faserpelz-Jacke dient dazu, den Schweiß aus der Kernschicht zu absorbieren und ein isolierendes Polster warmer Luft zu erhalten.

Innenfäustlinge
Wollfäustlinge, die als mittlere Schicht zwischen Unterziehhandschuhen und Überfäustlingen getragen werden, ermöglichen es Ihnen, Dinge festzuhalten und trotzdem warme Hände zu behalten.

Unterziehhandschuhe
Unterziehhandschuhe vermeiden, daß die Haut an vereisten Gegenständen festfriert und erlauben kurzzeitig die Hände zu gebrauchen, ohne Behinderung durch dicke Fäustlinge.

Zweite Schicht
Das Oberteil mit Rollkragen muß so gewählt werden, daß es am Hals über den unteren Rand der Sturmhaube reicht und an den Handgelenken die

Außenschicht
Ein gefütterter Parka mit Kapuze ist unerläßlich. Der Frontreißverschluß sollte durch eine Windschutzleiste abgedeckt sein und die wasserdichte Außenhaut aus atmungsaktivem Gewebe bestehen.

Hosen
Im Bereich der Taille kommt es durch Körperbewegungen leicht zum Verrutschen der Kleidung. Eine Trägerhose schützt in diesem Bereich, während sie um die Schultern und die Brust zum Wärmeausgleich offen bleiben kann. Sie kann für sich alleine getragen werden, oder über normale Hosen und lange Unterhosen gezogen werden.

Überfäustlinge
Auch für die Handschuhe gilt das Zwiebelschalenprinzip und es sollten dicke Fäustlinge über den dünneren getragen werden.

Stiefel
Kälteschutzstiefel bestehen aus einem äußeren Schuh aus Kunststoff und Thermo-Einlagen, die gleichzeitig als Innenschuhe dienen.

Warm bleiben
Bei extrem kalten Temperaturen müssen Sie sämtliche Hautpartien bedeckt halten. Das Festhalten am Zwiebelschalenprinzip ist von größter Bedeutung. Seien Sie bereit, Ihre Kleidung zu lockern oder Kleidungsstücke abzulegen, wenn es Ihnen beim Reisen oder Arbeiten zu warm wird. Fängt sich zuviel Schweiß in der Bekleidung, reduziert sich ihre isolierende Eigenschaft und es kann zu Unterkühlungserscheinungen kommen (siehe Seite 163).

Hut
Den Kopf und den Hals schützt ein breitkrempiger Hut vor der Sonne. Belüftungsösen entlang der Krempe helfen den Kopf kühl zu halten.

Kernschicht
Ein helles T-Shirt aus Baumwolle, das unter dem Hemd getragen wird, saugt Ihren Schweiß auf und hält den Körper kühl.

Zweite Schicht
Die Hauptschicht besteht aus einem dünnerem Hemd. Bei extremer Hitze, etwa in der Wüste, sollten die Ärmel heruntergerollt sein (siehe Seite 142).

Außenschicht
Eine leichte, windabweisende Jacke stellt, über dem Hemd getragen, die abschließende Schicht dar. Sie schützt vor dem Wind und hält nachts die Kälte draußen.

Kühl bleiben
Die Kleidung für heiße Zonen sollte aus einem leichten Material bestehen und luftig geschnitten sein. Helle Farben reflektieren die Hitze und halten Sie kühl. Auch hier gilt, wie für kalte Regionen, das Zwiebelschalenprinzip.

Hosen
Hosen sollten großzügig geschnitten und nicht zu schwer sein. Das beste Material dafür ist Baumwolle oder ein ähnlich leichtes Gewebe.

Stiefel
Stiefel sollten leicht sein, doch stabile Sohlen aufweisen (siehe Seite 24).

Trocken bleiben

Wenn Sie naß werden, können Sie in ernsthafte Schwierigkeiten geraten. Sobald Regen einsetzt, müssen Sie Regenschutzkleidung anziehen, die aber gleich wieder ausgezogen werden muß, wenn es aufhört zu regnen. Regenbekleidung aus undurchlässigem Material ist für Wanderungen ungeeignet, da es »schwitzt« – wählen Sie lieber ein atmungsaktives Material. Tragen Sie wasserdichte Hosen nur dann, wenn es gleichzeitig naß und kalt ist. Gamaschen halten Füße und Unterschenkel selbst dann noch trocken, wenn Sie einen Fluß durchqueren.

Regenausrüstung
Regenbekleidung sollte den gesamten Körper von Kopf bis Fuß einhüllen.

Schuhwerk

Der menschliche Körper ist eigentlich so konstruiert, daß sein Gewicht nicht nur auf zwei, sondern auf vier Füße verteilt werden müßte. Kommt nun noch das Gewicht eines schweren Rucksacks hinzu, schwieriges Gelände und nasser Boden, wird der Schutz der Füße zum wichtigsten Aspekt bei der Wahl der Ausrüstung. Schuhe müssen stets erst eingelaufen werden, bevor man sie wirklich einsetzt. Laufen Sie Lederstiefel ein, indem Sie sie zuerst ins Wasser stellen und dann so lange tragen, bis sie wieder trocken sind. Waschen Sie Ihre Füße täglich und pudern Sie sie mit Talkumpuder ein. Tragen Sie immer trockene, saubere Socken und kleben Sie alle scheuernden und drückenden Stellen ab, bevor Blasen entstehen können.

Leichte Stiefel

Erschütterungsdämpfende Sohlen für das Gehen auf Asphalt

Aufbau aus Stoffgewebe, das bei Feuchtigkeit rasch trocknet

Tourenstiefel
Viele Bergsteiger tragen im Lager oder unterwegs zu einem Berggipfel leichte Stoffstiefel und verwenden ihre schweren Kunststoff-Bergschuhe nur für Schnee und Eis. Leichte Stiefel sind auch für einfache Wanderungen über kürzere Entfernungen geeignet, solange das Gelände nicht zu uneben ist. Obwohl sie dem Fuß nicht denselben Schutz und Halt bieten wie ein Stiefel aus Leder, trocknen Stoffstiefel schneller, wenn sie einmal naß geworden sind. Sie sind für die Füße außerdem eine angenehme Abwechslung im Vergleich zu den schweren und heißen Stiefeln.

Wüstenstiefel
Merkmale der Wüstenstiefel sind die festen Sohlen und der leichte Aufbau aus Wildleder, der die Füße atmen läßt und gleichzeitig verhindert, daß heißer Sand eindringen kann. Der hohe Schaft schützt die Knöchel gegen Dornengestrüpp und bietet einen gewissen Halt. Unter feuchten Bedingungen wird das Wildleder noch viel durchlässiger als sonst und braucht dann einige Zeit um wieder trocken zu werden.

Wildleder bietet den Füßen Schutz und läßt sie atmen

Feste Sohlen unterstützen die Füße auf steinigem Boden

Sohle aus aufgeschäumtem Kunststoff für gute Haftung und als »Stoßdämpfer«

Turnschuhe
Turnschuhe bieten den müden Füßen im Lager ein wenig Erholung und tragen sich gut in Booten und Fahrzeugen. Doch obwohl sie bequem und leicht sind, bieten sie den Füßen nicht denselben Schutz wie etwa schwere Wanderschuhe. Durch ständiges Tragen von Turnschuhen werden die Füße verweichlicht und anfällig für Verletzungen. Auf nassem Untergrund können Turnschuhe im Schlamm stecken bleiben und verloren gehen.

Socken

Dicke Socken, entweder aus Wolle oder einem Kunstfaser/Baumwollgemisch, sind entscheidend. Socken polstern die Füße ab und verhindern, daß die Schuhe die Haut aufreiben, außerdem halten sie die Füße warm und trokken, indem sie den Schweiß »absaugen« und weg von der Haut, an die Gewebeaußenseite transportieren. Wenn es sehr kalt ist, sollten Sie zwei Paar Socken tragen.

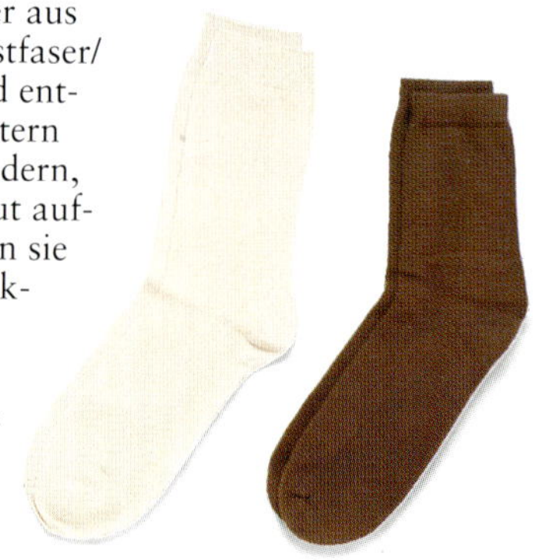

Innensocken Äussere Socken

Schwere Stiefel

Wanderstiefel
Der Kompromiß zwischen Gewicht, Haltbarkeit und Schutzfunktion hat einen guten Schuh für viele Aufgaben hervorgebracht, mit einer stabilen Profilsohle, wasserfestem Aufbau und Schutz für die Knöchel.

Polsterungen im Knöchelbereich bieten eine bequeme Stütze

Profilstollen geben Halt auf rutschigem Boden

Dschungelstiefel
Im Dschungel ist eines der Hauptprobleme die ständige Feuchtigkeit. Die Füße sollten im Bereich der Knöchel besonders stabilisiert werden und sie müssen vor spitzen Ästen und Steinen geschützt sein. Durch ihre Gummisohlen kann das Wasser aus dem feuchten Untergrund nicht eindringen und die Füße können atmen, da der Schaft aus Leinen besteht. Ist man durch einen Fluß gewatet, wird beim Gehen das Wasser durch spezielle Ösen am Spann wieder herausgedrückt. Die Stollen an den Sohlen sind recht tief und breit, wodurch man auf nassem Untergrund einen guten Halt hat.

Fußteil aus Gummi hält das Wasser draußen, während der leinene Schaft die Füße kühl hält

Griffige Sohle zum Gehen auf Schnee

Kunststoff-Bergschuhe
Diese Stiefel, die so konstruiert sind, daß der Fuß nicht abknicken kann, wenn man mit Steigeisen Eisfelder überquert, besitzen eine ausgezeichnete Isolierung, die selbst unter den kältesten Bedingungen den Fuß warm halten. Doch das Gehen fällt damit, ähnlich wie mit Skistiefeln, nicht besonders leicht. Sie haben eine Thermo-Einlage in Form eines Innenschuhs, der beispielsweise im Innern eines Zeltes auch für sich alleine getragen werden kann.

Versteifter Unterbau bietet auf steinigem Untergrund gute Unterstützung

Gamaschen

Gamaschen sind wichtig, sowohl in gemäßigten Zonen, wo sie die Füße und die Hosenbeine um die Waden herum trocken halten, als auch in Polargebieten, wo sie das Eindringen von Schnee verhindern. Beim Durchqueren seichter Flüsse halten Gamaschen Wasser aus den Schuhen fern. Man sollte ihnen Gummistiefeln gegenüber den Vorzug geben, da sie weder schweißverursachend sind, noch zur Überhitzung der Füße führen.

Lang-Gamaschen

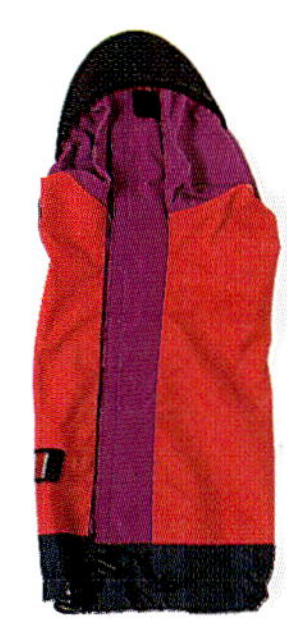

Schnee-Gamaschen

Die Pflege Ihrer Stiefel

1 Entfernen Sie die Schnürsenkel und Schuheinlagen und waschen Sie sämtlichen Dreck von den Stiefeln ab. Es ist sehr wichtig Torf zu entfernen, da dessen Säuregehalt Leder angreifen kann.

2 Lassen Sie die Stiefel gut trocknen. Halten Sie die Stiefel möglichst von direkter Wärmeeinwirkung durch ein Feuer oder die Sonne fern, da Hitze zu Rissen im Leder führt.

3 Sobald die Stiefel trocken sind, tragen Sie mit dem Finger ein imprägnierendes Lederfett auf. Wenn Sie die Stiefel nicht gleich wieder tragen, sollten Sie sie an einem kühlen, trockenen Platz aufbewahren.

Ausrüstung für unterwegs

Die ideale Ausstattung für das Lager in der Wildnis läßt sich nur durch geduldiges Ausprobieren finden. Überlegen Sie sich vielleicht, welche Ausrüstungsteile Sie auf Ihrer letzten Tour nicht mitgenommen, aber vermißt haben und an welchen Teilen Sie Veränderungen vornehmen sollten. Das wird sich bei einigen Stücken mehr als bezahlt machen. Mit der Zeit werden Sie sich so sehr an Ihre Ausrüstung gewöhnt haben, daß es unvorstellbar für Sie sein wird, irgendetwas davon zu verlieren oder kaputt zu machen.

Landkarte
Eine Landkarte sollte immer trocken gehalten werden und ordentlich gefaltet sein, so daß das Gebiet, in dem man sich gerade aufhält, gezeigt wird.

Kompaß
Der Kompaß ist ein wichtiger Ausrüstungsgegenstand und muß daher sicher aufbewahrt werden.

Taschenlampe
Die Taschenlampe sollte möglichst klein und wasserdicht sein.

Fernglas
Es sollte recht klein und sehr robust sein. Bewahren Sie es auch dann in einer Plastiktüte auf, wenn es wasserfest ist.

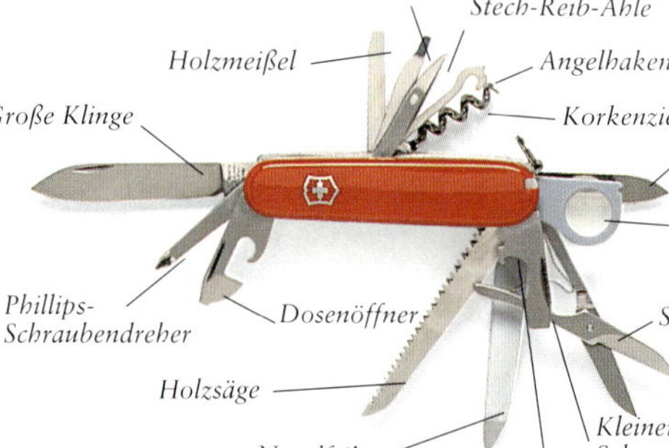

Mehrzweck-Taschenmesser
Ein Taschenmesser mit guter, stabiler Klinge gehört dazu. Zusätzliche Werkzeuge am Messer sind zwar eine Hilfe, können aber bei unbedachtem Gebrauch leicht brechen.

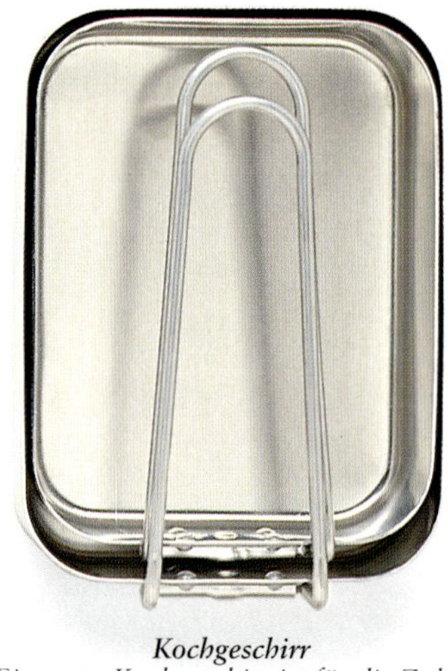

Kochgeschirr
Ein gutes Kochgeschirr ist für die Zubereitung von Nahrung sehr nützlich (siehe Seite 112). Umwickeln Sie den metallenen Handgriff mit einem Klebeband um Verbrennungen zu vermeiden.

Wasserflasche
Eine Flasche aus Metall kann zerspringen, wenn das Wasser darin gefriert. Eine Plastikflasche kann schmelzen, wenn sie zu nahe am Feuer steht.

Wasserfilter
Dieser ist dazu gedacht, Wildwasser vor dem Trinken zu entkeimen und so die Ansteckung durch Krankheitserreger im Wasser zu verhindern.

Kocher
Kaufen Sie einen einfachen, aber qualitativ guten Kocher und pflegen Sie ihn gut. Schützen Sie ihn vor zu großen Erschütterungen.

Kocher-Brennstoff
Stellen Sie sicher, daß die Brennstoff-Kartusche nicht leckt und der Brennstoff sauber ist. Notfalls muß er gefiltert werden.

Teller und Schalen
Verwenden Sie Teller und Schalen aus Kunststoff oder Holz , um schmerzhafte und leicht entzündliche Verbrennungen im Mund zu vermeiden (siehe Seite 112). Essen Sie nie direkt aus einem heißen Topf.

Becher
Ein Plastikbecher eignet sich sowohl für heiße, wie auch für kalte Getränke (siehe Seite 112).

Eßbesteck
Halten Sie sämtliche Teile sauber, um eine Vergiftung zu vermeiden. Verlieren oder zerbrechen Sie einen der Bestandteile, läßt sich Ersatz aus Holz herstellen (siehe Seite 113).

Lippenschutz
In allen Klimazonen ist es wichtig seine Lippen zu pflegen, da sie sonst aufspringen. Cremen Sie Ihre Lippen gleich ein, wenn sie sich trocken anfühlen.

Sonnenschutzmittel
Bei Schnee und grellem Sonnenschein, besonders also in großen Höhen, ist der Schutz vor der Sonne unerläßlich.

Survival-Notausrüstung
Diese Notausrüstung enthält überlebenswichtige Gegenstände, die in der Natur nicht zu finden sind (siehe Seite 28).

Handtuch
Aus einem großen Handtuch lassen sich Streifen herausschneiden, die man als Schweißband oder Waschlappen verwenden kann. Ein Handtuch kann auch die Funktion eines Schals einnehmen (siehe Seite 142).

Erste-Hilfe-Ausrüstung
Sie ist unerläßlich zur Behandlung von Verletzungen (siehe Seite 174).

Wasserfeste Streichhölzer
Bei diesen wurde der Kopf mit Wachs überzogen, um sie trocken zu halten.

Nähzeug
Verwenden Sie es zur Ausbesserung der Bekleidung und des Zeltes.

Waschzeug
Bewahren Sie alle Utensilien für die Körperpflege in einem besonderen Beutel auf. Hängen Sie den Beutel an einen Baum, wenn Sie sich waschen, da so verhindert wird, daß einzelne Teile verloren gehen (siehe Seite 57).

WARM UND TROCKEN

Zelte und Schlafsäcke stellen in der Wildnis einen gewissen häuslichen Komfort dar, obwohl Sie auch ohne sie überleben können. Bewahren Sie sie stets ordentlich auf und lassen Sie Ihren Schlafsack nie naß werden.

ZELT

SCHLAFSACK

Survival-Notausrüstung

In einer Überlebenssituation können schon ein paar kleine, aber entscheidende Stücke den Ausschlag geben, ob Sie überleben oder sterben werden. Diese wichtigen Teile sollten ständig direkt »am Mann« mitgeführt werden, vorzugsweise in einer Blechdose, die klein genug sein muß, um in die Tasche zu passen. Jedesmal wenn Sie sich in die Wildnis hinauswagen, sollten Sie andere überlebenswichtige Gegenstände so an sich oder Ihrer Kleidung befestigen, daß nichts verloren gehen oder beschädigt werden kann. Einige davon können Sie sich an festen Kordeln um den Hals hängen und so unter der Kleidung tragen, wodurch vermieden wird, daß Sie damit im Gestrüpp hängen bleiben. Stecken Sie, wenn möglich, jedes Teil in eine andere Schicht Ihrer Kleidung, so daß diese nicht gegeneinanderschlagen und zerbrechen können. Sie sollten sich Ihre eigene Notausrüstung zusammenstellen, die Ihren persönlichen Anforderungen und Vorstellungen entspricht.

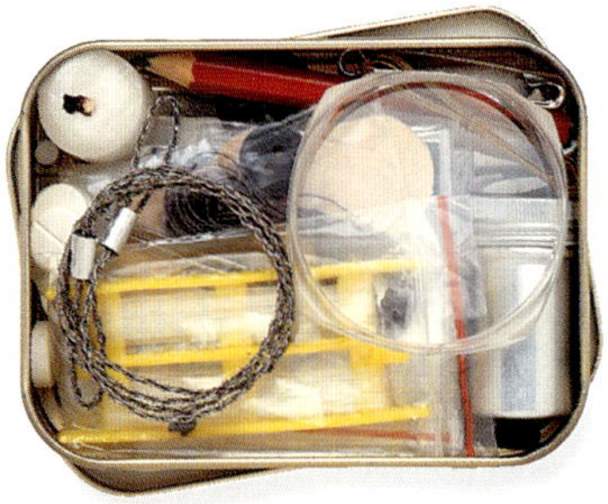

Lebensretter
Bewahren Sie die wichtigsten Teile Ihrer Überlebensausrüstung in einer kleinen Blechdose mit festschließendem Deckel auf.

Sicherheitsnadeln
Verwenden Sie diese zur Sicherung der Kleidung oder zum Reparieren des Schlafsacks oder des Zeltes.

Angelschnur
Nehmen Sie eine feste Schnur, mit der Sie Fische fangen oder Werkzeug zusammenbinden können.

Dünner Draht
Draht kann für viele Aufgaben eingesetzt werden und läßt sich immer wieder neu verwenden. Er sollte dünn genug sein um sich leicht biegen zu lassen, aber doch nicht so dünn, daß er schnell bricht.

Angelhaken und Bleigewichte
Packen Sie ausreichend kleine Haken, Schwimmer und Grundbleie ein. Mit kleinen Angelhaken lassen sich nicht nur kleine, sondern auch größere Fische gefangen werden.

Signalspiegel
Sie können den polierten Deckel Ihrer Überlebens-Dose oder einen speziellen Reflektor dazu verwenden, um in einer Notlage auf sich aufmerksam zu machen. Um einem Flugzeug Signale zu geben, visieren Sie es durch das Loch in der Mitte des Signalspiegels an und richten dann die gebündelten Sonnenstrahlen in seine Richtung.

Tabakdose
Ihre Survival-Notausrüstung sollten Sie in einer kleinen, gut verschließbaren Blechdose aufbewahren, damit sie trocken bleibt.

Knopfkompaß
Er ist unerläßlich. Wählen Sie einen mit Leuchtmarkierungen.

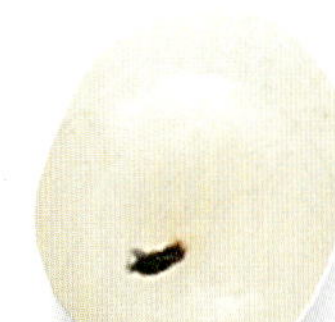

Kerze
Sie sollte zum Feueranzünden verwendet werden, nicht als Lichtquelle. Benützen Sie keine Talglichter, da diese verwesen, wenn es heiß ist.

Streichhölzer
Kaufen Sie wasserfeste Streichhölzer oder machen Sie selber welche wasserfest, indem Sie eine dünne Schicht Kerzenwachs darüber träufeln. Bevor Sie eines der Hölzer anstreichen, muß das Wachs wieder abgekratzt werden.

Nadeln, Zwirn und Knöpfe
Tun Sie mehrere Nadeln mit großem Öhr in Ihre Dose, dazu genügend Zwirn. Wählen Sie einen dikken, starken und vorzugsweise wasserfesten Faden. Wickeln Sie den Faden um die Nadeln und bewahren Sie beides zusammen in einem Plastiktütchen auf. Große Knöpfe sind hilfreich, um Zelteingänge zu sichern.

Heftpflaster
Sie sollten Pflaster in verschiedenen Größen dabei haben. Sie verhindern, daß sich Schürfwunden entzünden und können über Blasen an den Füßen geklebt werden, bis diese wieder verheilt sind.

Antibiotika
Diese Tabletten sollten nur dann genommen werden, wenn es unbedingt erforderlich ist.

Wasserentkeimungstabletten
Halten Sie diese für Notfälle bereit, wenn Sie Zweifel über die Qualität Ihres Trinkwassers haben, es jedoch nicht abkochen können.

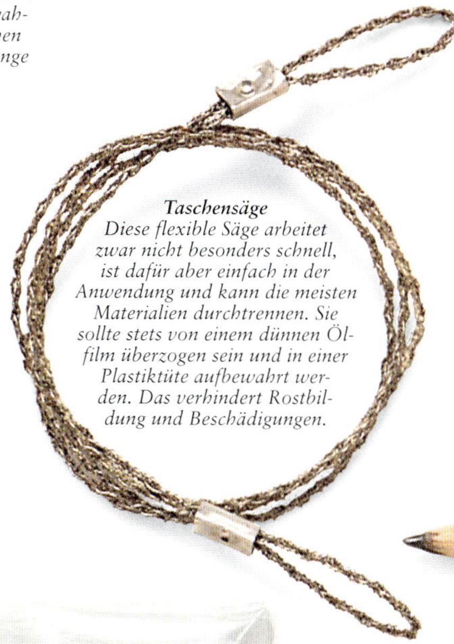

Taschensäge
Diese flexible Säge arbeitet zwar nicht besonders schnell, ist dafür aber einfach in der Anwendung und kann die meisten Materialien durchtrennen. Sie sollte stets von einem dünnen Ölfilm überzogen sein und in einer Plastiktüte aufbewahrt werden. Das verhindert Rostbildung und Beschädigungen.

Vergrößerungsglas
Mittels eines Vergrößerungsglases lassen sich Sonnenstrahlen auf trockenen Zunder bündeln, der dann zu glimmen anfängt, so daß Sie ein Feuer damit entzünden können.

Skalpellklinge
Sie kann viele gute Dienste leisten. Belassen Sie sie in der Originalverpackung aus Ölpapier.

Bleistift
Ein Bleistift ist unverzichtbar, um sich Notizen darüber zu machen wo man überall war, was man ohne Risiko essen kann und auch um Kartenskizzen anzufertigen.

Salz
Es ist zum Überleben absolut notwendig. Wird das Salz, das über Schweiß und Urin verloren geht, nicht ersetzt, kann das zu gefährlichen Krankheiten führen.

Plastiksack
Ein fester Plastiksack ist für viele Zwecke nützlich. Damit läßt sich Wasser von einem Wasserlauf herantragen oder in Notlagen auch Wasser aus Pflanzen gewinnen.

Kaliumpermanganat
Mit diesen Kristallen kann man Wasser entkeimen. Mischt man es mit Wasser, so daß es eine tiefrote Färbung annimmt, lassen sich auch Pilzinfektionen wie der Immersionsfuß behandeln. Befolgen Sie die Anweisungen auf der Verpackung.

Wichtige Ausrüstung wird um den Hals gehängt

Sie sollten immer die allerwichtigsten Teile Ihrer Ausrüstung dabei haben, besonders in der Wildnis. Geben Sie gut acht, daß nichts beschädigt wird oder gar verloren geht, denn weitab jeglicher »Zivilisation« können Sie nichts davon ersetzen oder reparieren. Befestigen Sie jeden dieser Gegenstände an einer separaten Kordel, die Sie sich dann um den Hals hängen, damit immer alles greifbar ist, sobald es gebraucht wird. Stecken Sie die Teile nach Gebrauch wieder unter die Kleidung, um Beschädigungen zu vermeiden.

Wichtiges Gerät
Bewahren Sie die wichtigsten Teile der Ausrüstung in Reichweite auf.

Schlafsäcke und Betten

Ruhe ist zum Überleben ebenso bedeutend wie Nahrung. All die Sorgen und Belastungen, denen man in einer schwierigen Lage ausgesetzt ist, lassen sich wieder ausgleichen, wenn man eine ganze Nacht durch gut und ungestört geschlafen hat. Sie werden sich viel sicherer fühlen, wenn Sie warm und im Trokkenen liegen, als wenn Sie unter freiem Himmel auf dem nackten Boden übernachten. Selbst in der schwülen Hitze des Dschungels ist ein Unterschlupf und eine Isolierung gegen den feuchten Untergrund ratsam.

Schlafsackformen

Es gibt die unterschiedlichsten Formen und Arten bei Schlafsäcken, doch sollten Sie darauf achten, daß das verwendete Füllmaterial Sie auch dann noch warm hält, wenn Sie kein Zelt haben. Ein Schlafsack darf niemals naß werden. Verwenden Sie Ihren Schlafsack stets in Verbindung mit einem wasserabweisendem Überzug, etwa einem Biwaksack aus atmungsaktivem Material (siehe Seite 43).

Mumienform
Dies ist eine weit verbreitete Form bei modernen Schlafsäcken. Durch die angeschnittene Kapuze kann die Körperwärme um Kopf, Brust und Schultern nicht verloren gehen.

Mumienform ohne Reißverschluß
Dieser Schlafsack läßt sich oben mit einem Schnürzug verschließen und hält damit den Kopf und Halsbereich bei extremen Minusgraden noch angenehm warm. Das ist besonders wichtig, wenn man bedenkt, daß bis zu fünfzig Prozent der Körperwärme über den Kopf verloren gehen kann. Ohne Reißverschluß kann es allerdings schwierig werden, schnell herauszukommen.

Kombidecke
Für das Übernachten draußen ist diese Schlafsackform nur bedingt tauglich, kann aber im Wohnwagen und für einen Hüttenaufenthalt eingesetzt werden. Er ist sehr dünn und daher ungeeignet für sehr kalte Gegenden, etwa den Polarregionen.

Schlafsackkonstruktionen

Ein Daunenschlafsack wiegt nicht viel und ist warm. Allerdings verliert Daune ihre Isolierfähigkeit und fällt in sich zusammen, wenn sie naß wird oder zu fest zusammengepreßt. Mit Kunstfaser gefüllte Schlafsäcke sind voluminöser, schwerer und nicht so komfortabel wie Daune. Dafür jedoch wärmen sie auch noch in nassem Zustand und trocknen rasch wieder.

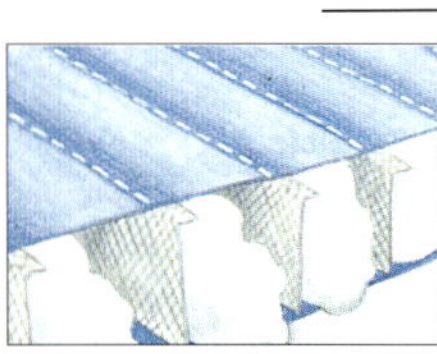

Box-Kammersystem
Bei Daunenschlafsäcken, die für niedrige Temperaturen konzipiert sind, befindet sich die Füllung in Gewebe-»Kammern«, um ein Verrutschen des Materials zu verhindern.

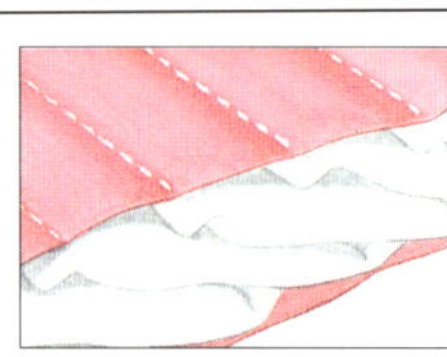

Schrägwand-Kammersystem
Bei diesen Schlafsäcken überlappen sich die schräg genähten Lagen, so daß sich zwischen ihnen eine isolierende Luftschicht bilden kann.

Kaltnaht-Kammersystem
Die Füllung liegt in einzelnen ovalen Kanälen. Durch die Nähte geht viel Wärme verloren.

Mehrschichtensystem
Zwei Lagen gegeneinander versetzter Kanäle verhindern ein Verrutschen des Füllmaterials und den Verlust von Wärme über die Nähte.

Schlafsackzubehör

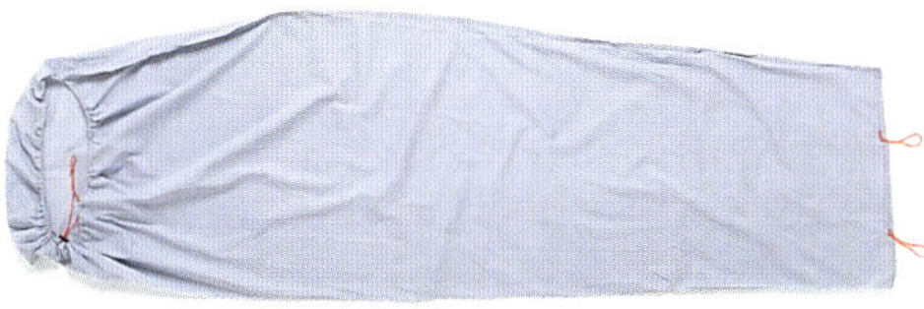

Innenschlafsack
Ein Inlett aus Baumwolle läßt zwischen Ihrem Körper und dem Schlafsack eine isolierende Luftschicht entstehen. Es läßt sich auch viel leichter waschen als der Schlafsack selber.

Isoliermatte
Um die Nässe und Kälte die vom Boden aufsteigt fernzuhalten, leistet sie unschätzbare Dienste. Sie sollte direkt unter den Schlafsack gelegt werden.

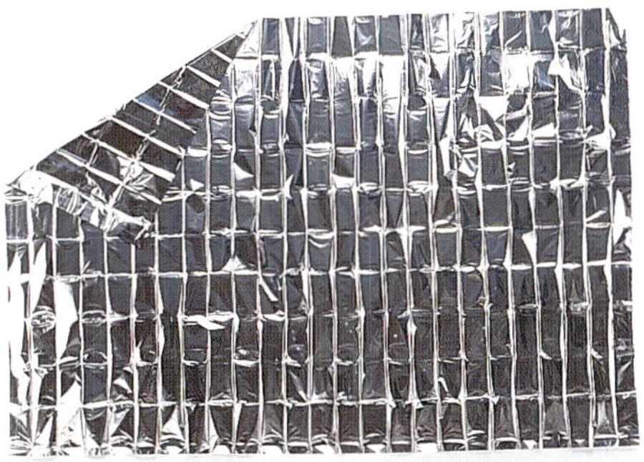

Rettungsdecke
Dabei handelt es sich um eine leichte Spezialfolie für Notfälle. Die Folie verhindert, daß Körperwärme verloren geht und strahlt sie auf den Körper zurück. In der Wüste etwa, kann man diese Decke auch als Schutzdach einsetzen, um die Sonnenstrahlen zu reflektieren.

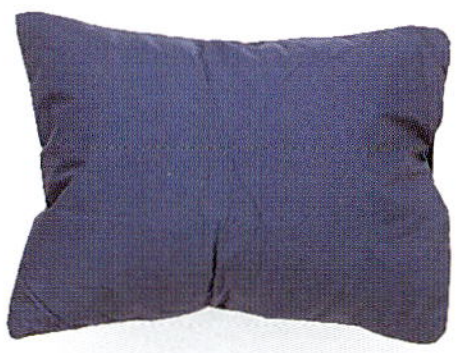

Aufblasbares Kissen
Ein Kissen ist zwar nicht unbedingt erforderlich, bietet aber bei längeren Reisen ein wenig Komfort.

Pflege und Reparatur

Schütteln Sie Ihren Schlafsack gut auf bevor Sie ihn benützen, damit die Füllung gleichmäßig liegt, und lüften Sie ihn nach Gebrauch sorgfältig aus. Entdecken Sie einen Riß im Gewebe, sollte dieser umgehend mit Nadel und Faden geflickt werden, da sonst der Schaden vielleicht noch größer wird. Ein breites Klebeband kann zur provisorischen Schadensbekämpfung verwendet werden. Sie können einen Riß in Ihrem Schlafsack unter Verwendung des dazugehörenden Packbeutels flicken (siehe Seite 27), der meistens aus demselben Material besteht.

Nähzeug
Ein Nähzeug ist notwendig, damit Risse in Schlafsäcken, Zelten und Kleidungsstücken repariert werden können.

Bau einer Bettstatt

1 Fehlt ein Schlafsack, dann bauen Sie sich ein Bett. Es sollte leicht erhöht sein, da so eine gewisse Isolierung gewährleistet ist und Sie nicht von Insekten und anderen Tiere heimgesucht werden. Legen Sie dazu als Unterbau mehrere Baumstämme nebeneinander auf den Boden, die etwas länger sein sollten als Ihre eigene Körpergröße.

2 Sorgen Sie dafür, daß die Stämme dicht zusammen liegen bleiben, indem Sie an den Ecken Holzpflöcke in die Erde treiben, die zuvor angespitzt wurden. So kann Ihr Bett nicht mehr wegrollen.

3 Bedecken Sie nun die Stämme mit einer dicken Schicht aus Gras. Damit polstern Sie die Unebenheiten im Holz aus und spüren die rauhe Rinde und die Verwachsungen nicht mehr.

4 Schichten Sie weitere Lagen aus Zweigen, Farnen und Blättern darüber. Unter die einzelnen Lagen sollten Sie immer wieder Gras und feinen Pflanzenbewuchs fügen, so schaffen Sie Luftpolster und es entsteht beinahe die Wirkung eines Federbettes. Am Schluß haben Sie ein gemütliches Nest, in das Sie sich sinken lassen können.

5 Fahren Sie damit fort, Ihre »Matratze« mit weiteren Lagen Vegetation zu polstern, bis Sie wirklich bequem liegen. Aufgehäuftes Gras kann als Kopfkissen dienen.

Werkzeuge

Ob Sie nun einen Camping-Urlaub mit allen Schikanen unternehmen, oder ob Sie in einem Notfall mit minimaler Ausrüstung überleben müssen, Sie werden in beiden Fällen ein paar Werkzeuge brauchen, mit denen Sie einen Unterschlupf errichten und Feuerholz machen können. In der Wildnis gibt es für zerbrochenes oder verlorenes Werkzeug keinen Ersatz, daher müssen Sie sehr gut darauf aufpassen. Achten Sie beim Gebrauch darauf, daß Sie keinen Schaden nehmen. Einige Werkzeuge lassen sich behelfsmäßig herstellen, aber Sie sollten sicherstellen, daß Sie bei der Konstruktion dieser Improvisationen nicht ein anderes Ihrer wertvollen Werkzeuge beschädigen oder verlieren. Benützen Sie Ihr Werkzeug immer nur in einer Art und Weise, für die es auch ausgelegt ist und überschätzen Sie auch niemals Ihre eigenen Fähigkeiten.

Elementare Schneidewerkzeuge

Ein gutes, stabiles Messer ist das wichtigste Werkzeug überhaupt, sowohl für den Camping-Urlaub als auch beim Survival. Beinahe jedes andere Werkzeug kann improvisiert werden, doch ohne ein Messer wird es Ihnen sehr schwer fallen andere Gegenstände herzustellen. Für schwere Arbeit ist eine Axt hervorragend geeignet, allerdings ist es aufgrund des erheblichen Mehrgewichtes fraglich, ob Sie eine dabei haben werden – es sei denn, Sie sind mit dem Fahrzeug oder Tragtieren unterwegs.

Kukri
Dieses stabile und funktionelle Messer ist traditionelle Waffe und Werkzeug der Gurkhas aus Nepal. Es wird aus der hinteren Blattfeder eines LKWs geschmiedet, die aus einem Vergütungsstahl mit hoher Zugfestigkeit besteht. Vergleichbare Messer werden überall auf der Welt zum Verkauf angeboten. Wenn Sie ein Messer benützen, tragen Sie möglichst Arbeitshandschuhe, um Verletzungen und Abschürfungen zu vermeiden. Bewahren Sie es in einer Lederscheide auf wenn es nicht benützt wird, so wird vermieden, daß Sie sich schneiden oder das Messer beschädigt wird.

Taschenmesser
Ein gutes Taschenmesser wird in seiner Bedeutung für Sie nur noch von Ihren eigenen Zähnen übertroffen. Es kann zu Aufgaben eingesetzt werden, bei denen Ihr großes Messer zu unhandlich ist (siehe gegenüberliegende Seite). Achten Sie stets darauf, daß Sie es bei sich tragen und hängen Sie es an einer festen Kordel um den Hals oder um die Hüfte. Halten Sie es immer gut scharf.

Taschensäge
Die Taschensäge besteht aus einem geflochtenen Sägedraht, bei dem zwei Ösen als Griffe dienen. Sie läßt sich klein zusammenrollen und paßt daher leicht in Ihre Notausrüstung (siehe Seite 28). Zum Schneiden von Ästen stellt sie eine praktische Alternative zur Axt dar, ist allerdings anfälliger und muß mit Bedacht verwendet werden.

Schleifen eines Messers

1 Befeuchten Sie den Wetzstein mit Wasser. Ziehen Sie das Messer zu sich hin über den Stein, so daß der Messerrücken zu Ihnen zeigt.

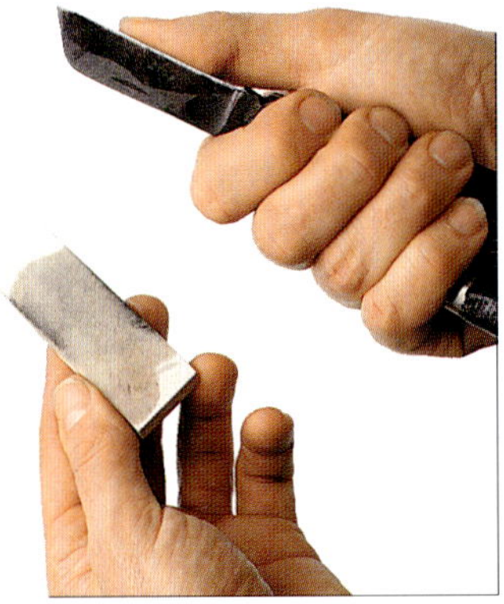

2 Nachdem Sie die eine Seite des Messers geschärft haben, fühlen Sie nach dem Grat auf der anderen Seite, der durch den Abrieb entstanden ist.

3 Glätten Sie nun die andere Seite der Klinge und richten dabei den Schärfungswinkel zur Mitte hin aus.

4 Ziehen Sie anschließend das Messer an einem Ledergürtel ab (indem Sie es auf und ab streichen). Dies wird die Schneidefläche glätten und festigen.

Gebrauch eines Messers

Hacken
Benützen Sie zum Hacken den Mittelteil des Messers und arbeiten Sie stets vom Körper weg. Schneiden Sie in einem Winkel von 45 Grad quer zur Maserung des Holzes. Dadurch wird verhindert, daß die Klinge abrutscht und Sie verletzt.

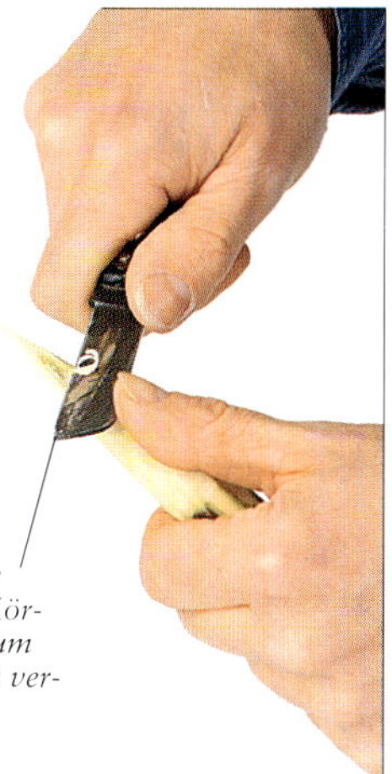

Schneiden Sie vom Körper weg, um Unfälle zu vermeiden

Schnitzen
Damit lassen sich kleine, filigrane Objekte herstellen, etwa die feine Spitze einer Harpune zum Fischspeeren (siehe Seite 104). Für derartige Schnitzarbeiten drücken Sie das Messer vorsichtig mit dem Ballen des Daumens weg von sich. Für diese Aufgaben eignet sich Ihr Taschenmesser wahrscheinlich besser, als Ihr schweres Arbeitsmesser.

Schneiden
Auch sämtliche Schneidearbeiten müssen vom Körper weg durchgeführt werden. Geben Sie gut acht auf ihre Finger und Gliedmaßen. Schneiden Sie mit der Maserung, in einem flachen Winkel und kurzen Bewegungen.

Gebrauch einer Taschensäge

Schnur dient als Griff

1 Die Drahtösen können Ihnen in die Finger.schneiden. Befestigen Sie daher vor dem Einsatz der Säge etwas Schnur oder Stoff als Griff.

Halten Sie den Draht gerade und straff gespannt

2 Ziehen Sie die Säge mit beiden Händen durch das Holz. Sie sollten den Draht beim Sägen möglichst gerade halten, obwohl er auch noch schneidet, wenn er in einem leichten Winkel durch das Holz geführt wird.

ACHTUNG

Halten Sie Ihr Werkzeug immer scharf und seien Sie sehr vorsichtig im Umgang damit. Wenn Sie ein Messer aus seiner Scheide ziehen, halten Sie sie stets an der Seite des Messerrückens fest. Eine scharfe Klinge kann durch die Scheide schneiden und Ihnen die Sehnen der Hand durchtrennen. Auch an einer Taschensäge können Sie sich verletzen, wenn sie nicht vorsichtig gehandhabt wird.

Improvisiertes Werkzeug

1 Sie können sich eine behelfsmäßige Klinge herstellen, indem Sie einen Brocken aus Feuerstein auf einen Felsen fallen lassen. Der Feuerstein wird auseinanderbrechen und dabei eine scharfe Kante erhalten.

Feuerstein kann als Messer oder Hammer dienen

2 Die scharfe Kante kann Ihnen als Schneidewerkzeug dienen. Das andere Ende läßt sich als Hammer verwenden. Wenn die Klinge durch Gebrauch stumpf geworden ist, zerbrechen Sie einfach einen anderen Feuersteinbrocken.

Andere Materialien

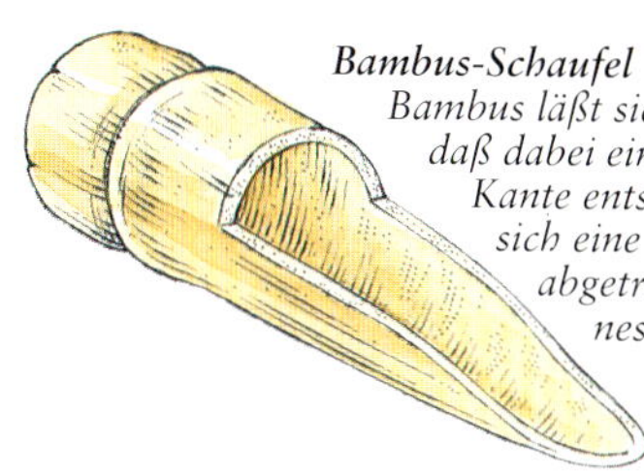

Bambus-Schaufel
Bambus läßt sich so zuschneiden, daß dabei eine scharfe, stabile Kante entsteht. Machen Sie sich eine Schaufel aus dem abgetrennten Stück eines Bambusstammes.

Glasmesser
Aus zerbrochenen Glasscherben können Sie ein primitives, aber wirkungsvolles Messer gewinnen. Vor dem Gebrauch müssen Sie ein Ende sehr sorgfältig mit Stoff umwickeln und erhalten so einen Griff.

Seile und Knoten

Sie brauchen für beinahe alle improvisierten Ausrüstungsgegenstände irgendeine Art von Seil oder Schnur, es sei denn, Sie verwenden einen Klebstoff oder Klammern aus Holz um verschiedene Materialien miteinander zu verbinden (siehe Seite 77). Wenn Sie kein fertiges Seil oder Schnur zur Verfügung haben, können Sie auch aus natürlichen Materialien ein Seil herstellen. Es ist entscheidend, für die jeweilige Aufgabe auch den richtigen Knoten zu verwenden – beispielsweise wenn Sie einen Fluß mit Hilfe eines Seils überqueren oder für den erfolgreichen Einsatz Ihrer improvisierten Ausrüstung, damit Sie sich darauf verlassen können, daß die einzelnen Bestandteile Ihrer Konstruktion auch zusammenhalten. Wenn Sie sich nicht mehr als einen Knoten merken können, dann lernen Sie am besten den Kreuzknoten (siehe gegenüberliegende Seite).

Seilarten

Man unterscheidet zwischen zwei grundlegenden Methoden der Seilkonstruktion. Spiralgeflochtene Seile bestehen aus drei miteinander verdrillten Faserbündeln, während das Kernmantelseil einen zentralen Kern aufweist, der von einem gewobenen Mantel umgeben ist. Beide Seilarten können aus natürlichen oder künstlichen Fasern hergestellt werden. Die Art des Seils, für das Sie sich entscheiden werden, hängt von Ihren Anforderungen ab. Ein geflochtenes Seil wird sich nicht so leicht verdrehen wie ein gelegtes oder gedrehtes, während ein Seil aus Naturfasern vielleicht verrottet, wenn es naß wird. Naturfaserseile neigen eher zum Reißen als die Kunstfaserseile aus Nylon oder Polyester.

Spiralgeflochtenes Seil
Dieser Seiltyp ist stärker als das Kernmantelseil, besonders dann, wenn es beschädigt ist. Es besteht aus drei Fasersträngen, oder Kardeelen, die miteinander verdrillt sind. Es kann aus natürlichem Material hergestellt werden, etwa aus Sisal, Hanf oder Kokosfasern, oder aus Kunstfasern wie Nylon. Aufgrund ihrer Stabilität werden meistens spiralgeflochtene Taue zum Festmachen und Verankern von Booten verwendet.

Kernmantelseil
Bergsteiger bevorzugen ein Kernmantelseile, das aus einem Kern aus miteinander verdrillten dünnen Schnüren besteht, der von einer festen, gewobenen Außenhülle umgeben ist. Dieses Seil läßt sich sehr leicht handhaben, solange es nicht naß oder vereist ist.

Selbstgemachtes Seil

Zur Herstellung eines Seils aus Brennesseln müssen Sie zuerst die Pflanzenstengel solange einweichen, bis diese geschmeidig geworden sind. Klopfen Sie sie danach mit einem Stein, so daß sich die Fasern vom Mark lösen und lassen Sie diese Fasern anschließend trocknen. Nun können Sie die Fasern zu dünnen Strängen zusammendrehen und diese zu einem Seil flechten. Nach dieser Methode lassen sich auch Seile aus der Rinde von Weiden- und Lindenbäumen herstellen.

1 Um Fasern flechten zu können, müssen Sie zuerst die Enden dreier Stränge an einem Ast festbinden. Führen Sie den rechten Strang über den mittleren.

2 Legen Sie als nächstes den linken Strang über den neuen mittleren. Halten Sie alle Faserstränge gut fest.

3 Nun wird der Strang, der sich jetzt rechts befindet, über denjenigen in der Mitte gelegt. Damit ist der erste Abschnitt des Seilzopfes beendet.

4 Wiederholen Sie diese Schritte solange, bis das Seil die gewünschte Länge erreicht hat. Umwickeln oder verknoten Sie die beiden Enden sorgfältig, damit die Stränge sich nicht wieder auflösen.

Kreuz- oder Weberknoten

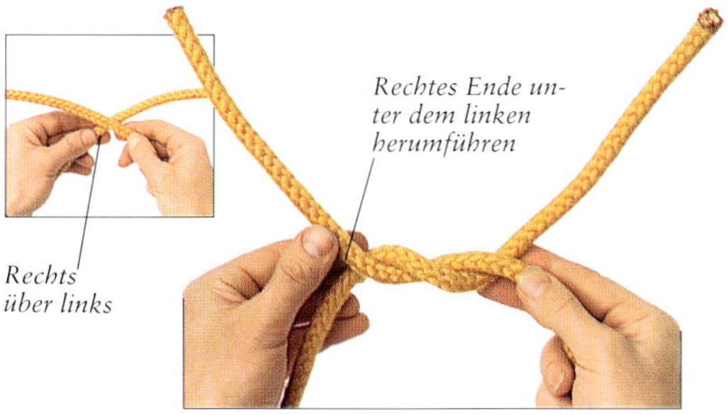

1 Zum Binden eines Kreuzknotens wird zuerst das rechte Seilende über das linke gelegt und einmal von unten durchgeführt.

2 Legen Sie nun das linke Ende über das rechte Seil und führen Sie es unten durch. Halten Sie beide Enden, wie oben gezeigt, gut fest.

3 Ziehen Sie an beiden Enden, damit sich der Knoten zuzieht. Er läßt sich auch in umgekehrter Reihenfolge binden (links über rechts, rechts über links) und läßt sich leicht wieder aufknoten.

Einfacher Palstek

1 Mit dem Palstek macht man Schlingen, die sich nicht lösen und nicht zusammenziehen. Führen Sie das Seilende von hinten durch die Schlaufe.

2 Führen Sie das Ende um das Rettungsseil und dann zurück in die Schlaufe. Merkhilfe: Stellen Sie sich ein Kaninchen vor, das aus seinem Bau kommt, einmal um den Baum läuft und dann wieder zurück in seinen Bau.

3 Ziehen Sie an Seil und Seilende den Knoten zu. Der Palstek ist nützlich; manche Bergsteiger jedoch bevorzugen die Achterschlaufe zum Anseilen.

4 Führen Sie das Seilende über die rechte Seite der Schlinge und durch sie hindurch und von oben in die neue kleine Schlaufe. Ziehen Sie den Knoten fest.

Nachgeführte Achterschlaufe

1 Mit der Achterschlaufe legt man Schlingen in ein Seil. Legen Sie das Seil doppelt, und formen Sie etwa 1 m vom Seilende entfernt eine Unterhandschlaufe.

2 Führen Sie das doppelte Ende des Seils vor diese Schlinge und dann in sie hinein.

3 Ziehen Sie die Schlaufe kräftig fest. Die Achterschlaufe wird häufig von Bergsteigern (siehe Seite 149) verwendet: Sie löst sich zwar nicht von alleine, kann aber leicht gelöst werden.

Verwendung von Seilen

Für ein Seil gibt es eine Vielzahl von Verwendungsmöglichkeiten. Ihr Kletterseil mag zwar stark genug sein, um ein liegengebliebenes Fahrzeug damit abzuschleppen, doch wird es bei solch einem Einsatz mit Sicherheit seine Dehnungsfähigkeit einbüßen sowie verschmutzt und beschädigt werden. Verwenden Sie es dann wieder für seine ursprünglichen Aufgaben, kann es Ihnen bei einem Sturz vielleicht nicht mehr das Leben retten. Sie sollten Ihr Seil stets gleichmäßig auf beiden Seiten benützen, damit es nicht unterschiedlich stark verschleißt. Hängen Sie niemals eine Last an ein Seil wenn es verdreht ist, da sonst ernsthafte Schäden am Seil entstehen können. Halten Sie Ihr Seil sauber und rollen Sie es auf, wenn es gerade nicht gebraucht wird.

Pflege von Seilen

Hohe Feuchtigkeit, starke Sonneneinstrahlung und Insekten können Naturfaserseile beschädigen. Kunstfasern können bei großer Hitze schmelzen und sie brechen hin und wieder, wenn sie unter Belastung über eine Kante gespannt werden. Sind Kunstfaserseile naß, lassen sie sich schwer greifen. Schmutzpartikel zwischen den Seilfasern führen zu Schäden, also halten Sie Ihr Seil sauber und trocken. Waschen Sie nasse, verschmutzte Seile in sauberem und frischem Wasser und benützen Sie Seife dazu, keine scharfen Reinigungsmittel. Hängen Sie anschließend die Seile so zum Trocknen auf, daß sie von der Sonne oder der Feuerstelle abgeschirmt sind.

Beschädigter Kern
Obwohl die Außenhülle keine Schäden aufweist, ist dieses Seil nicht länger sicher und sollte nicht mehr verwendet werden.

Beschädigter Mantel
Schneiden Sie die beschädigten Stellen heraus und verwenden Sie die Reste für Laschungen, Schlingen oder andere nicht so entscheidende Aufgaben.

Aufschiessen eines Seils

1 Wenn Sie damit beginnen, das Seil zu einer Rolle aufzuschießen, folgen Sie der Richtung, die es selber einnehmen will und schütteln alle Verdrehungen oder Knicke heraus.

Jede Schlinge sollte etwa 50 cm Durchmesser haben

2 Halten Sie das Seil mit dem Fuß am Boden fest während Sie es aufrollen. Ist der Untergrund staubig oder dreckig, dann formen Sie die Schlingen in der Hand.

Achten Sie darauf, daß die Schlingen ordentlich ineinander zu liegen kommen

Biegen Sie das kurze Ende der Rolle auf sich selbst. Die entstandene Schlaufe sollte 30–35 cm lang sein

3 Fahren Sie mit dem Aufschießen fort, bis nur noch eine Schlingenlänge des Seils übrig ist. Um die Seilrolle zu sichern, formen Sie eine kleine Schlaufe, indem das kurze Ende der Rolle auf sich selbst zurückgebogen wird.

Am Schluß wickeln Sie das Seilende um die Rolle

4 Nun wird das verbliebene lange Ende um die Seilrolle herumgewickelt. Führen Sie es über die kleine Schlaufe, wobei jedoch ihr Ende frei bleiben muß.

Die Schlaufe muß frei bleiben

5 Machen Sie Schluß, sobald die Laschung etwa 10 cm breit ist. Es sollten noch ungefähr 3 cm der Schlinge frei geblieben sein.

6 Führen Sie das jetzt verbleibende Ende des Seils durch die Schlaufe und ziehen es fest.

Ziehen Sie die Schlaufe vorsichtig unter der Laschung fest, die damit gesichert wird

7 Ziehen Sie an dem Seilende, das die Schlaufe bildet. Dadurch wird die Schlaufe unter der Laschung zugezogen und diese somit gesichert.

Verbinden von Seilen

1 Wenn Sie Seile miteinander verbinden wollen, dürfen diese nicht auffasern, da sie sich sonst wieder voneinander lösen könnten. Biegen Sie zum Anfang jedes der beiden Seilenden zu einer Schlaufe.

2 Schieben Sie nun die eine der beiden Schlaufen in die andere. Mit diesem »Schotstek« lassen sich Seile gleicher oder unterschiedlicher Stärke miteinander verbinden, selbst wenn sie aus verschiedenem Material bestehen.

Eine Schlaufe kommt über die andere

Halten sie die erste Schlaufe gut fest

3 Ergreifen Sie das freie Ende der äußeren Schlaufe, es wird zuerst über sich selbst und dann durch die innere Schlaufe geführt. Lassen Sie dabei das erste Seil nicht los.

Lange Enden stehen lassen, damit sich der Knoten nicht löst

4 Ziehen Sie nun die Enden fest, wobei die innere Schlaufe zusammengehalten werden muß. Lassen Sie möglichst lange Enden stehen um ein Lösen der Verbindung zu vermeiden.

Scherenlaschung

1 Beim Laschen wird Schnur fest um zwei Objekte gewunden, die miteinander verbunden werden sollen, wie diese Spieren. Um mit der Laschung zu beginnen, binden Sie die Schnur zuerst sorgfältig an der ersten Spiere fest.

Schnur wird an der ersten Spiere befestigt, um die Laschung zu beginnen

2 Nachdem Sie mehrere Sicherungsschläge um die erste Spiere gemacht haben, führen Sie die Laschung auch um die zweite.

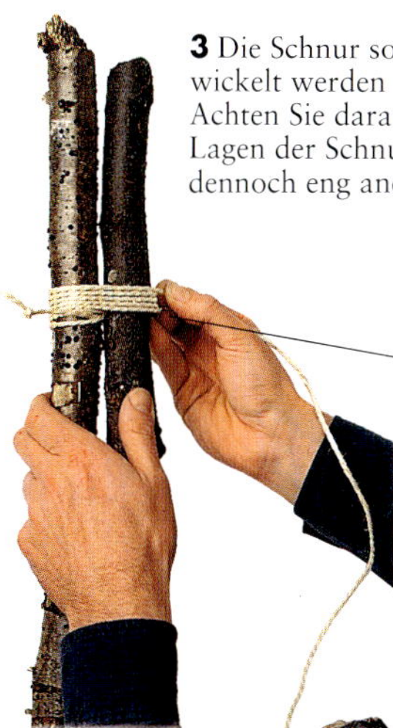

3 Die Schnur sollte eng um die Spieren gewickelt werden bis sie etwa 3 cm breit ist. Achten Sie darauf, daß sich die verschiedenen Lagen der Schnur nicht überlappen, aber dennoch eng aneinanderliegen.

Die Lagen liegen dicht und ordentlich nebeneinander

Die Verbindung ist stabil, sicher und flexibel

4 Führen Sie die Schnur nun zwischen den beiden Spieren hindurch und zurren Sie die Laschung mit einigen Schlägen fest.

5 Die Laschung wird gesichert, indem das Ende der Schnur einige Male unter der Schlaufe (Halbstek) durchgezogen wird, die um einen der Spiere gelegt wurde. Ziehen Sie das Ende zur Sicherung fest.

Führen Sie das Ende der Schnur unter ihr durch, um die Laschung zu sichern

6 Sobald die Laschung gesichert wurde, ziehen Sie die Spieren bis zum gewünschten Winkel auseinander. Verwenden Sie die Konstruktion als Grundlage für verschiedene Bauten, wie den A-Rahmen-Unterschlupf (siehe Seite 52).

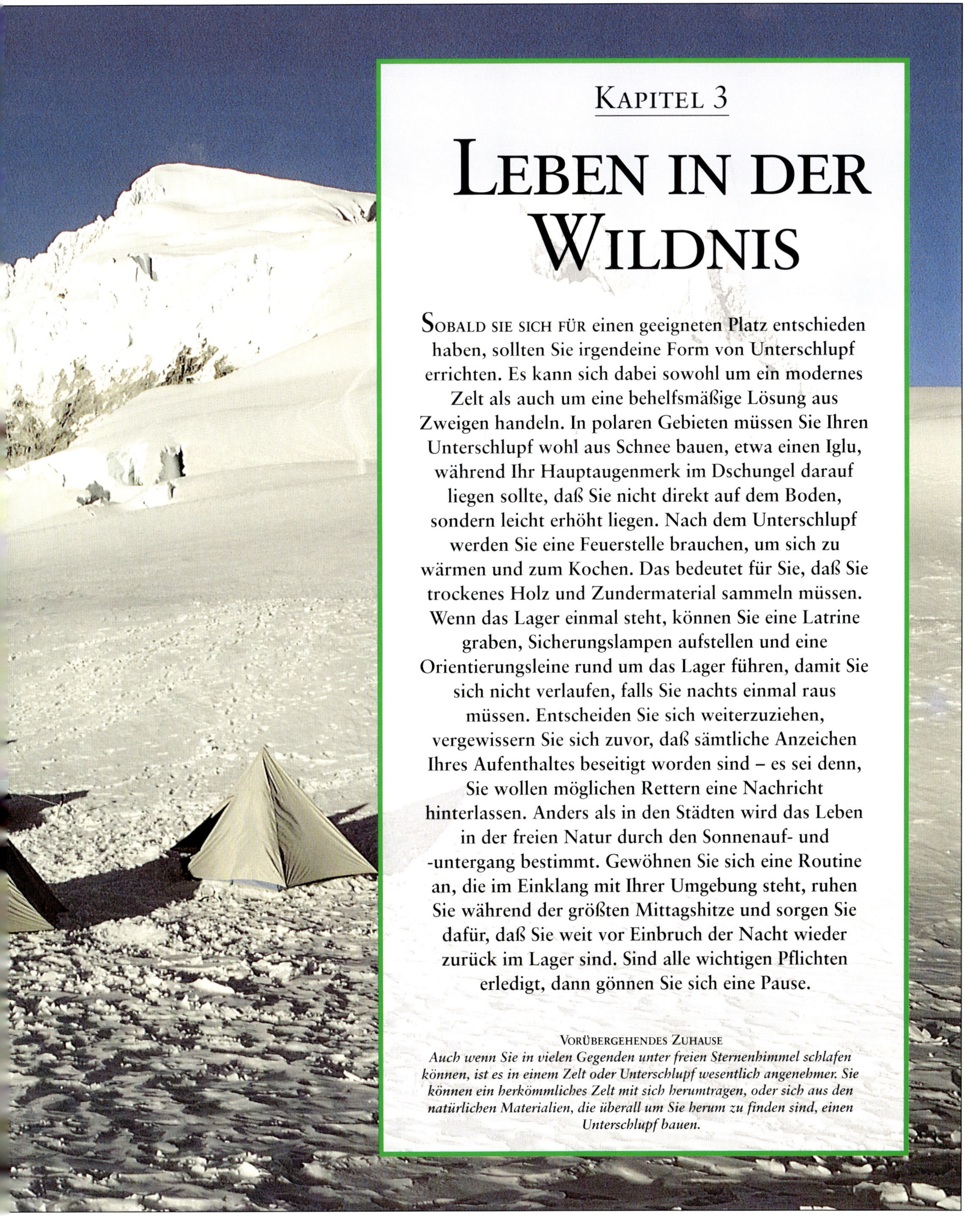

Kapitel 3

Leben in der Wildnis

Sobald Sie sich für einen geeigneten Platz entschieden haben, sollten Sie irgendeine Form von Unterschlupf errichten. Es kann sich dabei sowohl um ein modernes Zelt als auch um eine behelfsmäßige Lösung aus Zweigen handeln. In polaren Gebieten müssen Sie Ihren Unterschlupf wohl aus Schnee bauen, etwa einen Iglu, während Ihr Hauptaugenmerk im Dschungel darauf liegen sollte, daß Sie nicht direkt auf dem Boden, sondern leicht erhöht liegen. Nach dem Unterschlupf werden Sie eine Feuerstelle brauchen, um sich zu wärmen und zum Kochen. Das bedeutet für Sie, daß Sie trockenes Holz und Zundermaterial sammeln müssen. Wenn das Lager einmal steht, können Sie eine Latrine graben, Sicherungslampen aufstellen und eine Orientierungsleine rund um das Lager führen, damit Sie sich nicht verlaufen, falls Sie nachts einmal raus müssen. Entscheiden Sie sich weiterzuziehen, vergewissern Sie sich zuvor, daß sämtliche Anzeichen Ihres Aufenthaltes beseitigt worden sind – es sei denn, Sie wollen möglichen Rettern eine Nachricht hinterlassen. Anders als in den Städten wird das Leben in der freien Natur durch den Sonnenauf- und -untergang bestimmt. Gewöhnen Sie sich eine Routine an, die im Einklang mit Ihrer Umgebung steht, ruhen Sie während der größten Mittagshitze und sorgen Sie dafür, daß Sie weit vor Einbruch der Nacht wieder zurück im Lager sind. Sind alle wichtigen Pflichten erledigt, dann gönnen Sie sich eine Pause.

Vorübergehendes Zuhause

Auch wenn Sie in vielen Gegenden unter freien Sternenhimmel schlafen können, ist es in einem Zelt oder Unterschlupf wesentlich angenehmer. Sie können ein herkömmliches Zelt mit sich herumtragen, oder sich aus den natürlichen Materialien, die überall um Sie herum zu finden sind, einen Unterschlupf bauen.

Wahl des Lagerplatzes

Bei der Entscheidung für einen Lagerplatz spielen viele Faktoren mit, doch hat die eigene Sicherheit absolute Priorität. Sie können vielleicht nicht gleich auf den ersten Blick alle potentiellen Gefahren oder Nachteile eines bestimmten Platzes erkennen, doch sollten Sie schon lange vor Einbruch der Dämmerung mit der Suche nach einem Lagerplatz beginnen. Kalkulieren Sie die Zeit, die Ihnen bis Einbruch der Dämmerung noch zur Verfügung steht, und stellen Sie einen entsprechenden Zeitplan auf, indem Sie von da aus rückwärts rechnen. Wenn es dunkel wird, muß Ihr Zelt oder Unterschlupf schon stehen und das Abendessen bereits kochen; rechnen Sie nun mindestens noch eine Stunde hinzu, die Sie brauchen um alles herzurichten und wenigstens eine weitere Stunde für die Geländeerkundung. Wird es also gegen 18 Uhr dunkel, müßten Sie sich spätestens ab 15 Uhr Gedanken über Ihren Lagerplatz machen und um 16 Uhr sollten Sie bereits angehalten haben und nach einem geeigneten Platz Ausschau halten.

Vorherrschende Winde
Versuchen Sie herauszufinden, aus welcher Richtung der Wind hauptsächlich bläst und bauen Sie Ihr Zelt dann so auf, daß sein Eingang in die entgegengesetzte Richtung zeigt. Ihre Latrine sollte, vom Lager aus gesehen, windabwärts angelegt werden. Legen Sie Ihre Feuerstelle so an, daß der Rauch nicht ständig in Ihr Zelt geblasen wird.

Bäume
Auch wenn Sie es vorziehen werden in der Nähe von Bäumen zu lagern, die Sie mit genügend Brennholz oder Baumaterial für einen Unterschlupf versorgen werden, sollten Sie auf tote Bäume achten, die auf Ihr Zelt stürzen könnten und auf Anzeichen für die Anwesenheit gefährlicher Tiere.

Flußbiegung
Die Innenseite einer Flußbiegung sollten Sie vermeiden, da hier das Gelände oftmals tiefer liegt als an ihrer Außenseite und daher anfälliger für Überflutungen ist. Da an der Innenseite das Wasser auch noch langsamer fließt, entstehen hier Kieselbänke die ebenfalls zu Überflutungen beitragen.

Tips für das Lagerleben

- Bei schwerem Regenwetter graben Sie rund um Ihr Zelt einen Abflußgraben der bergab führt und eine Überflutung des Zeltes verhindert. Bei starkem Wind sichern Sie die Abspannleinen des Zeltes mit großen Steinen.
- Packen Sie immer nur die Dinge aus, die Sie gerade brauchen. Sie wissen dann immer, wo sich was befindet, sind in einem Notfall schneller weg und laufen weniger Gefahr unersetzbare Ausrüstungsteile zu verlieren.
- Bewahren Sie Nahrungsmittel niemals im Zelt auf. Ihr Gepäck hängen Sie so in einem Baum auf, daß es etwa 3 m über dem Boden schwebt und 1 m vom Stamm selber entfernt ist, damit Tiere wie Bären oder Affen nicht darangelangen können.
- Erledigen Sie alle anfallenden Reparaturen und lüften Sie Ihre Kleidung und den Schlafsack in der Sonne gut aus, bevor Sie weiterziehen.

Stiefel trocknen
Um zu verhindern, daß unliebsames Getier in Ihre Stiefel krabbelt, rammen Sie Stöcke in den Boden und hängen die Stiefel zum Austrocknen darüber.

Lawinengefahr
Lagern Sie in Gebirgsnähe, dann schlagen Sie Ihr Zelt an einem Platz auf, an dem Sie vor möglichen Lawinen oder Steinschlag sicher sein können. Im Frühling kann es außerdem durch talwärts schießendes Schmelzwasser aus den Bergen zu Überschwemmungen kommen.

Sonstige Lagerplätze

Wählen Sie keinen Platz an dem es Kaltluftseen gibt oder der Boden feucht ist. Sie sollten sich vor Augen führen welche Wege Flutwasser und Kaltluft nehmen könnten und Ihr Lager oberhalb dieser Marken einrichten. Wenn bissige Insekten Sie plagen, vermeiden Sie feuchten Untergrund und suchen am besten höhergelegene Stellen auf, über die der Wind streicht.

Trinkwasserversorgung
Holen Sie Ihr Trinkwasser immer von einer Stelle, die sowohl vom eigenen Lager, als auch von Wasserstellen von Tieren aus gesehen, flußaufwärts liegt.

Geschirr waschen
Waschen Sie Ihre Kochutensilien an einer Stelle des Wasserlaufs die zwischen Ihrer Trinkwasserquelle und dem Platz liegt, an dem Sie Ihre Wäsche waschen. Entfernen Sie mit Sand oder einem Stück Stoff den Großteil der Essensrückstände aus den Töpfen bevor Sie mit dem Abwasch beginnen, da sonst die Essensreste das Wasser verschmutzen und Tiere anlocken. Verwenden Sie kein Spülmittel, sonst vergiften Sie die Fische.

Zelt
Das Zelt sollte nicht zu nahe an fließendem Gewässer aufgeschlagen werden, da sein Rauschen vielleicht die Geräusche von Tieren übertönt. Vergewissern Sie sich, daß der Zelteingang weder in den Wind, noch zur Latrine hin zeigt.

Latrine
Legen Sie die Latrine so an, daß sie vom Zelt aus flußabwärts und in Windrichtung liegt. Sie muß weit genug vom Fluß entfernt sein, um jegliche Verseuchung des Wassers auszuschließen.

Feuerstelle
Der Rauch eines Feuers hilft Insekten vom Zelt fernzuhalten. Bauen Sie es aber nicht so nahe, daß es Ihr Zelt in Flammen aufgehen läßt.

Der ideale Lagerplatz
Der ideale Lagerplatz ist umgeben von schützenden Bäumen, ohne daß eine Bedrohung besteht durch morsche Bäume, die auf das Zelt stürzen könnten; ein Wasserlauf ist ganz in der Nähe, jedoch nicht so nahe, daß das Lager überflutet werden könnte und es gibt keine Anzeichen für Tiere, die hier ihre Tränke hätten. In einem Tal gelegen, aber oberhalb der Talsohle, ist der Platz eben und trocken und außerdem windgeschützt.

Wäsche waschen
Waschen Sie Ihre Kleider flußabwärts des Zeltes und Ihrer Trinkwasserquelle. Machen Sie sie im Fluß naß und seifen Sie sie dann an Land ein. Spülen Sie die Wäsche nicht direkt im Fluß aus, sondern in einem Eimer mit Wasser.

Wahl des Zeltes

Ein Zelt bietet Schutz vor Regen und Wind. Das Außenzelt sollte stabil sein, wind- und wasserdicht und straff gespannt, damit es auch stärkstem Regen und heftigem Wind standhält. Um dem Entstehen von Kondenswasser vorzubeugen und gleichzeitig zu verhindern, daß die Wärme verloren geht, besteht das Innenzelt aus einem ventillierendem Material und weist mehrere Belüftungsöffnungen auf. Zwischen Innen- und Außenzelt sollte stets ein gewisser Abstand bestehen, denn wenn sich ihre Wände berühren, kann Wärme entweichen und sich an der Unterseite des Außenzeltes Kondenswasser niederschlagen, das dann in das Innenzelt durchsickert. Eine wasserdichte Bodenwanne ist mit dem Boden des Innenzeltes vernäht, damit kein Wasser von unten her eindringen kann.

Zeltmerkmale

Es gibt viele verschiedene Arten von Zelten, doch sind die meisten von ihnen Variationen des normalen Firstzeltes, mit schräg abfallenden Seiten. Dieses Zelt hat zwei Mittelstäbe und wird mit Heringen, die durch die Ösen entlang des unteren Zeltrandes gesteckt werden, am Boden verankert. Stabilisiert wird das Ganze durch verstellbare Abspannleinen, die ebenfalls an Heringen im Boden hängen. Manche dieser Zelte besitzen auch ein separates Außenzelt.

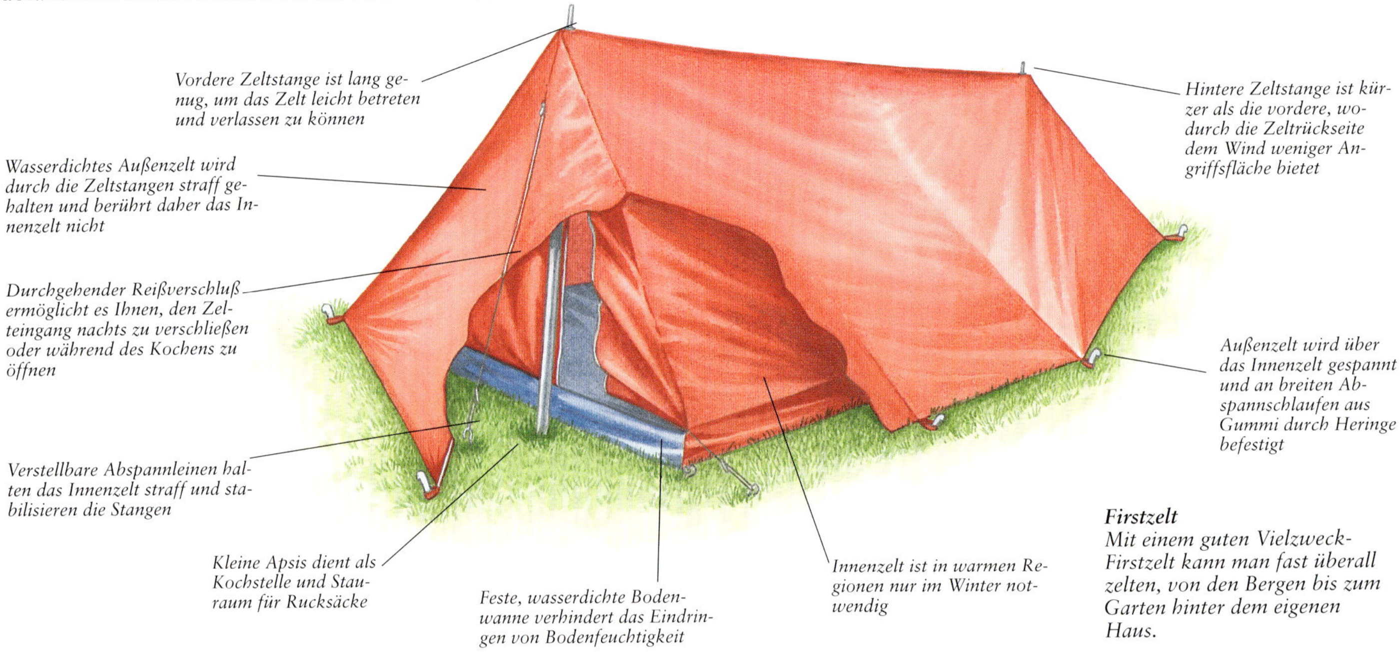

Firstzelt
Mit einem guten Vielzweck-Firstzelt kann man fast überall zelten, von den Bergen bis zum Garten hinter dem eigenen Haus.

Die Auswahl eines geeigneten Zeltes

Es gibt viele Zelttypen, die jedoch alle nur Variationen eines Themas sind. Was für ein Zelt Sie sich kaufen, wird davon abhängen, was Sie genau vorhaben und auch vom Klima und den Geländegegebenheiten Ihres Reiseziels. Sie sollten auch die Größe und das Gewicht des Zeltes in Ihre Überlegungen miteinbeziehen – schließlich müssen Sie es schleppen, falls Sie nicht mit einem Fahrzeug unterwegs sein sollten. In der Abgeschiedenheit eines Ein-Personen-Zeltes kann es recht kalt werden, daher ist ein Zwei-Personen-Zelt ratsamer. Es ist erstaunlich, wieviel wärmer es im Zelt wird, wenn zwei Personen darin liegen.

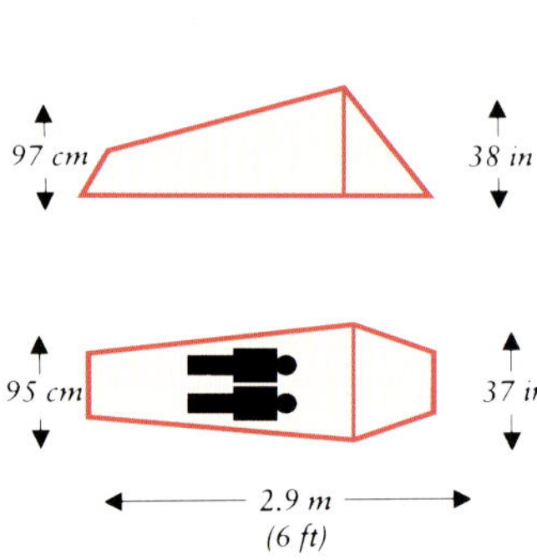

Zwei-Personen-Zelt
Das Zwei-Personen Längsfirstzelt ist leicht, hat aber unter dem Außenzelt noch Platz für Gepäck und zum Kochen. Es bietet zwei Personen gerade genügend Raum um nebeneinander darin zu schlafen.

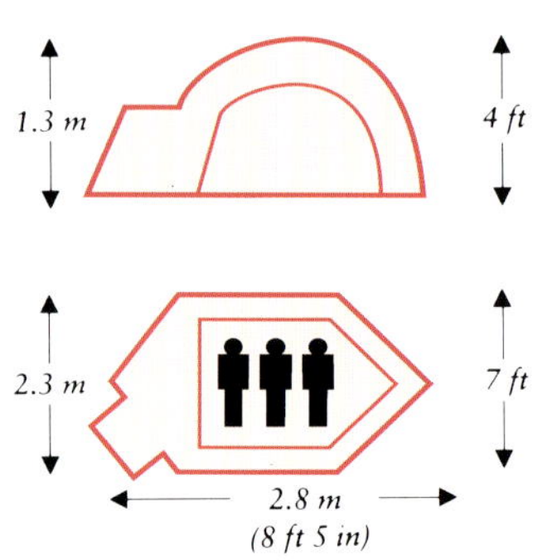

Drei-Personen-Zelt
Das Platzangebot im Innern dieses Kuppelzeltes ist beachtlich, und Sie können bequem darin sitzen und das Gepäck verstauen. Durch seine drei elastischen Zeltstangen hält das Zelt auch dem stärksten Wind noch stand.

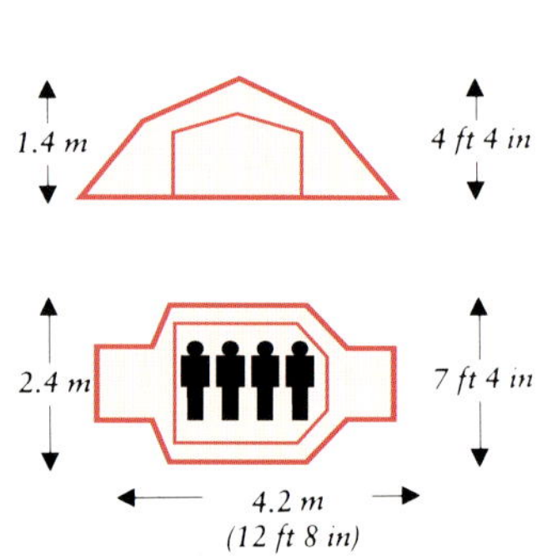

Vier-Personen-Zelt
In diesem Zelt haben vier Personen Platz, auch wenn es dann »sehr gemütlich« wird. Wenn Sie mit anderen zusammen ein Zelt teilen, müssen Sie, um Konflikte zu vermeiden, auf eine gute Belüftung achten und sicherstellen, daß alle ihre Ausrüstung ordentlich beeinanderhalten.

Zelte für alle Gelegenheiten

Für manche Anforderungen sind bestimmte Zelttypen besser geeignet als andere. Ein einfaches, herkömmliches Firstzelt läßt sich zwar fast überall einsetzen, doch einige der moderneren Typen, etwa das geodätische Kuppelzelt, wurden speziell für den Einsatz unter extremen Wetterverhältnissen und in schwierigem Gelände konstruiert – sie halten selbst noch den heftigen Winden und schweren Schneefällen der Gebirge stand. Zelte mit außenliegendem Gestänge lassen sich bei starkem Wind wesentlich leichter aufbauen als diejenigen, bei denen die Stangen innen liegen. Zwei-Bogen-Tunnelzelte sind bei extremem Schlechtwetter nicht stabil.

Kuppelzelt
Das ideale Zelt wenn man, wie im Hochgebirge und den polaren Regionen, mit extremen Bedingungen zu tun hat, denn es läßt sich mit daraufgehäuftem Schnee gut sichern. Bevor jedoch der Schneefall zu heftig wird, muß man es wieder ausgraben. Graben Sie sich in einer Schneewehe ein, die ideale Lösung um sich vor dem Wind zu schützen.

Tunnelzelt
Das Tunnelzelt ist eine Kombination aus Kuppel- und Firstzelt. Die Ein-Personen-Variante dieses Zelttyps ist für Rucksackreisende ideal, da sie sehr leicht und einfach aufzubauen ist. Sie läßt sich auf Grasboden ebenso verwenden wie in steinigen Flußtälern und verträgt selbst starken Wind.

Drei-Bogen-Tunnelzelt
Tunnelzelte erhalten Form und Halt durch bis zu drei bogenförmigen Stangen, wobei die Bögen an den beiden Enden einen kleineren Durchmesser haben als der Mittelbogen. In einem Drei-Bogen-Zelt können zwei bis drei Leute schlafen. Sie sind ziemlich stabil und aufgrund ihrer Form läuft der Regen gut ab. Oftmals haben sie zwei Eingänge.

Längsfirstzelt
Das traditionelle Längsfirstzelt läßt sich beinahe überall aufstellen. Die beiden Zeltstangen an den Enden sind meist gleich lang und werden durch eine zentrale, horizontal verlaufende Firststange verbunden. Dieser Zelttyp ist in jeder Größe zu finden, vom Ein-Personen-Zelt bis hin zum Festzelt.

Geodätisches Kuppelzelt
Geodätische Kuppelzelte sind widerstandsfähig, leicht zu tragen, einfach auf- und ebenso einfach wieder abzubauen. Bei sehr starkem Wind müssen sie zwar gut am Boden verankert werden, doch verleiht ihnen die Anordnung der gebogenen, miteinander verbundenen Zeltstangen eine beträchtliche Stabilität. Geodätische Zelte sind selbsttragende Konstruktionen, die nicht durch Abspannleinen straff gehalten werden, sondern durch ihre elastischen Stangen, die sich in verschiedenen Abständen kreuzen. Durch seine Form bietet es viel Platz im Innern.

Bivvie Bag

Ein Biwaksack kann entweder nur ein einfacher, wasserdichter Überzug für den Schlafsack sein, oder um den »Eingang« eine kurze, gebogene Stange haben, so daß aus dem Biwaksack ein kleines Zelt wird. Er sollte aus einem atmungsaktiven Material bestehen, um die Kondenswasserbildung gering zu halten. Man kann ihn selbst bei starkem Regen im Freien verwenden. Der Biwaksack alleine läßt sich auch als wasserdichter Überlebenssack einsetzen.

Schlafsacküberzug
Ein Biwacksack eignet sich gut als wasserdichter Überzug für den Schlafsack, kann aber auch als Zeltersatz herhalten.

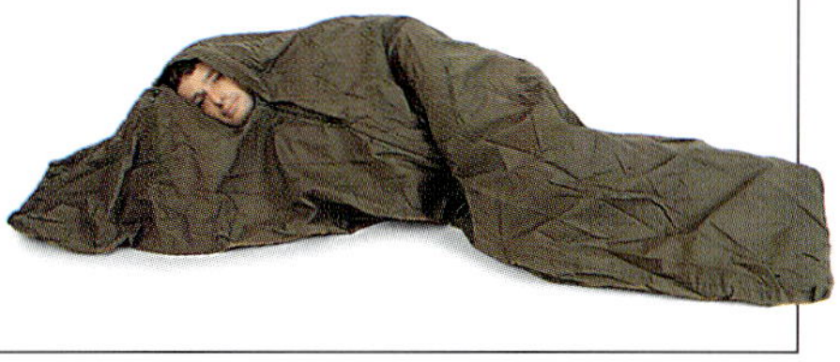

Aufbauen eines Zeltes

Berücksichtigen Sie bei der Wahl eines Lagerplatzes, daß Ihr Zelt an einer Stelle aufgebaut werden sollte, die sicher gelegen ist, Schutz vor den Elementen bietet und günstig zum Rest des Lagers liegt. Sie müssen sich bereits vorher überlegen, in welche Richtung der Eingang zeigen soll, wo die Abspannleinen befestigt werden können und auf mögliche Risiken achten (siehe Seite 40). Dann säubern Sie den Platz an dem das Zelt stehen wird von Steinen, Ästen und anderen Hindernissen. Der Platz selber sollte möglichst eben sein. Stellen Sie zuerst Ihr Zelt auf, bevor Sie irgendetwas tun. Gewöhnen Sie sich dabei, wie bei allen anderen Tätigkeiten im Lager auch, eine Routine an und führen Sie sämtliche Handgriffe stets in der genau gleichen Reihenfolge durch, bis es Gewohnheit geworden ist. So werden Sie Ihr Zelt auch dann noch aufbauen können wenn es dunkel ist oder um Sie herum ein Schneesturm oder Gewitter tobt. Vergewissern Sie sich, daß Sie genau wissen, wo sich die einzelnen Bestandteile des Zeltes befinden, bevor Sie mit dem Aufbauen beginnen.

1 Gewöhnen Sie sich an, das Zelt aufzubauen als ob Sie mitten in einem Schneesturm wären. Legen Sie zuerst das Innenzelt aus und schlagen Sie sofort die Heringe ein.

Ecke des Zeltes straff spannen und Hering einschlagen

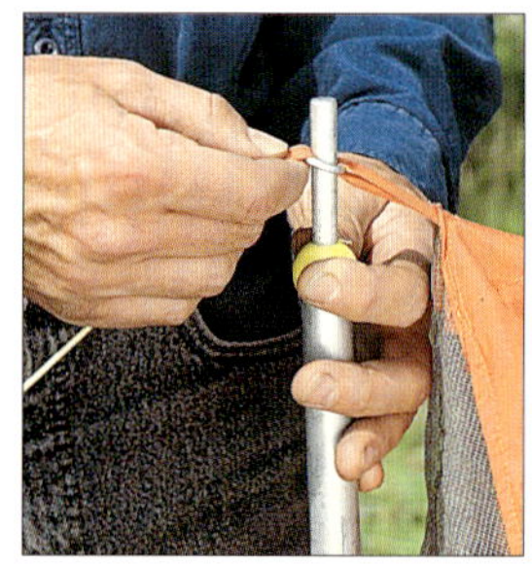

2 Stecken Sie die Zeltstangen zusammen. Achten Sie darauf, daß die einzelnen Teile auch wirklich zusammengehören, sonst lassen sie sich unter Umständen später nicht mehr voneinander lösen. Hängen Sie die hintere Zeltöse über die kurze Stange.

3 Richten Sie die kurze Stange auf und pflocken Sie die Abspannleine fest, dann straffen Sie diese bis die Stange von alleine stehen bleibt. Das Zelt muß so aufgestellt werden, daß seine Rückseite in den Wind zeigt.

4 Führen Sie die zweite Stange durch die vordere Zeltöse. Stellen Sie die Stange aufrecht hin und straffen deren Abspannleine. Beeilen Sie sich – bei starkem Wind wird das Zelt sonst zusammenfallen und bei Regen wird es naß.

5 Streifen Sie das Außenzelt mit seinem richtigen Ende über die kurze Zeltstange und befestigen Sie es gut mit einem Hering.

6 Ziehen Sie das Außenzelt über das innere und hängen Sie es an der Öse über die Hauptstange am vorderen Ende. Damit das Außenzelt richtig paßt, müssen Sie eventuell die Abspannleine des Innenzeltes etwas näher an der Stange festpflocken.

ACHTUNG

Verwenden Sie auf keinen Fall die Abspannschlaufen des Zeltes um Heringe herauszuziehen, die Sie am falschen Platz eingeschlagen haben. Andernfalls könnten die Schlaufen ausreißen. Um einen Hering wieder aus dem Boden zu ziehen, nehmen Sie besser einen anderen Hering zur Hilfe oder einen speziell dafür gedachten Haken.

7 Verschließen Sie den Reißverschluß des Außenzeltes über der vorderen Abspannleine des Innenzeltes. Der Zwischenraum zwischen Innen- und Außenzelt, die Apsis, kann zum Verstauen der Ausrüstung genutzt werden.

8 Pflocken Sie die Leinen des Innenzeltes ringsherum fest. Achten Sie darauf, daß beide Seiten gleichmäßig gespannt und im Gleichgewicht sind.

Straffen Sie die Abspannleinen um die Heringe

9 Schlagen Sie die Heringe an den Seiten des Außenzeltes so ein, daß es sich dicht über dem Innenzelt strafft. Das Außenzelt darf das Innenzelt jedoch nicht berühren (siehe unten).

10 Öffnen Sie den Reißverschluß am Eingang des Außenzeltes wieder und richten sie das gesamte Zelt mit Hilfe der Abspannleinen aus, bis es sicher und stabil dasteht. Spannen Sie die Leinen aber nicht so sehr, daß das Zelt dadurch umgerissen wird.

11 Das niedere Ende des Zeltes (die Rückseite) sollte im Idealfall in den Wind zeigen. Das ganze Zelt sollte straff abgespannt sein und Wind oder Regen keine Angriffsflächen darbieten. Die Rucksäcke können in der Apsis verstaut werden, doch darf niemals offenes Essen im Zelt liegen bleiben (siehe Seite 40).

Rund um das Zelt

- Im Winter müssen Sie das Innen- und Außenzelt zusammen verwenden, aber zu anderen Jahreszeiten oder in warmen Regionen können Sie das Innenzelt auch weglassen. Sie haben viel mehr Platz wenn nur das Außenzelt verwendet wird.
- Eine gute Belüftung ist sehr wichtig. Kochen Sie niemals im Zeltinneren, sondern höchstens in der Apsis wenn der Eingang halb geöffnet wird.
- Sehr harter oder steiniger Boden kann die Heringe beschädigen. In solchen Fällen lassen sich die Abspannleinen auch an großen Steinen festbinden.
- Zwischen Innen- und Außenzelt sollte ein Abstand bestehen, in dem sich eine isolierende Luftschicht bilden kann. Spannen Sie das Außenzelt stets so straff, daß es nirgendwo an dem inneren Zelt anliegt. Sollten sich die beiden Zeltwände doch berühren, kann Kondenswasser an der Zeltinnenseite entstehen.

Abbauen eines Zeltes

Packen Sie jedes Bestandteil Ihres Zeltes wieder ordentlich zusammen wenn Sie es abbauen, damit Sie auch beim nächsten Aufbau alles rasch zur Hand haben. Sollte es regnen, müssen alle Teile des Zeltes verstaut werden so schnell es geht. Besonders das Innenzelt muß in diesem Fall rasch verpackt sein. Denken Sie daran, daß Sie ohne Dach über dem Kopf recht ungeschützt sind. Brechen Sie daher so früh wie möglich zu Ihrem nächsten Lagerplatz auf, damit Sie Ihr Zelt noch vor Anbruch der Nacht aufbauen können. An einem sonnigen, trockenen Tag sollten Sie das gesamte Zelt für einige Zeit im Freien zum Durchlüften auslegen, bevor Sie es wegpacken. Wind und Sonne haben dann Gelegenheit, das Innen- und Außenzelt gründlich zu trocknen. So vermeiden Sie, daß das Zelt in seinem Packsack schimmeln kann.

1 Zuerst entfernen sie sämtliche Heringe aus dem Innen- und Außenzelt. Wenn ein starker Wind bläst, sollten Sie das Zelt an mindestens einer Stelle festhalten, sonst kann es Ihnen davonwehen. Passen Sie mit den Heringen besonders auf – ziehen Sie diese nie mit Hilfe der Leinen oder Abspannschlaufen heraus und geben Sie acht, daß keiner verloren geht.

Ziehen Sie die Heringe aus dem Boden, doch ohne sie dabei zu verbiegen

2 Öffnen Sie den Reißverschluß des Außenzeltes und entfernen Sie die Vorderstange. Wischen Sie allen Schmutz oder Feuchtigkeit von der Zeltstange, zerlegen Sie sie vorsichtig und verstauen Sie die Einzelteile sofort im Gestängesack.

3 Nun entfernen Sie die zweite Zeltstange und nehmen auch sie auseinander. Wischen Sie sie sauber und trokken, bevor Sie sie in ihren Sack stecken. Das Zelt wird jetzt flach auf dem Boden ausgebreitet, so, daß Sie es an den oberen Ecken leicht aufnehmen können.

4 Innen- und das Außenzelt müssen separat zusammengerollt und verpackt werden. Dadurch fällt es Ihnen leichter die beiden voneinander zu unterscheiden, wenn Sie das nächste Mal Ihr Zelt aufbauen wollen. Um das Außenzelt zusammenzulegen, müssen Sie es zuerst vom Innenzelt abnehmen. Fassen Sie es dazu an den beiden Dachösen und achten Sie darauf, nicht das Innenzelt mit anzuheben.

5 Halten Sie das Außenzelt weiterhin an den Ösen fest und heben Sie es hoch, wodurch es in seine natürliche Form zu liegen kommt. Nun falten Sie es sorgfältig in der Mitte, so daß die Form eines großen »V« entsteht. Vergewissern Sie sich, daß es nirgendwo feucht ist, bevor Sie es zusammenlegen.

6 Legen Sie das Außenzelt an einer trockenen Stelle auf den Boden und rollen Sie es so fest wie möglich zusammen. Falten Sie beim Rollen die Seitenteile des Außenzeltes mit ein, und passen Sie auf, daß sich die Abspannleinen nicht verwirren.

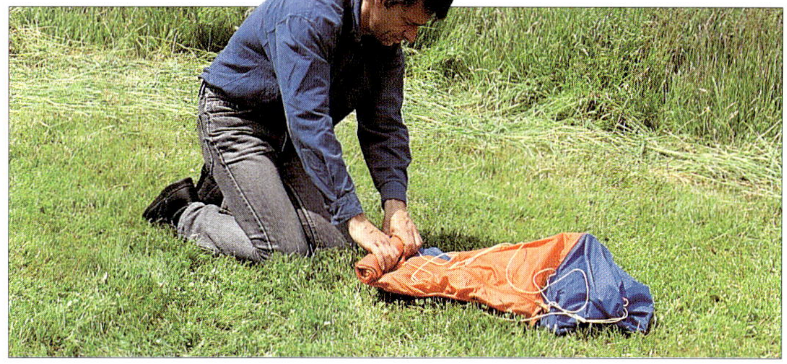

7 Schütteln Sie das Innenzelt so aus, daß die Abspannleinen frei herunterhängen, legen Sie es nun ebenfalls auf den Boden und rollen Sie es eng zusammen. Dabei werden die Seiten mit eingerollt.

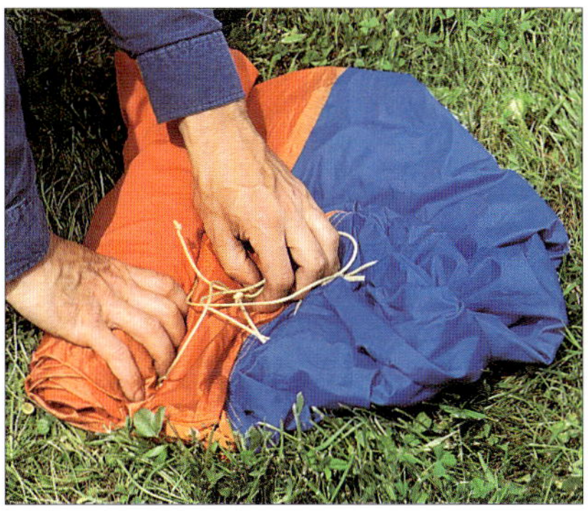

8 Bevor das Zelt vollständig zusammengerollt ist, stecken Sie die Abspannleinen in die Rolle. Sie dürfen nicht verknotet oder verheddert sein, ansonsten müssen sie zuerst entwirrt werden.

9 Bewahren Sie die Heringe in einem festen Packbeutel auf, damit sie das Zelt nicht beschädigen. Dieser Beutel gehört mit in den Packsack des Zeltes hinein. Dreckige oder feuchte Heringe, die nicht abgewischt wurden, können rosten oder anderweitig Schaden nehmen.

10 Wischen Sie die Zeltstangen ab und tun Sie diese in den Gestängesack, der wiederum in den Zelt-Packsack kommt. Halten Sie die Stangen sauber, dann lassen sie sich immer leicht zusammenstecken, wenn man sie braucht.

11 Stecken Sie das Innen- und Außenzelt in ihren Packsack. Um die beiden Zeltteile zu schützen, sollten Sie sie zusätzlich in separaten Plastiksäcken verpacken.

ACHTUNG

Kontrollieren Sie beim Abbauen des Zeltes die Heringe, Abspannleinen und Zeltstangen nach, damit nichts davon liegen bleibt. Achten Sie außerdem darauf, keinen Teil des Zeltes zu beschädigen – sollte es dennoch passieren, müssen Sie es reparieren, bevor es das nächste Mal eingesetzt wird.

12 Ehe Sie den Zelt-Packsack endgültig verschließen, sollten Sie sich überzeugen, daß Sie wirklich alles eingepackt haben und nicht irgendwelche Heringe oder Zeltstangen übersehen haben. Gerade in hohem Gras gehen solche Teile leicht verloren.

Pflege und Reparatur des Zeltes

- Ihr Zelt sollte vollkommen trocken sein, bevor es verstaut wird – es ist dann nicht nur leichter zu tragen, sondern auch weniger von Schimmelbefall bedroht, als wenn es naß verpackt würde. Dabei kann das Gewebe recht leicht verrotten.
- Schützen Sie Ihr Zelt vor extrem starker Sonnenhitze. Lassen Sie es nicht offen stehen und verpacken Sie es nicht, wenn es heiß ist, denn bei übermäßiger Hitze kann sich die wasserdichte Beschichtung des Gewebes lösen und dann andere Teile des Zeltes verkleben.
- Überprüfen Sie regelmäßig alle Bestandteile des Zeltes. Führen Sie notwendig werdende Reparaturen sofort durch.
- Bevor das Zelt für längere Zeit eingelagert wird, sollten Sie es in frischem Wasser waschen und mit sauberem Wasser wieder ausspülen. Hängen Sie es auf , damit es trocknen kann, bevor Sie es verpacken.

Reparaturflicken
Es gibt spezielle Flicken aus Vinyl zu kaufen, mit denen Sie vorläufige Reparaturen am Zelt durchführen können.

Bau eines Unterschlupfes

Ein unerlässlicher Aspekt des Überlebens besteht darin, daß Sie vor Wind, Regen und Sonnenhitze geschützt sind und die Chance haben Erholung und Schlaf zu finden. Je besser Sie sich Ihren Unterschlupf bauen, desto gemütlicher werden Sie es hinterher haben. Ausgeruht zu sein, ist eine wesentliche Voraussetzung für Ihr körperliches und seelisches Wohlbefinden, was sich wiederum auf Ihre mentale Leistungsfähigkeit und auf Ihren Überlebenswillen auswirkt. Von allen Unterschlupfarten läßt sich wohl der Wetterschirm am schnellsten und einfachsten herstellen, und er eignet sich auch noch für fast jedes Terrain. Er sollte an einer Stelle errichtet werden, die gut geschützt, sicher und eben ist und so aufgestellt werden, daß das Dach dem Wind zugewandt ist. Die Konstruktion Ihres Unterschlupfes wird von den zur Verfügung stehenden Materialien abhängen. Wenn Sie eine Zeltbahn oder eine Plastikplane dabei haben sollten, können Sie diese für das Dach des Unterschlupfes verwenden, ansonsten müssen Sie mit dem Vorlieb nehmen was Sie so finden und improvisieren.

Die Firststange sollte Ihre Armreichweite überragen

1 Um einen Wetterschirm herzustellen, suchen Sie sich zuerst einen langen Ast, der als Firststange dienen wird. Um seine korrekte Länge zu ermitteln, stellen Sie ihn neben sich auf und reichen mit Ihrem Arm nach oben so weit es geht. Rechnen Sie noch ungefähr weitere 60 cm dazu und schneiden Sie ihn da ab. Der Ast für Ihre Firststange sollte möglichst gerade sein und alle wegstehenden Zweige müssen gekappt werden. Verwenden Sie keinen morschen Ast dafür, denn der könnte auseinanderbrechen.

2 Für die Stützpfosten nehmen Sie zwei Stangen, die oben Y-förmig gegabelt sind, und schneiden sie auf Brusthöhe zusätzlich 30 cm ab. Dieses zusätzliche Stück wird unten angespitzt und in den Boden gehämmert.

Die Enden der Pfosten werden angespitzt, damit sie in den Boden geschlagen werden können

3 Schlagen Sie beide Stützpfosten mit einem schweren Stein in den Boden, bis sie gut festsitzen und nicht mehr umfallen können. Der Abstand zwischen den beiden sollte etwa 60 cm unter der Länge der Firststange liegen.

4 Legen Sie die Firststange so in die Gabelungen der Stützpfosten, daß sie an beiden Enden gleichmäßig übersteht. Die Firststange darf nicht zu schwer sein, muß aber kräftig genug sein, um das Gewicht des fertigen Daches tragen zu können und auch schwerem Regen und heftigem Wind standzuhalten ohne zusammenzubrechen.

5 Schneiden Sie mehrere stabile Äste zurecht, die lang genug sein müssen, um sie in einem Winkel von 45 Grad gegen die Firststange lehnen zu können. Regenwasser kann so am besten wieder ablaufen und das Dach ist gegen eindringenden Regen gut geschützt. Plazieren Sie sie jeweils 20 cm voneinander entfernt. Sie sollten an der Firststange etwa um 10 cm überstehen.

6 Schneiden Sie sich genügend junge Baumruten zurecht. Diese sollten möglichst gerade sein, ziemlich stabil und belaubt. Weben Sie die Ruten nun abwechselnd über und unter den Ästen hindurch,die die schrägen Dachstreben bilden, bis alle Äste in einem ziemlich festem Gittergerüst zusammenhängen. Auch um die Kante der Firststange wird eine Reihe von Ruten gewoben, um sie zu fixieren.

Weben Sie die oberste Reihe der Ruten um die Firststange herum, um diese zu fixieren. Dadurch bekommt das ganze Gerüst seine Zugfestigkeit

7 Um später Wind und Regen abzuhalten, weben Sie nun ganze Äste, komplett mit Zweigen und Blättern in das Gittergerüst. Durch die Verwendung ganzer Äste wird das Dach stabilisiert und die Blätter verwelken nicht so schnell, besonders bei Laubblättern.

8 Weben Sie so lange alle möglichen Pflanzenteile hinein, bis Sie mit der Dichte Ihres Daches zufrieden sind. Manches pflanzliche Material stirbt schneller ab als anderes und muß vielleicht bereits nach einigen Tagen ersetzt werden. Am besten werden die neuen Äste dann einfach über die alten eingewebt, damit das Dach dicker und dichter wird. Äste von kleinblättrigen Bäumen sind am besten geeignet, da große Blätter leicht einreißen, schneller absterben und sich schwerer in eine flache Matte weben lassen.

9 Sie können den fertigen Unterschlupf noch weiter verbessern – legen Sie an der Rückseite große Steine hin, die bei heftigem Wind das untere Ende des Daches niederhalten können, oder fügen Sie Seitenwände hinzu. Errichten Sie Ihr Lagerfeuer vor dem Eingang des Unterschlupfes, aber halten Sie die Flammen vom Blätterdach fern. Wechseln Sie verwelktes Dachmaterial umgehend aus.

Verwendung von künstlichen Materialien

Mit Materialien, die aus Menschenhand stammen, läßt sich ein Unterschlupf wesentlich leichter herstellen, als mit Natur-Baumaterial. Plastikplanen, Plastiktüten und Schnüre von Strohballen gehören zu dem Abfall, der auf dem Land überall zu finden ist. Galvanisiertes Eisenblech, Holzschachteln, Pappe und Sperrholz läßt sich ebenfalls recht schnell finden.

Andere Materialien
Unterschlupfe lassen sich aus allem möglichen Zivilisationsprodukten bauen.

Unterschlupf im Schnee

Vorausgesetzt die Temperaturen steigen nicht über 0° Celsius, ist es vergleichsweise einfach, einen Unterschlupf im Schnee zu errichten. Der Schutz vor dem Wind hat oberste Priorität, denn der kann die Lufttemperatur empfindlich nach unten hin beeinflußen (siehe Seite 141). Je weiter die Temperatur unter −10° Celsius fällt, desto unangenehmer wird es. Also ist es notwendig, Unterschlupfe zu errichten, in denen sich die Wärme gut hält. Diese können vom einfachen, ausgehöhlten Schneehaufen bis hin zum Iglu reichen. In einem Iglu läßt sich die kalte Luft von den Insassen dadurch fernhalten, daß man einen Kälteabzug gräbt, der die Luft nach unten und aus der Unterkunft hinaus leitet. Bei sämtlichen Schnee-Unterkünften muß besonders auf eine gute Belüftung geachtet werden, um der Erstickungsgefahr vorzubeugen.

Bau eines Iglus

1 Schneiden Sie mit einer Schneesäge oder einem großen Messer Blöcke aus trockenem, festen Schnee heraus. Jeder dieser Schneeblöcke sollte etwa 1 m lang, 40 cm hoch und 20 cm breit sein.

2 Um das Loch herum, das durch das Schneiden der Blöcke entstanden ist, bilden Sie aus Schneeblöcken einen Kreis. Schneiden Sie diese erste Schicht zu einer Spirale zurecht, die am oberen Rand des letzten Blocks beginnt und bis zum Boden vor dem ersten Block führt.

3 Ziehen Sie die Wände so hoch, daß sich die Blöcke etwas überlappen und nach innen lehnen. Graben Sie unter der Wand durch ein Loch für den Eingang und den Kälteabzug. Bilden Sie auf einer Seite mit mehreren Blöcken eine Schlafebene.

4 Der Schlußblock muß anfänglich größer sein als das Loch. Legen Sie ihn auf das Dach des Iglus und passen ihn, von innen her, durch Zurechtschnitzen und Hin- und Herwakkeln genau ein.

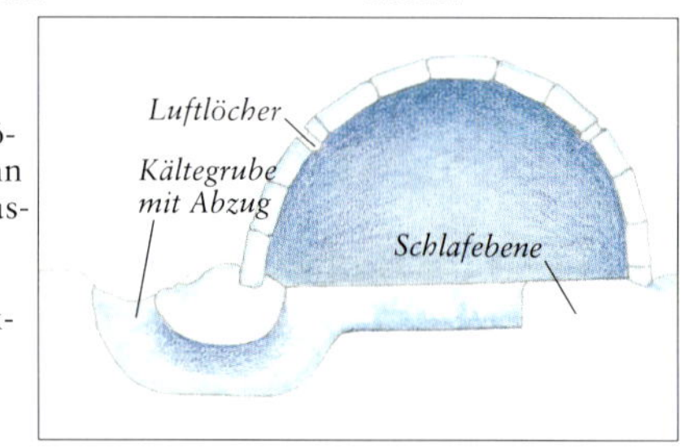

5 Die Wärme von Ihrem Körper und dem Kocher steigt nach oben und fängt sich unter der Kuppel. Die kalte Luft fällt nach unten in den Abzug und fließt nach draußen. Vergessen Sie auf keinen Fall mit dem Eisbeil Belüftungslöcher in die Wand zu hauen.

Fertiger Iglu
Die Wärme im Innern des Iglus schmilzt die Innenseite leicht an, die aber sofort wieder überfriert und dadurch eine glatte, luftdichte Eisschicht bildet.

Ein Dach über dem Eingangstunnel verhindert, daß Schnee in den Iglu geblasen wird.

ACHTUNG

Es ist lebenswichtig, mindestens ein Belüftungsloch durch die Wand zu treiben. Das Innere des Iglus wird durch Ihre Körperwärme selbst dann angewärmt, wenn es draußen kalt und windig ist. Ohne Ventilation sammelt sich eine tödliche Dosis Kohlenmonoxid an.

Bau eines Quinze

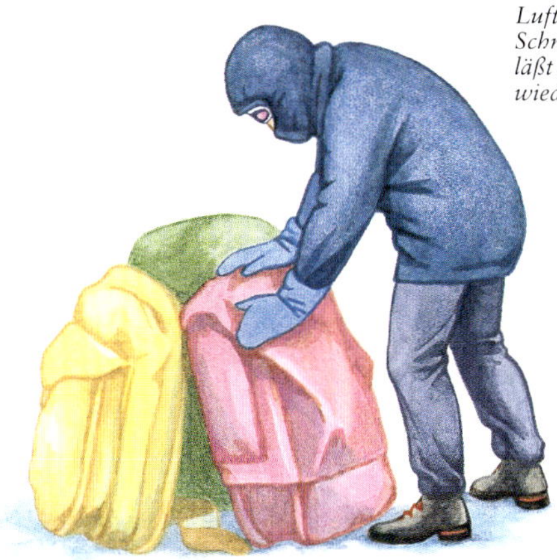

1 Stellen Sie Rucksäcke und andere Ausrüstung zu einem engen Kegel zusammen. Diese Ausrüstung bildet den Kern für Ihren Unterschlupf und sorgt dafür, daß Sie für den Bau eines Quinze (ausgesprochen wie »Kwinsih«) weniger Schnee verwenden müssen.

2 Häufen Sie mit einem Schneeschuh oder Spaten Schnee über das Gepäck und klopfen Sie ihn gut fest. Warten Sie mindestens 30 Minuten, damit der Schnee wieder gefrieren kann, bevor Sie weiteren Schnee dazu fügen um die Wandstärke der Kuppel aufzubauen.

3 Wenn die Schneeschicht etwa 1 m dick ist, glätten Sie die Außenseite der Kuppel und lassen sie ungefähr eine Stunde lang aushärten. Diese Wartezeit ist wichtig, damit sich der Schnee wieder neu kristallisieren kann und fest wird.

4 Suchen Sie sich in der Zwischenzeit mehrere 60 cm lange Stöcke zusammen. Sie dienen später als Anhaltspunkte für die Wandstärke und werden ringsherum so in die Schneekuppel gesteckt, daß sie alle zur Mitte des Quinze hinzeigen.

5 Graben Sie an der Seite des Quinze ein Loch und buddeln sich durch den Schnee bis Sie vorsichtig die Rucksäcke herausholen können. Dann schachten Sie das Innere mit einem Kochtopf aus, bis die Enden der Stöcke erscheinen.

Andere Schnee-Unterkünfte

Schneegraben
Schaufeln Sie einen Graben aus und errichten Sie ein Dach aus miteinander verflochtenen Ästen darüber. Packen Sie Schnee auf das Gestell, und vergessen Sie nicht, senkrecht durch die Schneedecke einen Stock zu stoßen, der für ausreichende Belüftung in dem Graben sorgt.

Schneehöhle
In einem Notfall höhlen Sie eine Schneewehe aus und verschließen den Eingang hinter sich mit Schneeblöcken. Machen Sie ein Loch durch die Wand, damit die Luftzufuhr gesichert ist.

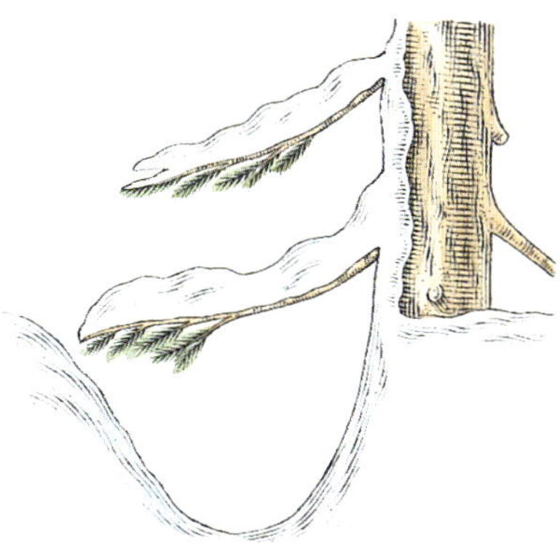

Natürliche Mulde
Unter den überhängenden Ästen von Nadelbäumen läßt sich häufig ein behaglicher, vorgefertigter Unterschlupf finden. Passen Sie auf, daß Sie keinen Schnee von den Ästen schütteln.

Unterschlupf in den Tropen

Das Gebiet zwischen dem Wendekreis des Krebses und dem Wendekreis des Steinbocks, etwa 23 Grad nördlich, beziehungsweise südlich des Äquators, wird als »die Tropen« bezeichnet. In diesem Gebiet findet man Regenwälder, Sümpfe und Grassavannen, die sich alle durch eine üppige Vegetation, sintflutartige Regenfälle und eine artenreiche Tierwelt auszeichnen. Ein Schutz gegen Regen, Wind und Sonne ist in allen diesen tropischen Landschaften äußerst wichtig. In den Regenwäldern der tropischen Hochgebirge kann es nachts empfindlich kalt werden. In den Dschungeln und Sümpfen sollten Sie nicht direkt auf dem Boden schlafen – legen Sie sich hoch genug, so daß kleinere Tiere unter Ihnen durchlaufen können und Sie außerdem nicht ständig die vom Boden hochspritzenden Tropfen abbekommen, wenn es wieder einmal in Strömen gießt. Ein wasserdichtes Dach und ein Moskitonetz sind absolut unerläßlich.

A-Rahmen-Unterschlupf

1 Ein A-Rahmen-Unterschlupf ist die einfachste Art von Unterschlupf, die man errichten kann. Schneiden Sie sich sieben lange Äste zurecht und binden Sie zwei zu einem Rahmen zusammen.

2 Machen Sie einen zweiten A-Rahmen, den Sie dann vom ersten weg in einer Entfernung aufstellen, die 60 cm mehr beträgt als Ihre eigene Körperlänge.

3 In die Gabelungen an den oberen Enden der beiden A-Rahmen legen Sie einen kräftigen, aber leichten Ast. Dieser ergibt die Firststange, die das Dach tragen wird.

4 Schnüren Sie die Seiten einer Zeltbahn zusammen, so daß ein Schlauch entsteht. Führen Sie zwei lange Stangen durch diesen Schlauch hindurch, wodurch eine Art von Tragbahre entsteht. Hängen Sie die Bahre über die Außenseiten der beiden A-Rahmen ein, sie wird sich dadurch verkeilen.

5 Über die Firststange spannen Sie eine wasserdichte Plane als Dach. Ziehen Sie sie auf beiden Seiten straff an und binden Sie sie an Bäumen fest. Dieses Dach sollte in der Lage sein, den Regen abzuhalten und die Luft kann trotzdem noch um Sie herum zirkulieren.

BAMBUS-UNTERSCHLUPF

1 Dieser Unterschlupf kann überall dort errichtet werden, wo Bambus wächst. Schlagen Sie vier dicke Pfosten senkrecht in den Boden. Ihr Abstand voneinander sollte Ihre eigene Körpergröße um eine Armlänge übersteigen. Die vorderen Pfosten sollten ungefähr 30 cm kürzer als die hinteren sein. Befestigen Sie die beiden waagrechten Firststangen an den senkrechten Pfosten wie es auf dem Bild zu sehen ist.

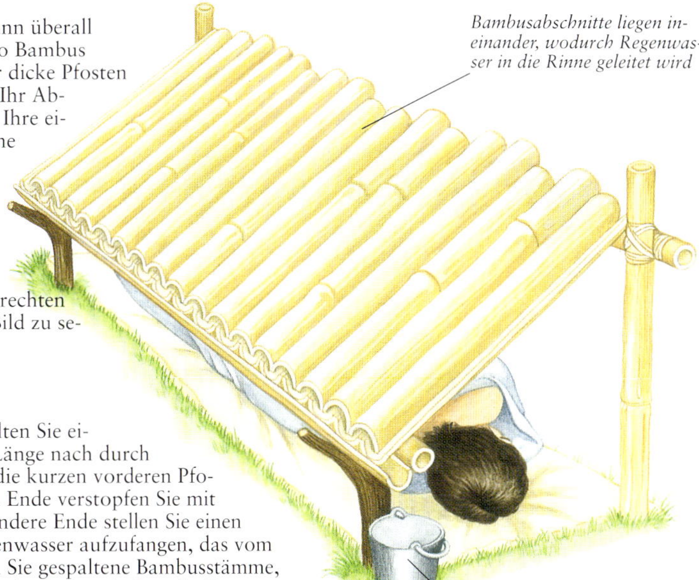

2 Mit einem Messer spalten Sie einen Bambusstamm der Länge nach durch und legen ihn zwischen die kurzen vorderen Pfosten, als Regenrinne. Ein Ende verstopfen Sie mit Blättern und unter das andere Ende stellen Sie einen Blecheimer, um das Regenwasser aufzufangen, das vom Dach herabtropft. Legen Sie gespaltene Bambusstämme, mit der offenen Seiten nach oben, zwischen die Firststangen, wobei ihre unteren Enden durch die Rinne gestützt werden. Auf diese Schicht legen Sie weitere Stämme, diesmal mit der runden Seite nach oben, so daß sie wie auf dem Bild zu sehen ist ineinander zu liegen kommen.

ACHTUNG

Bambus läßt sich mit einem Messer leicht entlang der Mitte spalten, wobei Sie jedoch aufpassen müssen vor den messerscharfen Splittern. Seien Sie auch beim Ernten von Bambus vorsichtig, denn manche der gebogenen Stämme könnten zurückschnellen und Sie dabei verletzen.

DSCHUNGEL-UNTERSCHLUPF

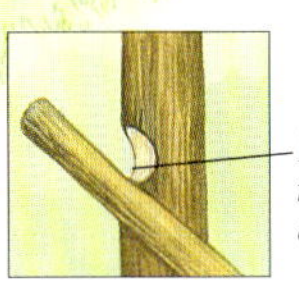

1 Um das Grundgerüst dieses Unterschlupfes herzurichten, schlagen Sie vier stabile Baumstämme als Eckpfosten in den Boden, etwas weiter voneinander entfernt als Ihre eigene Körpergröße beträgt. Nuten Sie die Pfosten an den Außenseiten ein und binden Sie vier Äste an ihnen fest, die das Bettgerüst ergeben. Fertigen Sie auf diesem Gerüst aus kleineren Ästen ein Flechtwerk an, damit ein Bett entsteht (siehe Seite 48).

2 Binden Sie sieben Äste zu einem Dachgerüst zusammen. Das Dach muß geneigt sein, damit Regenwasser ablaufen kann und es muß stabil genug sein um das Gewicht des Deckmaterials tragen zu können. Binden sie es an den senkrechten Eckpfosten fest.

3 Binden Sie noch weitere Äste zwischen die Dachgiebel und behängen Sie diese mit großen Blättern. Hängen Sie die Blätter so auf, daß die oberen die unteren überlappen, sowohl längs als auch quer. Die Blattstiele sollten alle nach oben zeigen und um den Regen abzuhalten, muß die glänzende Blattseite nach außen schauen.

LANGZEIT-UNTERKÜNFTE

IN EINER ÜBERLEBENSSITUATION KÖNNEN SIE nicht wissen, wie lange Sie wohl an einem Platz verweilen werden. Daher sollten Sie versuchen, sich den bestmöglichen Unterschlupf zu bauen. Sind Sie beispielsweise gezwungen den Winter in der Wildnis zu verbringen, werden Sie mit Sicherheit eine Blockhütte oder eine ähnlich stabile Unterkunft benötigen. Bevor Sie jedoch Tage, oder sogar Wochen mit dem Bau einer festen Unterkunft zubringen, müssen sie sich ganz sicher sein, daß Sie auch den richtigen Platz gewählt haben. In der Nähe muß sich genügend Nahrung, Brennstoff und frisches, gutes Wasser finden lassen, der Untergrund muß trocken und fest sein und der Bauplatz muß vor natürlichen Gefahren geschützt sein (siehe Seite 40).

BLOCKHÜTTE

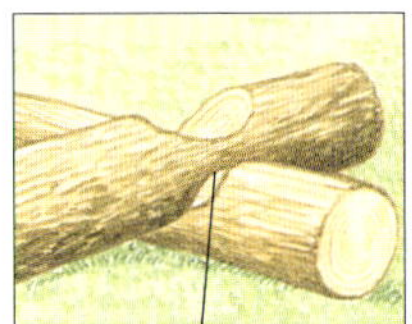

Stämme sollten an den Enden beidseitig auf Nut gearbeitet sein, damit sie festen Halt bekommen

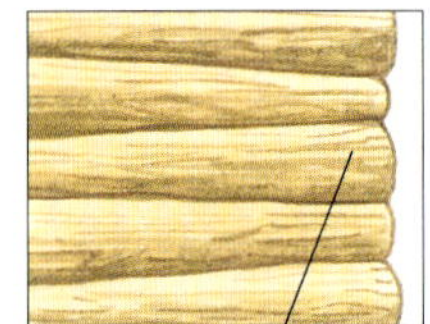

Für einen guten, sauberen Sitz, legen Sie die oberen und unteren Enden der Stämme abwechselnd aufeinander

1 Säubern Sie den Untergrund mindestens 1 m über die geplante Hüttengröße hinaus und legen Sie mit vier Stämmen den Umriß der Hütte fest.

2 Das Geheimnis des erfolgreichen Hüttenbaus liegt in der Verwendung gleichmäßiger, aufeinander abgestimmter Stämme und in der exakten Nutung. Die Nuten müssen so angebracht werden, daß alle Stämme genau übereinander zu liegen kommen, denn nur dadurch werden die Wände auch im Lot stehen und rechte Winkel in den Ecken aufweisen. Ziehen Sie die Wände sorgfältig hoch.

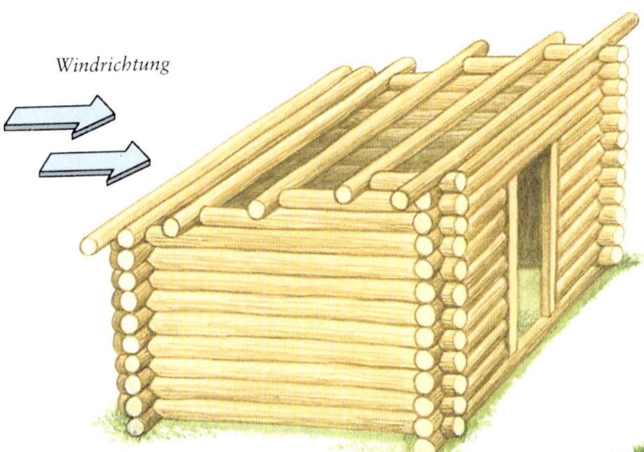

3 Die nackte Rückwand und die hintere Dachschräge sollten in die Wind- und Wetterseite zeigen, während die höherliegende Vorderseite mit dem Eingang und den Fensteröffnungen, falls vorhanden, zur Sonne hin zeigt. Lassen Sie das Dach von vorne nach hinten abfallen, damit Regen und Schnee ablaufen können.

Schneiden Sie große Rasenstücke aus, an denen noch viel Erde hängt

Dichten Sie die Zwischenräume zwischen den Stämmen mit Schlamm und Moos ab

4 Zum Decken des Daches läßt sich beinahe jedes Material verwenden. Legen sie eine isolierende Schicht aus Adlerfarn, Gras, Tannenzweigen oder Sackleinen auf einen Holzrahmen aus festen Ästen. Ehemalige Düngemittel-Papiersäcke geben ein ausgezeichnetes Isoliermaterial ab und Plastikplanen sind sehr brauchbar als Regenschutz – wenn vorhanden. Legen Sie zum Abschluß noch eine Schicht Grassoden auf das Dach.

EINE STEINERNE FEUERSTELLE

Um zu vermeiden, daß die Hütte in Brand gerät, müssen Feuerstelle und Kamin freitragend und sehr stabil konstruiert werden. Der Kamin kann außerhalb der Hütte errichtet werden, wobei ein Loch in der Wand als Feuerstelle fungiert, oder im Innern, wobei der Kamin aus dem Dach herausragt. Verwenden Sie herumliegende Steine zum Bau, oder fabrizieren Sie sich Lehmziegeln, die in der Sonne getrocknet werden müssen.

Steinkamin
Bauen Sie den Steinkamin an die Außenseite der Hütte, damit sie nicht durch das Feuer in Brand gesetzt wird.

Grasziegelhaus

1 Grasziegel (Soden) lassen sich zum Bauen wie gewöhnliche ungebrannte Ziegel verwenden, sie werden ausgeschnitten und ohne Mörtel aufeinander geschichtet. Zuerst schneiden Sie eine Anzahl von Soden aus dem Gras aus.

2 Auf einer geräumten Stelle legen Sie den Umriß der Hütte aus, wobei Sie eine Lücke für die Tür lassen. Der Untergrund muß eben und fest sein, und in der Lage sein, das erhebliche Gewicht der Wände und des Daches zu tragen, ohne abzusinken. Errichten Sie zuerst die Wände.

3 Ziehen Sie sorgfältig die Wände hoch und legen Sie die Soden an den Ecken so übereinander, daß sie sich überlappen. Achten Sie darauf, die einzelnen Lagen der Grasziegel so übereinander zu schichten, daß sie sich überschneiden. Dadurch stehen die Wände sicher und fallen nicht ein. Bauen Sie die Wände möglichst gerade, im rechten Winkel zueinander und richtig im Lot.

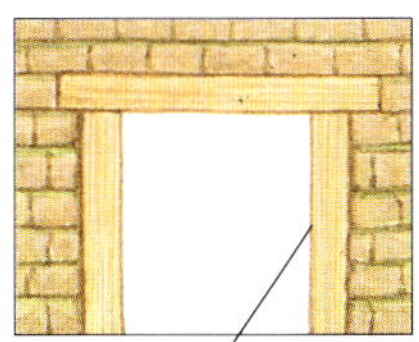

4 Bauen Sie die Vorderseite der Hütte höher als die Rückseite, damit Regen leichter ablaufen kann. Wenn Ihnen Holz zur Verfügung steht, errichten Sie das Dachgerüst aus Zweigen.

5 Decken Sie das Dach mit Grasziegeln, deren Grasseite nach oben zeigt. Etwaige Risse in den Wänden bessern sie mit Lehm aus. Sind die Wände einige Zeit dem Wetter ausgesetzt, werden sie glatt und hart.

Andere Langzeit-Unterkünfte

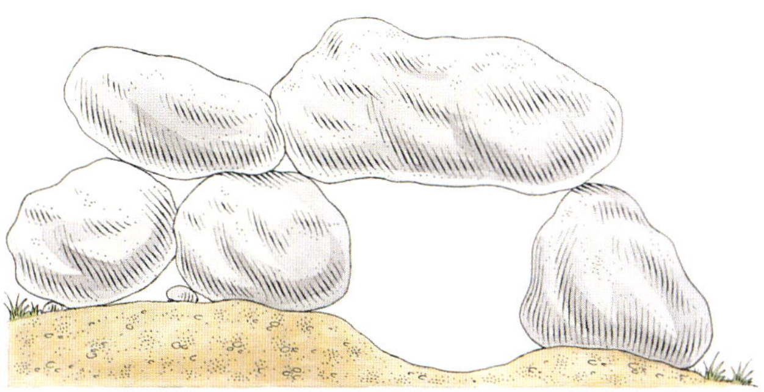

Natürliche Mulde
Ein natürlicher Unterschlupf findet sich manchmal unter großen Felsformationen, wobei sie sich jedoch unbedingt vorher vergewissern müssen, daß das ganze Gebilde auch stabil ist und nicht einstürzen wird. Wenn Sie sich tiefer in die Mulde eingraben, geben Sie gut darauf acht, nicht die Fundamente der Formation zu erschüttern.

Höhlen
Bevor Sie eine Höhle als Unterschlupf verwenden, müssen Sie sie zuerst genau erkunden. Der Eingang kann hinter zwei versetzt angeordneten Mauern angelegt werden. Bauen Sie die Feuerstelle im rückwärtigen Bereich der Höhle, damit der Rauch abziehen kann und nicht ins Innere zurückgeblasen wird. Sie können auf der anderen Seite des Feuers aus Steinen oder Holz einen Reflektor errichten, der die Wärme in die Höhle zurückstrahlt.

Das sichere Lager

Auch wenn Sie schliesslich einen Lagerplatz gefunden haben, müssen immer noch eine Reihe von Grundregeln beachtet werden, die der Sicherheit dienen. Es drohen viele potentielle Gefahren. Kochen Sie niemals im Innern Ihres Zeltes, da es leicht Feuer fangen kann und dann wie Zunder brennt. Darüber hinaus verbraucht jede offene Flamme im Zeltinneren viel Sauerstoff, wodurch giftige Gase entstehen können, wie etwa Kohlenmonoxid. Aus diesem Grund müssen Zelte und alle anderen Arten von Unterschlupf stets gut belüftet werden (siehe Seite 114). Ohne Kühlschrank und Wasserspülung kann es im Lager recht schnell zu Lebensmittelvergiftungen und anderen Krankheiten kommen.

Sicherheit rund ums Lager

Haben Sie vor, an einem Platz länger als nur eine Nacht zu bleiben, sollten Sie Ihr Lager so sicher wie möglich machen. Gerade nachts passieren leicht Unfälle – wenn jemand etwa von seinem Zelt in Richtung der Latrine unterwegs ist, dabei stolpert und in die Reste des Feuers stürzt, oder in den Fluß fällt, oder gar in der Dunkelheit den Weg zurück zum Zelt nicht mehr finden kann und sich verirrt.

Sicherheitsvorkehrungen
Der Lageraufbau sollte gut durchdacht sein und ausreichend vorbeugende Maßnahmen gegen Unfälle aufweisen, wie unwahrscheinlich sie auch scheinen mögen.

Bau einer Latrine

Die Latrine sollte sich auf der windabgewandten Seite Ihres Lagers befinden. Werfen Sie nach jeder Benutzung Erde hinein. Schütten Sie nie Chemikalien in die Grube, da sie die natürliche Zersetzung der Fäkalien verhindern und den Geruch nur verschlimmern werden. Kennzeichnen Sie eine Stelle an der Seite der Latrine mit einem Stock, die ausschließlich zum Urinieren verwendet wird. Die Latrine wird wieder zugeschaufelt, wenn Sie Ihr Lager abbrechen (siehe Seite 64).

Lagertoilette
Richten Sie nur dann eine Latrine ein, wenn Sie längere Zeit an einem Ort bleiben wollen oder in einer größeren Gruppe unterwegs sind. Verwenden Sie sie für feste Abfallstoffe.

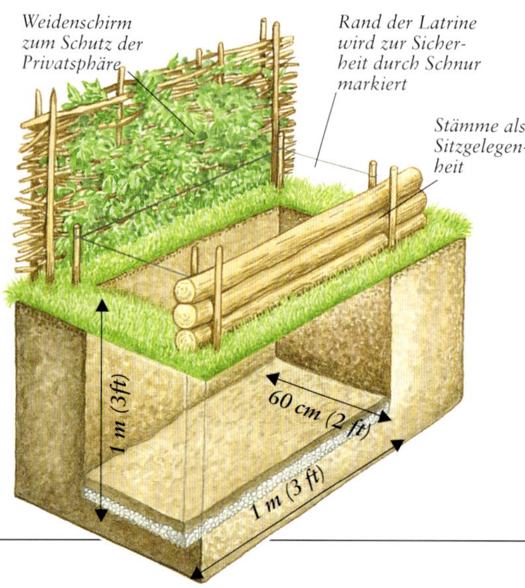

Dosenklo

Wo es illegal oder unpraktisch ist menschlichen Abfall zu vergraben, fertigen Sie ein tragbares Klo an. Nehmen Sie eine große Kaffeedose mit Deckel und kleiden Sie diese mit einer Plastiktüte aus. Um den Geruch erträglicher zu machen, geben Sie etwas Bleichmittel in die Tüte. Verwenden Sie die Dose nur für feste Abfallstoffe.

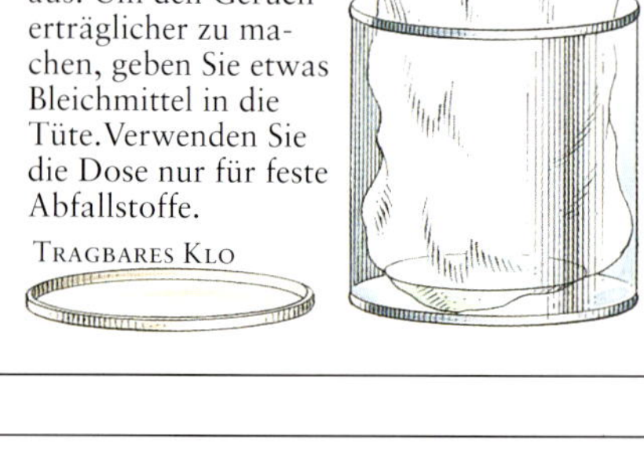

Tragbares Klo

Wäsche Waschen

Geben Sie acht, keine Knöpfe oder Reißverschlüsse zu beschädigen, während Sie die Wäsche zum Einschäumen gegen die Steine schlagen

Es dürfen keine Waschmittel in Ihr Wasser gelangen

Halten Sie Ihre Kleidung stets sauber, damit deren isolierende Eigenschaften nicht verloren gehen, außerdem ist es hygienischer. In den Tropen sollten Sie die Kleider täglich waschen und eine trockene, saubere Garnitur extra haben, die Sie nachts anziehen. In kalten Regionen müssen nur Socken und Unterwäsche regelmäßig gewaschen werden. Flicken Sie alle Risse in der Kleidung sofort (siehe Seite 31), damit der Schaden nicht größer werden kann und die Kleider unbrauchbar werden. In einer schwierigen Situation kann saubere und geflickte Kleidung viel zur Hebung der allgemeinen Moral beitragen.

Körperpflege

Bewahren Sie sämtliche Utensilien zur Körperpflege in einer wasserdichten Multi-Tasche auf, damit nichts davon verloren geht. Durch die Verwendung solch einer Tasche bleiben die Teile außerdem sauber. Wenn er in Verwendung ist, hängen sie Ihren Waschbeutel an einen Baum, dadurch haben Sie immer alles schnell zur Hand. Ein großes Handtuch läßt sich vielseitig verwenden. Wenn man es zerschneidet, steigen seine Verwendungsmöglichkeiten zusätzlich (siehe Seite 27).

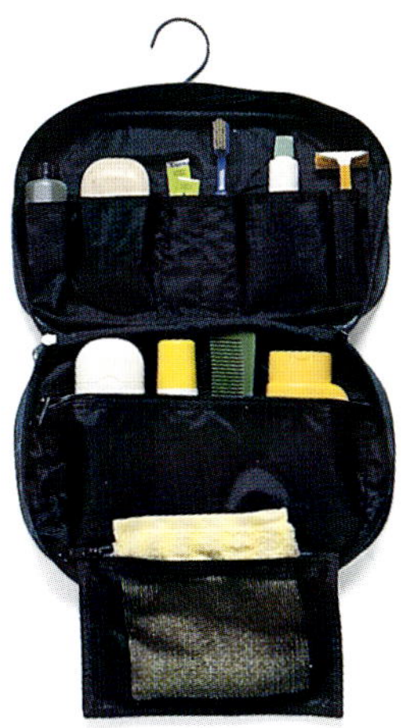

Waschbeutel

Handtuch

Seife Aus Pflanzen

Roßkastanienblätter
Zerstößt man die Blätter der Roßkastanie in warmem Wasser, kann man das Gemisch als Seife verwenden. Sie hat leicht antiseptische Wirkung.

Erdbeeren
Ablagerungen auf den Zähnen lassen sich mit Erdbeeren entfernen, die darüber gerieben werden. Auch Holzasche läßt sich als Zahnpasta oder Seife verwenden.

Schutz der Umwelt

- Lassen sie keine Waschmittel, Essensreste und andere verunreinigende Substanzen in Ihre Wasserquellen gelangen. Denken Sie daran, auch wenn Sie sich und Ihr Geschirr flußabwärts des eigenen Lagers waschen mögen, könnten weiter flußabwärts auch noch andere Lagerplätze liegen.
- Zelte sollten nicht über zu lange Zeit hinweg an derselben Stelle stehen bleiben, um dem Gras dort die Gelegenheit zu geben nachzuwachsen.
- Verstümmeln Sie Bäume und Pflanzen niemals, es sei denn Sie brauchen Sie für den Bau eines Unterschlupfes.
- Verbrennen Sie sämtliche Abfälle und nehmen Sie die Rückstände mit, wenn das Lager aufgegeben wird.
- Wenn Sie Ihr Lager abbrechen, füllen Sie immer die Latrine und die Feuerstelle auf und beseitigen Sie alle Spuren Ihrer Anwesenheit (siehe Seite 64).

Lagerung von Lebensmitteln

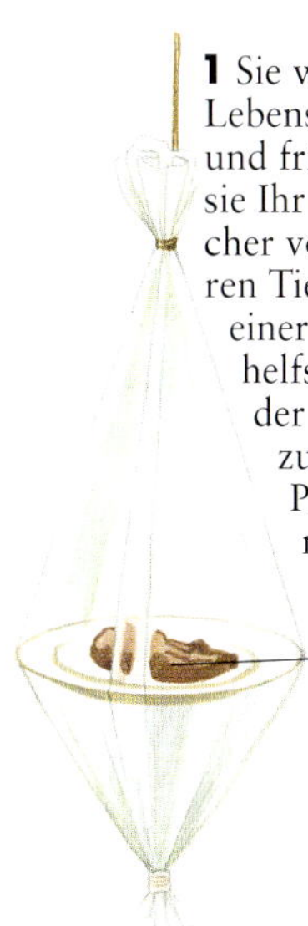

Teller mit Essen ist vor Insekten sicher

1 Sie wollen vielleicht einige Lebensmittel-Zutaten kühl und frisch halten, während sie Ihr Essen zubereiten, sicher vor Insekten und anderen Tieren. Fertigen sie aus einer Stoffrolle einen behelfsmäßigen Behälter an, der an den Enden einfach zugebunden wird. Als Plattform geben Sie einen Teller hinein.

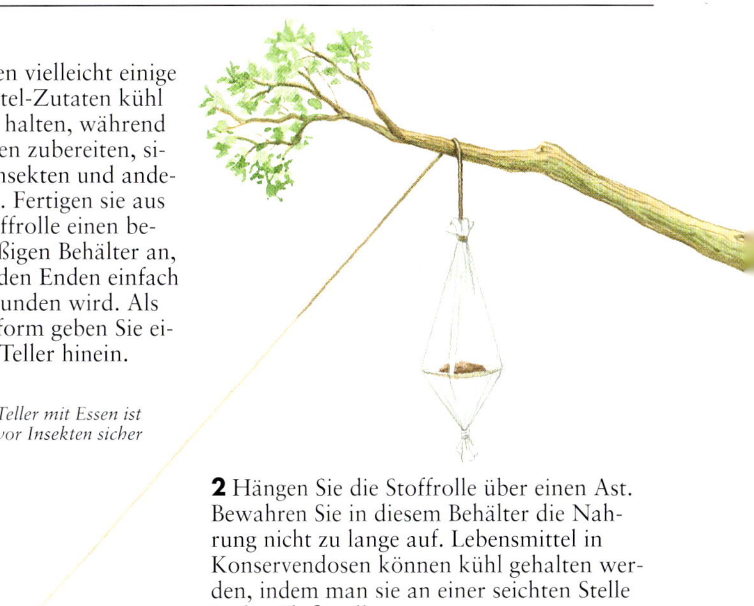

2 Hängen Sie die Stoffrolle über einen Ast. Bewahren Sie in diesem Behälter die Nahrung nicht zu lange auf. Lebensmittel in Konservendosen können kühl gehalten werden, indem man sie an einer seichten Stelle in den Fluß stellt.

LAGERFEUER

EIN LAGERFEUER TRÄGT wesentlich zum Überleben in der Wildnis bei. Es spendet Wärme und es gibt einen enormen moralischen Auftrieb. Feuer hält Insekten und wilde Tiere fern, erhält dank seiner Wärme dem Körper wertvolle Kalorien, verwandelt ungenießbare Zutaten in ein erfreuliches Mahl und trocknet Ihre Kleidung und Stiefel. Sie brauchen drei Zutaten für ein Feuer – Zunder, Anzünder und den Haupt-Brennstoff. Ein Feuer braucht außerdem noch Sauerstoff. Die beste Quelle für trockenen Brennstoff stellt stehendes totes Holz in allen Größen dar. Wenn Sie einmal Bruchholz verwenden, lassen Sie die Teile liegen die mit dem Boden in Berührung waren, und nehmen Sie stattdessen die darüberliegenden Äste.

ARTEN VON ZUNDER

Moos
Grünes, feuchtes Moos eignet sich absolut nicht als Zunder. Abgestorbenes, trockenes Moos ist hingegen geradezu ideal, um ein Feuer in Gang zu bringen. Moos findet sich an Baumstämmen oder auf sumpfigem Untergrund. Es muß eventuell zuerst getrocknet werden, bevor Sie es verwenden können.

Pilze
Baumschwämme, wie sie sich an manchen Bäumen finden lassen, haben eine lederartige Außenhaut und ihr weiches Fleisch ist trocken und schwammartig, wodurch es einen hervorragenden Zunder abgibt. Unter Umständen müssen Sie die Außenhaut zuerst mit einem Messer ablösen, um an das weiche Innenleben zu gelangen.

Baumrinde
Die innere Rinde von totem Holz ist meistens sogar noch bei nassem Wetter trocken. Schneiden Sie die feuchten Stellen heraus oder suchen Sie nach den Bohrlöchern von Insekten, die sich in das Holz gebohrt haben, denn der trockene Holzstaub, den sie dabei produzieren, ist ebenfalls ein ausgezeichnetes Zundermaterial. Auch verrottetes Holz kann als Zunder verwendet werden.

Totes Laub
Trockenes, totes Laub läßt sich immer finden, selbst in den feuchtesten Wäldern. Wann immer Sie welches sehen, heben Sie es auf und stecken Sie es sofort in ein wasserdichtes Behältnis. Sie können es entweder am Stück verwenden, oder erst zerkrümeln und dann als Zunder einsetzen.

Trockenes Gras
Es läßt sich sehr leicht zu einem Knäuel feiner Pflanzenfasern zerfasern, die leicht zu entzünden sind (siehe unten).

VORBEREITUNG DES ZUNDERS

Pulverisieren
Sie können trockene Zweige und Rindenstücke in einen pulverförmigen Zunder verwandeln, wenn Sie mit einem Messer kleine Stückchen davon abraspeln. Die Stückchen sollten so fein wie möglich werden.

Einkerben
Machen Sie in die Oberfläche Ihres Zunders eine kleine Vertiefung. Lebende Glut, die in diese Nische gelegt wird, hat dadurch viel Fläche zum Entzünden zur Verfügung.

Zerfasern
Um durch den geringsten Funken entzündet zu werden, muß der Zunder so fein wie Watte sein. Reiben und drehen Sie das Material zwischen Ihren Fingern, damit seine Fasern aufbrechen.

Brennstoffe

Brennstoffe für Wärmefeuer
Weiches Holz, etwa von Esche, Tanne, Apfelbaum, Haselnußstrauch und Stechpalme, verbrennt schnell und mit heller Flamme, und wärmt gut. Allerdings versprüht es viele Funken. Die Holzsorten, die beim Verbrennen den größten Funkenflug produzieren sind Zeder und Schierlingstanne. Dadurch, daß es so rasch verbrennt, eignet sich weiches Holz gut um ein Feuer in Gang zu bringen und auch um schnell etwas zu kochen. Allerdings ist die Brenndauer nicht sehr groß und es bleibt nur Asche zurück, anstatt einer guten Glut, die sich zum Backen und ähnlichen langsamen Kochmethoden gebrauchen ließe.

STECHPALME

TANNE

Brennstoffe für Kochfeuer
Schweres, hartes Holz, beispielsweise von Eiche, Buche, Birke, Ahorn, Hikkory und Bergahorn, verbrennt langsam und gleichmäßig. Es entwickelt dabei eine große Hitze und produziert Holzkohle, die für langsame Kochmethoden gut geeignet ist (siehe Seite 117). Der Rauchgeruch Ihres Kochfeuers kann eventuell den Geschmack des darauf zubereiteten Essens beeinträchtigen. Jede Holzsorte entwickelt beim Verbrennen einen unterschiedlichen Geruch. Kiefer etwa wird Ihrem Essen einen harzigen Beigeschmack verleihen, während Apfel und Bergahorn dem Ganzen eine eher angenehme Note verleihen. Experimentieren Sie mit unterschiedlichen Holzarten.

EICHE

BUCHE

Behelfsbrennstoffe
In einer Überlebenssituation müssen Sie sich mit den brennbaren Materialien zufrieden geben, die sich finden lassen. Im Notfall können Sie auch Tierdung, trockene Flechten, Moos, Heidekraut und sogar Torfstücke als Brennstoff verfeuern, die allerdings alle zuvor in der Sonne getrocknet werden müssen. In Küstengebieten können Sie getrockneten Tang verwenden. Hin und wieder finden sich Kohlebrokken, die man verbrennen kann und gelegentlich sammelt sich sogar Öl in kleinen Pfützen im Boden an. Auch Sand kann ölhaltig sein und brennt dann gut. Als Brennstoff können Sie außerdem tierische Fette benützen.

GETROCKNETER DUNG

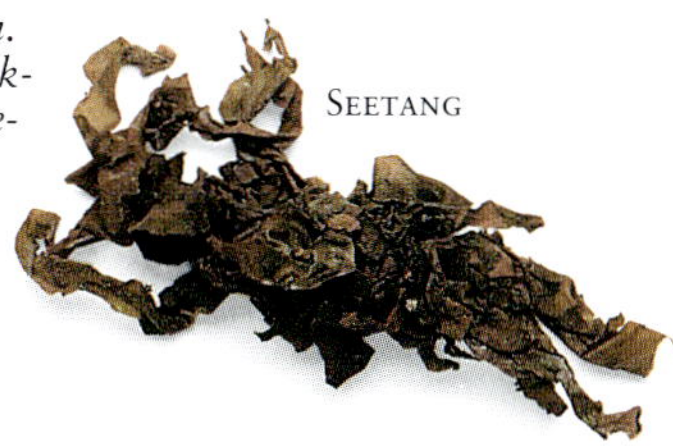
SEETANG

Ungeeignete Holzsorten

Manche harzhaltigen Holzsorten »spuken« geradezu Funken wenn sie brennen und sollten daher möglichst vermieden werden. Zu diesen Sorten gehören Kiefer und Schwarzdorn. Andere Holzsorten wiederum, etwa Erle, Kastanie, Pappel und Weide, brennen nicht besonders gut, sondern schwelen nur. Bambus muß gespalten werden, bevor Sie ihn verfeuern, da er sonst explodieren kann.

PAPPEL

WEIDE

Zutaten für ein Feuer

Das ganze Geheimnis des Feueranzündens liegt in dessen schrittweisem Aufbau. Beginnen Sie mit kleinen Holzstücken und gehen Sie dann langsam zu größeren Zweigen und Holzscheiten über, sobald das Feuer in Gang gekommen ist. Ihr Brennholz sollte in Zunder, trockenen Anzünder, sowie einer großen Menge dünnen Reisigs, dicker Zweige und Holzscheite unterteilt sein.

Zunder
Sie benötigen ein extrem fein zerfasertes Zunderknäuel, das wenigstens die Größe einer Grapefruit haben sollte. Zunder ist die wichtigste Voraussetzung für ein Feuer, denn nur durch einfaches Anzünden von dicken Ästen läßt sich noch lange kein Feuer entfachen, es sei denn, Sie hätten einen fertigen Feueranzünder dabei, der die Aufgabe des Zunders übernehmen kann (siehe Seite 62).

Anzünder
Sobald der Zunder brennt, können Sie den trockenen Anzünder dazugeben, etwa kleine Holzstöcke und Laub. Das Anzündmaterial muß unbedingt vollkommen trocken sein. Die Holzstückchen sollten etwa Bleistiftdicke haben.

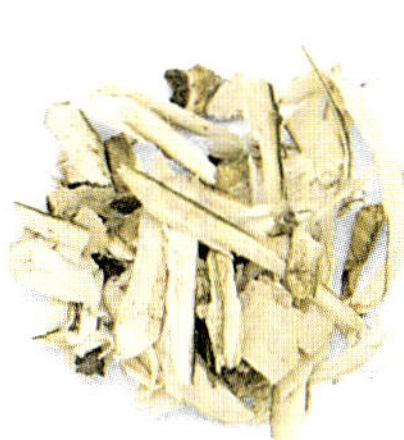

Klein-Brennstoff
Wenn das Anzündmaterial dann einigermaßen gut brennt, können Sie Reisig auflegen, das etwa fingerdick sein sollte. Dadurch wird aus den ursprünglich noch vorsichtigen Flammen ein kräftig brennendes Feuer entstehen.

Haupt-Brennstoff
Dicke Zweige stellen das hauptsächliche Brennmaterial. Sie sollten dicker sein als Ihre Finger, sich aber leichter in handliche Stücke brechen lassen.

Großer Brennstoff
Dicke Holzscheite dienen dazu, ein einmal brennendes Feuer die ganze Nacht hindurch zu speisen oder werden in längerfristig angelegten Lagern verwendet.

Feuerarten

Das Geheimnis des Feuermachens besteht in trockenem Brennstoff und darin, von den bescheidenen Anfängen her das Feuer allmählich aufzubauen. Sie müssen Ihre Feuerstelle sorgfältig auswählen und herrichten, und sich, unter Berücksichtigung der örtlichen Gegebenheiten, für die Feuerart entscheiden, die Ihren momentanen Anforderungen entspricht. Die Sicherheit stellt einen weiteren wichtigen Gesichtspunkt dar. Von Feuer kann eine große Gefahr ausgehen – es kann außer Kontrolle geraten und dabei trockenen Pflanzenbewuchs, Zelte und Kleider in Flammen aufgehen lassen. In einem geschlossenen Unterschlupf kann es zudem den gesamten Sauerstoffvorrat aufbrauchen, so daß die Insassen ersticken. Ein Feuer, das nicht ordentlich gelöscht und bedeckt wurde, kann außerdem zu schweren Bränden führen (siehe Seite 65).

Einfaches Tipi-Feuer

1 Entfernen Sie eine rechteckige Grassode aus dem Rasen und legen Sie diese beiseite. In der entstandenen Mulde errichten Sie eine Plattform aus grünen Zweigen.

2 Nehmen Sie vier gerade Stöcke und stellen Sie sie an ihren oberen Enden so gegeneinander, daß sie die Form eines Tipis bilden. Dieses Tipi muß nicht besonders groß sein.

ACHTUNG

Errichten Sie in einer ausgetrockneten Gegend nie ein Feuer. Bauen Sie Ihr Feuer nie so groß, daß Sie es nicht mehr kontrollieren können, vor allem nicht bei starkem Wind. Achten Sie darauf, unter überhängenden Ästen kein Feuer zu errichten, denn diese könnten sich dabei entzünden.

3 Bauen Sie das Tipi schrittweise weiter auf und versuchen Sie es dabei möglichst stabil zu machen. Achten Sie darauf, daß das Tipi an einer Seite offen bleibt und der Zunder später noch genügend Platz unter der Konstruktion findet.

4 Unter das fertiggestellte Tipi legen Sie Ihren Zunder und entzünden ihn (siehe Seite 58). Geben Sie als nächstes Laub und trockene Zweige dazu und bringen Sie das Feuer langsam in Gang. Durch die steigende Hitze wird dann das Tipi selbst, mit einer Stichflamme, Feuer fangen. Nach einiger Zeit wird das Tipi in sich zusammenfallen und eine dicke Glutschicht erzeugen. Auch die anfängliche Holz-Plattform wird allmählich verbrennen und für noch mehr Glut sorgen.

Halten Sie Zweige und Laub bereit, um das Feuer nähren zu können

Feuer für alle Gelegenheiten

Sie können zwar das Tipi-Feuer in fast allen Gegenden einsetzen, müssen es aber den Umständen etwas anpassen. Wenn beispielsweise starker Wind herrschen sollte, können Sie Ihr Feuer in einem Graben entfachen, so daß es windgeschützt ist. Im Schnee müssen Sie sich bis zur Erde vorarbeiten, um eine Plattform legen zu können, auf der Sie dann Ihr Feuer errichten können.

Grabenfeuer
Wenn es extrem windig ist, heben Sie einen etwa 30 cm tiefen Graben aus. Grabenfeuer eignen sich hervorragend zum Kochen und sparen Brennmaterial. Der Wind kann das Feuer nicht mehr so wild auflodern lassen und es bekommt dennoch genügend Luft um zu brennen.

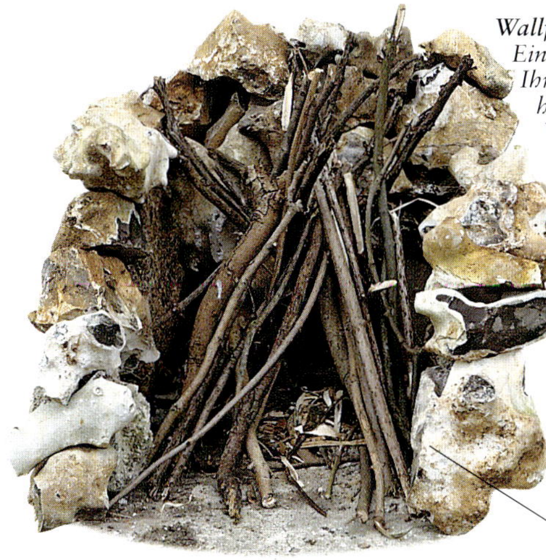

Wallfeuer
Ein Wall aus Steinen schützt Ihr Feuer vor dem Wind, verhindert damit gefährliche Verwirbelungen der Flammen und spart Brennstoff. Wählen Sie trokenes, nicht-poröses Gestein für den Wall und meiden Sie Schiefer, der explodieren kann, wenn er erhitzt wird. Die Lücken können Sie mit Schlamm oder Lehm ausfüllen, und somit eine funktionelle Kochnische einrichten.

Steinwall schützt das Feuer vor dem Wind

Sternfeuer
Diese rationelle Methode nimmt Ihnen die Mühe ab, ständig neues Feuerholz sammeln zu müssen um Ihr Feuer in Gang zu halten. Sobald Ihr Lagerfeuer eine gute Glut entwickelt hat, legen Sie vier lange Stämme von mindestens 15 cm Durchmesser in ihre Mitte. Schieben Sie die Stämme immer nach, wenn sie soweit verbrannt sind. Dieses Feuer sollten Sie nur in einem längerfristigen Lager entzünden, damit Sie sicher gehen können, daß die Stämme wirklich vollständig erloschen sind, wenn Sie die Feuerstelle aufräumen (siehe Seite 64).

Wirksame Dauerhitze

Um ein Feuer die ganze Nacht oder den ganzen Tag über aufrecht zu erhalten, legen Sie drei dicke Stämme dicht übereinander auf ein tiefes Bett glühender Holzkohlen. Wenn Sie einen Reflektor aus Holz hinter das Feuer bauen, kann dieser noch zusätzliche Wärme in Ihre Richtung lenken. Wahren Sie Sicherheitsabstand.

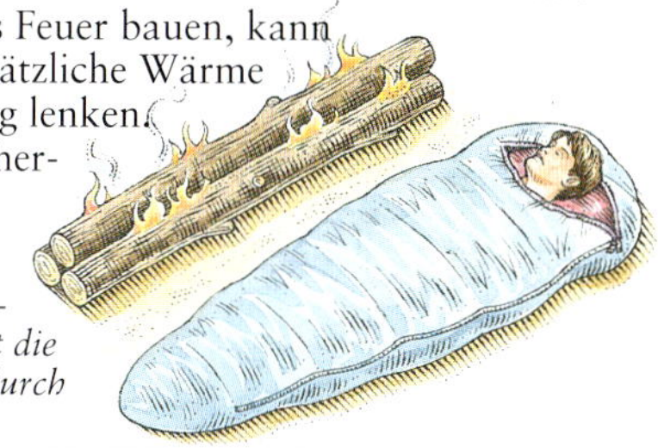

Dauerfeuer
Ein Feuer aus langen Stämmen gibt die ganze Nacht hindurch warm.

Bewahren von Glut

1 Schwelende Glut läßt sich über mehrere Tage hinweg am Leben halten, damit Sie überall schnell ein Feuer in Gang bringen können. Befestigen Sie dazu an einer Dose ein Stück Schnur oder Draht, das als Griff dient.

Das trockenste Moos kommt ganz nach oben

2 Füllen Sie trockenes Moos in die Dose. Wenn Sie keines finden können, läßt sich auch feuchtes Moos verwenden, vorausgesetzt, Sie plazieren es ganz unten und schichten trockeneres Moos oder Gras darüber. Das feuchte Moos wird bald trocknen.

3 Legen Sie nun in dieses Moos-Nest einige gut glimmende Glutstückchen und bedekken Sie diese mit weiterem Moos. Blasen Sie die Glut vorsichtig an wenn Sie das Gefühl haben, daß sie auszugehen droht.

Die schwelende Glut hält das Moos am Glimmen

FEUER ANZÜNDEN

UNTER ALLEN SURVIVAL-FERTIGKEITEN hat das Feuermachen eine besondere Bedeutung. Wird Holz oder ein anderer Brennstoff erhitzt, entzünden sich die dabei entstehenden Gase und eine Flamme entsteht. Ein Feuer muß ganz klein anfangen und ganz allmählich gesteigert werden. Trockenen Brennstoff zu haben ist sehr wichtig, denn nasses Holz erstickt jedes Feuer, außer es ist wirklich rotglühend. Aber Feuer benötigt nicht nur Hitze und trockenen Brennstoff, sondern auch viel Sauerstoff, besonders in den ersten Phasen des Entzündetwerdens. Ein Feuer kann dadurch gelöscht werden, daß man es mit Erde erstickt, wodurch die Flammen nicht mehr genügend Sauerstoff erhalten um weiterzubrennen.

ZÜNDENDE METHODEN

Flint und Stahl
Bauen Sie unmittelbar vor dem Tipi ein Nest aus Zunder. Mit dem Stahl schlagen Sie, direkt über dem Zunder, gegen den Flint (Feuerstein). Blasen Sie in die Funken und entlocken ihnen somit eine Flamme. Sobald der Zunder brennt, schieben Sie ihn unter das Tipi.

Schlagen Sie mit der Stahlsäge gegen den Flint und richten Sie die Funken auf den Zunder

TIPS ZUM FEUERANZÜNDEN

- Stellen Sie sicher, daß das Feuer windgeschützt ist (siehe Seite 60), aber vergessen Sie dabei nicht, daß Feuer auch Sauerstoff braucht um zu brennen.
- Halten Sie stets einen Vorrat von gutem, trockenem Zunder bereit.
- Sammeln Sie zuerst alle benötigten Materialien zusammen, bevor Sie das Feuer entzünden.
- Machen Sie Ihre Streichhölzer wasserfest, indem Sie Kerzenwachs auf ihre Zündköpfe tropfen lassen. Kratzen Sie das Wachs wieder ab, bevor Sie sie anstreichen.

Streichhölzer
Streichen Sie ein Streichholz im Schutz Ihrer hohlen Hand an und warten Sie bis auch das Holz brennt. Nun halten Sie das Streichholz an den Zunder bis er Feuer gefangen hat. Lassen Sie das Streichholz darauf liegen und legen Sie weiteren Zunder nach, gefolgt von Anzündmaterial.

Legen Sie Ihre Hände um das Streichholz

Vergrößerungsglas
Bündeln Sie mit dem Vergrößerungsglas die Sonnenstrahlen und richten Sie diese auf den Zunder. Sobald der Zunder anfängt leicht zu glimmen, blasen Sie vorsichtig hinein bis eine Glut entsteht.

Richten Sie die gebündelten Sonnenstrahlen mit dem Vergrößerungsglas auf den Zunder

FEUER ANZÜNDEN LEICHT GEMACHT

Es gibt viele unterschiedliche Methoden und Hilfsmittel um ein Feuer in Gang zu bringen. Das reicht vom traditionellen Flint mit Stahlsäge über den modernen Trockenspiritus in Würfelform (Esbit) bis hin zu Holzspänen, die mit diversen Chemikalien präpariert werden. Entscheiden Sie sich für die Methode, die Ihnen am besten liegt.

Wasserfeste Streichhölzer
Kratzen Sie das Wachs von den Köpfen ab, bevor Sie die Streichhölzer einsetzen.

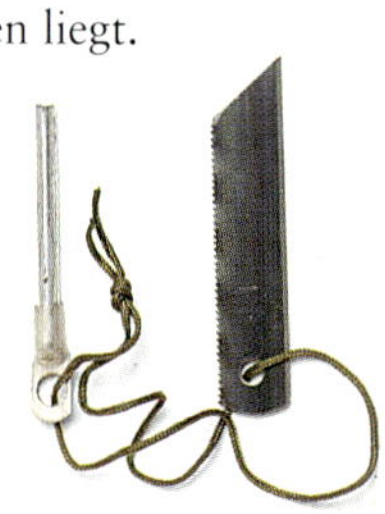

Flint und Stahl
Mit dieser Stahlsäge und dem »Flint« aus einer Magnesiumlegierung kann man sehr gut Funken schlagen.

Vergrößerungsglas
Je größer, desto besser. Das gilt vor allem in der schwachen Sonne der nördlichen Breitengrade.

Watte
Mit Brennspiritus getränkte Wattebäusche stellen eine leichtere Alternative zu natürlichem Zunder dar.

Esbitwürfel
Damit lassen sich auch große Zweige entzünden, ohne daß es eines Zunders bedürfte.

Feuerstäbe
Diese Stäbchen aus Holzspänen, die chemisch präpariert wurden, brauchen nur mit einem Streichholz entzündet werden.

Feuerbogen

1 Fertigen sie sich aus einem Stück harten Holzes (siehe Seite 59) eine Spindel an. Sie sollte etwa 38 cm lang sein, mit einem Durchmesser von 4 cm. Ein Ende der Spindel runden Sie ab, das andere Ende spitzen Sie an.

2 Als Basisbrett und Feuerstätte suchen Sie sich ein Stück Weichholz, wie Kiefer oder Balsa, und schneiden an der Seite eine V-förmige Kerbe hinein. Durch die Reibung zwischen harter Spindel und weicher Basis entsteht Asche.

3 Schnitzen Sie neben die Einkerbung ein kleines Loch, das die Spitze der Spindel aufnehmen wird. Heiße, schwarze Asche, die entsteht, wenn die Spindel sich im Loch dreht, wird durch die Kerbe nach unten auf den Zunder fallen.

Schnitzen Sie ein Loch für das obere Ende der Spindel zurecht

4 Der Bogen aus starkem Hartholz sollte etwa 60 cm lang und 2 cm dick sein. Für die Sehne binden Sie ein Stück Schnur oder ähnliches locker an seine beiden Enden. Achten Sie darauf, daß die Sehne wirklich lang genug ist um sich um die Spindel herumschlingen zu lassen.

5 Kerben Sie die Spindel in der Mitte ein und schlingen Sie die Bogensehne einmal darum. Legen Sie Zunder unter die Kerbe des Basisbretts. Die Spitze der Spindel setzen Sie in das Basisbrett und plazieren den Halteklotz auf dem anderen Ende. Indem Sie nun den Bogen vor und zurück ziehen, dreht sich die Spindel, die dabei mit der zweiten Hand nach unten gedrückt wird. Bald wird es anfangen zu qualmen und gleichzeitig werden heiße Asche und Funken entstehen, die dann durch die Kerbe auf den Zunder fallen.

Über den Halteklotz wird mit der Hand Druck auf die Spindel ausgeübt

Spindel ist um die Mitte herum eingekerbt, damit die Bogensehne nicht abrutscht

Durch Reibung entstandener heißer, schwarzer Holzstaub

Ziehen Sie den Bogen hin und her, um die Spindel zu drehen

Handbohrer

Diese Methode ist weniger aufwendig als der Feuerbogen. Dabei wird eine angespitzte Spindel zwischen den Handflächen in einem Basisbrett gedreht. Da Sie jedoch allein mit den Händen weniger Reibung produzieren können, ist diese Variante nur in heißen Gegenden mit knochentrockenem Holz effektiv. Drücken Sie die Spindel beim Drehen fest gegen das Basisbrett und rollen Sie es in kurzen, schnellen Spurts.

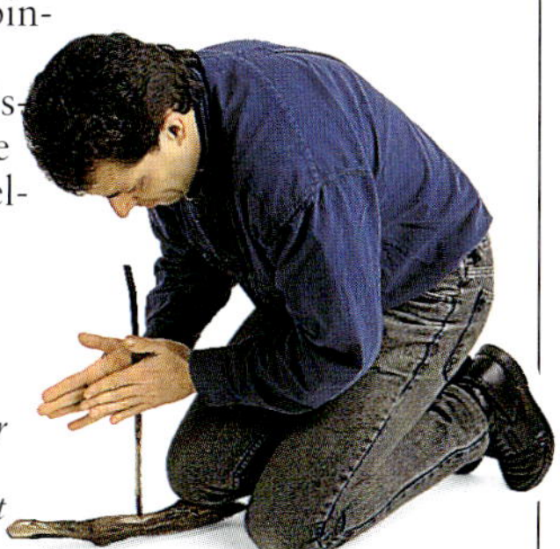

Anwendung des Handbohrers
Der Handbohrer ist zwar unkomplizierter als der Feuerbogen, dafür aber auch nicht so wirkungsvoll.

Abbrechen des Lagers

Das Abbrechen des Lagers muss Ihnen zur Routine werden, bei der alle Beteiligten Hand anlegen. Bei extremer Kälte und heftigem Regen kann das Warten auf einen Nachzügler, der noch nicht soweit ist, ziemlich lästig und auch gefährlich werden. Der stellvertretende Gruppenführer – der am Schluß der Gruppe gehen sollte und die »Nachhut« stellt (siehe Seite 136) – muß vor dem Aufbrechen den Lagerplatz noch ein letztes Mal kontrollieren. Hinterlassen Sie Ihren Lagerplatz immer in einem aufgeräumten Zustand, bei dem nichts mehr auf Ihr Verweilen hindeutet – es sei denn, Sie befinden sich in einer Überlebenssituation, denn dann müssen Sie möglichen Suchtrupps deutliche Zeichen hinterlassen. Bauen Sie Ihr Zelt oder Ihren Unterschlupf immer erst ganz zum Schluß ab, damit Sie so lange wie möglich davon profitieren können.

Aufräumen des Lagerplatzes

Sie müssen Ihren Lagerplatz stets genau in demselben Zustand verlassen, in dem Sie ihn auch vorgefunden haben, nichts sollte mehr auf Ihre Anwesenheit schließen lassen. Räumen Sie daher sauber hinter sich auf, nehmen Sie alle Ihre Abfälle wieder mit, legen Sie sämtliche Grassoden wieder an ihren ursprünglichen Platz zurück und halten Sie sich an alle örtlichen Regeln. Damit bewahren Sie die Natur vor unnötigen Schandflecken. Auch in einer Überlebenssituation, in der Sie möglichen Rettungstrupps Zeichen hinterlassen, können Sie dies bewerkstelligen, ohne die Umwelt zu schädigen (siehe gegenüberliegende Seite).

Zelt
Zelte sollten stets ganz zuletzt abgebaut werden, damit Sie bei schlechtem Wetter auch bis zum Schluß Schutz finden. Alle Beteiligten sollten auf den Zeitpunkt hinarbeiten, an dem die Zelte schließlich abgebrochen werden. Bis dahin muß alles andere verpackt und bereit sein für den Abmarsch. Verlassen Sie den Platz sofort, sobald die Zelte verstaut sind.

Latrine
Die Latrine muß zugeschüttet und mit Grassoden bedeckt werden. Versehen Sie die Stelle mit einer Tafel, auf der Ihr Abreisedatum angegeben ist, damit spätere Camper informiert sind. Konnten Sie, mit Rücksicht auf eine zu empfindliche Umwelt, keine Latrine graben, müssen Sie all Ihre Fäkalien in Plastiksäcken mitführen.

Tilgen aller Anzeichen Ihrer Anwesenheit
Es ist sehr wichtig, Ihren Lagerplatz so zu hinterlassen, daß nichts mehr auf Ihr Verweilen hindeutet. Tarnen Sie die Feuerstätte ab, nachdem das Feuer gelöscht und die Reste weggeräumt wurden. Nehmen Sie allen Abfall, Müll und Essensrückstände mit und füllen Sie die Latrine auf. Berücksichtigen Sie jedesmal wenn Sie ein Lager abbrechen all diese Regeln, dann wird die dort heimische Tierwelt auch weiterhin einen unzerstörten Lebensraum vorfinden, und andere Camper ebenfalls.

Feuer
Das Feuer muß vollständig erloschen sein. Die kalte Asche sollte aufgestochert und hinterher gut vergraben werden. Sammeln Sie alles nicht verbrannte Material auf und nehmen Sie diese Reste mit.

Aufräumen der Feuerstelle

Vergewissern Sie sich, daß das Feuer wirklich völlig erloschen ist, wenn sie das Lager endgültig verlassen. Selbst wenn Sie die Feuerstätte mit Erde abgedeckt haben, könnte immer noch Glut darunter weiterschwelen. Verwenden Sie daher am Tag der Abreise nur wenige Holzstücke um Ihr Frühstück zu kochen, und vergewissern Sie sich, daß auch jedes davon vollkommen niedergebrannt ist.

1 Wenn das Feuer heruntergebrannt ist, schieben Sie dessen Überreste in der Mitte zusammen und stochern Sie so lange darin herum, bis alles zu Asche zerfallen ist. Verteilen Sie die erkaltete Asche und graben Sie sie anschließend gut unter die Erde.

2 Vergewissern Sie sich, daß keine Aschereste an der Oberfläche vergessen wurden, die sonst die Grasnarbe zerstören könnten, und füllen Sie die Feuerstätte mit Erde auf. Klopfen Sie die Erde mit den Händen fest und legen Sie dann die Grassoden, die zuvor ausgestochen wurden, um für das Feuer eine Grube zu erhalten, wieder zurück an ihren ursprünglichen Platz.

3 Um auch die Ränder der Feuerstätte unsichtbar zu machen, füllen Sie Gras und Erde in die Nahtstellen der Grassoden. Verstreuen Sie Laub und Gras über der Stelle bis sie mit ihrer Umgebung verschmilzt. Packen Sie allen Abfall, der nicht verbrannt ist, in Plastiksäcke, und nehmen Sie ihn so mit, um ihn später zu verbrennen oder zu beseitigen.

Beseitigen der Spuren

Viele unserer Naturparks tragen schwere Schäden davon, nur weil Besucher ihren Müll einfach herumliegen lassen und damit die Landschaft verschandeln und das Leben der Wildtiere gefährden. Diese Leute finden auch nichts dabei, Vegetation und Bäume zu zerstören, Waldbrände zu verursachen und Wasserläufe zu verseuchen. Sie zumindest sollten daher alle Natur stets in einem Zustand verlassen in dem nichts darauf hinweist, daß Sie überhaupt dort waren. In einigen Naturparks ist es von den Eigentümern her nicht gestattet Feuer zu machen oder Latrinen zu graben, und Sie sollten sich an diese Vorschriften halten. Lassen Sie keine Essensreste liegen, denn sie könnten Wildtiere anlocken, die sich zu einer Plage für die Besucher entwickeln können, und so möglicherweise sich selbst oder Menschen in Gefahr bringen.

Zeichen für Rettungstrupps hinterlassen

Alle ungewöhnlichen Veränderungen werden von den Menschen, die nach Ihnen kommen, bemerkt werden, besonders wenn diese nach Ihnen suchen. Geben Sie auf allen Hinweisen, die Sie den Rettungstrupps hinterlassen, stets Ihre Marschrichtung an und datieren Sie sie so gut es geht. Wenn es nötig sein sollte, können Sie damit auch Ihren eigenen Weg zurückverfolgen. Plazieren Sie Ihre Zeichen immer so hoch wie möglich, damit sie vor Tieren gesichert sind.

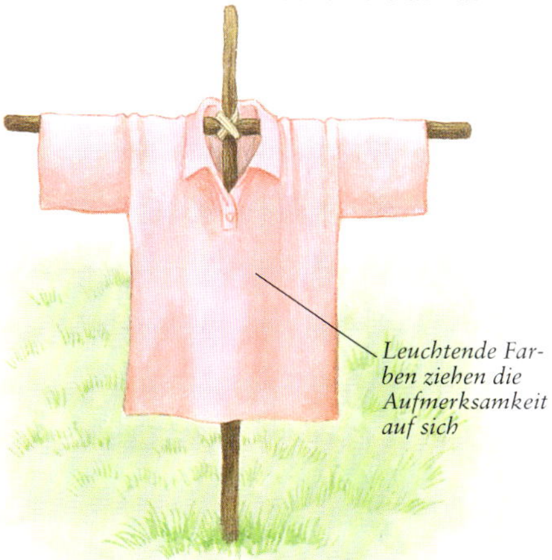

Fahne
Binden Sie zwei Stöcke in Form eines Kreuzes zusammen und hängen Sie ein T-Shirt darüber. Stellen Sie das Kreuz auf einer Lichtung auf. Wenn Sie zwei oder mehr dieser Signale aufstellen, können Sie sie so anordnen, daß sie in die von Ihnen eingeschlagene Richtung weisen.

Kiefernzapfen
Klemmen Sie einen Kiefernzapfen in einen gespaltenen Ast der entlang des von Ihnen genommenen Weges wächst. So ein Zeichen, das in der Natur nie vorkommen würde, wird von jedem, der nach Ihnen suchen sollte, sofort bemerkt werden.

Pfeile
Legen Sie auf einer Lichtung mehrere große Steine in Form eines Pfeils aus, der in Ihre Marschrichtung deutet. Dieser Pfeil ist auch aus der Luft gut zu erkennen. Legen Sie unterwegs immer mal wieder neue Pfeile, besonders an Wegegabelungen, um Ihren Weg zu dokumentieren.

KAPITEL 4

AUFFINDEN VON WASSER

ALLE LEBENDEN ORGANISMEN bestehen zum größten Teil aus Wasser, ohne das sie nicht leben könnten. Sobald Sie in einer Überlebenssituation sicher Unterschlupf gefunden haben, muß Ihre vorrangigste Sorge daher dem Aufspüren einer Wasserquelle gelten, die Ihnen ausreichende Mengen sauberen Wassers bieten kann – wichtiger noch als Nahrung. Wasser ist die Grundlage jeder menschlichen Besiedlung und Sozialstruktur. Die Zivilisationen der Antike verdanken ihr Aufblühen den Flüssen, die für fruchtbare Böden sorgten und den Menschen Wasser und Nahrung im Überfluß schenkten. Dies erst ermöglichte, daß sich der Handel und Kulturen entwickeln konnten und gab den Menschen genug Zeit, um sich aus der Abhängigkeit von jeweils einer guten Ernte pro Jahr zu lösen, die über ihr Überleben entscheiden konnte. Das Wasser hat aber auch Tod und Verderben über die Menschen gebracht, verbreitete tödliche Typhus und Choleraepidemien oder löschte ganze Städte aus, wenn Flüsse plötzlich einen anderen Weg nahmen und über ihre Ufer traten oder austrockneten. Der Stadtmensch von heute sieht frisches, sauberes Wasser als eine Selbstverständlichkeit an. Das jedoch ist ein fundamentaler Irrglauben, der sich auch als solcher erweisen wird, wenn wir unsere Grundwasserressourcen erst ausgebeutet und unsere Flüsse verseucht haben werden. Wollen Sie Überleben, sollten Sie weder das Leben, noch das Wasser als selbstverständlich betrachten.

DIE GRUNDLAGE DES LEBENS

Wasser ist der wichtigste Grundstoff unseres Lebens. Obwohl wir mehrere Tage ohne Nahrung auskommen können, hört unser Körper ohne Wasser schon nach kurzer Zeit auf richtig zu funktionieren, schließlich sterben wir. Wasser finden zu können, ist also wahrscheinlich die wichtigste Lektion, die Sie lernen sollten, bevor Sie sich in die Wildnis hinauswagen.

Die Bedeutung von Wasser

Ein Mensch muss wenigstens 2 Liter Wasser täglich trinken – als absolutes Minimum. Eine stete Versorgung mit gutem Wasser ist daher unbedingt erforderlich. Die Reiseroute wird gewöhnlich mit von der Verfügbarkeit von Wasser bestimmt werden, denn selbst auf Fahrzeugen kann man nur Wasservorrat für einige Tage mitführen. Sind Sie zu Fuß unterwegs, sollten Sie immer ausreichend Wasser für mindestens einen Tag dabei haben, sowie eine zusätzliche Notreserve. Es ist ungemein wichtig, mindestens einmal täglich eine Wasserstelle aufzusuchen. Voraussetzung dafür ist natürlich, daß Sie wissen wo und wie man Wasser findet.

Wo sich Wasser finden lässt

Wenn es in den Bergen regnet, sammelt sich der Niederschlag zuerst in kleinen Bächen, die zusammenfließen und zu schnellen Strömen werden. Haben diese dann Flachland erreicht, sind aus diesen Strömen breite, langsam dahinfließende Flüsse geworden, die allmählich in das Meer fließen. Überall innerhalb dieses Kreislaufs läßt sich trinkbares Wasser finden. Alles Wasser aus der Natur sollte geklärt werden, bevor man es trinkt, um durch Wasser übertragene Krankheiten zu vermeiden (siehe Seite 75).

Gletscher
Häufig findet man in Gletscherzungen heftige Schmelzwasserströme. Allerdings enthält Gletscherwasser einen hohen Anteil von feinst zermahlenem Gesteinsstaub, der Durchfall verursachen kann. Bevor Sie das Wasser trinken, müssen Sie es über Nacht stehen lassen, damit die Steinpartikel sich absetzen können, und anschließend müssen Sie das geschiedene Wasser sorgfältig filtern (siehe Seite 75).

Klippen
Halten Sie Ausschau nach Stellen mit grüner Vegetation, wie Moos oder Farnen, oder nach Rissen am Fuße der Klippen, aus denen vielleicht frisches Wasser tropfen mag.

Bäume
Bäume und anderer grüner Pflanzenbewuchs deuten auf Wasser in irgendeiner Form hin. Halten Sie immer Ausschau nach sichtbaren Anzeichen von Leben wie diesen.

Dünen
Graben Sie in einem Dünental, dem tiefsten Punkt zwischen zwei Dünen, bis Sie auf feuchten Sand stoßen. Eventuell findet sich Wasser dort, wo bei Regen der Niederschlag die Dünen hinuntergelaufen und im Boden versickert ist. Graben Sie so lange weiter, bis sich Süßwasser in dem Loch ansammelt.

Felsspalten
Schauen Sie in den Spalten zwischen den Felsen nach, denn dort sammelt sich häufig Regenwasser.

Strand
Wenn Sie oberhalb der Hochwassermarke ein Loch graben, wird sich Wasser darin ansammeln. Ist Süßwasser in dem Sand vorhanden, wird es in das Loch sickern und auf dem dichteren Salzwasser schwimmen.

Ausgetrocknetes Flußbett
Es lohnt sich mitunter, an Stellen zu graben, die so aussehen, als ob es früher dort schon einmal Wasser gegeben hätte – zum Beispiel an den Außenseiten von Flußbiegungen. An der Innenseite der Biegungen hat sich meist eine dicke Schicht aus Schlick und Kies angesammelt, durch die man nur sehr schwer hindurchgraben kann.

INDIKATOREN FÜR WASSER

Normalerweise sind Anzeichen von Leben, etwa eine grüne Vegetation, Wildpfade oder menschliche Behausungen, ein Hinweis darauf, daß Wasser in der Nähe sein muß. Halten Sie in einem ansonsten unbelebten Terrain also immer Ausschau nach solchen Hinweisen auf Leben, obwohl manche Vögel, zum Beispiel Geier, auch ohne Wasser große Strecken zurücklegen können.

Bäume und sonstige Vegetation
Alle Bäume benötigen Wasser zum Leben, auch wenn einige von ihnen sehr lange Pfahlwurzeln in den Boden treiben müssen, um daranzugelangen. Palmen wachsen meist an Stellen, an denen sich Wasser in irgendeiner Form nahe der Oberfläche befindet. Einige Palmenarten speichern Wasser in ihren Stämmen und Wurzeln (siehe Seite 72).

Wildpfade
Grasfressende Tiere müssen mindestens zweimal am Tag trinken, bei Tagesanbruch und zur Abenddämmerung. Zu diesen Zeiten sind sie daher normalerweise gerade unterwegs zum oder vom Wasser. Halten Sie Ausschau danach, wo mehrere Wildpfade zusammenlaufen. Wenn Sie Wasserstellen aufsuchen, nehmen Sie sich vor Raubtieren in acht, die ebenfalls dort trinken.

Bienen und Fliegen
Gewöhnlicherweise entfernen sich Bienen nie weiter als etwa 5 km von ihren Stöcken weg, und sie brauchen eine regelmäßige Wasserversorgung. Achten Sie darauf, in welche Richtung sie fliegen wenn sie ihren Stock verlassen. Fliegen halten sich sogar in noch größerer Wassernähe auf – ca. 100 m oder so. Doch in der Wüste scheinen sie manchmal geradewegs aus dem Nichts aufzutauchen, unabhängig davon, wo die nächste Wasserquelle sein mag.

Ameisen auf dem Marsch
Ameisen sind auf regelmäßige Wasseraufnahme angewiesen. Sehen Sie welche, die einen Baum hinaufmarschieren, dürften sie wahrscheinlich gerade zu ihrem Vorrat von Regenwasser unterwegs sein.

DEHYDRATION UND DER WASSERBEDARF DES KÖRPERS

Wasser ist ein essentieller Bestandteil des menschlichen Körpers. Aber wir verfügen über keine Möglichkeiten Wasser im Körper zu speichern, wie wir das etwa mit den Fetten in unserer Nahrung können. Daher brauchen wir eine regelmäßige Versorgung, um die Körpertemperatur zu regulieren (durch Schwitzen), um über die Nieren Ausscheidungsprodukte eliminieren zu können und um die Funktionen unseres Nervensystems aufrecht zu erhalten. Ohne Nahrung können wir ungefähr drei Wochen überleben, in denen wir von unseren Körperreserven zehren, wird verlorenes Wasser allerdings nicht innerhalb von fünf Tagen ersetzt, sterben wir.

DIE FOLGEN VON WASSERVERLUST

bei 1–5%	bei 6–10%	bei 11–12%
Durst	Kopfschmerzen	Delirium
Unbehagen	Schwindelgefühl	Geschwollene Zunge
Lethargie	Trockener Mund	Muskelzucken
Ungeduld	Prickeln in den Gliedmaßen	Taubheit
Appetitlosigkeit	Bläuliche Hautfärbung	Getrübte Sicht
Gerötete Haut	Undeutliche Aussprache	Haut fühlt sich taub an
Erhöhter Pulsschlag	Schwierigkeiten beim Atmen	Haut schrumpft
Übelkeit	Unfähigkeit zu gehen	Unfähigkeit zu schlucken
Schwäche	Verschwommene Sicht	Tod

Wasserbedarf
Der menschliche Körper besteht zu ungefähr 75% aus Wasser, welches absolut lebenswichtig ist. Das Wasser, das durch Schwitzen und über den Urin verloren geht, muß in demselben Maße ersetzt werden. Tut man dies nicht, treten gesundheitliche Probleme auf, die zunehmend ernster werden und bis zum Tod führen.

DEM WASSERVERLUST VORBEUGEN

Selbst an einem strikten Ruhetag im Schatten, verliert man allein über seinen Atem und den Urin mehr als 1 l Wasser täglich. Bei körperlicher Anstrengung nimmt der Wasserverlust durch Schwitzen noch weiter zu, besonders bei großer Hitze. Wenn Sie also nur wenig Wasser zur Verfügung haben, sollten Sie viel ruhen und nur nachts arbeiten. Versuchen Sie sich kühl zu halten und im Schatten zu bleiben. Atmen Sie durch die Nase um unnötigen Flüssigkeitsverlust zu vermeiden und rauchen Sie nicht. Legen Sie sich nicht direkt auf den heißen Boden. Essen Sie nur soviel, wie Sie gerade eben brauchen, um am Leben zu bleiben. Streichen Sie sämtliche fetthaltigen Speisen aus Ihrer Ernährung und trinken Sie keinen Alkohol – beides verbraucht bei der Verdauung viel Flüssigkeit. Suchen Sie rechtzeitig nach neuem Wasser, anstatt solange damit zu warten, bis Ihre ganzen Wasservorräte aufgebraucht sind.

Wassergewinnung

Ohne Wasser können Sie nur wenige Tage überleben. Es ist allerdings recht unwahrscheinlich, daß Sie immer das Glück haben werden, direkt neben einer sicheren und zuverlässigen Wasserquelle zu lagern (siehe Seite 40). Doch in einem Notfall können Sie sich eine Zeit lang auch durch das Sammeln von Regenwasser oder Tau behelfen. Wasser, das aus der Atmosphäre stammt, oder aus Pflanzen oder Destillieranlagen, hat gegenüber anderen natürlichen Wasserquellen den enormen Vorteil, daß es wesentlich reiner ist (siehe Seite 74). Die beste Zeit um Wasser zu sammeln ist übrigens die Morgendämmerung.

Sammeln von Regenwasser

Sie sollten, sobald Sie irgendwo lagern, mehrere Behälter aufstellen, um möglichst viel Niederschlag sammeln zu können, falls es regnet. Sammeln Sie auch alles Wasser auf, das vom Dach Ihres Unterschlupfes abfließt. Dazu verwenden Sie provisorische Regenrinnen, die das Regenwasser in ein Gefäß (siehe Seite 53) oder in einen Teich (siehe Seite 77) leiten. Selbst für den Fall, daß ein Fluß oder ein Strom in der Nähe vorbeifließen sollte, ist es ratsam, den Regen aufzufangen, da Sie so auf chemische Wasseraufbereitungsmethoden oder das Abkochen verzichten können (siehe Seite 75). Hierzu spannen Sie eine wasserdichte Plane straff über eine möglichst große Fläche aus, am besten an einem Hang. Pflocken Sie die Plane an den Ecken mit Stöcken fest.

Regenkollektor
In jeder wasserdichten Plane kann man Regen sammeln und weiterleiten in ein Gefäß. Behalten Sie die Vorrichtung bei heftigem Regen gut im Auge, damit Sie das Gefäß gleich austauschen können, wenn es voll ist.

Sammeln von Tau

Nachts kühlt sich die Luft ab, der in ihr enthaltene Wasserdampf kondensiert, und schlägt sich als Tau in tieferen Lagen, auf den Pflanzen und Fahrzeugen nieder. Dieses Wasser verdunstet allerdings schnell wieder, sobald die Sonne aufgegangen ist. Viele Pflanzen, Insekten und Tiere brauchen diesen Tau zum Leben, und auch der Mensch kann sich diese natürliche Trinkwasserquelle nutzbar machen.

1 Sie können den Tau aufsammeln, wenn Sie ein Stück Tuch in das lange, feuchte Gras legen und es sich vollsaugen lassen. Im Morgengrauen ist die beste Zeit dafür, denn Tau verdunstet recht rasch, wenn die Sonne erst einmal aufgegangen ist. Diese Methode wird in vielen der trockenen Länder von der einheimischen Bevölkerung angewendet.

2 Sobald sich das Tuch vollgesogen hat, wringen Sie es über einem Behälter aus.

Nach Wasser graben

Gräbt man in sumpfigem Grund ein Loch in den Boden, wird Grundwasser hineinsikkern. Graben Sie ein etwa 30 cm tiefes Loch. Schöpfen Sie das Wasser ab, das in dem Loch aufsteigt. Dieser wird anfangs noch recht trüb sein, aber allmählich wird klares Grundwasser aufsteigen, das gereinigt und anschließend getrunken werden kann.

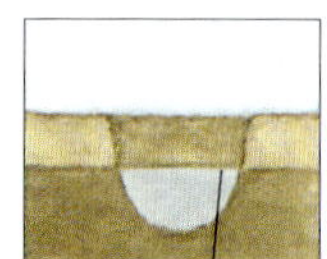

Wasser aus einem Sumpfloch
Schöpfen Sie aus einem Loch im Sumpfboden das schlammige Wasser heraus, bis sauberes Grundwasser an die Oberfläche steigt.

WARNUNG

Bevor Sie ein Wasserloch graben, sollten Sie die Umgebung genau betrachten. Graben Sie nie an einer Stelle an der das Sumpfwasser einen durchdringenden Geruch aufweist oder schleimig grün an der Oberfläche steht – alles Wasser dort ist höchstwahrscheinlich ungenießbar. Vermeiden Sie Wasser in dessen Umgebung Tierkadaver zu finden sind. Klären Sie immer alles Wasser vor dem Genuß (siehe Seite 74).

Wasser aus Vegetation

Pflanzen geben über ihre Blätter Wasserdampf ab. Dieses Wasser kann leicht gesammelt werden, wenn man einen Plastikbeutel um das Blätterwerk bindet, wodurch der Dampf verdunstet und sich in kleinen Tröpfchen in der Tüte niederschlägt.

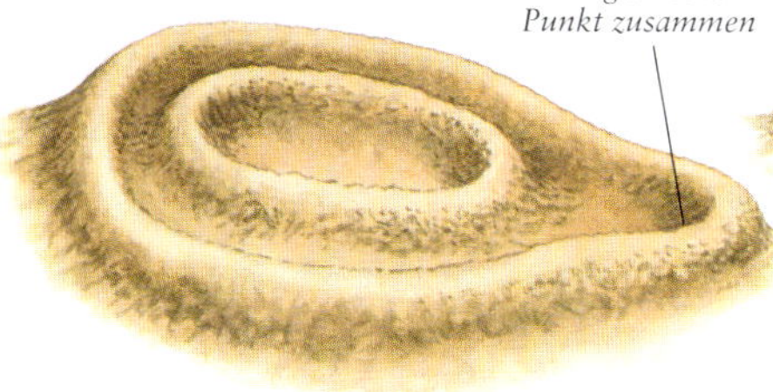

1 Graben Sie an einem Hang eine flache Kuhle und um sie herum eine Rinne, die zu einem Sammelpunkt zusammenläuft. Zwischen den beiden Kuhlen errichten Sie einen Trennwall.

2 Über den beiden Kuhlen breiten Sie einen großen Plastikbeutel, der mit einem Stock abgestützt wird und auf der Innenseite mit Steinen beschwert wird. In die mittlere Kuhle legen Sie grüne Blätter und Gräser.

3 Binden Sie die Enden des Beutels gut zu, wobei Sie darauf achten müssen, daß die Vegetation das Plastik nicht berührt. Das Grünzeug wird anfangen zu »schwitzen«, der dabei abgegebene Wasserdampf erwärmt sich und schlägt sich als Kondenswasser an der Innenseite des Plastiks nieder. Es wird an den Seiten herab in die Rinne laufen und weiter in den trichterartigen Sammelpunkt.

Weitere Methoden

Indem Sie ein Stück Stoff auf dem Boden auslegen oder in einen Baum hängen, können Sie in manchen Fällen sogar die Wassertröpfchen aus dem Nebel oder schwerem Bodennebel gewinnen. In einem Notfall legen Sie einfach über Nacht eine Plastikfolie über das Gras. Wenn sich die Nachtluft langsam abkühlt, wird warme Luft aus dem Boden aufsteigen und in kleinen Wassertröpfchen an der Unterseite der Folie kondensieren. Diese Methode wird Ihnen zwar nicht besonders viel Wasser liefern können, aber vielleicht doch genügende Mengen, um Sie am Leben halten zu können, bis Sie eine verläßlichere Quelle gefunden haben.

Wasser aus Blättern
Binden Sie einen Plastikbeutel um einen lebenden Zweig oder eine ganze Pflanze. Der Wasserdampf, den das Blattwerk abgibt, wird sich in dem Plastik erwärmen und an der Innenseite des Beutels als Kondenswasser niederschlagen.

Wassergewinnung aus dem Erdreich

Wenn zwischen zwei Oberflächen ein Temperaturunterschied herrscht, wird sich die Luft zwischen ihnen zuerst erwärmen und dann verdampfen, um anschließend in feinen Tröpfchen an der kühleren der beiden Oberflächen zu kondensieren.

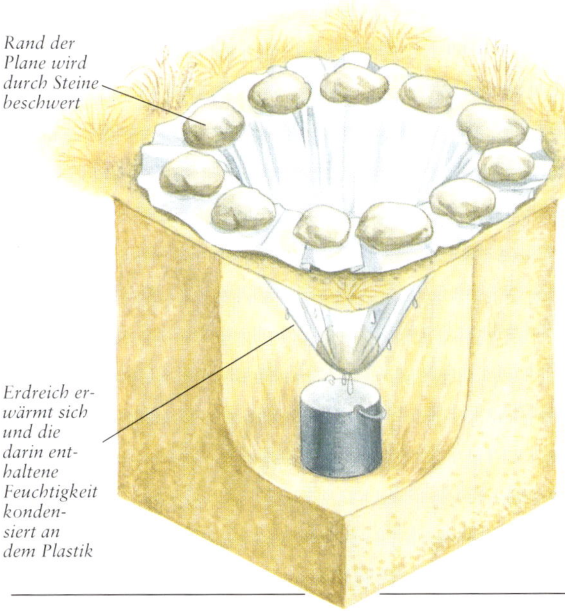

Bau einer Solar-Destillieranlage
Graben Sie ein etwa 60 cm tiefes und 1 m breites Loch. Unten auf den Boden stellen Sie einen Auffangbehälter. Breiten Sie eine Plastikplane über dem Loch aus und halten Sie ihre Ränder mit Steinen nieder. Beschweren Sie die Mitte der Plane über dem Behälter mit einem faustgroßen Stein, so daß sie durchhängt. Die Luft in dem Loch wird sich erwärmen, der entstehende Wasserdampf wird an der Unterseite der kühleren Plane kondensieren und in den Behälter rinnen. Diese Destillieranlage funktioniert in der Wüste besonders gut – sowohl in der Nacht, als auch bei Tag. Nachts kühlt die Außenluft die Plane ab, aber da die Luft im Loch wärmer ist, wird sich dennoch Kondenswasser auf der Plane niederschlagen. Ist die Feuchtigkeit in einem Loch einmal aufgebraucht, graben Sie einfach ein neues Loch.

Destillation von Meerwasser

Nach dem Prinzip der Sonnen-Destillieranlage läßt sich auch aus Meerwasser oder Urin trinkbares Süßwasser gewinnen. Geben Sie Meerwasser in eine Schüssel, und stellen Sie einen Becher in die Mitte. Über die Schüssel drapieren Sie eine Plastikfolie und binden sie fest. Nun legen Sie einen Stein in die Mitte der Folie, so daß sie über dem Becher konisch zuläuft. Die Luft unter dem Plastik erhitzt sich und erwärmt damit auch das Meerwasser, das dann an der Unterseite der Folie als Süßwasser kondensiert.

Meerwasser-Destille

Natürliche Wasserquellen

Es gibt viele natürliche Quellen für Wasser. Sie können beispielsweise aus Pflanzen Wasser gewinnen, aus dem Blut und den Augen von Tieren und aus einigen Froscharten, die sich zum Überwintern im Schlamm von ausgetrockneten Wasserlöchern eingraben und in ihrem Körper Wasser speichern. Wenn Sie sich rücksichtslos an den natürlichen Wasservorräten bedienen, könnten Sie damit ein sorgfältig ausbalanciertes und überlebenswichtiges ökologisches System zerstören, worauf die einheimische Bevölkerung sehr empfindlich reagieren dürfte. Sie müssen daher gut acht geben, keine Wasserlöcher oder Brunnen zu beschädigen und außerdem sicherstellen, daß Sie das Wasser auch aufsammeln können, damit nichts davon verschwendet wird.

Beispiele für wasserspendende Pflanzen

Viele verschiedene Pflanzen speichern Wasser, entweder in ihren Wurzeln oder den Blättern. Einige von ihnen fangen Regenwasser auf, mit dem sie Insekten fangen, die ihnen als Nahrung dienen. Andere wiederum sondern eine spezielle Flüssigkeit für den Eigengebrauch ab, die auch vom Menschen in einem Notfall abgezapft und getrunken werden kann. Pflanzen, die Wasser spenden können, findet man überall auf der Welt. Auf dieser Seite sehen Sie einige solcher Arten.

Aasblume (Stapelia)
Die Aasblume speichert, wie andere Fettpflanzen auch, Wasser in ihrem Stiel. Sie können aber auch ihre fleischigen Blätter kauen, um an Flüssigkeit zu kommen.

Kannepflanze (Nepenthes)
Diese Pflanze fängt Insekten in einer wässerigen Flüssigkeit in ihrer »Kanne«. Sie können das Wasser herausziehen, sollten es aber vorher durchseihen, um mögliche Insekten zu entfernen (die sich essen lassen).

Akazie (Acacia)
Wie andere Wüstenpflanzen auch, speichern Akazien Wasser in ihren dicht unter der Oberfläche verlaufenden Wurzeln.

Neoregalia
In der Blätterbasis von Bromelien sammelt sich häufig Regenwasser, und sie haben außerdem genießbare Blätter, aus denen sich Wasser heraussaugen läßt.

Feigenkaktus (Opuntia)
Die fleischigen Früchte, die einige Kakteen aufweisen, etwa der Feigenkaktus, geben ihre Flüssigkeit ab, wenn man sie kaut.

Kugelkaktus (Ferocactus, Echinocactus)
Diese kugelförmigen Kakteen stellen die einzige Ausnahme für die Regel dar, nach der man milchige Pflanzensäfte nicht trinken sollte (siehe gegenüberliegende Seite). Die verschiedenen Unterarten dieser Kaktusart können bis zu 1 m groß werden.

Weitere Wasserquellen

Viele Palmenarten enthalten eine zuckrige Flüssigkeit, die sich aus den blühenden Stengeln ablassen läßt. Die Wurzeln von Wüstenpflanzen speichern Wasser, sind jedoch sehr schwer zu finden und auszugraben. Einige der Froscharten in Australien und Afrika speichern in ihren Körpern Wasser, um, in der Erde vergraben, trokkene Perioden zu überstehen. In einer Notlage läßt sich dieses Wasser herauspressen.

WASSER AUS KAKTEEN

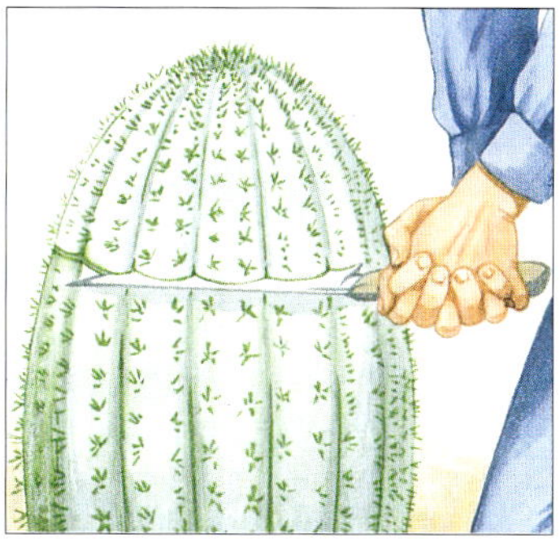

1 Um aus einem großen Kugelkaktus Flüssigkeit zu gewinnen, schneiden Sie die Spitze mit einem scharfen Messer oder Machete ab. Nehmen Sie sich vor den Stacheln in acht.

2 Stampfen Sie das Fruchtfleisch im Innern des Kaktus mit einem Stock zu Brei. Dadurch gibt das Fleisch seine Flüssigkeit frei.

3 Saugen Sie den Saft mit einem hohlen Gras- oder Schilfrohr aus dem Brei heraus. Benützen Sie Kakteen nur in einem dringenden Notfall als Wasserquelle, denn sie wachsen sehr langsam. Daher könnte es leicht passieren, daß einige Arten in bestimmten Gebieten aussterben, wenn sie diesbezüglich ausgebeutet werden.

Saugen Sie die Flüssigkeit mit einem hohlen Schilfrohr aus dem Brei ab

WASSER AUS KLETTERPFLANZEN

1 Schneiden Sie mit Messer oder Machete, so weit oben, wie Sie mit Ihren Händen reichen können, durch eine Kletterpflanze. Schneiden Sie sie nicht zuerst unten ab, denn durch die kapillare Tätigkeit fließt der Saft sonst nach oben.

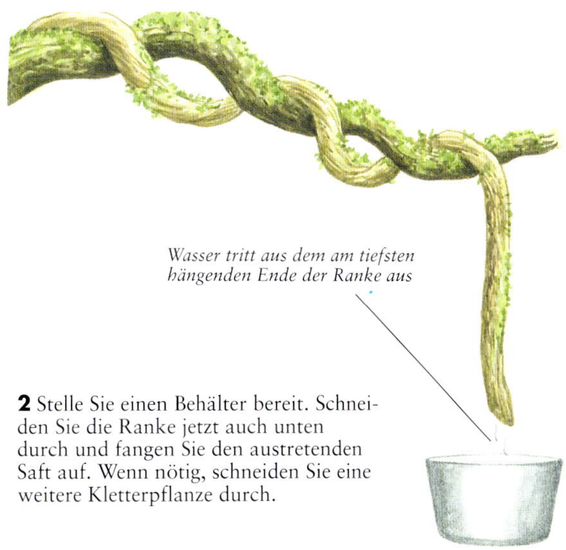

Wasser tritt aus dem am tiefsten hängenden Ende der Ranke aus

2 Stelle Sie einen Behälter bereit. Schneiden Sie die Ranke jetzt auch unten durch und fangen Sie den austretenden Saft auf. Wenn nötig, schneiden Sie eine weitere Kletterpflanze durch.

WARNUNG

Milchiger Pflanzensaft ist normalerweise giftig, ebenso der Saft des riesigen Sahuaro-Kaktus (Carnegiea). Kokosmilch und Tiersäfte enthalten viele Proteine, für die der Körper zusätzliches Wasser benötigt, um sie zu verdauen. Darüber hinaus ist die dickflüssige, gehaltvolle und reife Kokosmilch ein starkes Abführmittel, kann also Durchfall verursachen. Das wiederum kann zu Schwächeanfällen und Dehydration führen.

WASSER AUS BAUMWURZELN

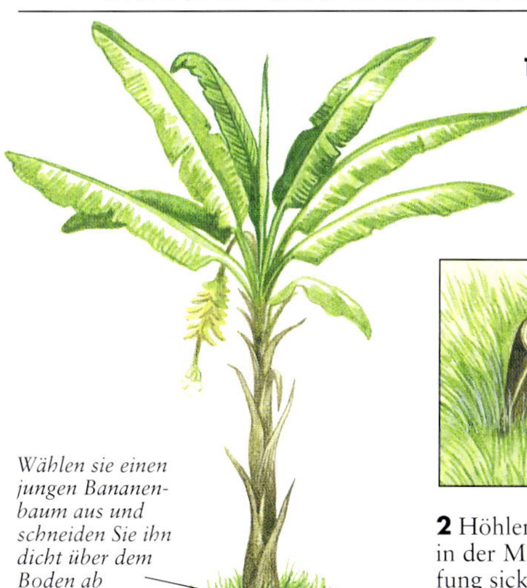

Wählen sie einen jungen Bananenbaum aus und schneiden Sie ihn dicht über dem Boden ab

1 Schneiden sie einen jungen Bananen- oder Kochbananenbaum etwa 8 cm über dem Boden ab.

2 Höhlen Sie den Baumstumpf in der Mitte aus. In diese Vertiefung sickert Wasser aus den Wurzeln und kann herausgeschöpft werden.

WASSER AUS EIS UND SCHNEE

Eis schmelzen
Schmelzen Sie das Eis über einem Feuer auf einem geneigten Stein. Nehmen Sie kein frisch gefrorenes Meereseis dazu, es ist salzhaltig. Altes Meereseis, etwa das Packeis der Arktis, hat eine blaue Färbung und enthält wesentlich weniger Salz.

Schnee schmelzen
Verwenden Sie den dichten Schnee aus tiefergelegenen Schneeschichten. Packen Sie ihn in ein Tuch ein, das Sie über einen Behälter in der Nähe des Feuers hängen, und der Schnee wird langsam auftauen. Schmelzen Sie Schnee nie direkt auf dem Feuer in einem Topf, denn alles Wasser, das dabei entsteht, wird sofort von dem restlichen Schnee aufgesogen und der Topf brennt an.

Wasseraufbereitung

Das in der Natur vorkommende Wasser ist in den seltensten Fällen rein und sollte daher stets gereinigt werden, bevor man es trinkt. Alle Schwebstoffe und andere Verunreinigungen sollten herausgefiltert werden. In den westlichen Ländern gehen die Menschen davon aus, daß sich alles Wasser unbedenklich trinken läßt, besonders wenn es aus dem Wasserhahn kommt. Aber in vielen Gegenden der Welt ist selbst das Leitungswasser nicht rein. Manche Menschen entwikeln eine gewisse Toleranz für verunreinigtes Wasser, nehmen es aber auch, gewissermaßen als unvermeidliche Randerscheinung hin, unter einer ganzen Reihe von Magen-Darm-Problemen zu leiden.

Trinkwasser
Man sollte sein Wasser in der Wildnis stets filtern und sei es nur durch einen Socken oder ein Taschentuch. Außerdem sollte man es darüber hinaus noch reinigen, um schädliche Kleinstorganismen auszuschalten.

Methoden zur Aufbereitung von Wasser

Mit der Ausnahme von Regenwasser ist selbst das am reinsten aussehende Wasser in der Wildnis nie nur einfach H^2O, sondern es enthält auch Salze, Mineralien und schädliche Organismen. Um Schweb- und Trübstoffe zu entfernen, muß Frischwasser immer zuerst gefiltert werden und anschließend muß man es noch entkeimen, indem man es entweder mindestens fünf Minuten lang abkocht oder mit Chemikalien behandelt. Meerwasser und Urin dürfen niemals in ihrem Urzustand getrunken werden, können aber im Notfall destilliert werden (siehe Seite 71 und 75). Es gibt eine Vielfalt von Wasserfiltern, von denen die meisten das Wasser erst filtern und dann mittels Chemikalien entkeimen. Sie können auch Wasserentkeimungstabletten verwenden, oder das Wasser nach dem Filtern abkochen (siehe gegenüberliegende Seite).

Jod
Jod kann eine ziemliche Schweinerei anrichten und es färbt das Wasser rosa. Außerdem gibt es ihm einen unangenehmen Nachgeschmack.

Kaliumpermanganat
Es ist eine Mehrzweck-Chemikalie, mit der sich auch Wasser entkeimen läßt. Verwenden Sie soviel davon, bis sich das Wasser leicht rosa färbt.

Tabletten
Diese Tabletten auf Chlorbasis verleihen dem Wasser zwar einen Hallenbad-Geschmack, sind aber sehr zuverlässig. Nehmen Sie pro halbem Liter unreinen Wassers eine Tablette.

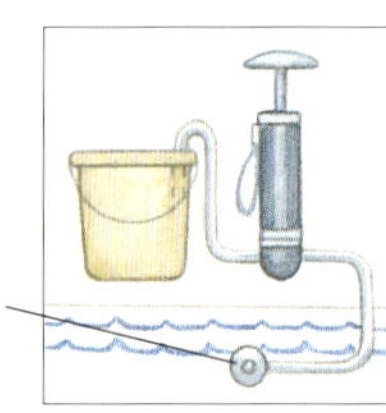

Kleiner Taschenfilter
Das Ende des Schlauches wird in das unreine Wasser gesteckt. Gereinigtes Wasser kommt aus dem Ausfluß wenn man den Griff auf- und abpumpt, und kann in einem Behälter aufgefangen werden.

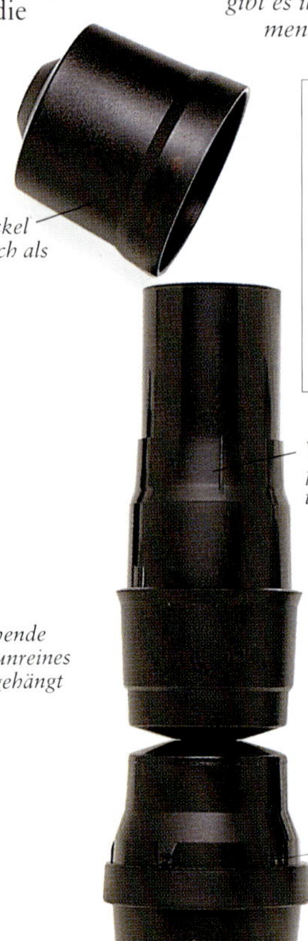

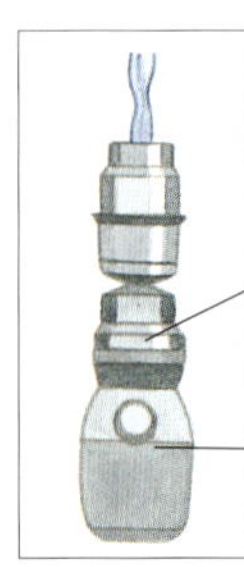

Tassenfilter
Zerlegt in seine Einzelteile paßt dieser Filter leicht in eine Jackentasche. Unreines Wasser wird in den Filter geleert, der auf den Hals einer Wasserflasche paßt. Das gereinigte Wasser tropft anschließend in die Flasche.

Großer Wasserfilter
Der Kolben wird direkt in ein Gewässer gehängt, das Ende des anderen Schlauches kommt in einen Eimer. Durch Betätigen der Pumpengriffes wird Wasser aus dem Strom gesaugt und durchströmt den Filter.

Provisorische Wasserklärung

Dreibein-Filter
Sollten Sie keinen kommerziellen Wasserfilter/-reiniger dabei haben, können Sie Naturwasser auch durch einen Socken filtern und durch Abkochen entkeimen (siehe rechts). Wenn Sie einen Socken dafür verwenden, kleiden Sie ihn entweder mit einem feinmaschigen Socken, feinem Sand oder einem Taschentuch aus. Nach jedem Filterdurchgang stülpen Sie die ganze Vorrichtung um und spülen sie gut aus. Bauen Sie ein Dreibein als Halter für den Filter (siehe Seite 119).

Bindfaden hält das Dreibein zusammen

Wasser wird durch den Socken geleert

Gefiltertes Wasser fließt in einem Gefäß zusammen

Destillation von Salzwasser

In einem Notfall läßt sich aus Meerwasser, oder anderem salzigen Wasser, durch Destillieren trinkbares Süßwasser gewinnen. Bringen Sie das Salzwasser zum Kochen, und fangen Sie den Dampf mit einem darüberliegenden Tuch auf. Verwenden Sie mehrere Tücher nacheinander. Heben Sie sie mit Hilfe eines Stockes vom Topf, damit Sie sich nicht verbrühen. Wenn die Tücher ausgekühlt sind, können Sie das klare Wasser aus ihnen herauswringen.

SALZWASSER-DESTILLE

Gefahren durch Naturwasser

Tiere übertragen beim Trinken eine Vielfalt von Mikroorganismen und Darmparasiten in das Wasser, die für den Menschen schädlich sind. Einige davon verursachen schwere Langzeitfolgen, andere wiederum lassen die Krankheit sofort ausbrechen. Da gerade der Stadtmensch keine Toleranzen gegenüber diesen Verunreinigungen entwickelt hat, nimmt er durch sie besonderen Schaden. Das Wasser in den Bergen sollte zwar sauber sein, aber dennoch ist es sicherer, wenn man sich angewöhnt, alles Naturwasser immer vor dem Trinken zuerst zu reinigen, da die Giftstoffe der Industrie mittlerweile überall zu finden sind und auch in der Nähe von menschlichen Ansiedlungen allerlei im Boden versickert.

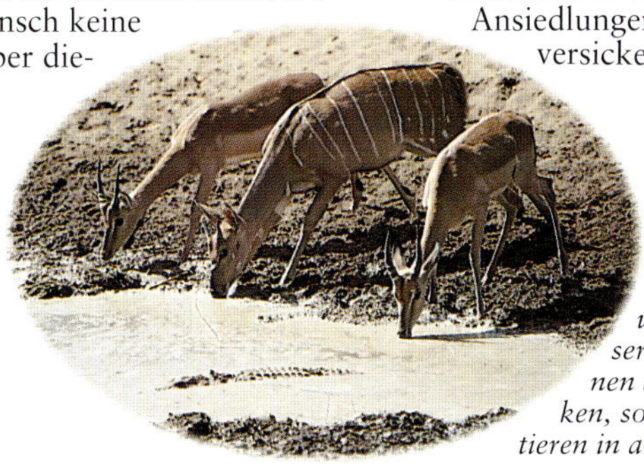

Drohende Gefahren
In der Wildnis kann das Wassersammeln gefährlich werden. Wenn Sie Wasserstellen benutzen, an denen auch die Wildtiere trinken, sollten Sie sich vor Raubtieren in acht nehmen.

Anzeichen für schlechtes Wasser

Nicht immer liegen Tierschädel und Knochen als Warnung vor schlechtem Wasser herum. Ist die Wasserquelle durch Chemie verseucht, halten Sie nach pulverigen Ablagerungen entlang der Ränder Ausschau (oder Sie kochen eine kleinere Menge und untersuchen die Rückstände). Fehlende Vegetation oder ein dichter, grüner Algenteppich auf der Oberfläche sind weitere Anzeichen dafür, daß das Wasser nicht trinkbar ist.

Stehendes Gewässer
Rohrkolben und Schilf sind häufig Anzeichen für ein stehendes Gewässer, das Sie meiden sollten.

KRANKHEITEN DIE DURCH WASSER ÜBERTRAGEN WERDEN

Krankheit	Ursache	Symptome
Leptospirose (Gravierendere Form = Weil-Krankheit)	Wird auf den Menschen übertragen durch Tiere, die mit dem *Leptospira*-Bakterium infiziert sind (Ratten, Rinder, Mäuse, Hunde, Schweine). Ansteckung erfolgt über Kontakt mit infiziertem Urin oder Fruchtwasser. Eindringen möglich über Hautverletzungen oder die Schleimhäute von Mund, Nase, Hals oder Augen.	Ruft Erkältungsähnliche Symptome hervor (Fieber, Frösteln, Kopfweh, Muskelschmerzen). Gravierendere Formen führen zu Hirnhautentzündung, Gelbsucht, Nierenversagen, inneren Blutungen und Herzschäden.
Bilharziose (Schistosomiasis)	Verursacht durch parasitären Saugwurm in langsamen Süßwasserströmen. Kann direkt über die Haut eindringen und setzt sich im Darm fest. Wird auch durch Parasiten in Süßwasserschnecken übertragen.	Verursacht Juckreiz, Nesselausschlag, Asthmaanfälle, Vergrößerung der Leber und Irritation des Harntraktes.
Amöbenruhr	Ansteckung erfolgt über Trinkwasser, das durch infiziertes Abwasser verseucht ist.	Verursacht blutigen und/oder eitrigen Durchfall und Entzündung des Dickdarmes. Komplikationen der Infektion können zu Hepatitis führen, zu Abszessen in der Leber und den Lungen und zur Perforation des Darmtraktes.
Hakenwürmer	Larven des Parasiten dringen über das Trinkwasser in den menschlichen Körper ein, oder direkt über die Haut.	Ausgewachsene Würmer setzen sich im Darm fest und verursachen Anämie und Lethargie. Larven in der Blutbahn können Lungenentzündung verursachen.
Giardiasis	Hervorgerufen durch Parasiten *Giardia* in Wasser, das mit infizierten Ausscheidungen verseucht ist.	Verursacht Durchfall und Bauchkrämpfe. Besonders in Nordamerika, Afrika und Asien anzutreffen.

Vorbeugen gegen Krankheiten, die durch Wasser übertragen werden
Die einzige Möglichkeit sich vor der Ansteckung mit diesen Kranheiten zu schützen besteht darin, stets alles Wasser zu reinigen. Sollte ein Mitglied Ihrer Gruppe dennoch nach dem Genuß von Wasser krank werden, müssen Sie Opfer und Pfleger vom Rest der Gruppe isolieren. Der Kranke muß sein eigenes Geschirr und Besteck bekommen. Sie sollten sich besonders vor den Ausscheidungen des Opfers und seinen verschmutzten Kleidern in acht nehmen, in denen sich eine starke Konzentration der Organismen befinden werden, die ihn befallen haben. Achten Sie speziell auf die Hygiene im Lager, damit niemand sonst aus der Gruppe sich ansteckt (siehe Seite 56).

Wassertransport und -lagerung

Selbst wenn Sie direkt neben einem Gewässer lagern, brauchen Sie Behältnisse irgendeiner Art, um Wasser hineinfüllen zu können. Außerdem können sie einen Behälter brauchen, um Wasser aus dem Strom zu schöpfen. In manchen Fällen kann es vernünftiger sein, nicht direkt neben einer Wasserquelle zu lagern und unter diesen Umständen werden Sie mindestens ein- bis zweimal täglich gezwungen sein Wasser zu ihrem Lagerplatz zu transportieren. Dazu kommt noch, daß Sie bei der Nahrungssuche, beim Erkunden der Gegend und bei der Arbeit vielleicht gerade dann kein Wasser finden können, wenn Sie es brauchen und Sie daher stets welches mit sich führen sollten.

Wasser sparen
Wasser ist wertvoll – vergeuden Sie es nicht. Nicht immer lassen sich Ihre Vorräte leicht wieder auffrischen.

Wasserbehälter

Es gibt viele unterschiedliche Arten von Behältern mit denen warme oder kalte Flüssigkeiten transportiert werden können. Die Bandbreite reicht dabei von festen Kunststoff- oder Metallflaschen bis hin zu Behältern aus Stoff, die man zusammenfalten kann, wenn sie leer sind. Sie müssen sicherstellen, daß Sie stets in der Lage sind, Ihren Behälter für Wasser von denen zu unterscheiden, die Sie für Ihre Flüssigbrennstoffe verwenden.

Thermosflasche
Eine Thermosflasche aus Metall ist so gut wie unzerbrechlich und für warme und kalte Flüssigkeiten geeignet.

Kunststoff-Flasche
Eine leichte, stabile Flasche aus Kunststoff ist ideal, schmilzt jedoch leicht, wenn man sie zu nahe ans Feuer stellt.

Edelstahlflasche
Sie ist sehr stabil, wird aber recht schwer, wenn sie mit Wasser gefüllt ist.

Gürteltasche
Mit dem Gürteltaschen-Behälter läßt sich unterwegs Wasser leicht greifbar mitführen, und die Hände bleiben dabei frei.

Feldflasche mit Becher
Hier gehört ein praktischer Trinkbecher dazu, der wie bei einer Thermosflasche gleichzeitig als Deckel fungiert.

Kleiner Wassersack
Wenn er nicht in Benutzung ist, läßt er sich zusammenfalten. Legen Sie ihn nicht auf den Boden, denn er geht sonst leicht kaputt.

Faltbare Feldflasche
Dies ist ein bewährter und beliebter Behälter. Sie müssen acht geben, daß der Riegel mit dem der Deckel an der Flasche befestigt ist nicht reißt, da sonst der Deckel verloren gehen könnte.

Großer Wassersack
Eignet sich gut für ein größeres Lager, und wenn man den Wassersack bei einer sanften Brise in einen Baum hängt, bleibt der Inhalt schön kühl.

Transport von Wasser

Ist das Lager aus Sicherheitserwägungen in einiger Entfernung von einer Wasserquelle angelegt worden,wird der Wassertransport zur täglichen Pflicht, und das Wasser muß in große Behälter gefüllt und zum Lagerplatz zurückgetragen werden. Am besten läßt sich Ihr Wasserbehälter auf dem Rücken transportieren, da die Hände dabei frei bleiben, um eventuelle Hindernisse überwinden zu können. Verwenden Sie, wenn möglich, eine kleine Flasche, um den Behälter bis zum Rande aufzufüllen. Dadurch kann das Wasser nicht herumschwappen und es wirkt der Wasserverschwendung entgegen.

Wassertragerahmen
Bauen Sie einen Rahmen (siehe Seite 135), um einen großen Behälter zu tragen.

Wasserbehälter aus Baumrinde

1 Sie können aus Birkenrinde oder einer anderen flexiblen, grünen Baumrinde einen provisorischen Wasserbehälter basteln. Schneiden Sie ein Stück davon zu einem Rechteck zurecht.

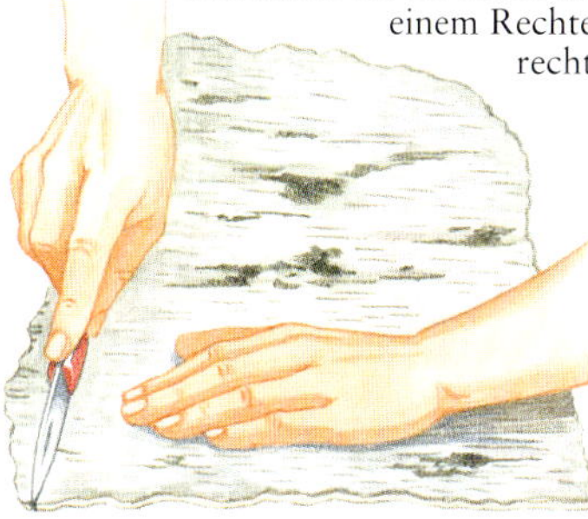

2 Um die Rinde biegsam zu machen, weichen Sie die Ecken in Wasser ein und falten dann anschließend vorsichtig die Seiten um.

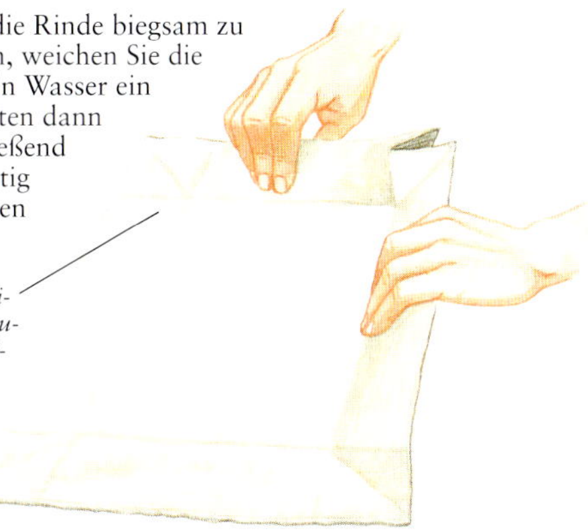

Falten sie die Seiten und Ecken zurecht, um die Kiste zu formen

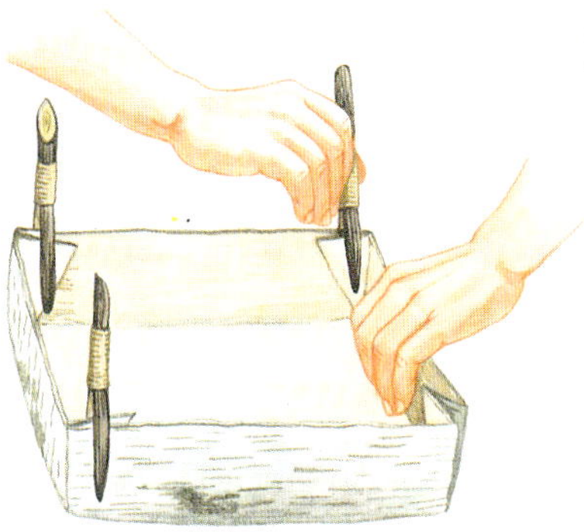

Lassen Sie den Behälter mit Baumharz ein, damit er wasserdicht wird

3 Fertigen Sie einige Klammern aus gespaltenen Zweigen, die mit Gras umwickelt wurden. Kleben Sie die Seiten mit Kiefernharz zusammen, das sich von den Bäumen kratzen läßt. Klemmen Sie sie fest, bis es trocken ist.

4 Wenn der Behälter in der gewünschten Form getrocknet ist, entfernen Sie die Klammern wieder und streichen ihn mit Kiefernharz ein, um ihn wasserdicht zu machen. Verwenden Sie dabei als Pinsel einen weichgekauten Zweig. Lassen sie die Kiste austrocknen bevor Sie sie einsetzen.

Provisorische Behälter

Bambussegment
Bambusstämme bestehen aus hohlen Segmenten, die voneinander durch »Wände« getrennt sind, und daraus lassen sich ausgezeichnete Behälter machen. Trennen Sie ein dickes Bambusrohr etwa 2 cm unterhalb eines Segmentringes durch, und noch einmal in der selben Entfernung unterhalb des darauf folgenden. Dadurch bekommen Sie einen hohlen Behälter mit großer Öffnung.

Flaschenkürbis
Flaschenkürbisse und normale Kürbisse lassen sich aushöhlen und können getrocknet als Wasserbehälter dienen. Schneiden Sie die Spitze eines Flaschenkürbisses ab, um mit einem Messer an das Fruchtfleisch zu gelangen, oder kratzen Sie die Innenseite mit einem langen, angespitzten Stock sauber.

Naturwasser-Regeln

- Filtern und reinigen Sie immer alles Wasser, das Sie in der Wildnis finden (siehe Seite 74).
- Versuchen Sie genügend Wasser zu sammeln, um sowohl Ihren unmittelbaren Bedarf abzudecken, als auch einen Vorrat für die Notfälle zu haben, wenn Sie kein frisches Wasser finden können.
- Wenn es regnet, stellen Sie draußen soviele Behälter auf, wie Sie können, um möglichst viel Regenwasser aufzufangen – Sie können nie wissen, wann Sie es brauchen werden.
- Behandeln Sie Wasser mit Respekt. Sie sollten nie etwas davon verschwenden, nicht einmal dann, wenn Sie mehr als genug davon haben, denn eines Tages könnten Sie dringend auf Wasser angewiesen sein.
- Trinken Sie niemals unbehandelten Urin oder Meerwasser. Im Notfall kann man beide destillieren (siehe Seite 71 und 75).
- Trinken Sie in kalten Klimazonen reichlich, ebenso wie in heißen, denn in beiden droht Dehydration. Auch beim Gehen im Schnee und beim Skifahren droht Wasserverlust durch Schwitzen.
- Verzichten Sie auf das Essen, wenn Ihre Wasservorräte unzureichend sind, denn bei der Verdauung wird Wasser verbraucht.

Speichern von Wasser

1 Unter Umständen ist es ratsam in der Regenzeit einen Wasserspeicher anzulegen, beispielsweise weil Sie mehr Wasser benötigen, als Sie jeweils von Ihrer Wasserquelle herschaffen können. Suchen Sie sich dafür eine Stelle aus, in die Grundwasser strömen wird und graben Sie bis zur Lehmschicht oder dem Grundgestein hinunter.

2 Kleiden Sie das Loch mit einer Zeltplane aus, oder verputzen Sie es mit nassem Lehm, den Sie so lange mit den Händen glattstreichen, bis er eine wasserdichte Schicht bildet. Decken Sie das Loch tagsüber mit einer Plastikplane oder einem Schirm aus Blätterwerk (siehe Seite 49) ab, um die Verdunstung auf ein Minimum zu reduzieren. Diese Abdeckung entfernen Sie nachts und wenn es regnet, damit sich Regenwasser und Tau in dem Teich sammeln können. Schöpfen Sie regelmäßig das Wasser heraus, bevor es verdunsten kann.

Fixieren Sie die Zeltplane mit großen Steinen, aber passen Sie auf, daß sie dabei nicht beschädigt wird.

KAPITEL 5

SUCHEN UND ZUBEREITEN VON NAHRUNG

FERN VON KÜHLSCHRÄNKEN, ELEKTROHERDEN und all den anderen Errungenschaften einer modernen Küche, ist ein ganz anderer, einfacherer Ansatz gefragt, wenn es um die Nahrungsbeschaffung, Vorratshaltung und Kochmethoden geht. Fern der vertrauten Hausmannskost ist es ungemein wichtig, daß Sie wissen, welche Nährstoffe Ihr Körper braucht, in welchen Mengen (siehe Seite 14) und wo sich die benötigten Nahrungsmittel finden lassen. Gerade in der Wildnis ist es recht schwierig, sich die gesamte Skala an Vitaminen und Mineralstoffen zu besorgen. Theoretisch könnten Sie Ihren gesamten Bedarf daran über Fisch und Fleisch decken. Allerdings sollten Sie dabei bedenken, daß es zwar vergleichsweise einfach ist Pflanzen, Wirbellose Tiere und sogar Fische einzubringen, aber die Jagd als Mittel der Fleischbeschaffung in einer Überlebenssituation nur für sehr erfahrene Jäger anzuraten ist, da Sie dabei als Laie nur wertvolle Energien verschwenden, was Sie sich in dieser Lage eigentlich nicht leisten können. Die meisten Nahrungsmittel sollten umgehend gegessen werden, bevor sie durch Hitze, Insekten oder Bakterien beeinträchtigt werden. Wenn Sie allerdings lange Zeit an einem Ort verbringen müssen, ist es ratsam, einen gewissen Lebensmittelvorrat anzulegen und ihn für magere Zeiten haltbar zu machen.

ERNÄHRUNG IN DER NATUR
Wir können eine Auswahl an Fertiggerichten mit in die Wildnis nehmen, aber selbst ohne diese Artikel müssen wir in einer Überlebenssituation nicht verhungern. Überall in der Wildnis lassen sich natürliche Lebensmittel finden, die von Pflanzen bis zu Insekten reichen. Auch wenn einiges davon für Ihren Gaumen ein wenig ungewohnt sein mag, kann es doch zu Ihrem Überleben beitragen.

REISEVERPFLEGUNG

LEBENSMITTEL LASSEN SICH auf Rucksackreisen in Form von Konservendosen mitnehmen, dehydriert (entwässert) in Folienbeuteln, oder im Naturzustand, verpackt in irgendein Behältnis. Dosennahrung ist bereits vorgekocht und läßt sich direkt aus der Dose genießen (warm oder kalt), allerdings wiegt sie recht schwer. Dehydrierte Nahrung ist wesentlich leichter, braucht aber zur Zubereitung große Mengen an Wasser. Auch wenn die Versuchung groß sein mag, dehydrierte Nahrung zu essen, bevor sie genügend Zeit hatte, sich mit Wasser vollzusaugen, sollten Sie es lieber bleiben lassen. Andernfalls wird sie nämlich das fehlende Wasser aus Ihrem Körper herausziehen, was zu gefährlichen Darmverstopfungen führen kann.

Kalorienreiche Nahrung
Süßigkeiten besitzen zwar nur einen geringen Nährwert, bieten aber eine willkommene Abwechslung zu den nützlicheren Artikeln im Speiseplan. Bergsteiger und Polarforscher greifen besonders gerne zu Fruchtbonbons, die ihnen einige der vielen Kalorien liefern, die zum Überleben notwendig sind (siehe Seite 15).

SCHOKOLADENPUDDING-PULVER

DEHYDRIERTE EISKREM

ERDBEERPUDDING-MISCHUNG

FRUCHTBONBONS

Frühstücksnahrung
Für den allmorgendlichen Energieschub ist ein gutes Frühstück ideal. Haferfloken oder Müsli liefern außerdem wertvolle Ballaststoffe, die einer Verstopfung im Verdauungstrakt entgegenwirken. Dörrobst enhält ebenfalls Ballaststoffe und im Studentenfutter findet sich eine Vielzahl von Ernährungsbausteinen.

STUDENTENFUTTER

MÜSLI

DÖRROBST

HAFERFLOCKEN

Bohnen und Hülsenfrüchte
Reis enthält zwar wichtige Kohlehydrate, läßt sich aber auf einem Camping-Kocher nur schwer zubereiten und verbraucht dabei viel Brennstoff. Bohnen und Hülsenfrüchte liefern Ballaststoffe und Proteine. Vor dem Kochen müssen sie gut eingeweicht werden, das gilt besonders für Kidneybohnen. Befolgen Sie die Anleitungen auf der Verpackung.

REIS

LINSEN

KIDNEYBOHNEN

GETROCKNETE ERBSEN

Zwischensnacks
Zur Aufrechterhaltung der Energiezufuhr sollten Sie tagsüber immer irgendetwas knabbern, um quälende Hungergefühle zu verscheuchen, und am Abend ein großes Mahl zu sich nehmen, das dann nachts, während Sie schlafen, gründlich verdaut werden kann. Zu den Zwischensnacks gehören Süßigkeiten, Schokolade, Kekse und Hartkekse, die allesamt Energie und Kohlehydrate liefern.

VANILLEKEKS

SCHOKOKEKS

KEKS AUS ROGGENMEHL

MÜSLIRIEGEL

SCHOKORIEGEL

HARTKEKSE

Erfrischungsgetränke
Diese Getränke sind eigentlich ein Luxus, ohne großen Nährwert. Aber sie spenden Wärme von innen und Trost. Milchpulver kann als Kalziumlieferant dienen und zur geschmacklichen Aufbesserung anderer Getränke. An kalten Abenden ist eine Tasse heiße Schokolade eine wunderbare Erquickung.

KAFFEE

TEE

SCHOKOLADE

MILCHPULVER

Hauptgerichte
Ein Weg, um Nahrungsmittel zu dehydrieren, besteht darin, sie zu gefriertrocknen. Dabei bleiben ihre Struktur und Substanz erhalten, vor allem bei Früchten. Dehydriertes Essen wiegt wenig und läßt sich leicht transportieren, muß allerdings vor dem Kochen in Wasser eingeweicht werden.

SOYAGERICHT

GEFRIERGETROCKNETES GERICHT

DEHYDRIERTES GERICHT

GETROCKNETES VEGETARISCHES GERICHT

Beimischungen
Mehl und Salz bilden die Ausgangsmaterialien für eine Vielzahl von Gerichten (siehe Seite 117). Nierenfett ist von unschätzbarem Wert, wenn Ihre Nahrung nicht die notwendigen Fette liefern kann. Zukker kann Ihren Naturspeisezettel angenehm beeinflußen.

MEHL

NIERENFETT

BRAUNER ZUCKER

SALZ

Aromen
Es lohnt sich auf jeden Fall, irgend etwas mitzutragen, mit dem sich Ihre Nahrung geschmacklich beleben läßt, besonders dann, wenn Sie sich primär aus der Natur ernähren müssen (siehe Seite 93). Currypulver verleiht dem Essen einen unverwechselbaren Geschmack, ebenso wie Knoblauchzehen, Zwiebeln, Gewürze, Tomatenmark und Soßen.

FLEISCHBRÜHWÜRFEL

ZWIEBELSOSSE

SUPPE

TOMATENMARK

FLEISCH UND FISCH

Obwohl dunkles Fleisch und Fisch viele notwendige Proteine liefern, verderben sämtliche Fleischsorten recht schnell. Daher ist es am sinnvollsten Dosenfleisch oder haltbar gemachte Produkte mitzunehmen. Sind Dosen erst einmal geöffnet worden, muß ihr Inhalt umgehend verzehrt werden; darum sollten Sie nie Dosen kaufen, die zu groß sind, um sich auf einmal leeren zu lassen. Konservennahrung wiegt allerdings ziemlich schwer, wenn man sie im Rucksack tragen muß. Haltbar gemachtes Fleisch, etwa die Salami, ist zwar wesentlich leichter, aber das Warenangebot ist in dieser Richtung häufig bescheiden. Sie können Ihren Fisch und Fleisch auch selber auf verschiedene Arten konservieren (siehe Seite 118). Eine Alternative zu Dosen oder konservierter Nahrung finden Sie in einer ganzen Palette von Fertiggerichten, die mit Soyaproteinen oder Tofu zubereitet sind, oder mit Teigwaren und Gemüse.

SARDINEN

NUDELGERICHT

WÜRSTCHEN MIT BOHNEN

SALAMI

ESSBARE PFLANZEN

SIE WERDEN ÜBERALL PFLANZEN finden können, viele davon genießbar und sogar nahrhaft – es sei denn Sie halten sich gerade mitten in einer Trockenwüste auf. Die einzige Schwierigkeit besteht darin, die nahrhaften unter ihnen zu erkennen und denjenigen aus dem Weg zu gehen, die giftig sind, oder von denen Sie krank werden können. Einige Pflanzen, die ansonsten durchaus nahrhaft sind, besitzen feine Härchen und Widerhaken, die Mund und Kehle reizen können, oder sogar giftige Samen. Außerdem gibt es Pflanzen, deren Genießbarkeit zu bestimmten Zeiten im Jahr abnimmt – einige werden dann sogar giftig. Andere wiederum sind zwar genießbar, haben aber nur einen geringen Nährwert.

PFLANZEN DER GEMÄSSIGTEN ZONEN

Vermeiden Sie alte Pflanzen und Triebe, die holzig und zäh sind. Junge Triebe haben einen wesentlich höheren Nährwert als alte, und sie sind häufig auch ohne vorheriges Kochen genießbar. Nehmen Sie auch lieber junge Blätter anstelle alter Exemplare, und pflücken Sie diese mitsamt dem Stiel. Nachstehend folgen einige Beispiele für eßbare Pflanzen der gemäßigten Zonen.

Meerkohl
(Crambe maritima)
Der Meerkohl wächst an den Küsten gemäßigter Zonen. Seine dicken Blätter und unterirdischen Stengel lassen sich kochen und essen und schmecken leicht nach Kohl.

Mauerpfeffer
(Sedum acre)
Der Mauerpfeffer, oder Scharfe Fetthenne, wächst in gemäßigtem Klima an Felsen, Mauern und Schindeln. Er hat einen scharfen, pfefferartigen Geschmack. Die Blätter lassen sich roh als Salat essen, oder können gekocht und als Beigabe für Suppen verwendet werden.

WEITERE PFLANZEN DER GEMÄSSIGTEN ZONEN

Seetang, etwa die Purpurblatt-Rotalge (Porphyria), kann gekocht, gebacken oder getrocknet werden. Aus dem Knorpeltang läßt sich außerdem eine Art von Gelatine gewinnen, mit der ein Nachtisch zubereitet werden kann (siehe Seite 93). Die Blätter von Löwenzahn (Taraxacum) und Ampfer (Rumex) können wie Spinat verwendet werden, während der wildwachsende Knoblauch und andere Laucharten (Allium) sich gut zum Aromatisieren der Speisen eignen.

Knöterich (Polygonum)
Diese Pflanze ist in ganz Europa heimisch und hat auch in Nordamerika Verwandte. Der Knöterich wird bis zu 60 cm groß und wächst an grasigen oder waldigen Plätzen. Man kann ihn leicht an seinen langen, rosafarbenen Blütenähren erkennen. Die Blätter und Triebe können gekocht verzehrt werden. Auch die Wurzeln sind genießbar, wenn sie geröstet werden, sollten aber zuvor in Wasser eingeweicht werden.

Barbenkraut (Barbarea)
Diese Pflanze kommt in Europa, Nordamerika und Neuseeland vor. Ihre Blätter können roh oder gekocht gegessen werden.

Giersch (Aegopodium podagraria)
Diese Kraut wächst überall in Europa und Asien. Die jungen Blätter und Blattstengel sind am schmackhaftesten, wenn die Triebe ungefähr 15 cm groß sind.

Burzelkraut (Portulaca)
Burzelkraut, oder Portulak, kommt in den gemäßigten Zonen in Marschland vor, unterhalb des Hochwasserspiegels. Die Blätter lassen sich das ganze Jahr über pflükken. Sieden Sie sie im Wasser gar und schmekken Sie das Ganze mit Zitronensaft ab. Essen Sie Burzelkraut mit anderen Pflanzen oder Nahrungsmitteln zusammen, da es leicht zu einer Fehlernährung führen kann, wenn Sie sich ausschließlich von einer Sache ernähren.

Pflanzen der Tropen

Im feuchtwarmen Klima der Tropen gedeihen die unterschiedlichsten Pflanzen, die das ganze Jahr über wachsen können, da es in dieser Region keine unterschiedlich ausgeprägten Jahreszeiten gibt. Es gibt unzählige verschiedene Pflanzenarten, mit besonders nahrhaften Früchten und Gemüsesorten. Testen Sie unbekannte Pflanzen, bevor Sie sie verzehren.

Bambus (Bambusacea)
Schneiden Sie die jungen Bambustriebe an der Basis der Pflanze ab und spalten Sie die Schale mit einem Messer. Das zarte Innenleben kann in Wasser wie Spargel gekocht werden. Die Samen sind ebenfalls eßbar. Bambus kommt in seinen unterschiedlichen Abarten beinahe überall auf der Welt vor.

Fuchsschwanz (Amaranthus)
Diese Pflanze kann bis zu 1 m groß werden. Schneiden Sie die Blätter und Stiele klein und kochen Sie diese dann in Salzwasser wie Spinat. Junge Triebe können roh in Salaten gegessen werden.

Weitere Pflanzen der Tropen

Das Pflanzenvorkommen ist von Region zu Region verschieden, und Hunderte von ihnen sind genießbar. Viele tragen köstliche Früchte, an die Sie jedoch teilweise nicht gelangen können, weil sie hoch oben im Blätterdach des tropischen Regenwaldes wachsen. Zu den Pflanzen, deren Früchte in Ihrer Reichweite liegen zählt beispielsweise der Malabarspinat (Basella alba), dessen Stiele und Blätter sehr vitaminreich sind, und das Zuckerrohr (Saccharum), dessen Rohre roh gekaut werden können.

Der Verträglichkeitstest

Zerdrücken Sie zuerst ein Blatt. Wenn es übel riecht, werfen Sie es weg. Reiben Sie etwas Pflanzensaft auf die Innenseite Ihres Armes. Wenn es zu keiner Hautreizung kommt, legen Sie ein kleines Stück auf die Lippen, dann in den Mundwinkel, dann auf die Zungenspitze, dann unter die Zunge, jeweils für fünf Sekunden. Wenn es kein brennendes Gefühl verursacht, schlucken Sie eine kleinere Menge herunter und warten für fünf Stunden, in denen Sie ansonsten nichts zu sich nehmen. Wenn sich keine unangenehmen Reaktionen einstellen, können Sie die Pflanze essen.

Palmen
Die jungen Triebe von Palmen, etwa der Kokospalme (Cocos nucifera), der Zuckerpalme (Arenga pinnata) oder der Sagopalme (Metroxylon), sind alle eßbar. Das Mark im Stamm der Sagopalme ist sehr stärkehaltig und läßt sich zu Sagopudding einkochen. Allerdings sind nicht sämtliche Palmen genießbar, darum sollten Sie lernen die Arten zu erkennen, die sicher sind.

Palmenherz
Die wachsende Spitze, das »Herz«, mancher Palmenarten ist roh oder gekocht genießbar. Essen Sie keine Palmfrüchte, die Sie nicht einordnen können.

Bäume

Die meisten Bäume bringen irgendeine Art von Früchten, Beeren oder Nüssen hervor, die allesamt sehr nahrhaft sein können (siehe Seite 88). Die zarten Knospen, die Triebe und die innere Rinde (Kambium) vieler Bäume sind ebenfalls eßbar und manche Bäume haben darüber hinaus einen trinkbaren Saft. Die Nadeln einiger Nadelbäume enthalten besonders viel Vitamin C, und wenn man sie mit heißem Wasser aufbrüht, erhält man einen schmackhaften Tee (siehe Seite 93).

Fichte (Picea)
Die innere Rinde der Fichte ist reich an Vitamin C. Am besten nimmt man sie vom Fuß des Baumes, nahe der Wurzeln. Schälen Sie die äußere Rinde ab und kochen die innere Rinde bis sie weich ist, bevor Sie sie essen. Aus den Nadeln läßt sich ein erfrischendes Getränk bereiten (siehe Seite 93).

Ahorn (Acer)
Ahorn hat einen zuckrigen Saft, der aus natürlichen Wunden austritt, oder sich durch einen Einschnitt in der Rinde abzapfen läßt. Dieser Saft kann anschließend eingekocht werden, und Sie erhalten dadurch einen energiereichen Sirup.

Weitere Bäume

Die jungen Nadeln der Kiefer (Pinus) schmecken gut und können als Tee zubereitet werden (siehe Seite 93). Die innere Rinde der Pappel (Populus) ist sehr nahrhaft, während die Birke (Betula) einen sehr schmackhaften Saft besitzt. Sie können diesen Saft abzapfen, wenn Sie in die Rinde einen V-förmigen Einschnitt machen, dabei sollten Sie jedoch nicht mehr als ein Viertel des Baumumfangs beschädigen. Weitere Bäume, die Ihnen Nahrung liefern können, sind der Johannisbrotbaum (Ceratonia siliqua) und die Tamarinde (Tamarindus indica), die beide fleischige Samenschoten haben.

Giftige Pflanzen

Die Anzahl der giftigen Pflanzen ist wesentlich geringer als die der eßbaren Vertreter, besonders in den gemäßigten Zonen. Einige von ihnen besitzen Giftstoffe, die bei Hautkontakt Ausschläge und schwere Reizungen hervorrufen (siehe Seite 181). Andere Pflanzen wirken nach Genuß toxisch und können zu Erbrechen und Durchfall führen, und manchmal sogar zum Tod. Einige Giftpflanzen sehen eßbaren Arten sehr ähnlich. Der einzige Weg, um eine Tragödie zu verhindern, liegt also darin, sich das Aussehen der einzelnen giftigen Pflanzen ganz genau einzuprägen. Üben Sie sich in extremer Vorsicht, wenn Sie neue Pflanzen ausprobieren (*siehe Seite 83*), vor allem dann, wenn Sie in einer Überlebenssituation stecken.

Pflanzen der gemässigten Zonen

Bei einigen Pflanzen steckt das Gift in Blättern und Stielen, bei anderen in den Blüten, den Wurzeln oder dem Saft. Manche Arten werden schon durch eine bloße Berührung veranlaßt ihr Gift über stechende Härchen oder ihre Poren abzugeben. Es gibt in den gemäßigten Zonen zwar wesentlich mehr eßbare Pflanzenarten als giftige, aber diese giftigen Pflanzen können manchmal sogar tödlich sein.

Fingerhut (Digitalis)
Alle Teile des Fingerhutes enthalten Digitalis, ein hochgiftiges Herzstimulantium. Die Pflanze kann bis zu 1,50 m groß werden und besitzt charakteristische violette, rosa, gelbe oder weiße Blüten, die an Glocken erinnern.

Lupine (Lupinus)
Diese Pflanze kommt in Europa, Nordamerika und Asien vor. Alle ihre Teile können schwerste Magen-Darmentzündungen hervorrufen. Die Lupine hat violette, rosa, weiße oder gelbe Blüten.

Weitere Pflanzen der gemässigten Zonen

Eine der tödlichsten Pflanzen dieser Zonen ist der violett-blühende Eisenhut (Aconitum), der in feuchten Wäldern wächst. Schierling (Conium maculatum) und Wasserschierling (Cicuta) sind an ihren weißen Blüten zu erkennen, die in Büscheln wachsen und einem Regenschirm ähneln. Meiden Sie alle Doldengewächse, da die meisten von ihnen giftig sind. Gifteiche (Toxicodendron quercifolium) und Giftsumach (Toxicodendron radicans) verursachen beide bei Berührung Reizungen.

Wunderbaum (Ricinus communis)
Auch als Rizinuspflanze bekannt, stammt sie ursprünglich aus den Tropen, ist aber mittlerweile auch in gemäßigten Regionen heimisch. Sie wird wegen ihres Öls angebaut, das eine abführende Wirkung hat und aus den zerstoßenen Samen gewonnen wird. In der Wildnis können diese Samen allerdings tödlich wirken, wenn man sie schluckt.

WARNUNG

Viele der häufigen Giftpflanzen in gemäßigten Regionen sehen eßbaren Pflanzen recht ähnlich, daher sollten Sie keine Pflanzen essen, die Sie nicht zuverlässig einordnen können. Bei manchen dieser Pflanzen, etwa dem Wasserschierling, genügt schon ein Mund voll, um innerhalb weniger Minuten Lähmung und Tod herbeizuführen.

Giftiger Kamask (Zigadenus venosus)
Die tödliche Pflanzenzwiebel des Giftigen Kamask kann leicht mit der wilden Eßzwiebel (siehe Seite 86) verwechselt werden. Die Pflanze selbst hat lange Blätter und weiße Blüten und kann bis zu 60 cm groß werden. Sie wächst in Nordamerika und ist dort an bewaldeten und grasigen Stellen häufig zu finden.

Lacksumach (Toxicodendron vernix)
Der Lacksumach ist in Nordamerika zuhause. Er wächst entweder vom Boden ab, oder rankt sich an seinen Wirtspflanzen empor, wie der Efeu, dem er ähnelt. Man kann ihn jedoch anhand seiner grünlichen Blüten und weißen Beeren von richtigem Efeu unterscheiden. Bei Hautberührung ruft er einen brennenden Ausschlag hervor.

Hahnenfuß (Ranunculus)
Alle Mitglieder dieser Art verursachen schwere und schmerzhafte Entzündungen im Magen-Darmtrakt, wenn sie gegessen werden. Sie kommen beinahe überall auf der Welt vor, und alle Spezies weisen mindestens fünf glänzende, gelbe überlappende Blütenblätter auf.

Pflanzen der Tropen

Die Pflanzenwelt der Tropen ist so artenreich und vielfältig, daß Sie sich zu Ihrer eigenen Sicherheit ausschließlich an die halten sollten, die Sie identifizieren können. Wenn Sie notgedrungen vor der Entscheidung stehen, auch unbekannte Arten essen zu müssen, sollten Sie unbedingt zuvor den Verträglichkeitstest durchführen (siehe Seite 83) und selbst dann nur ganz geringe Mengen zu sich nehmen. Nachstehend sehen Sie einige Beispiele für giftige Pflanzen, die in den Tropen vorkommen.

Jatropha glandulosa
Einige Arten der tropischen Pflanzen in der Jatropha-Familie besitzen Blätter, Samen, Säfte oder Früchte, die giftig sind. Die Samen sind ein heftiges Abführmittel.

Sapium insigne
Der milchige Saft dieser Pflanze ist hochgiftig. Kommen Sie nicht damit in Berührung, da er sonst Blasen auf der Haut verursacht. Vermeiden Sie alle Pflanzen, die einen milchigen Saft besitzen, sie sind voraussichtlich giftig.

Weitere Pflanzen der Tropen

Der Nesselbaum (Laportea) wächst überall in den Tropen in Wassernähe. Er verursacht brennende Ausschläge bei Berührung und hat giftige Samen. Die Australische Mittagsblume, oder Manzanilla (Hippomane mancinella), besitzt toxische Früchte und Pflanzensaft. Die Afrikanische Juckbohne (Mucuna pruriens) kommt in Wäldern und Buschland vor, ihre Schoten und Blüten führen bei Berührung zu Hautreizungen. Wenn diese Pflanzenteile in Kontakt mit den Augen kommen, kann man erblinden.

Jatropha podagrica
Die Basis dieser Pflanze sieht rübenähnlich aus, aber alle ihre Teile sind hochgiftig. Um unbekannte Pflanzen bestimmen zu können, müssen Sie unbedingt eine zuverlässige Quelle haben, um sie kennenzulernen. Das kann ein Pflanzenbestimmungsbuch für die jeweilige Gegend sein, oder die einheimische Bevölkerung.

Jatropha integerrima
Diese Pflanze ist in den bewaldeten Gebieten der ganzen Tropen beheimatet. Alle ihre Teile können eine Darmentzündung hervorrufen sowie Durchfall und Erbrechen. Jeder dieser Zustände kann leicht zu einer Dehydration (siehe Seite 181) führen, die besonders in einer Überlebenssituation lebensbedrohend für Sie werden kann, wenn Ihnen nicht bald ärztliche Hilfe zuteil wird.

Bäume

Es gibt keine feststehende Regel nach der sich giftige Bäume von denen unterscheiden lassen, die gefahrlos als Nahrung dienen können. Bei manchen Bäumen sind bestimmte Teile eßbar, während andere Teile zur selben Zeit giftig sind. Sie sollten besondere Vorsicht walten lassen, wenn Sie mit tropischen Bäumen zu tun haben, denn manche von ihnen besitzen tödliche Samen und Früchte, während der Saft anderer Spezies zu Blasen auf der Haut, oder gar zur Erblindung führen kann.

Weiße Mangrove
(Avicennia marina)
Dieser schlanke Baum findet sich in den Mangrovensümpfen und Flußmündungen Australasiens, Südostasiens und des tropischen Afrikas. Sie sollten dieser Mangrovenart nach Möglichkeit aus dem Weg gehen, denn ihr Saft kann auf der Haut zu Blasenbildung und zum Erblinden führen, wenn er in die Augen gerät.

Kalifornischer Berglorbeer
(Umbellularia californica)
Der Kalifornische Berglorbeer, oder Myrte, ist in Nordamerika heimisch. Seine ledrigen, ovalen und immergrünen Blätter riechen scharf aromatisch und sind giftig. Er hat gelbe Blüten und grüne oder violette Beeren.

Weitere Bäume

Die Samenschoten des Goldregens (Laburnum) wirken ebenso tödlich wie die Beeren der Eibe (Taxus). Die nordamerikanische Scheinakazie (Robinia pseudoaccacia) weist giftige Substanzen in ihrer Rinde auf, in ihren Blüten und den Samenschoten. Der Rhengasbaum (Gluta) Südostasiens hat einen reizenden Saft, während der Saft des südamerikanischen Sandbüchsenbaumes (Hua crepitans) zum Erblinden führen kann. Essen Sie keine Teile irgendeines Baumes, wenn Sie ihn nicht eindeutig identifizieren können.

Wurzeln und Knollen

Die Wurzeln, Knollen und Zwiebeln einiger Pflanzen enthalten viel Vitamine, sie sind besonders stärkehaltig und können als Nahrung dienen. Einige von ihnen können im Rohzustand schädlich sein. Zuerst säubern Sie die Wurzeln, kochen sie gar oder halbgar, und rösten sie anschließend an einem Spieß über dem Feuer (siehe Seite 116). Viele Wurzeln haben eine vitamin- und mineralstoffreiche Haut, weswegen Sie es vermeiden sollten, die Wurzeln zu schälen, vorausgesetzt die Haut ist in einem guten Zustand. Einige Wurzeln allerdings müssen unbedingt geschält werden, etwa die des Gemeinen Beinwells, um schädliche Substanzen zu eliminieren. Lernen Sie ein paar eßbare Wurzeln zu erkennen, und ignorieren Sie die übrigen.

Essbare Wurzeln

Um herauszufinden, ob eine Wurzel oder Knolle genießbar ist und bedenkenlos gegessen werden kann, müssen Sie die dazugehörige Pflanze kennenlernen. Die Pflanzen unterschiedlicher Regionen gleichen sich häufig, oder besitzen Knollen die einander ähneln. Aus diesem Grund sollten Sie niemals einfach davon ausgehen, daß eine Wurzel oder Knolle eßbar ist, nur weil sie irgendwie vertraut aussieht – beispielsweise sieht die Zwiebel des tödlichen Giftigen Kamasks einer gewöhnlichen, harmlosen Speisezwiebel verblüffend ähnlich (siehe Seite 84). Die Wurzeln und Knollen fast aller Arten müssen gründlich gekocht werden, bevor sie gegessen werden.

Bocksbart (Tragopogon porrypzholius)
Der Bocksbart wird 60–90 cm groß und wächst auf trockenem Ödland. Er besitzt violette, löwenzahnähnliche Blüten. Die langen Blätter und die Knollen, die an Pastinak erinnern, sind eßbar. Der Bocksbart wird auch als Kulturpflanze angebaut.

Wassernuß (Trapa natans)
Diese Süßwasserpflanze wächst in ganz Europa und Asien. Ihre harten Samen lassen sich roh oder geröstet essen.

Seerose (Nymphaea)
Die herzförmigen Blätter der Seerose schwimmen auf dem Wasser. Man findet sie beinahe überall auf der Welt in den tropischen oder gemäßigten Süßwassern. Die Samen, Knollen und Stiele sind allesamt eßbar, auch wenn die Samen leicht bitter schmecken.

Weitere essbare Wurzeln

Die Wurzeln des Löwenzahns (Taraxacum), des Zyperngrases (Cyperus) und einiger anderer Pflanzen können geröstet als Kaffeeersatz dienen. Der Wurzelstock verschiedener Spezies, etwa vom Drachenwurz (Calla), kann als Mehl verwendet werden, wenn man ihn zu einem Pulver mahlt (siehe Seite 92). Die Wurzeln der Süßen Bärenschote (Astralagus glyciphyllus) lassen sich roh oder gekocht essen, ebenso die Knollen der Topinambur-Sonnenblume (Helianthus tuberosus), die in Nordamerika wild wächst.

Pfeilkraut (Sagittaria sagittifolia)
Pfeilkraut wächst in Süßwassernähe. Es wird bis zu 1 m groß und hat pfeilförmige, stehende Blätter und kleine Blüten mit drei Blütenblättern. Seine Knollen sind auch roh genießbar, schmecken gekocht allerdings wesentlich besser.

Echter Kalmus (Acorus calamus)
Diese unverwechselbare Pflanze wird bis zu 1,30 m groß und kommt nur an Süßwasser vor. Ihr Wurzelstock ist scharf aromatisch und kann gegessen werden. Er sollte vor dem Essen zuerst in Scheiben geschnitten und zu einem Sirup verkocht werden.

Erdnuß (Arachis hypogaea)
Trotz ihres Namens trägt diese Pflanze keine echten Nüsse. Die »Nüsse« sind in Wirklichkeit ihre unterirdisch an Stengeln wachsenden Samenschoten. Die Erdnußpflanze ist klein und buschig, mit stumpfovalen Blättern und flachen, gelben Blüten».

GIFTIGE WURZELN

Ganz allgemein läßt sich sagen, daß eine Pflanze, deren Wurzeln giftig sind, meistens auch giftige Blätter, Stiele, Blüten und Säfte besitzt. Das Scharbockskraut ist dafür ein gutes Beispiel – schon die bloße Berührung dieser Pflanze kann auf der Haut zu Blasen führen. Aber auch für diese Regel existieren Ausnahmen. Manche Wurzeln etwa lassen sich nur in gekochtem Zustand essen und können tödlich wirken, wenn man sie roh verzehrt. Sie sollten stets vorsichtig sein. Können Sie eine Pflanze nicht eindeutig identifizieren, dann essen Sie sie lieber nicht.

Maniok (Manihot esculenta)
Die Knollen des Maniok, oder Kassava, sind tödlich, wenn sie roh gegessen werden. Sie müssen 48 Stunden lang eingeweicht und anschließend gut gekocht werden, bevor man sie essen kann.

WARNUNG

Da es sehr schwierig ist giftige Wurzeln von eßbaren zu unterschieden – es sei denn, die Pflanze ist wirklich unverwechselbar – sollten Sie möglichst vermeiden, überhaupt Wurzeln zu essen. Wenn Sie eine Handvoll von Arten zuverlässig identifizieren können, halten Sie sich ausschließlich an diese und ignorieren alle anderen.

Weiße Narzisse (Narcissus poeticus)
Diese Narzissenart läßt sich anhand ihrer vertrauten Blüten leicht erkennen, die den domestizierten Arten gleich sehen. Hat die Pflanze keine Blütenblätter, lassen Sie die Finger davon.

Drachenwurz (Calla)
Der Drachenwurz hat eine sehr charakteristische spitze Blüte, die von einer Haube umgeben ist. Sie kommt in Süßwassernähe vor. Die Wurzeln lassen sich essen, oder können gemahlen als Mehl verwendet werden (siehe Seite 92), müssen allerdings vorher gekocht werden, da sie sehr giftig sind, wenn man sie roh verzehrt. Alle übrigen Teile der Pflanze sind ebenfalls giftig.

Wilde Yamswurzel (Dioscorea)
Einige Arten des wilden Yams werden zwar in den Tropen als Nahrungsmittel kultiviert, jedoch gibt es auch Spezies die giftig sind, wenn man sie nicht schält und kocht. Wenn Sie also nicht ganz sicher sind, welche Yamsart Sie vor sich haben, ist es stets am sichersten, sie zu schälen und zu kochen. Yamswurzeln haben große Blätter und wachsen häufig um Baumstämme herum.

Taro (Colocasia)
Taro, oder Wasserbrotwurzel, wächst auf nassem Boden in den ganzen Tropen. Die Pflanze wird bis zu 1,50 m groß und hat langstielige, grüne, pfeilförmige Blätter und eine gelblichorangene Blüte. Die Knollen sind roh gegessen giftig, können aber gekocht genossen werden und schmecken dann ein wenig wie Kartoffeln.

WEITERE GIFTIGE WURZELN

Die Knollen der Wilden Kartoffel (Solanum tuberoisum) lassen sich essen, müssen zuvor jedoch stets gekocht werden. Ihre tomatenähnlichen Früchte allerdings sind giftig. Die eßbare Wilde Tomate (Lycopersicon) sieht der Kartoffelpflanze dermaßen ähnlich, daß Sie am besten beide vermeiden sollten. Die Zwiebel des Giftigen Kamask (Zigadenus venosus) sieht genauso wie eine Speisezwiebel aus, ist aber tödlich (siehe Seite 84). Die Knollen und Wurzeln des Hahnenfußes (Ranunculus) und des Wasserschierlings (Cicuta) wirken ebenfalls tödlich.

Schwalbenwurz (Vincetoxicum)
Er hat spitz zulaufende herzförmige Blätter und kleine gelblich-weiße Blüten. Seine Wurzeln und Samenschoten führen nach Genuß zum Erbrechen und Wasserverlust, und auch sein milchiger Saft ist giftig. In gemäßigten Zonen ist er weitverbreitet.

Dolden-Milchstern
(Ornithogalum umbellatum)
Diese Pflanze der gemäßigten Klimate wird etwa 30 cm groß. Ihre Knollen sind genießbar, wenn sie zuvor gekocht werden, doch den Rest der Pflanze sollte man meiden.

Nüsse und Früchte

Nüsse und Früchte sind wahrscheinlich die beiden wichtigsten Quellen für die Survival-Ernährung. In den gemäßigten Klimazonen tauchen ab Mitte des Sommers die ersten reifen Wildfrüchte auf, die Wildnüsse reifen ein wenig später, bis in den Herbst hinein. Die meisten Wildfrüchte lassen sich nur schwer lagern und verderben recht schnell, außer Sie verarbeiten sie zu Gelee oder trocknen einige der geeigneten Arten (siehe Seite 118). Sie sollten daran denken, daß Sie durch das Sammeln von Früchten und Nüssen eine Konkurrenz für die Vögel und Säugetiere darstellen. Geben Sie sich nicht mit Früchten oder Nüssen ab, die überreif oder schimmelig sind, Sie könnten davon nämlich krank werden.

Essbare Nüsse

Nüsse liefern wertvolle Proteine und Fette. Aus besonders fetthaltigen Nüssen, beispielsweise aus Bucheckern, läßt sich ein Öl gewinnen, das Sie zum Kochen aufbewahren können. Dazu müssen Sie nur die Nüsse leicht im Wasser kochen und hinterher das auf der Oberfläche schwimmende Öl abschöpfen. Anschließend können die Nüsse zu Mehl verarbeitet werden (siehe Seite 92).

Walnuß (Juglans)
Walnußbäume wachsen in gemäßigten Klimaten. Ihre rissige Rinde ist unverwechselbar. Die Nüsse stecken in einer grünen, weichen Hülle, die verrottet nachdem sie vom Baum gefallen sind. Die Walnuß ist sehr kalorienreich.

Haselnuß (Corylus)
Die Haselnuß wächst an großen Sträuchern und Bäumen in gemäßigten Zonen. Sie hat gezahnte, herzförmige Blätter und bräunlich-gelbe Kätzchen. Die Nüsse sind von haarigen Schalen umschlossen.

Pistazie (Pistacia)
Die Pistazie ist in Europa, Asien und Australien heimisch. Ihre roten Nüsse können roh oder geröstet gegessen werden.

Weitere essbare Nüsse

Die Pecanuß (Carya illinoinensis) kommt in ganz Nordamerika an feuchten Stellen häufig vor. Sie ist fetthaltiger als jede andere Nuß-, Gemüse- oder Fruchtart. Die australische Queensland-Nuß (Macadamia ternifolia) läßt sich auch gut essen. Kiefernzapfen (Pinus) sind eßbar, schmecken jedoch geröstet wesentlich besser als roh.

Edelkastanie (Castanea)
Dieser Baum hat lange, gezahnte Blätter und stachelige Schalen, in denen die Früchte reifen. Um die Kastanien essen zu können, müssen Sie sie zuerst schälen und anschließend kochen und zerstampfen. Sie können aber auch über dem Feuer geröstet werden.

Giftige Nüsse

Nüsse müssen vorsichtig probiert werden, unter Beachtung des Verträglichkeitstests (siehe Seite 83). Es gibt zwar nur wenige wirklich giftige Nußarten, aber einige können in ungekochtem Zustand gefährlich sein, während andere Sie krank machen können, wenn sie schimmelig sind. Sollte irgendeine Nuß uncharakteristisch und süßlich nach Mandeln riechen, werfen Sie sie weg, denn sie könnte hochgiftige Blausäure enthalten.

Roßkastanie
(Aesculus hippocastanum)
Die Roßkastanie, die in gemäßigten Zonen vorkommt, hat große, handförmige Blätter, blasse Blüten und klebrige Knospen. Sie kann in manchen Gegenden bis zu 30 m groß werden. Ihre giftigen Blätter weisen Samenkapseln auf, die nicht so stachelig sind wie die der Edelkastanie, und die Früchte selbst sind wesentlich größer als die der eßbaren Edelkastanie.

Cashewbaum (Anarcadium occidentale)
Ungeschält oder roh sind Cashewnüsse giftig. Seien Sie extrem vorsichtig, wenn Sie sie kochen, denn die Dämpfe können zur Erblindung führen. Der Cashewbaum wächst in den Tropen.

Weitere giftige Nüsse

Obwohl sie eßbar sind, enthalten Mandeln (Prunus) manchmal Blausäure und schmekken darum bitter. Die Eicheln der Eiche (Quercus) sind zwar ebenfalls eßbar, müssen aber gekocht oder mehrere Stunden lang in kaltem Wasser eingeweicht und anschließend geröstet werden, damit ihr bitterer Geschmack gemildert wird.

Essbare Früchte

Die eßbaren Früchte enthalten viele wichtige Nährstoffe, darunter Zucker und die Vitamine A, B^2 und C. Auch Vögel und Säugetiere ernähren sich davon. Insekten stürzen sich ebenso auf die Früchte, was für Sie aber von Vorteil sein kann, wenn Sie eine Made im Innern vorfinden, Sie können sie nämlich gleich mitverspeisen. Essen Sie von keiner Frucht zuviel.

Kleine Brombeere (Rubus)
Die Kleine Brombeere wächst in nördlich-gemäßigten und arktischen Regionen. Die brombeerähnliche Pflanze wird bis zu 30 cm groß und hat weiße Blüten und Früchte, die an Himbeeren erinnern.

Eßbare Passionsfrucht
(Passiflora edulis)
Diese Passionsfrucht, auch Grenadille genannt, hat lange, rebenähnliche Stämme, dreilappige Blätter und weiße und violette Blüten, die an Ranken stehen. Sie wächst in tropischen Gebieten, vor allem in Südamerika. Die eßbaren, violetten Früchte sind eiförmig und sehr saftig.

Weitere essbare Früchte

Wildwachsende Weinreben (Vitis) sind in den wärmeren Gegenden der Erde recht häufig. Außer den Trauben können auch die Weinblätter gegessen werden, wenn man sie vorher kocht. Die verschiedenen Arten der Walderdbeere (Fragraria vesca) wachsen versteckt in Wäldern und an trockenen, grasigen Stellen. Sie sind alle reich an Vitamin C, sehr süß und schmecken köstlich.

Preiselbeere (Vaccinium)
Sie wächst in den Mooren, Tundren und Wäldern der nördlich-gemäßigten Regionen.

Gemeiner Wacholder
(Juniperus communis)
Der Gemeine Wacholder wächst in großen Sträuchern oder kleinen flachen Büschen in den Bergen der nördlichen Regionen. In einigen Gebieten Nordamerikas ist er als »Oregon-Traube« bekannt. Die reifen, indigofarbenen Beeren sind eßbar, schmecken aber ein wenig bitter.

Giftige Früchte

Da Fruchtpflanzen darauf angewiesen sind, Tiere anzulocken (die, nachdem sie sie gefressen haben, die Samen über ihren Kot verteilen), sehen viele giftige Beeren ihren eßbaren Verwandten ähnlich. Dies kann eine ziemliche Gefahr darstellen, wenn Sie in der Wildnis auf natürliche Nahrung angewiesen sind, um Ihr Überleben gewährleisten zu können.

Jungfernrebe (Parthenocissus quinquefolia)
Die violetten Beeren dieser Pflanze der gemäßigten Zonen sehen aus wie Trauben. Sie ist leicht zu erkennen, denn es ist die einzige weinähnliche Pflanze, die violette Früchte trägt.

Sorbus
Obwohl die Früchte einiger Sorbus-Varianten eßbar ist, sind weiße Beeren ansonsten als giftig zu betrachten. Riskieren Sie es lieber nicht, irgenwelche Beeren dieser Farbe zu essen. Weitere Pflanzen mit giftigen weißen Beeren sind etwa das Christophskraut und einige Nachtschattengewächse.

Indische Erdbeere (Duchesnea indica)
Die Früchte der Duchesnea, auch als »Schein-Erdbeere«bekannt, können tödlich sein. Die Pflanze wächst in tropischen Gebieten Asiens und Nordamerikas.

Weitere giftige Früchte

Es gibt eine Vielzahl von giftigen Früchten, besonders in den Tropen. Einige von ihnen sind nur leicht giftig und können Durchfall oder Übelkeit hervorrufen, wenn man sie in größeren Mengen zu sich nimmt. Andere jedoch sind hochgiftig, und bereits eine kleine Menge davon kann zum Tode führen. In einer Notsituation sind Sie noch verstärkter gefährdet, vor allem dann, wenn Sie körperlich bereits geschwächt sind. Zu den weit verbreiteten giftigen Früchten gehören auch die schwarzen Beeren der Tollkirsche (Atropha belladonna), die tödlich sind, wenn man sie zu sich nimmt. Der Gefleckte Aronsstab (Arum maculatum) trägt rote Beeren, die bei Genuß schwere Verdauungsprobleme mit sich bringen können. Die weißen oder schwarzen Beeren des Christophskrauts (Actaea) können Erbrechen und Reizungen der inneren Organe verursachen. Ißt man zu viele Früchte des Holzapfels (Malus), kann Durchfall die Folge sein. Der tropische Brechnußbaum (Strychnos nuxvomica) besitzt orangenartige Früchte, deren Samen das tödliche Strychnin enthalten.

Pilze und Flechten

Es gibt überall auf der Welt Menschen, die begeisterte Sammler von Pilzen und Flechten sind. Beides schmeckt nicht nur hervorragend, frischgepflückte Pilze enthalten zudem auch noch viele Mineralstoffe und Proteine, und bilden das Ausgangsmaterial für viele Nationalgerichte. Allerdings muß beim Sammeln und beim Verzehr größte Vorsicht geübt werden. Einige Pilzarten sind tödlich, können aber eßbaren Varianten dennoch sehr ähnlich sehen. Sogar erfahrenen Pilzkennern können Fehler unterlaufen – manchmal sieht die genießbare Art eines Landes beinahe gleich aus wie der Pilz eines anderen Landes, der tödlich ist.

Essbare Pilze

Es gibt keine zuverlässigen Anhaltspunkte, um auf die Genießbarkeit von Pilzen schließen zu können. Gehen Sie nur mit Experten auf Pilzsuche, und prägen Sie sich eine oder zwei genießbare Spezies gut ein, besonders auch in Bezug auf ihren Lebensraum. Lernen Sie ebenfalls die giftigen Varianten zu erkennen, vor allem diejenigen unter ihnen, die tödlich sind. Sammeln Sie ausschließlich gesunde Exemplare ohne Flekken. Nachstehend sehen Sie nur einige Beispiele eßbarer Pilze.

Speisemorchel (Morchella esculenta)
Dieser weiße Pilz wächst im Frühjahr auf sandigem und sandig-lehmigem Boden unter Bäumen oder auf Lichtungen.

Krauser Ziegenbart (Sparassis crispa)
Man findet diesen Pilz im Herbst in Nadelwäldern, wo er um Baumstämme und -wurzeln herum wächst. Sein Fleisch riecht nach Anis und schmeckt wie Walnuß.

Beutelstäubling (Calvatia utriformis)
Kommt vom Sommer bis zum Herbst in Feldern und Wiesen vor. Der Beutelstäubling sollte am besten gegessen werden, wenn er jung und sein Fleisch weiß ist.

Orange-Becherling (Aleuria aurantia)
Dieser Pilz braucht Sonnenlicht, um wachsen zu können und kann im Herbst auf Waldlichtungen und grasigen Stellen gefunden werden. Obwohl er sich gut essen läßt, hat sein Fleisch keinen auffälligen Geschmack oder Geruch.

Weitere essbare Pilze

Alle Steinpilzarten haben zwar die gewohnte Pilzform, haben jedoch auf der Unterseite keine Lamellen, sondern eine Röhrenschicht, weswegen sie auch als Röhrenpilze bezeichnet werden. Sie schmecken im allgemeinen köstlich. Einige Arten sind leicht giftig, lassen sich aber von den genießbaren unterscheiden, da sie roh gegessen unangenehm schmecken und rötliche oder orangene Röhren und Stiele aufweisen. Wählen Sie nur Pilze mit gelben oder cremefarbenen Röhren. Baumpilze, die seitlich an Bäumen wachsen, sind gewöhnlich unbedenklich, allerdings sind einige Arten recht zäh und schmecken nach nichts. Alle Wildpilze müssen vor dem Verzehr gekocht werden, um ihre leicht toxischen Verbindungen zu zerstören. Denken sie aber daran, daß giftige Arten auch durch Kochen nicht eßbar gemacht werden können. Das äußere Erscheinungsbild von Pilzen variiert von Land zu Land ein wenig. Aus diesem Grund sollten Sie sich gut mit denen vertraut machen, die in Ihrer Gegend wachsen, oder in dem Gebiet in das Sie reisen wollen.

Klapperschwamm (Griphola frondosa)
Man kann diesen Baumpilz vom Frühjahr bis in den Herbst hinein an Laubbäumen finden. Er weist einen guten Pilzgeruch auf und schmeckt süßlich.

Leberreischling (Fistulina hepatica)
Dieser Pilz, auch als Ochsenzunge bekannt, findet sich im Herbst auf Eichenstämmen. Sein rotes Fleisch schmeckt bitter, solange es roh ist, und sollte daher vor dem Verzehr eingeweicht und gedünstet werden.

Giftige Pilze

Es gibt keine charakteristischen Merkmale anhand derer ein giftiger Pilz eindeutig zu erkennen wäre. Die Familie der Knollenblätterpilze (Amanita) gehört mit zu den giftigsten Vertretern, läßt sich aber auch recht leicht erkennen – andere Arten jedoch besitzen ein vollkommen anderes Erscheinungsbild. Erschwerend kommt noch hinzu, daß einige giftige Arten den eßbaren Pilzen anderer Länder ähnlich sehen. Die Symptome einer Pilzvergiftung sind unterschiedlich. Falls Sie einen Pilz nicht eindeutig als eßbare Variante einordnen können, lassen Sie die Finger davon. Nachstehend sind einige der giftigsten Pilzarten abgebildet.

WARNUNG

Auch wenn zu den Knollenblätterpilzen einige der tödlichsten Pilzarten gehören, sehen nicht alle giftigen Pilze so aus wie die dieser Familie. Sie sollten eine eßbare Pilzart stets positiv identifizieren können, und alle anderen Exemplare meiden, bei denen Sie sich nicht ganz sicher sind, um was es sich handelt.

Fliegenpilz (Amanita muscaria muscaria)
Im Herbst findet sich dieser leicht erkennbare Pilz vor allem in Buchen und Kiefernwäldern. Er hat einen leuchtendroten Hut mit weißen Flecken.

Grüner Knollenblätterpilz (Amanita phalloides)
Dies ist der tödlichste Pilz überhaupt! Der Grüne Knollenblätterpilz wächst im Wald, unter Buchen oder Eichen. Er hat einen olivgrünen Hut, einen blassen Stiel, weiße Lamellen und weißes Fleisch und eine große Volva.

Pantherpilz (Amanita pantherina)
Dieser Pilz findet sich in Buchenwäldern, hat einen braunen, weißgefleckten Hut, weiße Lamellen und zwei oder drei Ringe um die Stielbasis.

Erkennen von Knollenblätterpilzen

Die giftigen Pilze der Amanita-Familie lassen sich recht leicht erkennen. Sie weisen an der Stielbasis alle einen Becher auf, die sogenannte »Volva«, besitzen weiße Lamellen und haben Ringe um den Stiel.

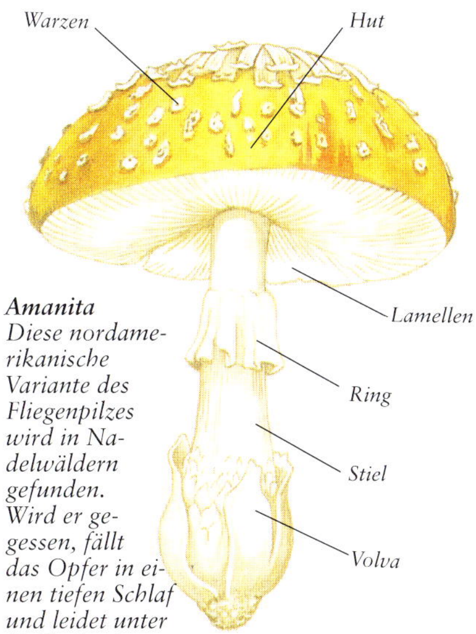

Amanita
Diese nordamerikanische Variante des Fliegenpilzes wird in Nadelwäldern gefunden. Wird er gegessen, fällt das Opfer in einen tiefen Schlaf und leidet unter Halluzinationen.

Kegelhütiger Knollenblätterpilz (Amanita virosa)
Dieser tödlich giftige Pilz wächst vom Sommer bis zum Herbst in den Wäldern. Sein weißes Fleisch riecht unangenehm süßlich. Junge Exemplare können den eßbaren Champignons (Agaricus) sehr ähnlich sehen.

Weitere giftige Pilze

Einige giftige Pilzarten können manchmal mit den eßbaren Arten anderer Gegenden verwechselt werden. So sind beispielsweise die meisten Champignonarten genießbar, der Karbolegerling (Agaricus xanthodermus) jedoch, auch Giftchampignon genannt, ist sehr giftig. Er läßt sich an dem kräftigen Jodgeruch erkennen, und an dem gelben Fleck, der sich bildet, wenn man ihn berührt. Weitere giftige Pilzvarianten sind etwa der Frühlings-Knollenblätterpilz (Amanita verna), der durchgehend weiß ist und auf sandigem Boden unter ausladenden Bäumen wächst, oder auch mehrere Spezies des Haarschleierlings (Cortinarius), die teilweise tödlich sind.

Essbare Flechten

Flechten wachsen gewöhnlich auf Steinen, häufig in nördlichen und arktischen Regionen. Es gibt unter ihnen keine giftigen Arten, dennoch müssen sie vor dem Essen über Nacht in Wasser eingeweicht und gründlich gekocht werden, um ihre bittere Säure zu entfernen, die sonst Reizungen verursachen kann.

Rentierflechte (Cladonia rangiferina)
Diese widerstandsfähige Pflanze der arktischen Regionen erinnert in ihrer Form an Rentiergeweihe und kam so zu ihrem Namen. Bevor man sie ißt, muß die Rentierflechte zuerst einige Stunden in Wasser eingeweicht und anschließend gut gekocht werden, damit sie verdaut werden kann.

Nabelflechten (Umbillicaria)
Diese nahrhaften Flechten sind in nördlich-gemäßigten und arktischen Regionen zuhause. Sie müssen eingeweicht und gekocht werden, bevor sie gegessen werden.

Nahrung aus Pflanzen

Pflanzen zu sammeln, bedeutet nicht, alles, was irgendwie eßbar aussieht, einzupacken. Sie müssen genug von einer oder mehreren Pflanzenarten finden, um daraus eine Mahlzeit zubereiten zu können. Wenn Sie sich beim Sammeln auf nur wenige Arten beschränken, wird die Gefahr geringer, daß sich ungenießbare oder gar giftige Exemplare (*siehe Seite 84*) einschleichen. Stellen Sie beim Pflanzensammeln sicher, daß Sie von jeder Art genügend stehen lassen, damit diese sich wieder regenerieren und somit weiterhin als Nahrungsquelle dienen kann. Pflanzen werden sehr schnell schlecht, wenn sie zerquetscht werden, daher sollten Sie sie in einem Kasten oder einem Beutel sammeln.

Wurzeln ausgraben

Einige Pflanzen speichern für den Winter Stärke in ihren Wurzeln. Im Frühjahr wandelt diese sich dann in Zucker um, der die neuen Triebe nährt. Sie sollten allerdings im Frühjahr gut aufpassen, wenn Sie Wurzeln sammeln, denn einige Pflanzen haben zu dieser Jahreszeit noch recht kleine Triebe, und sind darum nur schwer bestimmbar.

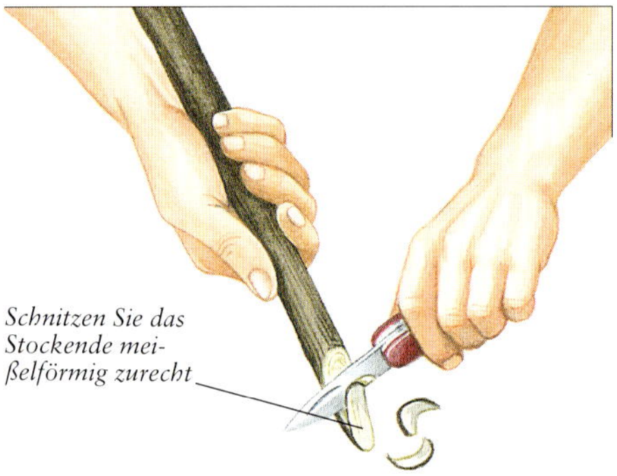

1 Schneiden Sie einen kräftigen Hartholzstock, etwa aus Hickory, ab und spitzen Sie ihn an einem Ende meißelförmig zu. Sie können dieses Ende im Feuer noch härter machen.

2 Graben Sie an der Pflanze entlang tief in den Boden. Lockern Sie die Erde um die Wurzel herum, bis sie sich am Stück herausziehen läßt.

Zubereitung von Wurzeln

Sie sollten Wurzeln möglichst bald nach dem Einsammeln zubereiten und kochen, da sie sonst schnell schlecht werden. Säubern Sie die Wurzel sorgfältig, aber schälen Sie sie nicht, denn die Haut enthält oft wertvolle Vitamine. Würfeln Sie die Wurzel in große Stücke und kochen Sie diese im Wasser. Dadurch werden die Bitterstoffe entfernt, die in manchen Wurzeln enthalten sind. Die Wurzelstücke sind gar, wenn sie weich genug sind, um mit einer Gabel hineinstechen zu können.

Herstellung von Mehl

Viele Samen können vom Menschen nur dann richtig verdaut werden, wenn man sie zuvor zu Mehl verarbeitet. Anschließend läßt sich dieses Mehl in Eintöpfen verwenden, oder kann mit etwas Wasser vermischt zu einem Teig verarbeitet werden, aus dem sich dann ein recht schmackhaftes Fladen- oder Stockbrot (siehe Seite 117) backen läßt. Sie können auch aus vielen Nüssen (siehe Seite 88) Mehl gewinnen, ebenso natürlich auch aus Wurzeln, Blütenköpfen oder Baumrinden.

1 Um aus Samen Mehl herzustellen, biegen sie zuerst die samentragenden Pflanzenköpfe über einem Beutel nach unten. Sie können die Samen entweder durch Schütteln der Pflanzen entfernen, oder sie mit der Hand abstreifen. Breiten Sie die Samen in der Sonne zum Trocknen aus.

2 Dreschen Sie die Samen, indem Sie sie zwischen den Händen reiben, um die Spelzen zu lösen. Das Worfeln (Trennung der »Spreu« vom »Weizen«) erfolgt durch Hochwerfen und Schütteln in einem Behälter. Da die Spelzen leichter sind als die Samen, werden sie bei dieser Tätigkeit durch den Wind aus dem Behälter fortgeweht.

3 Zermahlen Sie die Samen mit einem glatten Stein, indem Sie sie damit auf einem großen Stein, der eine Vertiefung in der Mitte aufweist, zerreiben. Mahlen Sie mit gleichmäßig kreisenden Bewegungen. Achten Sie darauf, daß das entstehende Mehl nicht weggeblasen wird.

Verarbeitung von Seetang

Knorpeltang (Chondrus crispus) kann frisch oder getrocknet gegessen werden, und läßt sich zu einem gelatineartigen Nachtisch verarbeiten. Er hat einen hohen Gehalt an Jod, Mineralstoffen und den Vitaminen A und B. Man findet ihn vom Frühjahr bis zum Frühsommer an Felsen unterhalb der Hochwasserlinie. Sie können auch die Wedel der Purpurblatt-Rotalge (Porphyria), des Meeressalats (Ulva lactuca) und der verschiedenen Kelp-Tangarten (Alaria) kochen und verzehren.

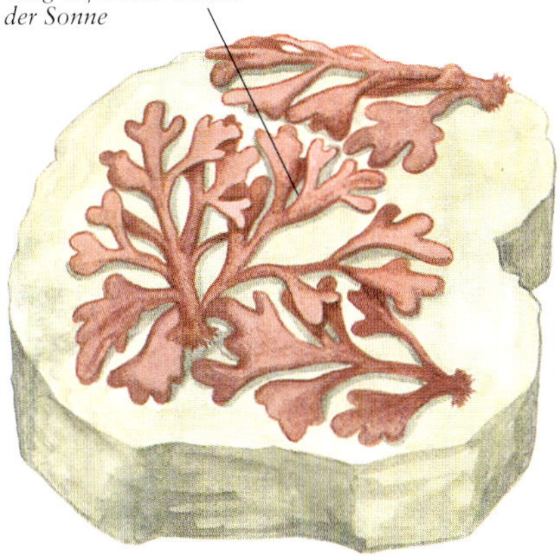

1 Sammeln Sie den frischen Tang, indem Sie ihn mit einem Messer direkt von den Felsen ernten. Legen Sie ihn zum Trocknen in die Sonne. Die Wedel bleichen beim Trocknen aus und werden ledrig.

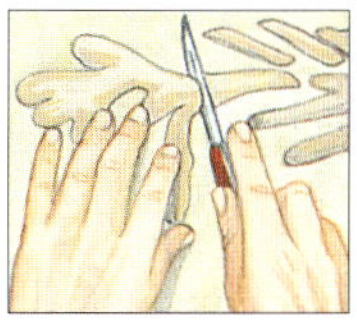

2 Nachdem Sie den Tang ausgewaschen haben, um Sand und Schmutz abzuspülen, schneiden Sie ihn in Stücke.

3 Geben Sie den Knorpeltang zu Wasser oder Milch dazu und köcheln Sie das Ganze über dem Feuer, bis die Mischung anfängt dicker zu werden.

4 Fischen Sie den Tang heraus und süßen Sie die Mischung mit Beeren oder Zucker.

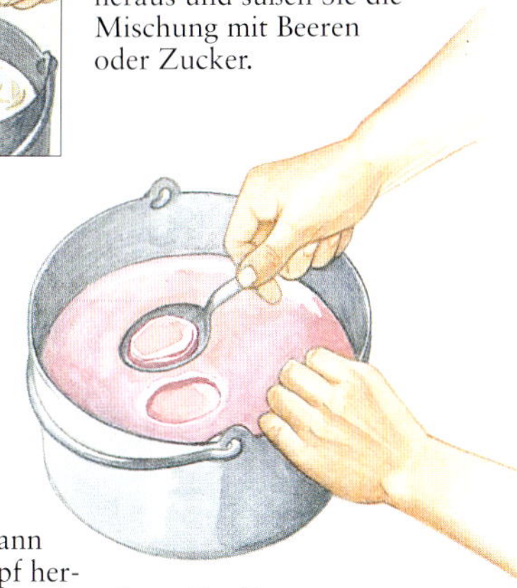

5 Die Mischung setzt sich, wenn sie abkühlt, und kann dann aus dem Topf herausgelöffelt werden. Essen Sie diesen Nachtisch nicht bevor er vollständig ausgekühlt ist, sonst verbrennen Sie sich den Mund.

Herstellung von Getränken

Die Nadeln der Kiefer (Pinus), der Fichte (Picea) und anderer Nadelbäume sind reich an Vitamin A und C, und man kann daraus einen Tee zubereiten. Suchen Sie ausschließlich frische, grüne Nadeln ohne Verfärbungen dafür aus. Aus den Blättern der Wegwarte (Zichorie) (Cicorium intybus), oder aus Eicheln (Quercus) läßt sich ein Kaffeersatz herstellen.

1 Um einen Kiefern- oder Fichtentee zuzubereiten, brauchen Sie auf eine Tasse Wasser zwei Teelöffel Nadeln. Diese zerdrücken Sie mit einem großen Stein.

2 Werfen Sie die Nadeln in kochendes Wasser. Halten Sie das Wasser heiß, aber nicht kochend, und lassen Sie die Nadeln 5 bis 10 Minuten darin ziehen. Öfters umrühren.

3 Binden Sie ein Tuch über einen Behälter. Dann entfernen Sie die Nadeln aus dem Tee, indem Sie die Flüssigkeit durch das Tuch seihen. Der Tee kann mit Honig oder Zucker gesüßt werden.

Weitere Getränke

In Australien kann man mit den Blättern des Eukalyptusbaumes (Eucalyptus) gewöhnlichem Tee einen erfrischenden Beigeschmack nach Menthol verleihen. Diese Mischung heißt dort »Billy Tea«. Die getrockneten Blütenköpfe des Klees (Trifolium) sowie die Blätter der Brennessel (Urtica) und des Gundermanns (Glechoma hederacea) können ebenfalls verwendet werden, um einen Tee zuzubereiten. Der Saft von Ahornbäumen (Acer) läßt sich mit Wasser vermischen und trinken.

Natürliche Aromastoffe

Da Speisen aus Wildpflanzen häufig ziemlich fade schmecken, lohnt es sich, mit Gewürzen oder Kräutern ein wenig Leben hineinzubringen. Haben Sie fertige Gewürze, wie Currypulver, Zimt und Gewürznelken in Ihrem Rucksack mit, können Sie damit Ihre Gerichte nach Belieben würzen. Sie können aber auch Gewürze in ihrem Naturzustand sammeln und sie für den späteren Einsatz trocknen. Ein gutes Beispiel für ein wildwachsendes Gewürz ist die Muskatnuß, der Fruchtkern eines Nadelbaums (Myristica fragrans) der auf den Ostindonesischen Inseln zuhause ist. Nach dem Trocknen kann dieser Kern kleingerieben oder -gehackt werden und zum Würzen von gebackenen Speisen, von Nachspeisen (siehe oben) oder von Gemüsegerichten, etwa mit Spinat oder Kürbissen, verwendet werden. Kräuter wie Basilikum oder Thymian können den Speisen eine pikante Note verleihen.

Wirbellose Tiere

Die meisten Menschen werden wohl das Angebot, Schnecken mit oder ohne Gehäuse zu essen, oder gar Heuschrecken, dankend ablehnen und es vorziehen, hungrig zu bleiben, oder zu warten, bis etwas Appetitlicheres auf den Teller kommt. In einer Überlebenssituation ist es allerdings recht unwahrscheinlich, daß Ihnen ein passendes Mahl einfach in den Schoß fällt, und solange Sie darauf warten, werden Sie zunehmend schwächer. Wenn Sie überleben wollen, sollten Sie keine potentielle Quelle für Ihre Ernährung zurückweisen – gleichgültig wie groß Ihr Widerwille auch sein mag. Einige wirbellose Tiere, Insektenlarven zum Beispiel, enthalten mehr Proteine als irgendein Gemüse – es lohnt sich also sie zu sammeln.

Essbare Wirbellose Tiere

Es gibt zwar viele Arten von Wirbellosen die eßbar sind, was aber nicht bedeutet, daß Sie jetzt alle erreichbaren Schnecken und Heuschrecken in den Mund schieben, gut kauen und schlucken sollten. Nur einige Teile dieser Lebewesen sind genießbar, und sie alle müssen vor dem Verspeisen gründlich gekocht werden. Einige müssen sogar besonders sorgfältig zubereitet werden (*siehe Seite 96*).

Heuschrecken
Alle Heuschreckenarten, Grillen und Grashüpfer haben starke Beinmuskeln, die eßbar sind. Rösten tötet Parasiten ab und verleiht dem Fleisch einen für Wildnis-Gourmets unwiderstehlichen, guten Geschmack.

Bienen
Wildbienen sind, ebenso wie ihre Puppen und Larven auch, alle eßbar. Außerdem produzieren Bienen Honig, der augenblicklich Energie liefert. Bienenstiche können allerdings in Form von Kreislaufschocks tödlich wirken. Geben Sie also gut acht, wenn Sie mit diesen Insekten zu tun haben.

Schnecken
Würmer, Gehäuse- und Nacktschnecken sind ausgezeichnete Nahrung. Meiden Sie jedoch sämtliche Meeresschnecken und Landschnecken die grell gefärbt sind, sie könnten giftig sein.

Ameisen
Alle Ameisen können beißen oder stechen, lassen sich aber gut essen, wenn man sie sorgfältig sammelt (siehe Seite 96). Einige Arten der Myrmecocystus-Ameisen, auch als »lebende Honigtöpfe« bekannt, speichern Nektar und Wasser in ihrem aufgeblähten Unterleib.

Schmetterlinge und Motten
Schmetterlinge und Motten sind zwar eßbar, haben aber nicht besonders viel Nährwert, außer man fängt sie in wirklich großer Zahl. Ihre Raupen sind wesentlich einfacher zu fangen und ergeben eine größere Mahlzeit.

Seesterne
Seesterne findet man häufig auf Treibholz. Kleine Krebse und Shrimps sind ebenfalls eßbar und sind bei Ebbe in Felsentümpeln zu finden.

Seeigel
Einige Stachelhäuterarten, etwa der Kleine Schildigel (Echinocyamus pusillus), können an sandigen Stränden ausgegraben und verspeist werden. Passen Sie beim Sammeln der Tiere gut auf, manche besitzen nämlich lange Stacheln.

Weitere essbare Wirbellose

Insekten haben einen wesentlich höheren Nährwert als pflanzliche Nahrung, und sie sind weltweit im Überfluß vorhanden. Allerdings müssen Sie eine größere Menge von ihnen sammeln, um den optimalen Nährwert aus ihnen gewinnen zu können. Käferlarven sind besonders saftig. Zur Aufbesserung ihrer Ernährung verlassen sich einige Naturvölker stark auf Larven und verbringen manchmal Stunden damit, sie zu sammeln. Sie sollten auch die Wasserinsekten nicht ignorieren, etwa die Taumelkäfer (Gyrinidae), obwohl sie sich nur schwer fangen lassen, es sei denn Sie verwenden dazu ein feinmaschiges Netz. Auch Termiten, Bohrasseln und Schalentiere gehören zu den eßbaren Wirbellosen. Vom Genuß von Spinnen ist abzuraten, da viele von ihnen reizende Haare oder Toxine in ihren Beißwerkzeugen haben, mit denen sie ihre Beute töten, und diese können auch für den Menschen schädlich sein.

Giftige wirbellose Tiere

Auch wenn Sie Wirbellose sammeln um sie zu essen, sollten Sie Ihren gesunden Menschenverstand einsetzen. Meiden Sie sämtliche leuchtend gefärbten Insekten, Aasfresser, kränkliche oder gar tote Exemplare, und alle, die streng riechen, denn sie könnten giftig sein. Auch Wirbellose die anderen Tieren als Nahrung dienen, können dennoch für den Menschen schädlich sein. Seien Sie beim Sammeln von Wirbellosen stets besonders vorsichtig und umsichtig (*siehe Seite 96*).

Rote Käfer
Rote oder leuchtend gefärbte Insekten, Käfer oder Rüsselkäfer, signalisieren Beutejägern durch ihre Farbe, daß sie schlecht schmecken, daher sollten auch Sie die Finger von ihnen lassen. Deren Toxine werden Sie zwar wahrscheinlich nicht töten, aber Sie könnten sehr krank davon werden.

Kegelschnecken
Es gibt Hunderte von Kegelschnecken-Arten, die alle einen harpunenähnlichen, giftigen Stachel abschießen können, der bei einigen Arten tödlich sein kann. Kegelschnecken graben sich im Sand ein, und Sie können unabsichtlich auf eine treten.

Rote Falter
Die rote Färbung des Zinnoberfalters (Callimorpha) ist ein Hinweis auf seinen schlechten Geschmack. Es gibt zwar einige ungiftige Insektenarten, die die Farben der giftigen Spezies kopieren, aber Sie sollten trotzdem alle auffällig gefärbten Exemplare vermeiden, außer Sie sind absolut sicher, eine harmlose Art vor sich zu haben.

WARNUNG

Sie sollten lernen, genau wie bei Wildpflanzen auch, einige eßbare Arten von Wirbellosen zuverlässig identifizieren zu können und alle übrigen zu ignorieren. Gerade in Streßsituation dürften Sie schon auf geringere Giftmengen ansprechen als gewöhnlich.

Weitere giftige Wirbellose

Haarige Raupen und Würmer haben Reizstoffe in den Härchen die zu Ausschlägen führen können, wenn Sie damit in Berührung kommen. Auch Hundert- und Tausendfüßler, besonders die großen tropischen Arten, haben oft Giftstoffe in ihrer Haut. Mehrere Marienkäferarten (Coccinellidae) sind ebenfalls giftig. Obwohl die meisten Tintenfischarten eßbar sind, kann der Biß des Blaugeringelten Polypen (Hapalochlaena lunulata), der in Australien vorkommt, tödlich sein. Meiden Sie daher alle Arten, die Sie nicht mit Sicherheit bestimmen können. Meiden Sie auch Insektenpuppen die im Erdreich vergraben sind und Schuppenameisen (Formicidae), die Angreifer mit Ameisensäure bespritzen. Wirbellose, die Sie nicht identifizieren können, sollten Sie in Ruhe lassen.

Süßwasserpolypen (Hydrozoen)
Polypen mit Brennfäden, etwa die Hydra (Hydra), sind in warmen Strömungen häufig anzutreffen. Die Brennfäden der Spanischen Galeere (Physalia physalis) können bis zu 12 m lang werden. Meiden Sie diese Lebewesen nach Möglichkeit. Sie sollten auch allen Quallen aus dem Weg gehen, da manche Arten giftige Nesseln besitzen (siehe Seite 180).

Wespen
Wespen sind recht angriffslustig und ihre Stachel können auch nach dem Tod des Tieres noch stechen. Versuchen Sie nie Wespen zu fangen, um sie zu essen. Erhalten Sie einen Stich ins Gesicht, kann die Schwellung die Atmung beeinträchtigen, was unter Umständen zum Tode führt.

Schalentiere
Gewöhnlich sind alle Schalentiere eßbar, wenn man sie zuvor kocht. Sie stellen aber auch eine potentielle Gefahr dar, da sie zur Nahrungsaufnahme große Mengen an Wasser filtern müssen, was zu einer Konzentration von Schad und Giftstoffen in ihren Körpern führen kann. Sämtliche Weichtiere müssen lebend gesammelt und baldmöglichst gegessen werden.

Seeanemonen
Anemonen findet man manchmal in Ebbetümpeln an den Felsen haftend. Die meisten Arten besitzen Tentakeln, die stechen und einen Ausschlag verursachen können, weswegen Sie sie meiden sollten. Lebewesen, die ihre Beute mit Stacheln töten, sind meistens auch für den Menschen schädlich. Meiden Sie sie.

Wirbellose Tiere als Nahrung

Die Wirbellosen sind wesentlich arten- und zahlreicher als alle anderen Tiere und in extremen Lebensräumen oft die einzigen dort zu findenden Lebewesen. Es ist einfacher, Insekten oder andere Wirbellose zu sammeln, als etwa Fische zu fangen. Allerdings erscheinen sie einem auch weniger genießbar als etwa andere Tiere. Zur Überwindung dieser Hemmschwelle können Sie sie kleinhacken oder fein zermahlen und unter andere, gutgewürzte Speisen mischen, anstatt sie am Stück zu verzehren.

Fliegende Insekten

Die meisten fliegenden Insekten, wie etwa Motten, sind eßbar, doch Honigbienen stellen die beste Nahrungsquelle unter ihnen dar. Sowohl die erwachsenen Tiere als auch die Larven lassen sich essen, und sie produzieren außerdem noch Honig. Da jedoch Bienen recht gefährlich sein können, sollten Sie sie nur sammeln, wenn Ihnen keine andere Wahl bleibt.

Bienen und Honig
Um an Bienen und ihren Honig zu gelangen, halten Sie ein qualmendes Grasbüschel vor den Eingang des Bienenstocks, bis das ganze Nest voller Rauch ist. Versiegeln Sie das Eingangsloch und lassen Sie es über Nacht verschlossen. Am nächsten Morgen können Sie mit einem Stock vorsichtig den Eingang wieder freilegen und die toten Bienen und den Honig entnehmen.

Nachtschwärmer
Hängen Sie nachts ein helles Stück Stoff auf und pflocken Sie den unteren Rand so fest, daß es straff gespannt ist. Hinter dem Stoffstück hängen sie eine Lampe auf, und auf den Boden davor stellen Sie eine wassergefüllte Schale. Die Motten werden, gegen den Stoff fliegen und in das Wasser fallen.

Zubereitung von Insekten

Entfernen Sie bei Bienen den Stachel. Schneiden Sie bei allen Insekten Flügel und Beine ab. Insekten sollten roh gegessen werden.

Mahlen
Insekten können zwischen zwei Steinen kleingemahlen und anschließend einem Eintopf beigefügt werden.

Krabbelnde Insekten

Käferlarven sind sehr nahrhaft und leicht zu finden – unter Rinden und in verrottenden Baumstümpfen. Stochern Sie mit einem Stock in dem morschen Holz herum, um zu sehen, ob unter der Oberfläche irgendwelche Larven stecken. Raupen findet man auf ihren Futterpflanzen häufig in ganzen Kolonien. Sie sollten allerdings dabei bedenken, daß manche Arten mit feinen Haaren ausgestattet sind, die zu Hautreizungen führen können.

1 Wollen Sie Termiten oder Ameisen einsammeln, schneiden Sie sich einen langen, geraden Zweig zurecht und schälen ihn, damit er eine glatte Oberfläche bekommt. Dann schieben Sie ihn langsam in den Termiten- oder Ameisenbau. Sie sollten eine Behälter bereitstellen, in den Sie die Tiere tun können, ohne daß welche daneben fallen können.

2 Ziehen Sie den Zweig langsam und vorsichtig wieder heraus. Die Termiten werden den Zweig angegriffen und sich noch immer an ihm festgebissen haben. Streifen Sie sie über dem Behälter ab und bereiten Sie diese hinterher wie oben beschrieben zu.

Insektenfalle

Insekten lassen sich auch mit einer Falle einsammeln. Graben Sie dazu ein Loch, in das paßgenau eine Blechdose gestellt wird. Legen Sie ein größeres Stück Holz über das Loch, ausbalanciert auf zwei Steinen. In den Zwischenraum der dabei entsteht, werden Insekten auf der Suche nach Schatten krabbeln und in Ihre Falle stürzen. Wenn Sie zusätzlich noch etwas Wasser in die Dose geben, erhöht sich für Ihre Opfer die Versuchung noch.

Fallgruben-Falle

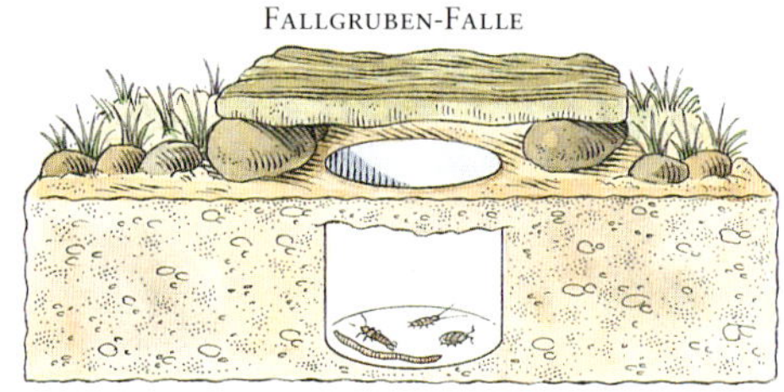

Schalentiere

Schalentiere können nicht nur sehr nahrhaft sein, sondern lassen sich auch noch an den meisten Stränden recht einfach finden. Allerdings müssen Sie sicherstellen, daß Sie nur lebende Tiere einsammeln, denn ihr Fleisch verdirbt nach dem Tode schnell. Bereiten Sie die Muscheln sofort nach dem Sammeln zu und essen Sie sie umgehend. Schalentiere, deren Umfeld verschmutzt oder verseucht ist, sollten Sie nicht sammeln.

Ausgraben von Messermuscheln
Messermuscheln graben sich senkrecht in den Sand hinein, wobei sie am oberen Ende ihrer Tunnel nur noch Atemlöcher freilassen. Durch diese Löcher können Sie sie mittels eines gebogenen Drahtes oder eines dünnen Stockes herausfischen. Eine andere Möglichkeit besteht darin, Salz in die Löcher zu streuen und die Muscheln in Empfang zu nehmen, wenn sie an die Oberfläche kommen.

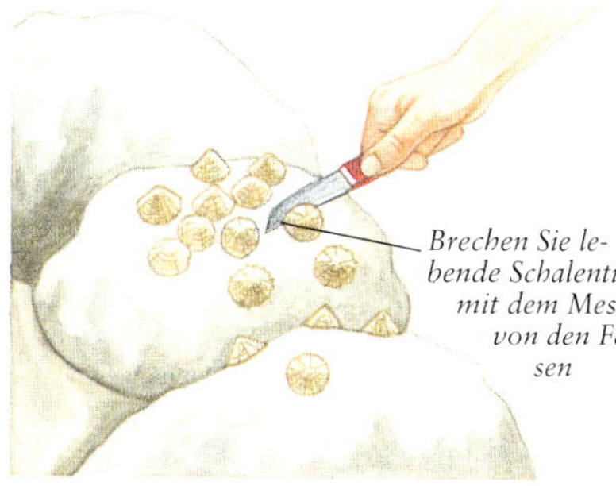

Strand- und Napfschnecken
Brechen Sie Napfschnecken und andere kleinere Weichtiere bei Ebbe von den Felsen. Nehmen sie nur die Lebenden mit – das sind diejenigen, die sich besonders festhalten.

WARNUNG

Größte Vorsicht beim Umgang mit Schalentieren ist geboten. Sie dürfen niemals roh verzehrt werden, und sollten möglichst schnell nach dem Einsammeln für mindestens fünf Minuten gekocht oder gedünstet werden.

Zubereitung von Schalentieren

Bevor Sie irgendwelche Schalentiere essen, müssen Sie sie mindestens fünf Minuten lang kochen. Werfen Sie Muscheln weg, die sich in dem kochenden Wasser nicht geöffnet haben; dies bedeutet nämlich, daß sie bereits verdorben sind. Nach dem Kochen können Strand- und Napfschnecken mit einem Zweig oder einer Gabel aus ihren Schalen geholt werden.

Muscheleintopf
Schalentiere müssen gekocht werden um Schadstoffe auszuschalten.

Weitere delikate Wirbellose

Schnecken mit und ohne Gehäuse sowie Würmer sind genießbar und lassen sich bei Tagesanbruch gut sammeln. Bevor Sie die Schnecken töten, indem sie in siedendes Wasser geworfen werden, sollten Sie die Tiere noch 24 Stunden lang am Leben halten und sie mit grünen Blättern füttern. Gehäuseschnecken sind gekocht recht gut, aber Nacktschnecken schmecken geröstet am besten. Legen Sie Würmer für 24 Stunden in salzigem Wasser ein und drücken Sie dann ihre Innereien heraus, bevor Sie sie für Eintöpfe mitverwenden oder trocknen.

Honigameisen
Honigameisen leben von Nektar und Wasser, und einige der Tiere werden zu lebenden »Vorratstöpfchen«, die von der Decke des Nestes hängen.

Auslösen einer Krabbe

Beim Sammeln von Krabben sollten Sie sich vor deren Scheren in acht nehmen. Bei größeren Arten wird es vielleicht notwendig werden, die Scheren zusammenzubinden, damit sich die Tiere nicht gegenseitig bekämpfen und verletzen können. Werfen Sie sie in sprudelnd kochendes Wasser, um sie zu töten.

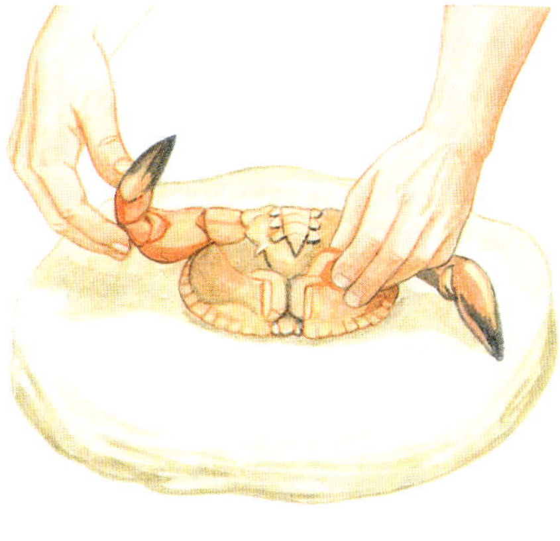

1 Das Auslösen einer Krabbe muß sehr sorgfältig geschehen, damit alle giftigen Organe entfernt werden. Um die Krabbe zum Verzehr vorzubereiten, drehen Sie zuerst die Beine und dann die großen Scheren ab. Sie alle enthalten eßbares Fleisch.

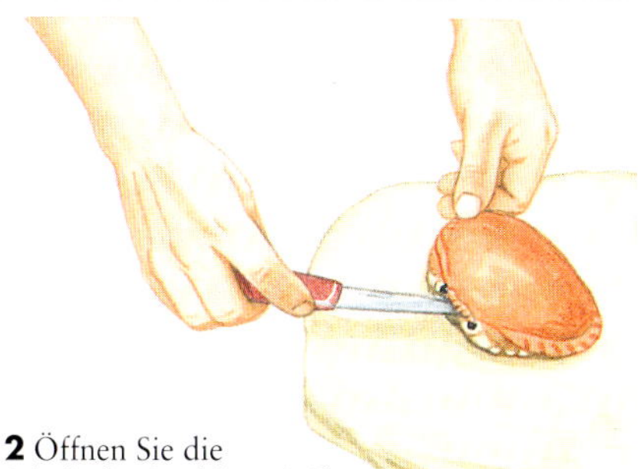

2 Öffnen Sie die Schale der Krabbe mit Ihrem Messer, das Sie zwischen die beiden Hälften stecken und dann umdrehen.

3 Entfernen Sie den Magen, alle grünen Bestandteile und die beiden Kiemen, die allesamt giftig sind. Schaben Sie das Fleisch aus der Schale. Brechen Sie die Scheren auf und lösen Sie den langen Muskel mit Ihrem Messer heraus.

SÜSSWASSERFISCHE

DEN LEBENSRAUM DER SÜSSWASSERFISCHE bilden Flüsse, Bäche, Seen und die Flußmündungen oberhalb der Stellen, an denen das Wasser salzig wird und ins Meer fließt. Es gibt Arten, die die Flüsse in ihrer ganzen Länge durchschwimmen, während einige Meeresfische, hauptsächlich der Lachs, landeinwärts wandern, um in den vergleichsweise sicheren Binnenlandströmen zu laichen. Die Verfassung und die Größe von Süßwasserfischen hängt ganz von der Menge und der Vielfalt ihrer Nahrung ab sowie von der jeweiligen Jahreszeit. Obwohl die meisten Seen und viele Flüsse weit weg von den Ufern große Tiefen aufweisen, leben die meisten Süßwasserfische doch in ihren vergleichsweise seichten und ufernahen Abschnitten.

ESSBARE FISCHE

Die meisten Fischarten, die im Süßwasser leben, können unbedenklich gegessen werden, auch wenn manche von ihnen vielleicht besser schmecken oder sich leichter zubereiten lassen als andere. Einige Fische besitzen eine Menge kleinster Gräten, die ihre Zubereitung erschweren und außerdem gefährlich werden können , wenn sie im Hals stecken bleiben. Nachstehend einige Arten eßbarer Süßwasserfische.

Schleie (Tinca tinca)
Die Schleie lebt in den langsam fließenden Gewässern der unteren Flußausläufer, kurz bevor diese ins Meer fließen. Man findet sie in Europa, Nordamerika und Australien.

Brasse (Abramis, Pagellus)
Die Brasse gehört ebenso wie auch der Goldfisch und die Elritze zu den Karpfenfischen. Sie ist ein Boden- oder Grundfisch und ist in fast ganz Europa und Asien am Grund tiefer, langsam fließender Gewässer zu finden. Einzelne Tiere können eine beachtliche Größe erreichen.

Karpfen (Cyprinus carpio)
Dieser weitverbreitete Fisch wird durchschnittlich etwa 60 cm groß und nährt sich entweder ruhig am Grund oder nahe der Oberfläche in Bächen und Flüssen. Obwohl die Legende besagt, daß er mehrere hundert Jahre alt werden kann, sind 40 Jahre eine realistischere Schätzung. Sie brauchen sich also nicht schuldig fühlen, wenn Sie ein besonders großes Exemplar gefangen haben.

Forelle (Salmo trutta)
Die Forelle ist mit dem Lachs eng verwandt und sieht ihm auch sehr ähnlich (siehe Seite 100). Die Regenbogenforelle lebt in den kühlen, klaren Strömen und Seen Skandinaviens, Nordamerikas, Ozeaniens, Afrikas und Indiens.

Rotfeder (Scardinius)
Die Rotfeder lebt in ruhigen Gewässern mit viel Vegetation, hinter der sich der Fisch verbergen kann. Man findet diese Spezies in Nordamerika, Europa und Skandinavien. Die Rotfeder ist ein Oberflächenfisch, der nahe der Oberfläche auf Nahrungssuche geht, auch wenn einige große, alte Exemplare gerne auf dem Grund ruhen.

WEITERE ESSBARE FISCHE

Es gibt noch eine große Anzahl weiterer eßbarer Süßwasserfische, besonders in den Flüssen und Seen der Tropen. Zu den weitverbreiteten Spezies, die beinahe weltweit zu finden sind, gehören der Weißfisch, der Döbel (Leuciscus cephalus) und die Plötze, oder Rotauge (Rutilus rutilus). Sie werden durch aufmerksame Beobachtung herausfinden, welche Arten Grund- und welche Oberflächenfische sind und durch Probieren bald sehen, welche am besten schmecken. Sie sollten allerdings vorsichtig sein, wenn Sie es mit Ihnen unbekannten Spezies zu tun haben: Wenn sie Zweifel haben, sollten Sie sie grillen, die Haut und die Gräten entfernen und zum Schluß das Fleisch kochen.

Gefährliche Fische

Raubfische sind aggressiver als ihre Beutetiere und fressen auch schon mal kleinere Exemplare der eigenen Art. Viele dieser Fische verfügen über scharfe Stacheln, die teilweise mit Giftdrüsen verbunden sind. Auch der Schleim auf ihrer Haut kann toxisch sein und bei Berührung zu Hautausschlägen führen. Diese Fische sollten gehäutet werden, da ihr Genuß sonst zu Vergiftungen führen könnte.

Amerikanischer Hecht (Esox)
Dies ist ein nordamerikanisches Mitglied der Hechtfamilie, das bis zu 1 m groß wird. Er bevorzugt ruhige klare Gewässer mit viel Bewuchs, und lebt vorwiegend in Flüssen und Strömen, die in den Atlantik fließen. Seine Zähne sind extrem scharf.

Weitere Gefährliche Fische

Viele Süßwasserfische, die eigentlich gut genießbar wären, können mit ihren scharfen Zähnen oder Stacheln Verletzungen verursachen, oder haben eine mit giftigem Schleim bedeckte Haut. Der berüchtigte Piranha (Serrasalmus) der südamerikanischen Tropen ist ein gutes Beispiel für einen gefräßigen und gefährlichen Fisch, während der Zitteraal (Electrophorus), ebenfalls aus Südamerika, einem Menschen der durch das Wasser schwimmt oder watet durch einen kräftigen elektrischen Schlag verletzen kann.

Tandan (Tandanus)
Dieses Mitglied der Welsfamilie lebt in den stehenden und ruhigen Gewässern Ozeaniens und der Länder rund um den Indischen Ozean. Man findet auch andere Welsarten überall auf der Welt. Die Brust- und Rückenflossen der Welse haben oft einen scharfen Stachel, der mit Giftdrüsen verbunden ist. Außerdem ist der Körperschleim der Welse giftig.

Katzenwels (Ictalurus)
Der Katzenwels verfügt über Giftstacheln und ist bedeckt mit giftigem Schleim. Er muß vorsichtig behandelt und sollte gehäutet werden (siehe Seite 110), bevor man ihn ißt. Dieser Fisch ernährt sich von Pflanzen und Insekten und lebt vorwiegend am Grund ruhiger, langsamer Ströme, vor allem in Nordamerika und Europa. Er gehört zur Familie der Welse und besitzt deren charakteristische Bartfäden.

WARNUNG

Alle Fische, die nach ihrem Tod nicht durch Trocknen, Räuchern oder Einlegen (siehe Seite 118) konserviert werden, werden durch sich vermehrende Bakterien schnell schlecht und damit als Nahrung ungeeignet. Wenn Sie ihn nicht selber getötet haben, sollten Sie daher keinen toten Fisch essen, auch wenn er noch so frisch aussehen sollte.

Flußbarsch (Perca fluviatilis)
Der Barsch ist ein gieriger Fresser und bewegt sich meistens in einem Schwarm, weswegen er kleinere Fischarten sehr stark dezimieren kann. Er findet sich in ruhigen, langsamfließenden Gewässern Europas, Asiens, Nordamerikas und Australiens. Er ist sehr schmackhaft, besitzt aber eine Rückenflosse mit scharfen Stacheln.

Hecht (Esox lucius)
Der Hecht ist ein aggressiver Einzelgänger mit rasiermesserscharfen Zähnen. Man nennt ihn aufgrund seiner Gier und Destruktivität in manchen Gegenden auch »Flußwolf«. Er bekämpft und frißt sogar Fische seiner Größe, schmeckt aber auch selber recht gut. Man findet ihn in Europa und Nordamerika in den meisten Gewässerarten.

Zander (Stizostedion lucioperca)
Er wird wegen seiner Ähnlichkeit mit seinen beiden nahen Verwandten, dem Hecht und dem Barsch, auch als »Hechtbarsch« bezeichnet. Seine großen, glasigen Augen leuchten im Dunkeln, wenn sie angestrahlt werden. Der Zander kommt vorwiegend in Nordamerika vor und da er zur Familie der Barsche gehört, ist er sehr schmackhaft. Vor seiner scharfen Rückenflosse sollten Sie sich allerdings in acht nehmen.

Meeresfische

Generell lässt sich sagen, daß die größten Meeresfische inmitten der Ozeane leben, während die großen Schwärme der kleineren Arten in den seichteren Gewässern nahe der Küste vorkommen, dort wo das Sonnenlicht bis zum Grund vordringen und somit die Meeresvegetation wachsen kann. Fische können lange Wanderungen unternehmen und große Entfernungen zurücklegen auf der Suche nach Nahrung oder ihren Laichgründen, ständig bedroht von einer Vielzahl von Räubern. Hin und wieder kommen große Fische dem Ufer nahe genug, um mit dem Netz oder der Angel gefangen werden zu können, meistens wird man sie aber von einem Boot aus, draußen auf dem Meer erwischen. In einer Überlebenssituation, in der Sie kein Boot zur Verfügung haben dürften, können Sie auch in flacheres Wasser oder Flußmündungen hinauswaten, um dort Meeresfische zu fangen, oder Sie marschieren bei Ebbe hinaus zu den tieferen Kanälen.

Essbare Fische

Es gibt nur wenige Fische, die wirklich nicht genießbar sind. Der vernünftigste und gesündeste Weg sie zu essen ist, ihn roh zu verspeisen, da hierdurch all ihre natürlichen Öle und labilen Nährstoffe erhalten bleiben. Fisch sollte gedämpft, gegrillt oder gebacken werden (siehe Seite 117). Essen Sie jedoch nicht die Haut mit, die mit toxischem Schleim bedeckt sein kann oder mit scharfen Stacheln.

Lachs (Salmo salar)
Der Atlantische Lachs, der »König der Fische«, wandert über große Entfernungen hinweg die Flüsse hinauf, zu seinen Laichplätzen und ist ein guter, schmackhafter Speisefisch. Man findet ihn in Europa, Nordamerika, Australien, Neuseeland, Südamerika und Asien.

Tarpun (Megalops atlanticus)
Der Tarpun lebt in Gezeitenbuchten, Mangrovensümpfen und Lagunen sowie den seichten Küstengewässern tropischer und warm-gemäßigter Zonen. Seine Schuppen sind groß und fest und er liefert einen harten Kampf, wenn er einmal am Haken hängt.

Rochen (Raja)
Der Rochen liegt tagsüber auf dem Grund der pazifischen und atlantischen Gewässer im Sand oder Schlick verborgen und kommt erst nachts heraus, um sich von Schalentieren und anderen Fischen zu ernähren. Einzelne Exemplare einiger Spezies können bis zu 2,40 m groß werden.

Steinbutt
(Rhombus maximus)
Ein beliebter Speisefisch, den man in Europa in der Nähe der Küsten findet, besonders in Skandinavien. Er läßt sich vergleichsweise leicht fangen, wenn man ihn mit einem kleinen Fisch ködert.

Weitere essbare Fische

Der Hering (Clupea harengus) ist zwar in den Meeren der gemäßigten Klimate zu einer Seltenheit geworden, ist aber dennoch für Fischer auf der ganzen Welt immer noch eine attraktive Beute. Er zieht in großen Schwärmen, die manchmal in der Nähe der Küsten vorbeischwimmen, wobei sich einzelne Tiere mit dem Netz oder der Angelrute fangen lassen. Der Seebarsch (Labrax lupus) ist ein guter, mittelgroßer Fisch, den man nachts mit der Angel fangen kann, wenn er sich bei der Nahrungssuche auf die Küste zubewegt. Weitere eßbare Salzwasserfische, sind die verschiedenen Arten der Meeräsche (Mugilidae) und der Meerbarbe (Mullidae), der Äsche (Thymallus thymallus) und des Zakkenbarsches (Serranidae).

Thunfisch (Thunnus, Euthynnus)
Der Thunfisch ernährt sich von kleineren Fischen, toten wie lebendigen. Einige Arten werden ziemlich groß. Den Thunfisch findet man in gemäßigten und tropischen Gewässern, wo er in Küstennähe häufig in großen Schwärmen auftritt.

Gefährliche Fische

Obwohl die größten Fische normalerweise in den Tiefen der Meere leben, gibt es doch auch große und gefährliche Spezies, die in seichteren Gewässern umherstreifen, auf der Suche nach leichter Beute. Es gibt Berichte über hungrige Haie, die an den Strand geschwommen sind, um sich Beutetiere und Badeurlauber zu greifen. Haie können Blut über Seemeilen hinweg wahrnehmen, ebenso wie die Bewegungen von Tieren oder Fischen, die in Not sind. Einige Fische verfügen über Dornen oder Stacheln, die furchtbar schmerzen können, wenn sie sich in menschlichem Fleisch verhaken. Andere besitzen spitze Zähne.

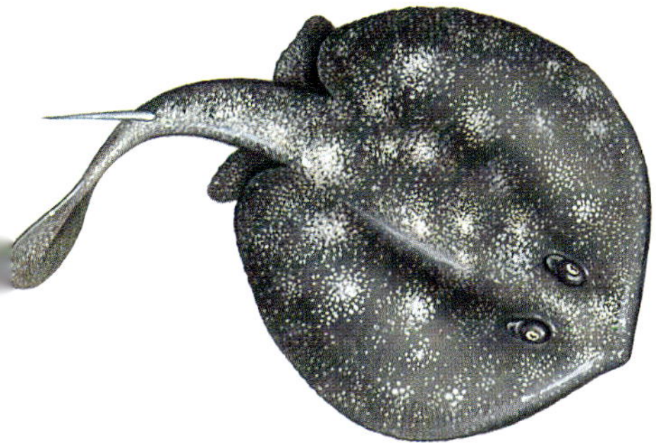

Wahoo (Acanthocybium)
Der Wahoo ist sehr schwer zu fangen, da er große Sprünge aus dem Wasser macht, wenn er an der Angel hängt. Außerdem hat er rasiermesserscharfe Zähne, wodurch er auch angelandet noch eine Gefahr bedeuten kann. Man findet ihn weltweit in warmen und gemäßigten Gewässern.

Weitere Fische – mit Vorsicht zu geniessen

Alle Arten der Drückerfische (Balistidae), die in den flachen tropischen Meeren vorkommen, haben einen einzelnen Stachel, der wie ein Drücker aus dem Unterleib hervorsteht. Ihr Fleisch ist giftig. Die in den Tropen heimischen Steinfische (Synanceia), Frosch- oder Krötenfische (Batrachoididae) und Drachenköpfe, oder Skorpionfische (Scorpaenidae), haben allesamt giftige Stacheln. Die Drachenfische, oder Petermännchen (Trachinidae), die vor Europa und Westafrika beheimatet sind, liegen gerne im Sand vergraben und ihre Giftstacheln können entsetzlich schmerzen.

Stachelrochen (Urolophus, Dasyatis)
Der Stachelrochen verfügt über giftige Stacheln und einen peitschenförmigen Schwanz. Sein Stich kann tödlich enden, wenn er nicht umgehend behandelt wird. Er lebt im Nordpazifik und tropischen Gewässern.

Makrele (Scombridae)
Die Makrele schmeckt ausgezeichnet, auch wenn sie etwas ölig ist. Im Frühjahr bewegt sie sich in riesigen Schwärmen vor den Küsten. Allerdings schwimmt sie sehr schnell, hat scharfe Zähne und kann sich erbittert wehren. Sie ist weltweit verbreitet.

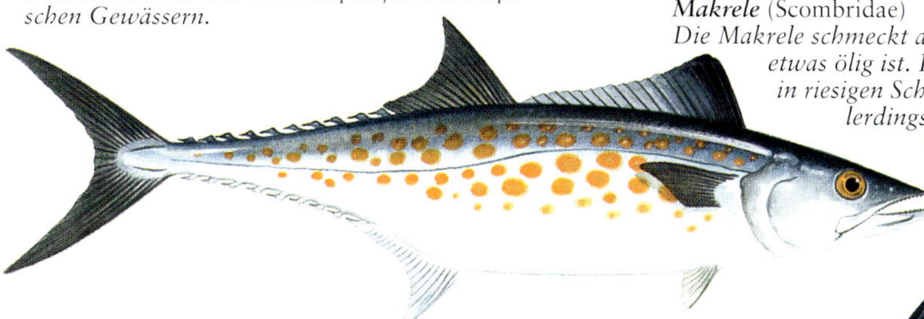

WARNUNG

Wenn Sie mit dem Speer fischen, müssen sie sofort das Wasser verlassen sobald Sie einen Fisch gespeert haben. Der Blutgeruch und das Geräusch seines Todeskampfes ziehen Raubfische magnetisch an. Vermeiden Sie es, im Wasser herumzuplantschen, denn das könnte Meeresräuber anlocken.

Marlin (Makaira, Istiompax)
Marline kommen in warm-gemäßigten und tropischen Gewässern vor. Er ist zwar sehr schmackhaft, doch kann sich sein Fang sehr schwierig gestalten, da er schnell schwimmen kann und sich verbissen gegen die Angel wehrt. Darüber hinaus hat er einen harten, scharfen, schwertähnlich ausgebildeten Oberkiefer. Die beste Fangmethode für den Marlin ist die an der Wasseroberfläche oder tieferen Wasserschichten nachgezogenen Schleppangel.

Barracuda (Sphyraena)
Barracudas besitzen nadelscharfe Zähne und können Schwimmer angreifen. Kleinere Arten, die sich teilweise in seichteren Gewässern finden lassen, sind eßbar, können aber trotzdem beißen. Sie springen zudem wild umher, wenn sie an der Angel hängen, wodurch es schwierig sein kann, sie einzuholen. Der Barracuda ist in den warm-gemäßigten und tropischen Gewässern der ganzen Welt zuhause.

Haie
Auf der ganzen Welt gibt es Hunderte von Haifischarten, viele von ihnen sind sehr entschlossene Kämpfer, wenn sie am Haken hängen. Einige dieser Spezies stellen sich tot, wenn sie angelandet werden, und haben schon manchen Fischer anschließend gefährlich verletzt. Der Leopardenhai (Triakis) lebt in den seichten, küstennahen Wassern entlang der nordamerikanischen Pazifikküsten. Essen Sie keine Haifischleber – sie ist giftig.

ANGELAUSRÜSTUNG

UM FISCHE ZU FANGEN bedarf es vieler geduldiger Versuche, um die richtige Methode zu finden. Ohne eine stabile Ausrüstung kann es passieren, daß ein bereits gefangener Fisch sich wieder befreien kann. Fische können mit Haken, Fallen, Netzen, Keschern oder Harpunen gefangen werden, ja sie lassen sich sogar mit den bloßen Händen aus dem Wasser holen (siehe Seite 104). Angelhaken, Köder und Schwimmer können aus einer Vielzahl unterschiedlicher Materialien hergestellt werden. Angelschnur läßt sich aus Grasfasern gewinnen (siehe Seite 34), oder Sie verwenden die Leine aus Ihrer Survival-Notausrüstung (siehe Seite 28). Eine behelfsmäßige Rute kann mit einem Stock improvisiert werden. Geben Sie gut acht, daß Ihre improvisierte Ausrüstung nicht beschädigt wird und stellen Sie sicher, daß Sie auch die richtigen Mittel bereitstehen haben, um mit Keschern oder Netzen die einmal gefangene Beute am Entkommen zu hindern.

DORNENHAKEN

1 Schneiden Sie von einem Dornenzweig ein etwa 2,5 cm langes Stück mit einem großen, festen Dorn ab.

Schneiden Sie eine Kerbe in den Zweig

2 Machen Sie mit Ihrem Taschenmesser eine Kerbe in das Ende des Zweiges, damit die Leine nicht abrutschen kann, wenn sie darum gebunden wird.

Binden Sie die Leine um die Kerbe fest

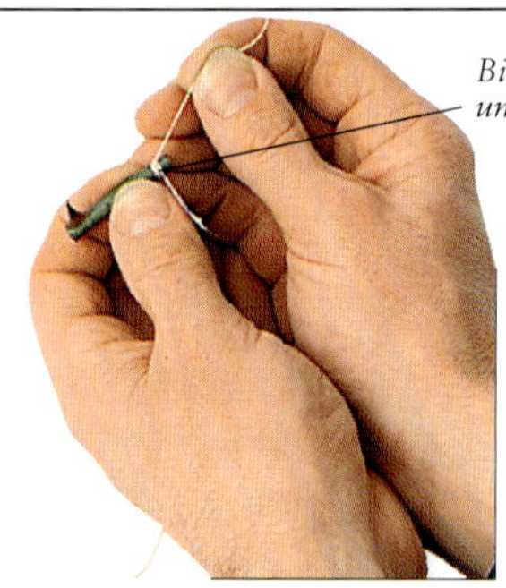

3 Binden Sie die Leine an der Einkerbung im Zweig fest und sichern Sie sie mit mehreren Schlägen um das obere Ende.

Fertiger Haken
Diesen Haken verwenden Sie für Fische, die den Köder am Stück herunterschlucken, etwa für Aale oder Welse. Vielleicht verfängt sich der Dornenhaken aber auch in den Kiemen oder Mäulern von anderen Fischen.

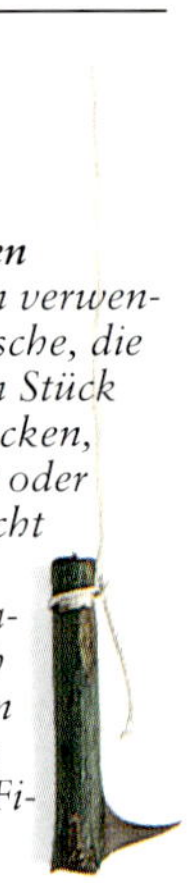

NAGELHAKEN UND FEDERFLIEGE

1 Die Fliege soll den Fisch ködern, der in ihr nur eine Beute sieht, anbeißt und den Haken mit verschluckt. Achten Sie darauf, was die Fische in Ihrem Fischwasser fressen und fertigen Sie dann eine dementsprechende Köderfliege an. Aus einem gebogenen Nagel läßt sich ein einfacher Haken herstellen, den Sie nur noch an der Angelschnur befestigen müssen.

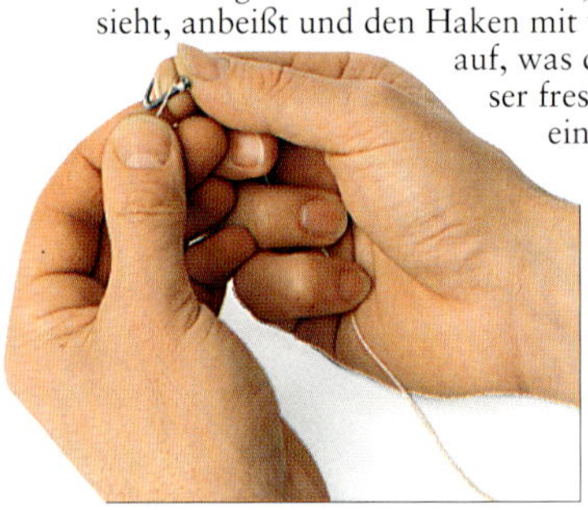

2 Binden sie um den Haken eine Feder, die als Köder dient. Unter Umständen ähnelt sie einem Insekt und zieht somit den Fisch an. Ziehen Sie zuerst die Fliege über die Oberfläche des Flusses oder Stromes und tunken Sie dann mehrmals den Haken ins Wasser, um den Fisch zum Zuschnappen zu verführen.

Fertige Fliege
Stellen Sie sicher, daß der Haken auch wirklich fest mit der Leine verbunden ist, damit Sie ihn nicht verlieren wenn ein Fisch beißt.

HAGEBUTTENSCHWIMMER UND NADELHAKEN

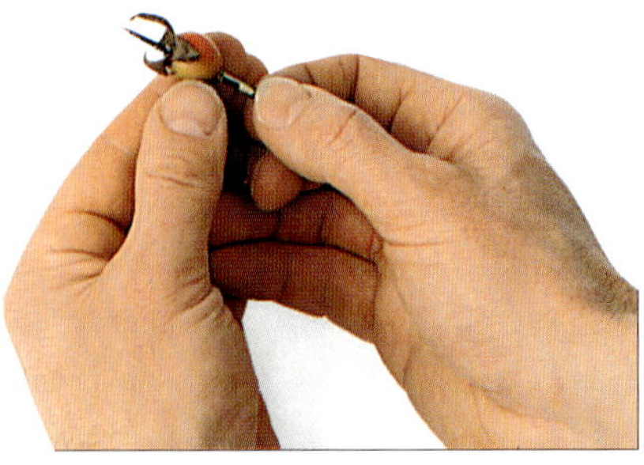

1 Sie können alle möglichen natürlichen Materialien als Schwimmer verwenden. Wenn Sie dazu eine Hagebutte nehmen, machen Sie ein Loch hinein, entweder mit einem Messer, einem spitzen Stock oder einem Dorn.

Fädeln Sie die Leine durch die Hagebutte

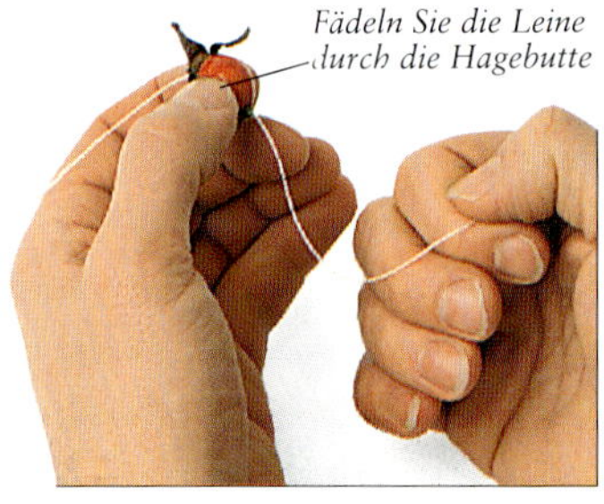

2 Fädeln Sie die Leine oder Angelschnur durch die Hagebutte hindurch. Mit einem Schwimmer kann der beköderte Haken in der Tiefe gehalten werden, die der bejagte Fisch durchstreift.

Zweige dienen der Stabilisierung

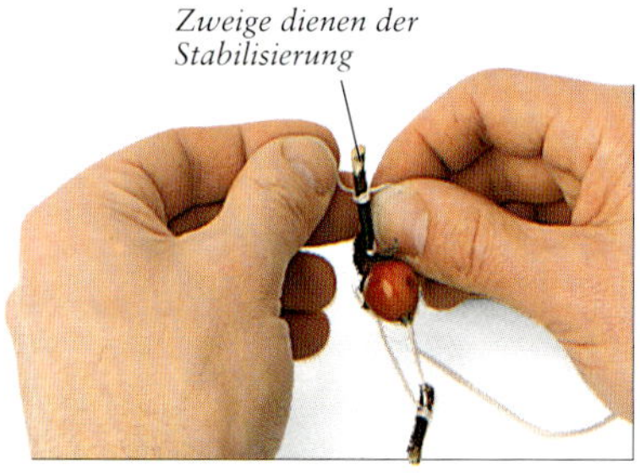

3 Binden Sie ober- und unterhalb des Schwimmers kleinere Zweige an, die als Stabilisatoren dienen und verhindern sollen, daß der Schwimmer an der Leine umherrutscht.

4 Befestigen Sie nun Ihren Haken (in diesem Fall eine Sicherheitsnadel) im gewünschten Abstand unterhalb des Schwimmers an der Leine.

Köder

Sie können Ihren Köder auf der Wasseroberfläche verteilen, an Angelhaken befestigen oder in Fischfallen auslegen. Insekten, kleine Früchte, Würmer, Brot, rohes Fleisch sowie Fischstückchen eignen sich alle gut als Fischköder. Lebende Köder locken die Fische durch ihre Bewegungen heran, die auf Verwundung und damit auf leichte Beute schließen lassen. Das Geheimnis des erfolgreichen Köderns liegt darin, die Fische mit ihrer alltäglichen Diät in Versuchung zu bringen.

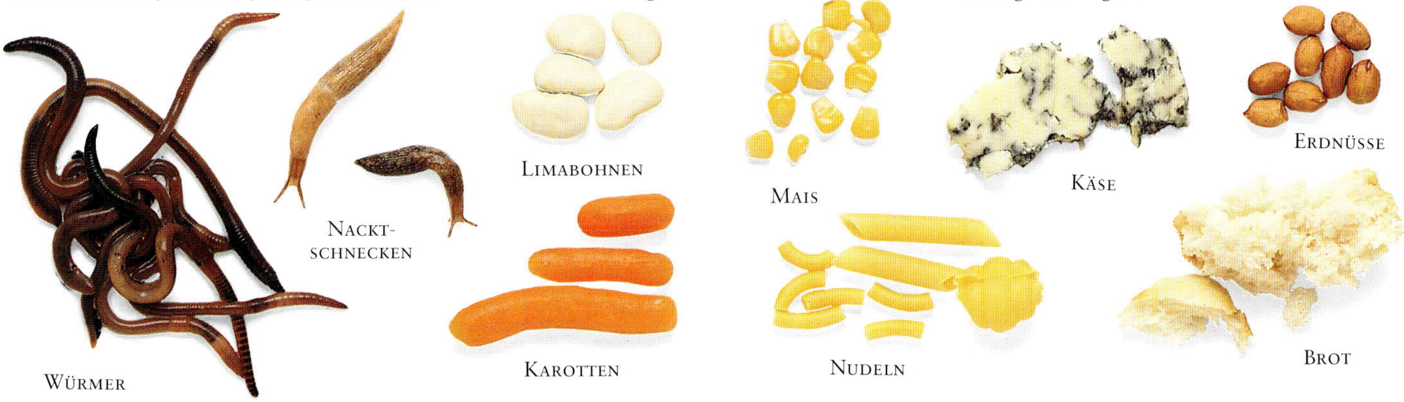

Schnappspeer

Schneiden Sie alle Zweige ab, um den Schaft glatt zu machen

1 Dieser Harpunentypus wird vor allem in tieferen Gewässern eingesetzt (siehe Seite 104). Schneiden Sie zuerst von einem geraden, schlanken Ast sämtliche Zweige weg.

Schneiden Sie das vordere Ende des Speeres zu einer langen Spitze zurecht

2 Schnitzen Sie das dickere Ende des Fischspeers zu einer guten, langen Spitze zurecht. Diese Spitze läßt sich härten, wenn Sie sie vorsichtig in die Flammen Ihres Feuers eintauchen. Bearbeiten Sie den Speer so, daß zu beiden Seiten der Spitze das Holz abgeflacht ist. Daran wird der »schnappende« Teil der Harpune mit Schnur befestigt.

3 Binden Sie zwei angespitzte Stöcke zu beiden Seiten des Speerschaftes fest. Sie müssen so angebracht werden, daß sie über die Speerspitze reichen und sich vor ihr schließen, wodurch es einem gespießten Fisch unmöglich gemacht wird, sich wieder freizukämpfen. Diese beiden Haltestöcke werden dann auseinandergebogen und in dieser Position mit einem geraden Stock verkeilt. Wenn Sie dann einen Fisch harpuniert haben, springt dieser Stock weg und die Haltestöcke schnappen zu.

Die Spitzen beiderseits des Spießes klemmen den Fisch fest ein

Dornenharpune

1 Kerben Sie einen langen, geraden Ast an einem Ende ein, so daß die Dornenstacheln mühelos an dem Speer festgebunden werden können.

2 Binden Sie nun stabile, dornige Zweige fest um den Schaft. Sie müssen das Gewicht eines gespießten Fisches teilweise mittragen können.

Fertiger Speer
Geben Sie sehr gut acht, um die Stacheln nicht an den Felsen oder dem Flußbett zu beschädigen. Sie sollten einen Kescher verwenden, um den Fisch aus dem Wasser herauszuholen.

Vorsichtsmassnahmen beim Fischen

Seien Sie sehr vorsichtig, wenn Sie mit improvisiertem Gerät fischen gehen, denn es könnte leicht einmal zerbrechen, wodurch Sie entweder Ihren Fang oder Ihr Gleichgewicht verlieren könnten. Sollten Sie ins Wasser fallen, besteht, abgesehen von der Gefahr des Ertrinkens, das Risiko sich eine Lungenentzündung zuzuziehen oder sich mit Krankheiten zu infizieren, die durch das Wasser übertragen werden (siehe Seite 75). Schlammiges und undurchsichtiges Wasser sollten Sie nicht ohne einen festen Stock durchqueren, er wird Ihnen Halt geben, und Sie können damit den Boden vor sich abtasten. Sie sollten auch immer daran denken, daß auch andere Tiere – beispielsweise Raubtiere – in der Nähe fischen und trinken könnten.

Vom Jäger zum Gejagten
Halten Sie an den Wasserstellen Ihre Augen nach Wildpfaden offen und stellen Sie sicher, daß Sie sich nicht selber einem Räuber anbieten.

Angelmethoden

Einem modernen Sportfischer kommen diese traditionellen Methoden wahrscheinlich ziemlich primitiv vor. Aber der Erfolg beim Fischen hängt nicht so sehr von der verwendeten Ausrüstung ab, sondern davon, ob man seine Opfer und ihre Gewohnheiten gut kennt. Investieren Sie ruhig ein wenig Zeit um festzustellen, wo sich die Fische zu den verschiedenen Tageszeiten aufhalten und von was sie sich ernähren. Wenn Sie improvisiertes Gerät verwenden, sollten Sie gut darauf achten, nichts davon zu beschädigen oder zu verlieren – aber geben Sie stets der eigenen Sicherheit Vorrang. Die hier beschriebenen Methoden eignen sich für Süßwasserbäche und -flüsse genauso wie für Meeresbuchten. Einige dieser Techniken sind allerdings in vielen Teilen der Welt verboten und sollten nur dann angewendet werden, wenn es ums Überleben geht.

Verwenden von Haken und Leine

Leine mit Selbstauslöser
Die selbstauslösende Leine funktioniert ganz von alleine. Sobald ein Fisch anbeißt, wird die Leine aus der Verankerung gerissen und die Rute schnellt nach hinten, wobei der Haken tief in das Maul des Fisches getrieben wird.

Treibleine
Je mehr Haken Sie im Wasser haben, desto größer sind die Aussichten etwas zu fangen. Allerdings werden Ihre Köder bei dieser Methode schneller weggeknabbert als bei einem einzelnen Haken. Wenden Sie diese Methode nur in einem Survivalfall an, entweder in fließendem Süßwasser oder an einer kleinen Meeresbucht.

Eisfischen

Schneiden Sie in Ufernähe mittels einer Eissäge oder eines Messers ein kleines Loch in das Eis, um zu sehen, ob es stark genug ist – das heißt mindestens 5 cm dick – um Ihr Gewicht tragen zu können. Dann schneiden Sie ein Eisloch mit einem Durchmesser von etwa 30 cm. Das Eis sollte geschnitten und nicht aufgehackt werden, da es sonst vielleicht nachgeben und unter Ihnen einbrechen könnte. Legen Sie den beflaggten Stock quer vor das Loch und befestigen Sie Ihre Leine mit dem beköderten Haken daran.

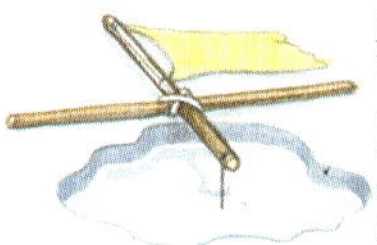

Ruhezustand
Verbinden Sie Ihre Angelleine mit einer »Flagge«, damit Sie nicht ständig die Leine einziehen müssen, um sie zu überprüfen.

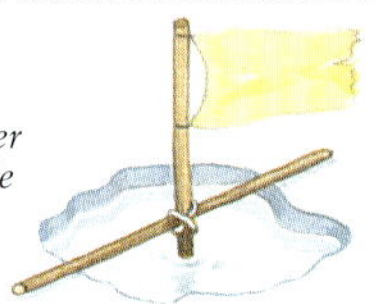

Fisch hat gebissen
Wenn sich die Flagge aufstellt, signalisiert sie Ihnen, daß ein Fisch am Haken hängt.

Handfischen

1 In vielen Ländern ist diese primitive Methode verboten. Sie funktioniert am besten im ruhigen, flachen Wasser. Tasten Sie die Böschung mit Ihren Händen ab, die Handflächen nach oben und mit ausgestreckten Fingern.

2 Schieben Sie Ihre Hände ganz langsam unter einen ruhenden Fisch, Daumen nach oben. Dann packen Sie den Fisch und werfen ihn ans Ufer.

Fischen mit dem Speer

Schnappspeer
Dieser Harpunentypus klemmt den Fisch fest und verhindert somit, daß er sich von seiner Spitze befreien kann.

Verwendung einer Harpune
Das Speeren von Fischen ist eine zeitaufwendige Angelegenheit, die viel Geduld abverlangt. Passen Sie auf, daß Sie Ihre Speere nicht an den Felsen oder dem Flußbett zerbrechen. Um ein lautes Platschen zu vermeiden, halten Sie die Speerspitze unter Wasser. Sobald Sie eine mögliche Beute sehen, müssen sie blitzartig zustoßen.

Landen eines Fisches

1 Sobald ein Fisch angebissen hat, müssen Sie »anschlagen«, das heißt die Rute kräftig nach hinten reißen. Passen Sie auf, daß Sie Ihr Gerät nicht beschädigen, besonders wenn Sie einen Fisch zum Ufer hin einholen.

2 Lassen Sie sich beim Einziehen des Fisches Zeit. Verwenden Sie den Kescher so früh wie möglich, um damit das Gewicht des Fanges aufzunehmen. Wenn es notwendig wird, müssen Sie dazu auch selbst ins Wasser steigen. Lassen Sie sich aber nicht vom eigenen Enthusiasmus oder einer starken Strömung mitreißen. Ihre persönliche Sicherheit hat Priorität.

Anwendung eines Gaffes

Gaffen
Man kann Fische anstatt mit dem Kescher auch mit dem Gaff anlanden. Heben Sie dabei aber den Fisch nicht zu hoch hinauf.

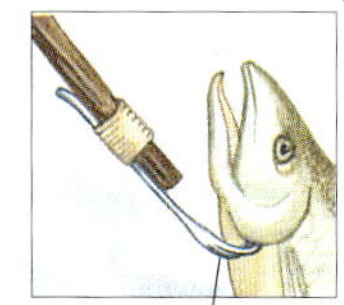

Das aus einer zurechtgebogenen Gabel gefertigte Gaff wird in den Fisch gehakt

Wo sich Fische finden lassen

Die verborgene Beute
Fische halten sich meist an den Stellen auf, an denen sie fressen können, ohne sich bedroht zu fühlen. Diese Stellen können allerdings recht unterschiedlich sein. Träge dahinfließendes Wasser (bei Hochwasser), überhängende Böschungen, große Baumstämme und Felsen bieten alle Schutz, und an heißen Tagen mit strahlendem Sonnenschein suchen die Fische die Kühle schattiger Plätze auf, oder tiefere Wasserschichten. Wenn kaltes Wetter herrscht, sollten Sie an seichten Stellen Ausschau halten.

Netze und Fischfallen

In einer Überlebenssituation sind Netze und Fischfallen zweckmäßiger als Angelleinen und -haken, da sie über mehrere Stunden hinweg, oder sogar über Nacht, unbeaufsichtigt bleiben können und Ihnen so erlauben, sich mit anderen Aufgaben zu beschäftigen. Fischnetze können aus Bindfäden, Schnüren oder selbstgemachten Seilen (siehe Seite 34) geknüpft werden, wobei Sie junge Baumschößlinge als Stiel verwenden können. Auch ausrangierte Kleidungsstücke lassen sich als Netz einsetzen. Fischfallen können aus Stöcken und Schnüren, die aus Schilf oder festen Gräsern geflochten wurden, gebaut werden, oder Sie improvisieren welche aus künstlichen Materialien, etwa aus Flaschen.

Herstellung eines Keschers

...Aus einem Unterhemd

1 Fädeln Sie die Gabeln eines Baumschößlings durch den unteren Saum eines Unterhemdes durch zwei kleine Einschnitte, die Sie zuvor in den Saum geschnitten haben.

2 An dem Punkt, an dem sich die beiden Gabeln wieder treffen, machen Sie einen weiteren Einschnitt in den Saum und ziehen die Enden der Gabeln hindurch. Binden Sie diese beiden Enden mit Schnur zusammen und schieben Sie sie wieder in den Saum zurück.

3 Binden Sie das Unterhemd oberhalb der Ärmel und des Halsausschnittes fest zu. Sie können nun entweder den Stoff, der über die Schnur hinausragt, abtrennen, oder das Netz einfach wenden, damit der überschüssige Stoff nicht im Wasser treibt und sich verfangen kann, wenn Sie den Kescher einsetzen.

...Mit Bindfaden

1 Binden Sie die beiden Enden eines gegabelten Schößlings zu einem Ring zusammen.

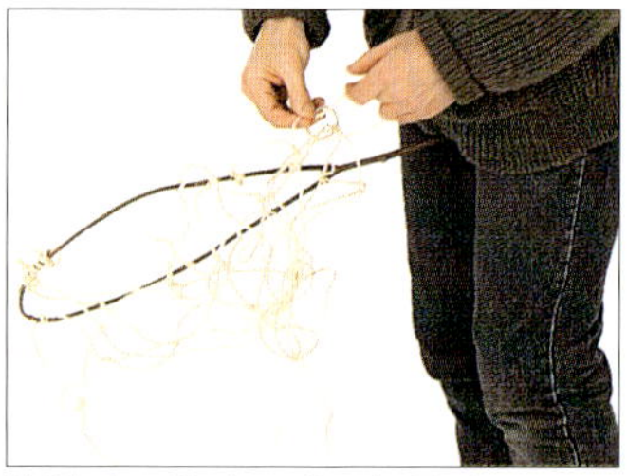

2 Binden Sie jeweils ein Ende von einer ganzen Reihe von Seilstücken an dem Ring fest. Die anderen Enden binden Sie so an die gegenüberliegende Seite des Ringes, daß dabei lauter Schlaufen entstehen.

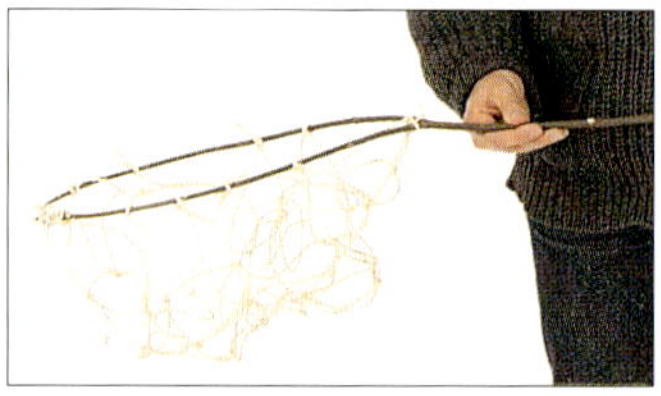

3 An die Schlaufen die von dem Ring herabhängen, weben Sie nun solange weitere Seilstücke und knüpfen sie fest, bis ein Netz entstanden ist.

Herstellung eines Stellnetzes

Stellnetze können in allen Größen hergestellt werden. Hängen Sie ein Seil zwischen zwei Bäume und binden in regelmäßigen Abständen das jeweils eine Ende Ihrer vorbereiteten Schnüre daran fest. Halten Sie diese Schnüre gespannt, indem Sie an ihre unteren Enden einen dünnen Ast binden. Weben Sie Bindfäden um die herabhängenden Schnüre und knüpfen Sie diese an jeder der Schnüre gut fest, damit sich die Maschen nicht verziehen können. Stimmen Sie die Maschengröße auf die Größe der Fische ab, die Sie fangen möchten.

Herstellung einer Reusenfalle

1 Diese Falle kann sowohl in einem Fluß, als auch in einer Gezeitenbucht eingesetzt werden. Binden Sie ein Bündel junger Äste an ihren dickeren Enden zusammen.

2 Fertigen Sie aus einem biegsamen Ast, dessen Enden Sie zusammenbinden, einen Reifen an.

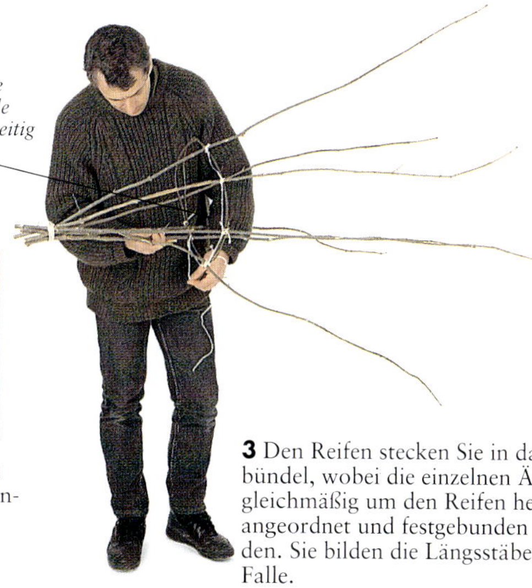

Reifen verstärkt die Gitterstäbe der Falle und hält sie gleichzeitig auseinander

3 Den Reifen stecken Sie in das Astbündel, wobei die einzelnen Äste gleichmäßig um den Reifen herum angeordnet und festgebunden werden. Sie bilden die Längsstäbe der Falle.

4 Binden Sie einen zweiten Reifen in das andere Ende hinein, um so die Reusenkammer zu bilden. Die Ausmaße der Falle liegen ganz in Ihrem Ermessen.

5 Die Mundöffnung der Falle entsteht aus zwei Reifen, einem kleinen und einem größeren, die über ein Bündel Zweige geschoben und festgebunden werden. Dabei sollten Sie eine Trichterform mit nach außen gebogenem Ende herauskommen.

Binden Sie an jedem Stab Bindfaden fest, damit ein Maschengitter entsteht

6 Stecken Sie diesen Trichter mit dem schmalen Ende voran in die offene Seite der Falle und befestigen ihn in dieser Stellung. Beginnen Sie dann damit, Bindfaden um die Längsstäbe zu weben, um die Seiten der Reuse zu bilden.

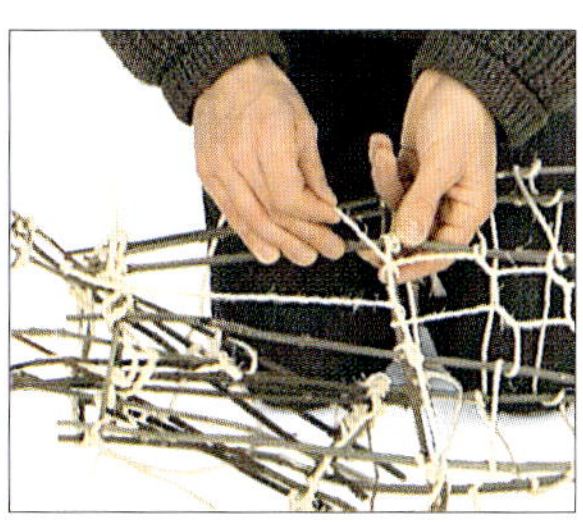

7 Binden Sie weiteren Bindfaden an den Seiten fest, bis die Maschen eng genug sind. Fische können jetzt in die Reuse hineinschwimmen, aber nicht mehr heraus.

Weitere Fischfallen

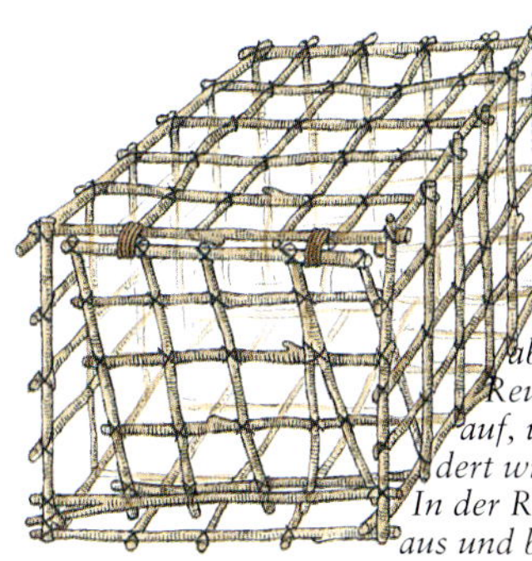

Hummerreuse
Diese Falle läßt sich recht einfach herstellen. Binden Sie Stöcke so zusammen, daß eine Schachtel entsteht. Die Größe dieser Schachtel können Sie auf die Größe Ihrer Beutetiere abstimmen. Die Tür der Reuse geht nur nach innen auf, wodurch die Beute gehindert wird, sie wieder zu verlassen. In der Reuse legen Sie einen Köder aus und beschweren das Ganze mit einem Stein. Legen Sie die Falle entweder an seichten Stellen im Meer aus, um Krabben und Hummer zu fangen, oder in einem Süßwasserstrom, für Flußkrebse.

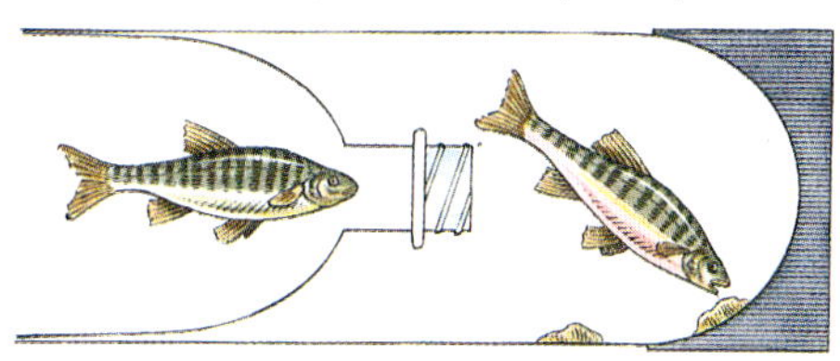

Flaschenfalle
Trennen Sie von einer Plastikflasche den Hals ab, drehen Sie diesen herum und stecken ihn so in den Sockel der Flasche. Kleinere Fische werden durch den Flaschenhals hereinschwimmen, um an den Köder am anderen Ende zu gelangen, werden aber nicht mehr herausfinden können.

Anwendung von Netzen und Fischfallen

Es ist zwar möglich eine beköderte Angelschnur über Nacht draußen zu lassen, Sie müssen sie aber dann sofort beim ersten Tageslicht überprüfen, um den eventuell gefangenen Fisch nicht zu verlieren. Fischfallen hingegen können über mehrere Tage hinweg alleine gelassen werden. Das gilt jedoch nicht für Netze – diese sollten immer nur für eine relativ kurze Zeit aufgestellt, oder zum Schleppfischen verwendet werden. In einem Stellnetz etwa können sich Fische aller Größen verfangen und verletzen, und wird solch ein Netz längere Zeit in einem fließenden Gewässer stehen gelassen, wird bald jeden Fisch in diesem Bereich dieses Schicksal ereilen, gleichgültig ob er nun eßbar ist oder nicht. Deshalb sind Stellnetze in vielen Ländern verboten.

Anwendung eines Stellnetzes

1 Wenn es um Ihr Überleben geht, und ein zeitliches Ende der Situation nicht abzusehen ist, kann es passieren, daß Sie einen Bach stauen müssen, um Fische auf Vorrat fangen zu können. Suchen Sie nach einer Bachbiegung, an der das Flußbett breiter wird und das Wasser daher langsamer fließt. An dieser Stelle bauen Sie in der Bachmitte einen Wall aus Steinen.

Bauen Sie den Damm leicht schräg zur Strömung

2 Schlagen Sie drei stabile Pfosten im Abstand von jeweils etwa 30 cm in das Bachbett. Setzen Sie sie leicht diagonal zum Bach, damit die Strömung den fertigen Holzdamm nicht niederreißen kann. Legen Sie einige Stämme auf der bachaufwärtsgelegenen Seite gegen die Pfosten. Schlagen Sie drei weitere Pfosten als Stützen ein. Fügen Sie weitere Stämme dazu, bis der Damm fertig ist.

Fische müssen durch den Kanal schwimmen und bleiben im Stellnetz hängen

3 Treiben Sie beiderseits des entstandenen Kanals an der Mauer zwei Pfosten in das Bachbett und befestigen dann daran Ihr Stellnetz (siehe Seite 106). Die Fische werden durch den Damm in den Kanal umgelenkt und verfangen sich im Netz. Wenn Sie einmal nicht fischen, entfernen Sie das Netz und auch die horizontalen Stämme des Dammes, um die Haltepfosten nicht zu sehr zu belasten und um nicht Fische zu fangen, die Sie gar nicht brauchen.

Handtaschen-Schleppnetz

Bei dieser Methode werden die Fische wie in einer Handtasche gefangen. Eine Person nimmt dazu das eine Ende des Netzes über die Schulter und geht damit ins Wasser, während die zweite Person am Ufer stehen bleibt. Die erste Person geht hinaus ins Wasser soweit das Netz reicht und schlägt dann einen Bogen zurück zum Ufer, wobei eben diese Handtaschenform entsteht. Alle Fische, die während des Bogenschlags hinter das Schleppnetz geraten, sitzen in der Falle und können gefangen werden. Das Netz wird dann an den Strand geschleppt und die Fische können getötet werden.

Uferfischen
Zwei Personen können in flachem Wasser mit einem großen Schleppnetz ganze Fischschwärme fangen.

Steindamm-Fallen

Dammfalle mit einer Mauer
In einer Gezeitenbucht können Sie aus großen Steinen eine Mauer errichten, die vom Ufer her kurvenförmig verläuft. Wenn die Flut zurückgeht, fangen sich in dem kleinen Tümpel, der dabei zwischen Mauer und Ufer entsteht, vielleicht einige Fische. Auch am Strand, selbst wenn keine Uferböschung oder Kliffe zur Verfügung stehen, können Sie dasselbe Prinzip anwenden, müssen dann allerdings aus den Steinen einen vollständigen Kreis errichten. Dichten Sie mögliche Lücken zwischen den großen Steinbrocken mit kleinen Steinen ab, um ein Entkommen der Fische zu verhindern.

Dammfalle mit zwei Mauern
Bauen Sie vom Ufer aus zwei Steinmauern in Form eines Trichters in den Strom hinein, wobei die Trichteröffnung stromabwärts zeigt. Die flußabwärts schwimmenden Fische werden durch die Mauern in den Engpaß geleitet. Um sie zu fangen, müssen Sie nur noch Ihre Reuse oder Ihr Netz an dieser schmalen Öffnung aufstellen (siehe Seite 106).

Anwendung eines Keschers

1 Fische mögen kein schlammiges Wasser, da es ihnen darin schwer fällt, genügend Sauerstoff zu bekommen. Wühlen Sie mit Ihren Füßen den Schlamm am Grund eines Tümpels auf. Daraufhin werden die Fische nach oben kommen, um Luft zu schnappen.

2 Handhaben Sie den Kescher langsam und bedächtig. Sobald sich aber Fische hinein verirrt haben, müssen Sie den Kescher sofort aus dem Wasser heben und ihn am oberen Ende zuhalten, damit die Fische nicht wieder herausspringen können.

Anwendung eines beköderten Netzes

Einige Fische lassen sich gut mit einem beköderten Netz fangen. Verwenden Sie dazu entweder ein »Unterhemd«-Netz oder machen sich mit einer Socke einen Kescher. Als Handgriff fungiert in diesem Fall ein gegabelter Zweig. Beködern Sie das Netz mit Tierdung oder Fischinnereien und ziehen Sie es dann durch das Wasser.

Fischen auf Aale
Aale lassen sich häufig mit Innereien oder Dung als Köder in ein Netz locken.

Punkte die Sie beim Fischen beachten sollten

- Gewässer stellen immer eine gewisse Gefahr dar, gleichgültig ob sie schnellfließend, langsamfließend, seicht oder tief sind. Schon ein Sturz auf nassen Steinen kann tödlich enden.
- Gehen Sie in Gedanken alle Phasen durch, die mit Ihrem Fischzug zusammenhängen und versuchen Sie mögliche Risiken schon vorher zu erkennen und Maßnahmen dagegen zu treffen.
- Fische verstehen es meisterlich wieder zurück ins Wasser zu entwischen. Überlegen Sie es sich daher gut, wie Sie Ihre einmal gefangenen Fische sicher anlanden können.
- Unter Wasser lauern viele Gefahren. Das können Schlingpflanzen sein oder Krokodile und andere gefährliche Lebewesen, tiefe Löcher im Flußbett oder starke Strömungen. Wenn es nicht wirklich notwendig ist, sollten Sie niemals in einen Fluß oder Bach hineingehen, selbst dann nicht, wenn Sie auf den Grund sehen können.
- Springen oder tauchen Sie niemals mit einem Satz ins Wasser. Bevor Sie sich irgendwelchen Badefreuden hingeben, ist eine vorsichtige Erkundung unbedingt notwendig.
- Passen Sie sehr gut auf, wenn Sie mit improvisiertem Gerät fischen, denn wenn beispielsweise Ihr Fischspeer zerbricht, können Sie leicht ins Wasser stürzen.

Zubereitung von Fischen

TÖTEN SIE IHRE FISCHE unmittelbar nachdem Sie sie angelandet haben. Nehmen Sie dazu einen Stock oder Stein und schlagen ihnen damit einmal kräftig auf den Kopf. Sie müssen den Fisch möglichst bald nach dem Fangen ausnehmen, und ihn dann entweder gleich kochen und essen oder für spätere Zeiten konservieren (siehe Seite 118). Wenn das Wetter sehr warm ist, wird Fisch schon nach kürzester Zeit in der Sonne schlecht, da seine feuchten Schuppen einen idealen Nährboden für Bakterien und Fliegen darstellen. In kalten Gegenden können Sie sich nach dem Töten mit dem Filetieren sechs bis zwölf Stunden Zeit lassen, wodurch auch die Nervenenden ausreichend Gelegenheit hatten abzusterben. Das Zerlegen des Fisches fällt dadurch leichter. Die Knochen und Gräten, die Haut und der Fischkopf können in Wasser ausgekocht werden, wodurch Sie eine Fischbrühe gewinnen – allerdings müssen Sie sich auch hier beeilen. Diese Brühe muß, genau wie das nicht-konservierte Fleisch, kühl aufbewahrt und möglichst schnell konsumiert werden.

Filetieren eines Fisches

Beim Filetieren werden die Teile des Fisches entfernt, die am ehesten verderben können, während gleichzeitig soviel Fleisch wie möglich bewahrt bleibt. Fische nehmen außerdem aus ihrer Umwelt viele Schadstoffe auf, die sich in ihren Organen festsetzen. Metalle wie etwa Quecksilber, die in geringen Konzentrationen im Meer vorhanden sind, sammeln sich in der Fischleber an und können für den Menschen schlimme Folgen haben, besonders wenn er große Mengen davon ißt.

1 Die meisten Fische müssen vor dem Kochen nicht enthäutet werden. Allerdings sollten Sie die Schuppen entfernen. Entschuppen Sie den Fisch vom Schwanz zum Kopf hin mit Ihrem Messer, wobei Sie die Schneide von sich weg halten sollten.

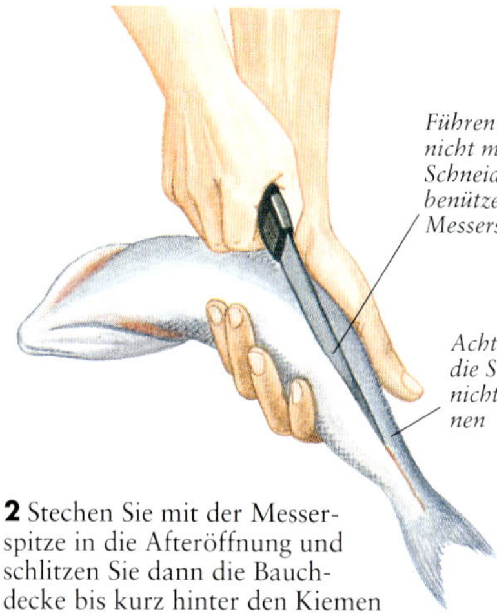

2 Stechen Sie mit der Messerspitze in die Afteröffnung und schlitzen Sie dann die Bauchdecke bis kurz hinter den Kiemen auf. Achten Sie darauf, den Schnitt nicht zu tief zu machen und weder die Schwanzmuskeln zu durchtrennen, noch die inneren Organe zu verletzen.

3 Entfernen Sie vorsichtig die Eingeweide. Sehen Sie nach, ob Sie wirklich alles herausgetrennt haben. Heben Sie den Rogen auf (bei einem weiblichen Tier die Eier, bei einem männlichen die Samenmilch), um ihn später zu essen und waschen Sie dann den Fisch gründlich innen und außen.

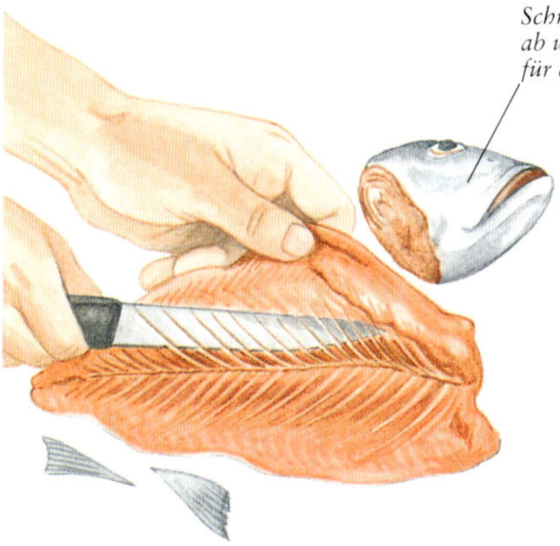

4 Entfernen Sie den Kopf, den Schwanz und die Flossen. Öffnen Sie den Körper und lösen Sie mit der Spitze Ihres Messers das Fleisch von den Gräten. Das fällt manchmal leichter, wenn der Fisch zuvor gekocht wurde.

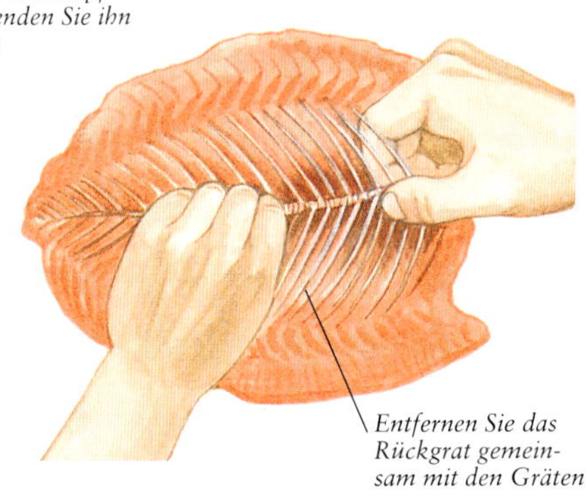

5 Trennen Sie das obere Rückgrat mit der Messerspitze vom Fleisch. Nun ziehen Sie, langsam und kräftig, das Rückgrat mitsamt den Gräten an einem Stück heraus. Sollten einige Gräten zurückbleiben, müssen Sie diese mühevoll mit dem Messer vom Fleisch abschaben.

Häuten eines Fisches

Nicht alle Fischarten müssen vor der Zubereitung gehäutet werden, das gilt besonders für die kleineren unter ihnen. Allerdings gibt es einige Spezies, die einen reizenden oder gar giftigen Schleim an ihrer Haut absondern. Andere wieder, etwa Welse und Haifische, haben eine sehr zähe Haut. Daher ist es besser, bei solchen Arten die Haut zu entfernen und wegzuwerfen, bevor man den Fisch verzehrt.

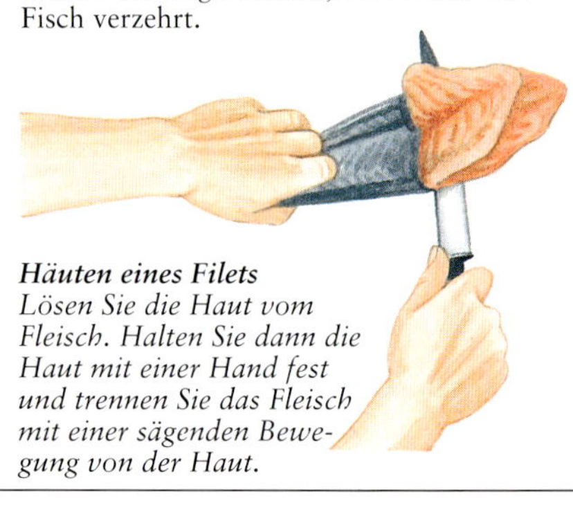

Häuten eines Filets
Lösen Sie die Haut vom Fleisch. Halten Sie dann die Haut mit einer Hand fest und trennen Sie das Fleisch mit einer sägenden Bewegung von der Haut.

Vorbereitung von Fischspiessen

Fische schmecken am besten, wenn sie recht bald nach dem Fangen gegessen werden. Die einfachste und schnellste Zubereitungsmethode ergibt das schmackhafteste Fleisch. Fische müssen nicht besonders lange gekocht werden. Grillen Sie sie über der Glut oder stecken Sie sie auf einen Spieß (siehe Seite 116). Einzelne Fische lassen sich auch ganz in der Pfanne braten, dünsten oder in einer Tonhülle garen (*siehe Seite 117*).

1 Breiten Sie die Filets aus und stecken Sie oben und unten zwei dünne Haltestöckchen hindurch. Grünes Holz wird am wenigsten verkohlen. Verwenden Sie kein zu saftiges Holz, da es »spucken« könnte.

2 Spalten Sie einen Stock bis zu seiner halben Länge hinunter. In den entstandenen Spalt stecken Sie das Filet hinein, so daß es flach ausgebreitet ist. Ziehen Sie die Filetmitte leicht auseinander, damit das Fleisch gleichmäßig gar werden kann.

Binden Sie den Stock zusammen, damit das Fischfilet darin festhält

3 Um zu verhindern, daß der Stock plötzlich durch die Hitze des Feuers aufklappt, binden Sie sein oberes Ende zusammen. Nun wird der Stock so in den Boden gesteckt, daß er schräg über der Glut des Feuers lehnt. Der Fisch ist durch, wenn das Fleisch anfängt blättrig zu werden.

Zubereitung kleiner Fische

Braten, grillen oder rösten Sie kleine Fische am Stück, ohne sie zu filetieren – es ist unsinnig irgendetwas zu filetieren, das kleiner als 15 cm ist. Nachdem Sie sie ausgenommen haben, können sie entweder auf einen grünen Stock gespießt über der Glut gegrillt werden, oder Sie bereiten sie in der Pfanne zu. Entfernen Sie die Köpfe und Schwänze nicht, denn sie halten das Fleisch zusammen.

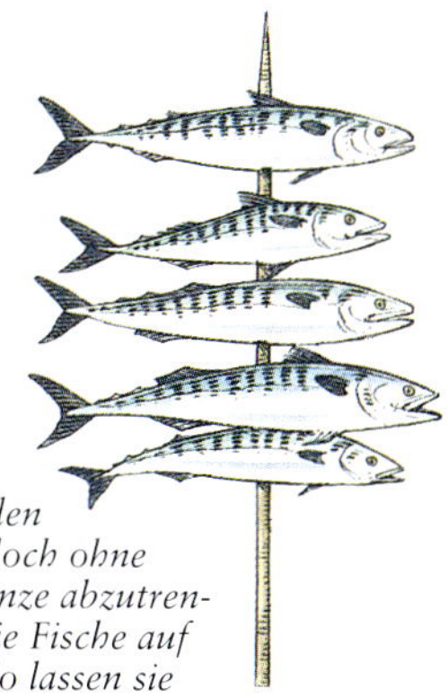

Fischspießchen
Kleine Fische werden ausgenommen, jedoch ohne Köpfe oder Schwänze abzutrennen. Spießen Sie die Fische auf einem Stock auf. So lassen sie sich leicht über das Feuer halten.

Häuten eines Aals

Aale ergeben ein ausgezeichnetes Mahl, müssen jedoch vor dem Kochen erst ausgenommen, gehäutet und filetiert werden. Durch ihre Länge und Schlüpfrigkeit gestaltet sich das Enthäuten recht schwierig, außer Sie tun es gleich nachdem Sie ihn getötet haben. Nehmen Sie den Aal nach der gegenüber gezeigten Methode aus und ziehen Sie ihm anschließend wie unten beschrieben die Haut ab. Sie können auch ganze Fische auf diese Art enthäuten.

1 Stechen Sie einen stabilen Stecken durch die Kiemen des Aals direkt unter dem Kopf. Hängen Sie dann den Stecken zwischen zwei senkrecht stehende, gegabelte Stöcke.

2 Umfassen Sie den Aal mit einem Stoff und durchschneiden Sie seine Haut rund um den Kopf. (Obwohl er bereits tot ist, könnten die Nerven des Aals immer noch zucken.)

3 Lösen Sie die Haut um den Kopf vom Fleisch. Dann ziehen Sie mit einer gleichmäßigen, kräftigen Abwärtsbewegung die Haut bis hinunter zum Schwanz ab. Um einen festen Halt zu bekommen, müssen Sie eventuell beide Hände dazu nehmen.

Ziehen Sie mit beiden Händen die Haut nach unten

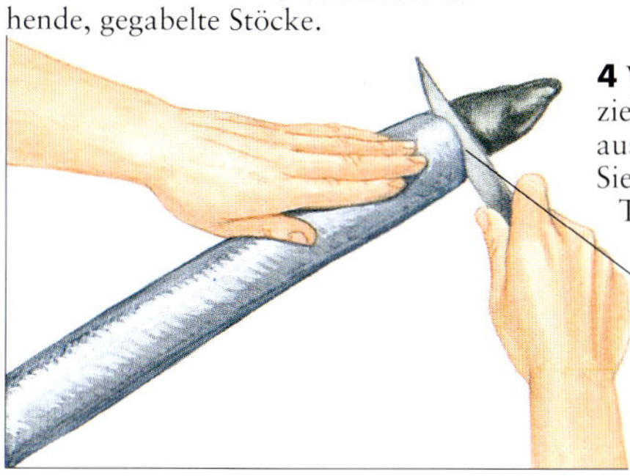

Schneiden Sie den Kopf des Aals ab

4 Werfen Sie die Haut fort und ziehen Sie den Stecken wieder aus dem Aal heraus. Schneiden Sie den Kopf und den unteren Teil des Schwanzes weg.

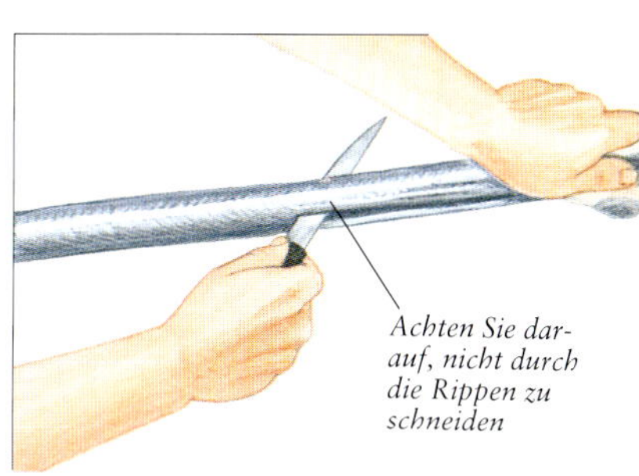

Achten Sie darauf, nicht durch die Rippen zu schneiden

5 Mit einem griffigen Stoff halten Sie den Aal nun fest nieder, während Sie mit einem scharfen Messer gleichmäßig und parallel zur Unterlage, auf der das Tier liegt, an seinem Rückgrat entlangfahren. Führen Sie den Schnitt aber nicht zu dicht am Rückgrat.

Kochutensilien

Ein Topf, ein Kocher oder Lagerfeuer auf dem gekocht werden kann und ein Holzlöffel sind eigentlich die wichtigsten Kochutensilien beim Zelten. Achten Sie beim Kochen darauf, daß sowohl der Topf als auch der Kocher oder das Feuer vor Wind geschützt sind und der Topf einen gut sitzenden Deckel hat – dadurch wird wesentlich weniger Brennstoff verbraucht. Sie sollten beim Kochen möglichst hygienisch und ordentlich arbeiten, waschen Sie also zuerst Ihre Hände, und entnehmen Sie Ihrem Rucksack nur das, was Sie für die Zubereitung der Mahlzeit unmittelbar benötigen. Es ist wohl am besten, die meisten Gerichte für die Rucksackküche einfach als Eintopf »à la Mischmasch« zuzubereiten, in einem einzigen Topf mit viel Wasser. Erfahrene Rucksackreisende mischen sogar häufig Obst, Nachtisch und Hauptgericht zusammen. Das hilft nicht nur Brennstoff zu sparen, sondern erleichtert auch den ungeliebten Abwasch ungemein.

Töpfe und Pfannen

Wenn Sie über einem offenen Feuer kochen, können Sie sich schnell Finger, Lippen, Mund und Zunge verbrennen, falls Sie direkt aus dem Topf zu essen versuchen. Das läßt sich durch die Verwendung von Kunststofftellern und -tassen verhindern. Es ist völlig unnötig, eine ganze Sammlung an Kochbehältnissen mitzuschleppen, es sei denn, Sie reisen in einer großen Gruppe oder sind mit dem Fahrzeug unterwegs. Entscheiden Sie sich stattdessen für ein Topfset, das Sie voraussichtlich am häufigsten brauchen können und behandeln Sie es pfleglich.

Becher
Ein robuster Plastikbecher ist von unschätzbarem Wert. Er sollte auch einen stabilen Henkel haben.

Teller
Auf einem Teller findet eine Essensportion Platz, und der Rest kann im Topf warm gehalten werden.

Tiefe Schale
Gut geeignet für Frühstücksflocken, Porridge oder Eintöpfe.

Besteck

Verwenden Sie Ihr leichtes Eßbesteck ausschließlich selber und halten Sie es makellos sauber – es kommt schließlich in Ihren Mund. Schmutziges Besteck kann zu Geschwüren im Mundbereich und zu anderen Infektionen führen. Kochen Sie die Bestandteile so oft wie möglich aus, um sie zu reinigen. Sollten Sie Ihr Messer, die Gabel oder den Löffel einmal verlieren oder zerbrechen, können Sie aus Holz einen Ersatz schnitzen (siehe gegenüberliegende Seite). Geschirr und Besteck läßt sich auch mit Stöcken, Rinde, Baumschwämmen und Knochen improvisieren.

Gabel Messer Teelöffel

Besteckhalterung

Flache, beschichtete Pfanne
Beim Zelten ist eine beschichtete Pfanne eine große Hilfe. Sie müssen allerdings aufpassen, daß Sie die Beschichtung nicht beschädigen, sonst bleibt Ihnen das Essen daran kleben.

Tiefe, beschichtete Pfanne
Eine tiefe Pfanne kann recht nützlich sein, wenn für mehr als nur zwei Personen gekocht wird.

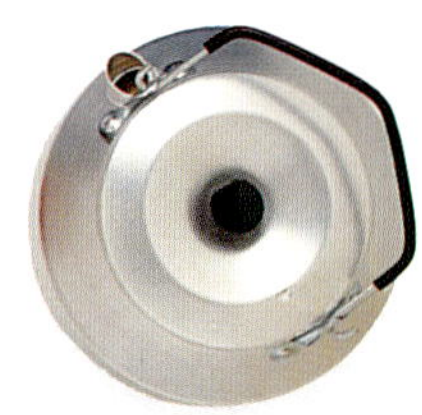

Wasserkessel
Dieser leichte Kessel erlaubt Ihnen, Ihre anderen Töpfe zum Kochen einzusetzen, anstatt in ihnen das Wasser für die heißen Getränke warmmachen zu müssen.

Topfset
Ein Topfset guter Qualität wiegt nicht viel und umfaßt mehrere Töpfe und Pfannen und manchmal auch noch einen Kessel.

Bratpfanne
Es gibt spezielle, leichte Camping-Pfannen im Handel. Achten Sie darauf, sie nicht zu verbrennen.

Aluminium-Topf
Töpfe aus Aluminium erwärmen sich recht schnell, können aber genauso schnell das Essen anbrennen lassen, wenn sie nicht im Auge behalten werden.

Herstellung eines Tontopfes

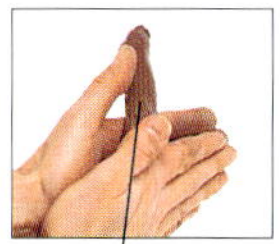

Rollen
Sie Ton zwischen Ihren Händen und fertigen Sie so mehrere »Würste« an

Halten Sie die Wände gerade

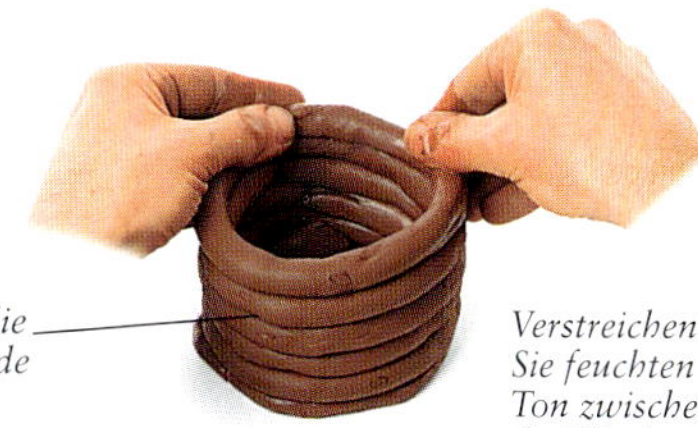

Verstreichen Sie feuchten Ton zwischen die Windungen

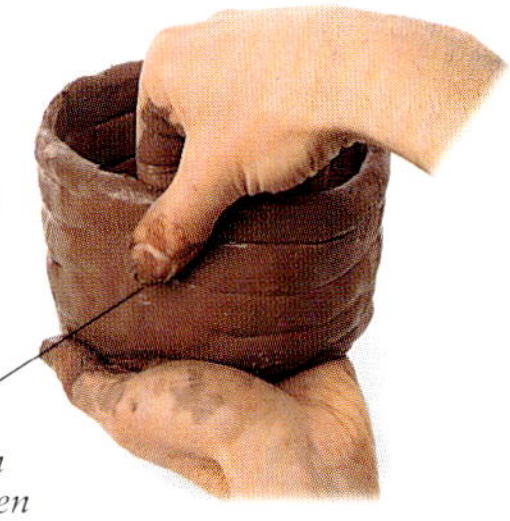

1 Fertigen Sie einen runden Boden an. Er sollte etwas dicker als die spätere Wandstärke sein, um dem Topf Festigkeit und Stabilität zu verleihen.

2 Bauen Sie die Seiten des Topfes mit den Tonwürsten auf und halten Sie die Wände dabei gerade.

3 Sobald die gewünschte Topfhöhe erreicht ist, streichen Sie die oberste Windung glatt, damit der Rand eben ist.

4 Glätten Sie den ganzen Topf mit Wasser. Wenn der Ton trokken ist, stellen Sie den Topf zum Brennen ins Feuer.

Herstellung eines Holzlöffels

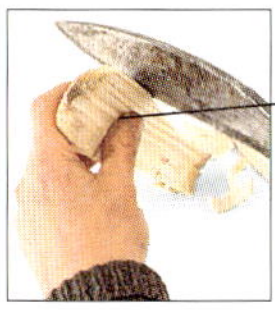

Schnitzen Sie ein Ende des Holzstückes löffelförmig zu

Der Schöpfteil muß schmal genug sein, um in Ihren Mund zu passen

Mit einem Messer hobeln Sie das Holz glatt

1 Wählen Sie ein feinmaseriges Holzstück aus und beginnen Sie damit, es längsseits mit der Maserung zu bearbeiten. Verwenden Sie kein harziges Holz, da es leicht zerbricht.

2 Schneiden Sie immer weg vom Körper, falls das Messer einmal abrutschen sollte. Der Löffel sollte klein genug gehalten werden, um bequem in Ihren Mund zu passen.

3 Das Schnitzen des Schöpfteils ist der schwierigste und zeitaufwendigste Teil. Dünnen Sie das Holz nicht zu weit aus, da es sonst brechen könnte. Hobeln Sie sämtliche Spreißel glatt.

Herstellung einer Holzschüssel

1 Fertigen Sie Ihre Schüssel aus einem Holzklotz oder einem Astloch an. Gerade Astlöcher können extrem hart sein, wodurch das Schnitzen recht lange dauern kann. Die Arbeit kann ein wenig beschleunigt werden, wenn Sie etwas Glut aus Ihrem Feuer behutsam zur Hilfe nehmen.

2 Entfernen Sie das verkohlte Holz und legen Sie die Glut erneut auf das Astloch. Blasen Sie hin und wieder vorsichtig, damit auch die richtigen Stellen verbrennen.

Höhlen Sie die Schüssel durch beständigen Wechsel von Brennen und Schnitzen aus

3 Im letzten Stadium müssen Sie darauf achten, daß die Schüsselwand nicht zu dünn wird, und Sie nicht mit dem Messer oder den Glutstükken durch das Holz brechen.

Improvisierte Töpfe und Pfannen

Konservendosen-Topf
Sie können aus einer leeren Konservendose einen Topf machen, indem Sie eine Schnur oder Draht als Griff daran befestigen. Lassen Sie die Flammen nicht zu nahe an diesen Topf, sonst könnte Ihr Schnurgriff verbrennen.

Sardinenbüchsen-Pfanne
Binden Sie eine leere Sardinenbüchse mit Bindfaden oder selbergemachter Schnur an einem gegabelten Ast fest. Diese Pfanne sollte nur über einem ruhigen Feuer verwendet werden, auch wenn der Griff aus grünem Holz eine größere Hitze aushalten kann, bevor er Feuer fängt.

Kocher und Naturöfen

Die einfachste Kochstelle besteht in einem offenen Feuer oder Trockenspiritus in Würfelform (Esbit). Sollte es allerdings aus Sicherheitsgründen oder mangels Brennholz einmal nicht möglich sein, ein Feuer zu machen, brauchen Sie einen Kocher mit regulierbarer Flamme, der sich leicht anwerfen läßt und eine gute Brennleistung aufweist. Für das anspruchsvollere Kochen können Sie sich auch einen Ofen oder eine Gargrube einrichten. Bewahren Sie Ihren Kocher, Brennwürfel, Streichhölzer und den Kochtopf (mitsamt Deckel) am besten gemeinsam in einer Seitentasche Ihres Rucksacks auf, so daß Sie bei jedem Halt leicht daran gelangen können.

Brennstoff nachfüllen
Wählen Sie Ihren Kocher so aus, daß er Ihren Kochanforderungen genügt und der Brennstoff-Nachschub dafür gewährleistet werden kann. Wenn Sie bei einem Kocher den Brennstoff auffüllen, müssen Sie vorher darauf achten, daß die Flamme wirklich völlig erloschen ist.

Camping-Kocher

Mini-Gaskocher
Dieser extrem leichte Kocher wird mit einem Butan/Propan-Gemisch betrieben. Für größere Töpfe ist er allerdings nicht geeignet.

Mehrzweck-Kocher
Dieser mit Gas betriebene Kocher ist vielseitig einsetzbar und läßt sich dank seiner abklappbaren Stützen auch bei großen Töpfen einsetzen.

Benzinkocher
Als Brennstoff kann normales und gereinigtes Benzin verwendet werden. Der Generator des Kochers läßt sich einfach wieder freipusten, sollte er einmal verrußt sein.

Mehrfachbrenner
Weltweit ist dies einer der beliebtesten Kocher überhaupt. Damit läßt sich Benzin, Petroleum oder sogar Flugzeugbenzin verfeuern.

WARNUNG

Sämtliche Kocher müssen mit großer Vorsicht gehandhabt werden. Denken Sie stets daran, daß der Brennstoff detonieren könnte. Die Kochecke muß immer gut belüftet sein, da die Kocher beim Brennen Sauerstoff verbrauchen und dafür giftiges Kohlenmonoxid abgeben. Wenn bei einem Gaskocher die Flamme ausgeht, breitet sich das Gas aus und schon der kleinste Funken kann einen explodierenden Feuerball verursachen.

Spirituskocher
Dieser populäre Sturmkocher funktioniert mit Brennspiritus und verfügt über einen eingebauten Windschutz, der sich zusammen mit den dazugehörigen Töpfen platzsparend zusammenpacken läßt. Es gibt keine beweglichen Teile an dem Kocher, die abbrechen könnten und er ist sehr robust. Allerdings braucht er etwas länger zum Heizen.

Brennstoff

Ihre Brennstoffbehältnisse müssen sich deutlich von Ihren Wasserbehältern unterscheiden lassen, damit es zu keinen Verwechslungen kommen kann. Sie dürfen keinerlei undichte Stellen haben, da auslaufender Brennstoff sonst die Nahrung verseuchen und Kleidung und Ausrüstung angreifen könnte. Bevor Sie auf eine Reise gehen, müssen Sie die Nachschubfrage für den Brennstoff berücksichtigen sowie die sichere Beseitigung der leeren Kartuschen.

Benzinflasche

Petroleumflasche

Gelee-Brennpaste

Butan/Propan-Kartusche

Erdofen

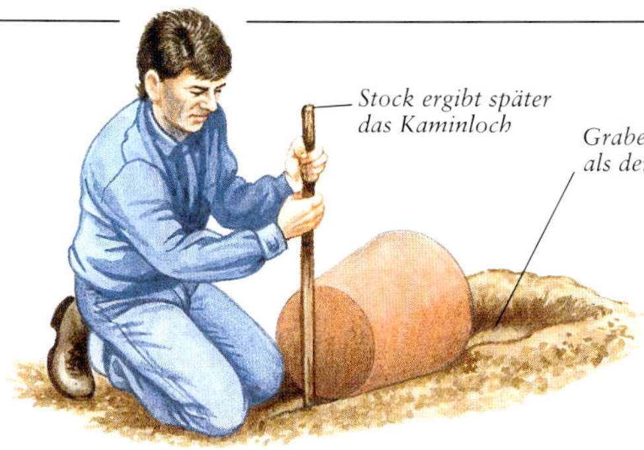

1 Heben Sie einen schmalen, etwa 20 cm tiefen Graben aus. Legen Sie einen ungefähr 23 cm großen Topf mit Dekkel darüber. Am unteren Ende des Topfes rammen Sie einen langen Stock in den Boden.

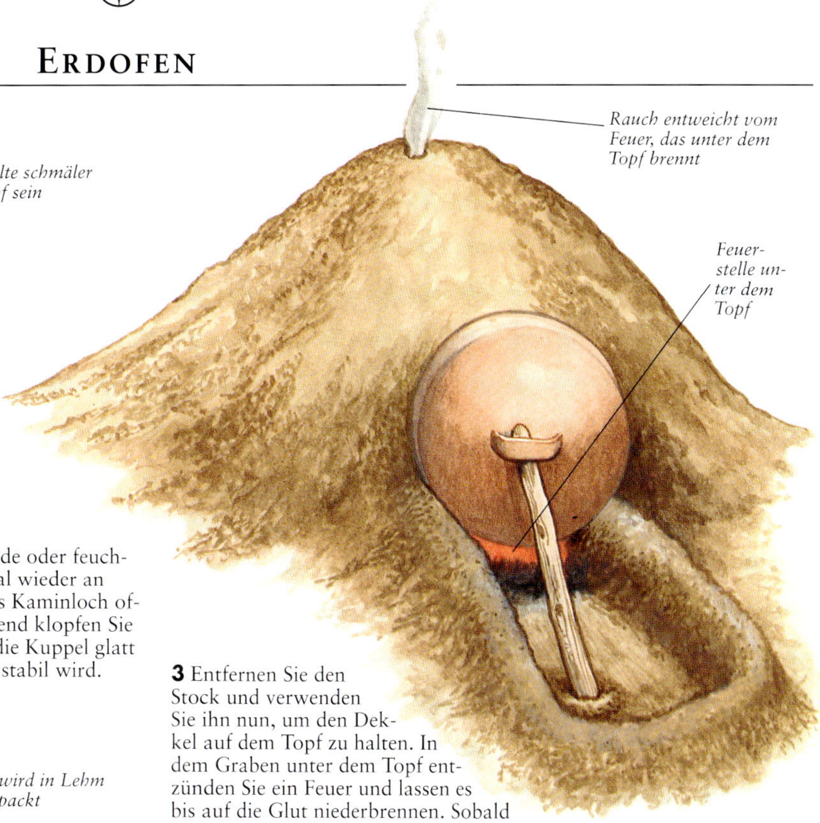

2 Bedecken Sie den Topf vollständig mit Erde oder feuchtem Lehm und wackeln Sie dabei immer mal wieder an dem Stock, damit das Kaminloch offen bleibt. Anschließend klopfen Sie die Erde fest, damit die Kuppel glatt und stabil wird.

3 Entfernen Sie den Stock und verwenden Sie ihn nun, um den Dekkel auf dem Topf zu halten. In dem Graben unter dem Topf entzünden Sie ein Feuer und lassen es bis auf die Glut niederbrennen. Sobald dies geschehen ist, können Sie Ihr Essen in den Ofen schieben und es kochen.

Gargrube

1 Heben Sie einen Graben aus (siehe oben) und entzünden Sie darüber auf einer Plattform aus Stöcken ein Feuer. Verteilen Sie mittelgroße Steine auf dieser Plattform.

2 Wenn die Plattform durchgebrannt ist, und die Steine in die Grube gefallen sind, rammen Sie einen geraden Stock in den Boden der Grube. Räumen Sie zuvor die Glut an dieser Stelle zur Seite. Wickeln Sie Ihr Essen in Gras ein und legen Sie es in die Grube auf eine dicke Schicht aus Gras.

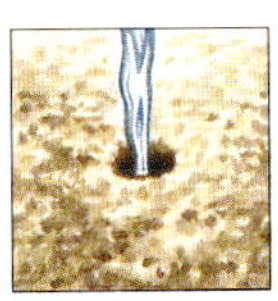

3 In die Mitte der Grube, da wo die größte Hitze herrscht, legen Sie das Fleisch hin. Breiten Sie eine dicke Grasschicht über dem Essen aus. Schütten Sie Erde auf die Grube.

4 Ziehen Sie den Stock heraus und gießen Sie ein wenig Wasser in das Loch hinein, damit sich Dampf entwikkeln kann.

5 Die Grube wird nun vollständig mit Erde bedeckt und glattgeklopft. Lassen Sie der Grube ungefähr vier Stunden Zeit, danach wird Ihr Essen fertig gegart sein.

Yukon-Herd

In diesem Herd, der genaugenommen eigentlich nicht anderes ist, als ein Kamin unter dem ein Feuer brennt, läßt sich sogar nasses Holz verfeuern und auf seinem oberen Ende, dem Kamin, können Sie ausgezeichnet kochen. Bauen Sie zuerst ein Tipi-Feuer (siehe Seite 60) in einem Loch, zünden es aber noch nicht an. Rund um dieses Tipi ziehen Sie eine Steinmauer empor, wobei Sie Lehm als Mörtel verwenden können, mit dem Sie auch die Außenseite verkleiden. Durch die konische Form der Konstruktion bekommt das Feuer einen sehr guten Zug, wodurch eine starke Hitze entstehen kann. Zünden Sie einen langen Feuerspan an und entfachen Sie damit von oben her das Tipi-Feuer. Um das Feuer richtig in Gang zu bringen, verwenden Sie eine Menge trockenen Holzes.

Der Allesbrenner
Ein Yukon-Herd verbrennt beinahe jeden Brennstoff, effizient und mit viel Hitze.

KOCHMETHODEN

DIE EINFACHSTE FORM UM NAHRUNG zuzubereiten, ist das Rösten, normalerweise auf einem Spieß der über die Flammen oder die Glut des Feuers gehalten wird. Gerade in einer Überlebenssituation ist es extrem wichtig, alle Nahrungsmittel, denen Sie nicht ganz trauen, zu kochen, da dadurch schädliche Bakterien, Parasiten und Chemikalien unschädlich gemacht werden können. Zudem wird durch Kochen so manche natürliche Zutat appetitlicher und leichter herunterzuschlucken sein als in rohem Zustand.

Kochen über offenem Feuer
In einem über dem Feuer hängenden Topf lassen sich gut Eintöpfe zubereiten, oder Sie warten bis das Feuer niedergebrannt ist und nützen dann die Glut für andere Zubereitungsarten (siehe Seite 117). Wenn Ihnen genügend Wasser zur Verfügung steht, sollten Sie immer etwas davon am Kochen halten, um heiße Getränke aufbrühen zu können.

TOPFHALTERUNGEN

Spieß
Am besten machen Sie einen Kochspieß, indem Sie zu beiden Seiten des Feuers jeweils einen gegabelten Stock in den Boden einschlagen und einen dritten Stock darüber legen. Die Flammen sollten nicht auflodern und den Topf einhüllen können. Wenn Sie Ihre Mahlzeit auftragen wollen, schieben Sie einfach mit einem Holzstück den Topf an das Ende des Spießes.

Pendelspieß
Besonders beim Zubereiten von Eintöpfen ist diese Vorrichtung sehr hilfreich, da sie Ihnen erlaubt, den Topf vom Feuer wegzuschwenken, um die Temperatur zu regulieren. Treiben Sie einen gegabelten Stock in den Boden und balancieren Sie darauf einen langen Ast so aus, daß das eine Ende, an dem der Topf hängen wird, über dem Feuer schwebt. Das andere Astende befestigen Sie lose an den aufrechten Stock. Der Topf läßt sich dann leicht mit einem Holz vom Feuer wegschieben.

Dreibein
Diese Kochstelle ist sehr stabil und sicher in der Anwendung. Stellen Sie ein Dreibein (siehe Seite 75) auf und hängen Sie in seiner Mitte einen verästelten Stock hin, der mit Schnur befestigt wird. An diesem Stock hängen Sie Ihren Topf ein. So können Sie den Topf über dem Feuer nach Belieben höher oder tiefer plazieren, und damit auch die Kochtemperatur kontrollieren. Lassen Sie das Feuer zuerst niederbrennen, bevor Sie das Dreibein über der Glut aufbauen.

BAMBUSKOCHER

Dadurch, daß Bambus widerstandsfähig und hohl ist, kann man einen ausgezeichneten Kochtopf daraus bauen. Machen Sie in die Zwischenwände, die die einzelnen Segmente voneinander trennen, mit einem angespitzten Stock jeweils ein Loch, allerdings nicht in dem unteren Ende. Schütten Sie in den Bambusstab soviel Wasser hinein, daß es bis kurz unterhalb des ersten Segmentringes steht. Nun lehnen Sie den Stab über Ihr Feuer, wobei das obere Ende von einem gegabelten Stock abgestützt wird. Erhitzen Sie das Wasser in dem unteren Segment, und sobald es kocht, wird das Essen, das im Oberteil liegt, durch den entstehenden Dampf gegart werden.

Natur-Dampfkocher
Hohler Bambus kann über einem offenen Feuer als Kochtopf eingesetzt werden.

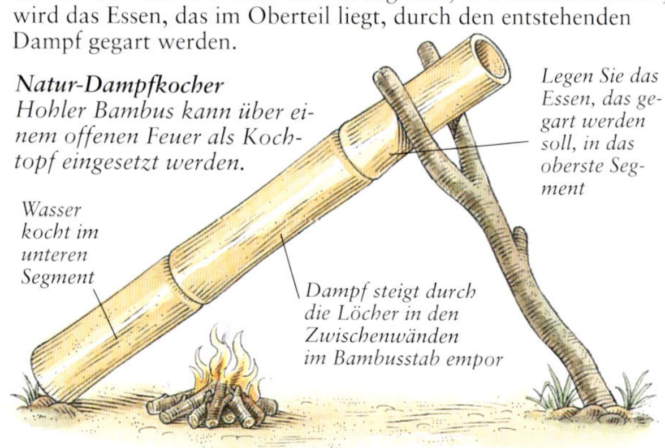

Grillen auf heissen Steinen

1 Legen Sie mehrere große, flache Steine in einer Lage dicht nebeneinander. Verwenden Sie dazu keinen Schiefer oder anderes Schichtgestein, da diese zerspringen können, wenn sie unter dem Kochfeuer erhitzt werden.

2 Legen Sie Zundermaterial auf die Steine und bedecken Sie es mit trockenen Zweigen. Dann entzünden Sie den Zunder. Sie können das Feuer völlig niederbrennen lassen, und in der Zwischenzeit Ihr Essen vorbereiten (siehe Seite 110).

3 Mit einem Bündel grüner Zweige fegen Sie die Asche und die Glut von den Steinen herunter. Passen Sie gut auf, daß Sie nicht mit Ihren Händen an die Steine kommen, denn sie werden enorm heiß sein.

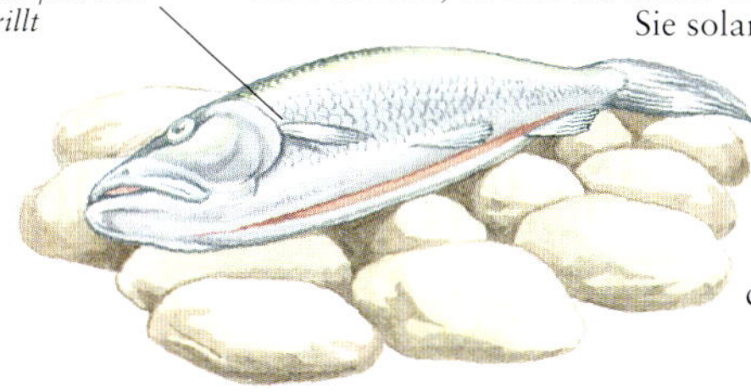

4 Legen Sie Ihr Essen auf die Steine. Die Teile, die lange und langsam gekocht werden müssen, sollten am Rand plaziert werden, da hier die Steine weniger heiß sind. Fügen Sie solange weitere Lebensmittel dazu, bis die Steine abgekühlt sind. Ungeschälte Kartoffeln können unter den heißen Steinen vergraben werden und werden bald durch sein.

Garen in Ton

1 Sie können Fische und andere Nahrung in einer Umhüllung aus Lehm im Feuer garen. Sammeln Sie zuerst eine größere Menge von langen Gräsern und Blättern zusammen.

2 Wickeln Sie die Nahrung in die Blätter ein und binden Sie dieses Bündel dann mit gedrehten Grasschnüren zusammen, so daß ein sauberes, ordentliches Päckchen entsteht.

3 Hüllen Sie das ganze Päckchen in Lehm ein. Vergewissern Sie sich, daß die Nahrung vollständig und gleichmäßig bedeckt und abgedichtet ist.

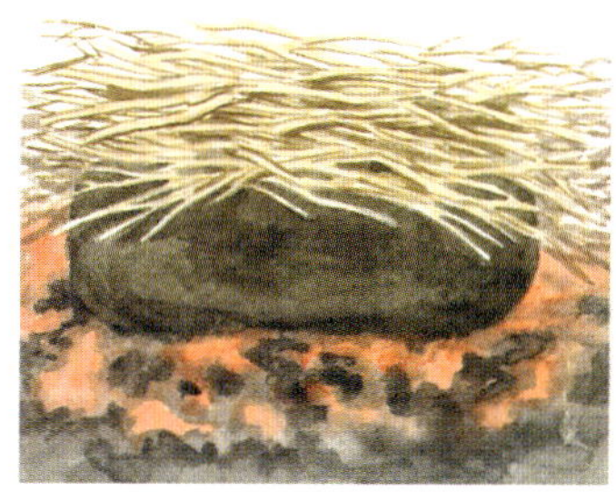

4 Legen Sie das Päckchen auf ein Bett von heißer Glut und errichten Sie darüber ein Feuer. Ein Fisch sollte nach ungefähr einer Stunde gar sein.

Kochtips

- Mit Kräutern und Gewürzen läßt sich Essen richtig schmackhaft zubereiten. Auch frischer Knoblauch, Zwiebeln oder Brühwürfel sind sehr hilfreich.
- Die einfachste Form des Kochens in der Wildnis sieht gewöhnlich so aus, daß Sie Wasser kochen und darin mit sämtlichen Zutaten eine Art Eintopf kreieren. Es hört sich zum Fürchten an – alles zusammenzumischen, Fisch aus der Dose, Kekse und Dörrobst – aber mit genügend Currypulver und viel frischer Luft wird auch solch ein Mahl ausgezeichnet schmecken.
- Trinken Sie auch das Kochwasser, wenn Sie Ihre Mahlzeit in Wasser gar gekocht haben, damit Sie den größtmöglichen Nährwert daraus ziehen können (außer natürlich Sie haben nur die Schadstoffe abkochen wollen).

Stockbrot

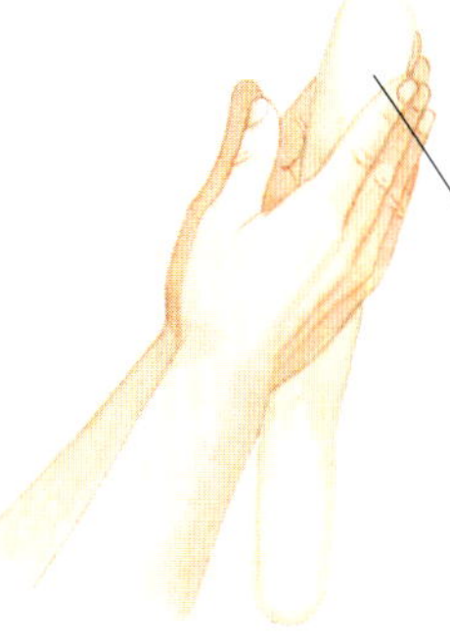

1 Diese australische Lagerdelikatesse läßt sich einfach und schnell herstellen. Zuerst machen Sie einen knetbaren Teig aus Mehl und Wasser, und rollen ihn anschließend zu einer langen, dicken Wurst aus.

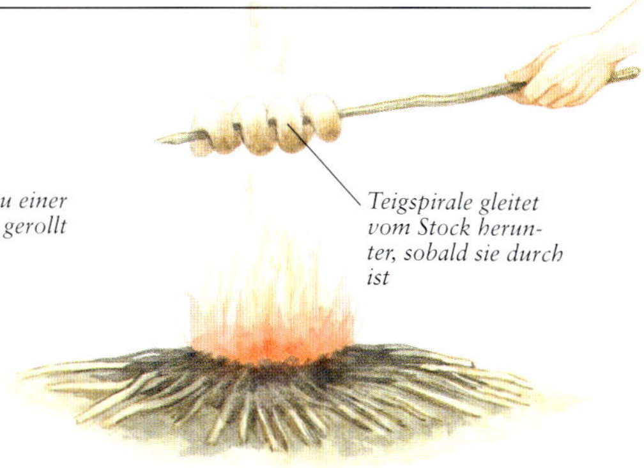

2 Winden Sie den Teig in einer Spirale um einen Stock, und halten Sie diesen über die Glut Ihres Feuers, bis der Teig soweit ist. Das Brot läßt sich leicht vom Stock abziehen, wenn es durch ist.

Konservieren von Nahrung

Können Fleisch und Fisch nicht kühl gehalten werden, sind sie, außer unter arktischen Bedingungen, bereits einen Tag nach dem Erlegen nur noch mit Vorsicht zu genießen, während pflanzliche Nahrung schon bald ihre Nährwerte verliert. Bei einem mittel- bis langfristigen Survival-Aufenthalt in der Wildnis müssen in Zeiten des Überflusses genügend Nahrungsmittel gesammelt und konserviert werden für die Zeiten, in denen die Natur nur wenig Nahrung zu bieten hat und die Ausgewogenheit der täglichen Ernährung schwer zu gewährleisten sein wird. Wenn Sie die Umgebung durchstreifen müssen, um nach Nahrung zu suchen, werden Sie dabei enorm viele Kalorien verbrauchen, selbst schon nach Tagesfrist. Daher sollten Sie im Survivalfall, außer er ist sehr befristet, sofort mit der Konservierung und Einlagerung von Nahrungsmitteln beginnen, und Ihre Dosennahrung und sonstige mitgebrachten Vorräte als eiserne Ration zurückhalten.

Trocknen von Nahrungsmitteln

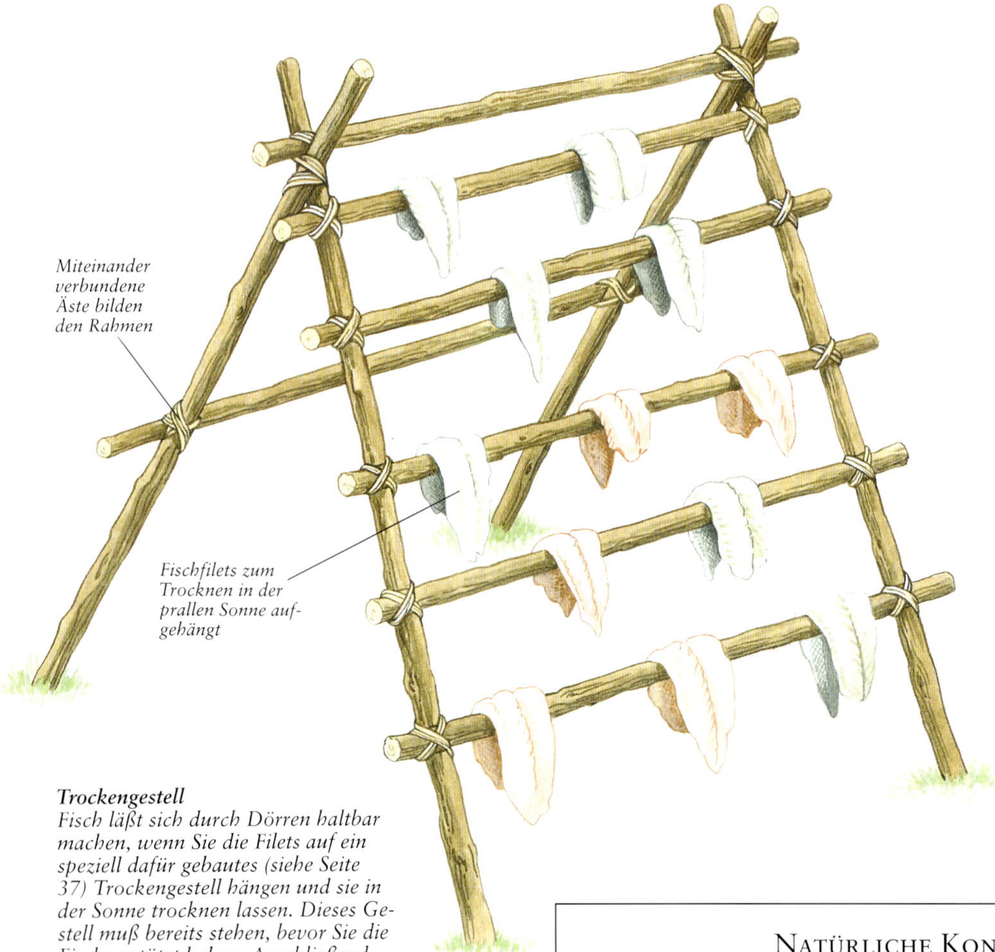

Trockengestell
Fisch läßt sich durch Dörren haltbar machen, wenn Sie die Filets auf ein speziell dafür gebautes (siehe Seite 37) Trockengestell hängen und sie in der Sonne trocknen lassen. Dieses Gestell muß bereits stehen, bevor Sie die Fische getötet haben. Anschließend müssen die Tiere umgehend filetiert (siehe Seite 110) und getrocknet werden. Es braucht eine wirklich kräftige Sonne dafür, damit die Fische trocken sind, ehe sie verderben können. Stellen Sie das Gestell in einer luftigen Brise auf, das hält die Fliegen fern. Wenn Sie die Filets in das Gestell hängen, sollten Sie zwischen den einzelnen Stücken genügend Platz lassen, so daß die Luft gut dazwischen zirkulieren kann. Die Filets sind fertig gedörrt, wenn alles Wasser aus ihnen entwichen ist und sie mürbe sind. Sind die Filets einmal gründlich trocken, können sie für den späteren Verzehr eingelagert werden, oder Sie zerreiben sie zwischen zwei Steinen zu einem Pulver und verwenden es, um Suppen und Eintöpfe einzudicken oder zur Herstellung von Pemmikan (siehe Seite 119).

Weitere Trockenmethoden

Trocknen in der Luft
In warmen, trockenen Regionen können Sie Pilze und andere Pflanzen zum Trocknen auch auf Steine legen. Kräuter werden mit dem Kopf nach unten aufgehängt.

Trocknen über Feuer
Um Dörrobst herzustellen, schneiden Sie es in Scheiben und hängen Sie es an einem Spieß über ein rauchendes Feuer. Passen Sie auf, daß das Feuer nicht zu heiß wird und die Früchte stattdessen kocht.

Natürliche Konservierungsmittel

Ihre Nahrungsmittel lassen sich auch mit natürlichen Zutaten konservieren. Fische können dazu mit Salz eingerieben werden und Gemüse in Limonen- oder Zitronensaft eingelegt, oder in Wasser gekocht werden, dem Einmachgewürze beigefügt wurden. Gesalzener Fisch hält sich gut bis plus 11° Celsius.

Salz Einmachgewürze Limone Zitrone

Bau eines Räucher-Tipis

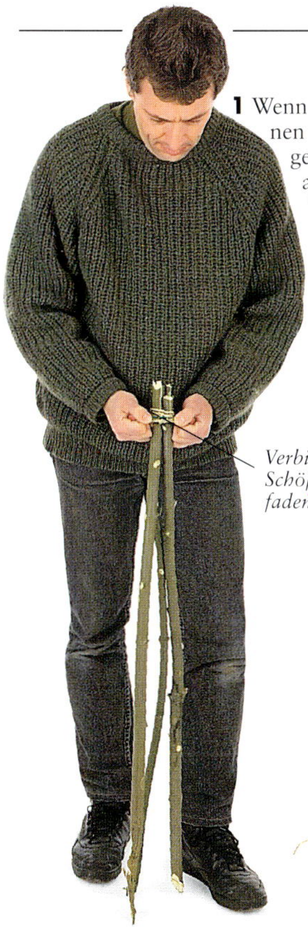

1 Wenn die Sonne zum Trocknen von Fisch nicht kräftig genug ist, kann man ihn auch auf einem Räucher-Tipi räuchern. Binden Sie drei gerade Stöcke an ihrem oberen Ende mit Schnur zusammen (siehe Seite 37).

Verbinden Sie die Schößlinge mit Bindfaden

Binden Sie die waagrechten Stöcke gut an die Standbeine

2 Verankern Sie die Beine jeweils etwa 60 cm voneinander entfernt und bringen Sie dann zwischen den Beinen drei waagrechte Stöcke an, die als Stützen für das Gitter der Trockenplattform dienen.

3 Das Dreieck, das durch die waagrechten Stöcke gebildet wird, sollte mindestens 30 cm vom Boden entfernt sein, damit später unter der Plattform ein Feuer gebaut werden kann.

4 Legen Sie kleinere Stöckchen über das Dreieck, so daß ein Gitter entsteht auf dem Ihre Nahrung geräuchert werden kann.

Auf das Gitter kommt später die Mahlzeit

Legen Sie über die Stützen kleinere Stöckchen, um eine Plattform zu errichten

5 Lassen Sie zwischen den einzelnen Stöckchen genügend Platz, damit Rauch aufsteigen und die Nahrung konservieren kann. Stellen Sie die Räuchervorrichtung über ein Feuer, bis der Fisch getrocknet ist.

Herstellung von Pemmikan

Ausgelassenes Fett wird mit den Händen weichgeknetet

1 Zubereiteter Fisch kann haltbar gemacht werden, indem er zu Pemmikan verarbeitet wird. Kneten Sie zuerst etwas ausgelassenes Fischfett mit den Händen weich.

2 Schneiden oder raspeln Sie den Fisch in pulverig kleine Stücke und vermengen Sie sie mit dem Fett. Sie können nach Belieben würzen.

Mit leckeren Beeren und Gewürzen wird abgeschmeckt

3 Geben Sie je nach Geschmack Beeren hinzu und teilen Sie dann die Mischung in kleinere Klumpen auf, die etwa die Größe von Golfbällen haben sollten.

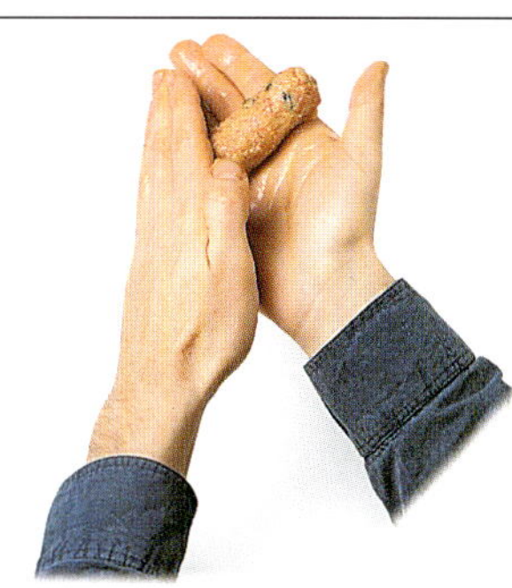

4 Rollen Sie jeden Klumpen zu einer Wurst aus und lassen Sie diese dann in der Sonne hart werden. Pemmikan hält sich jahrelang, und behält dabei seinen Nährwert.

Kapitel 6

Unterwegs

Die freie Natur zu genießen bedeutet für die meisten Menschen normalerweise nur durch sie hindurch zu reisen, eventuell über Nacht ein Lager aufzuschlagen und am nächsten Morgen wieder weiterzuziehen. Diese Art von Urlaubsaufenthalt in der Wildnis kann zu Fuß, mit dem Fahrzeug oder in einem Boot stattfinden. Dabei ist es sehr wichtig jeweils zweckmäßige Ausrüstung dabei zu haben und die Reise bereits im Vorfeld ausführlich zu planen, wobei Sie stets Ihre eigene Sicherheit mit im Auge behalten sollten. Um einige Grad härtere Anforderungen stellt hingegen ein Survival-Aufenthalt an Sie. Dann müssen Sie nämlich sämtliche Nahrung und Ausrüstung mit sich tragen und über ein Ihnen unbekanntes Gelände transportieren, hin zu einem Ziel das Sie genauso wenig kennen. Der Outdoor-Aufenthalt unter diesen Bedingungen birgt viele unvorhersehbare Gefahren. Sie werden vielleicht keine Ahnung haben, wo die nächste Wasserquelle zu finden ist, oder wie weit Sie noch von bewohntem Gebiet entfernt sind. Außerdem ist die Wahrscheinlichkeit größer von einem Rettungstrupp gefunden zu werden, wenn Sie an einem Platz bleiben. Sollte es aber um Ihr Überleben gehen, ist es am besten, Sie bleiben, wo Sie sind, es sei denn, es gibt einen wirklich zwingenden Grund weiterzuziehen. Müssen Sie etwa Ihren Lagerplatz aufgeben, weil er durch eine Überschwemmung oder einen Waldbrand bedroht wird (siehe Seite 122), ist es entscheidend, auch wirklich die passende Ausrüstung mitzunehmen, für das Gelände, das Sie zu durchqueren haben werden und Ihre Route sorgfältig zu planen.

Querfeldeinreisen

Reisen durch die Wildnis unterscheiden sich grundlegend vom Vorwärtskommen in der Stadt. Dabei müssen wichtige Aspekte beachtet werden, die vom Gelände bis zur Fortbewegungsmethode reichen. Gehen Sie zu Fuß querfeldein, werden Sie robuste Stiefel brauchen, während sie eine Menge an Extra-Ausrüstung und Futter benötigen, wenn Sie Tragtiere verwenden wollen.

Reiseplanung

Auch wenn Sie Ihre Tour sehr gut vorbereitet haben, können Sie unterwegs in unvorhersehbare Situationen geraten. In einer Überlebenssituation kann sich so etwas besonders unangenehm auswirken. Eine gute Vorbereitung ist daher ebenso wichtig wie eine vernünftige Strategie. Wenn Sie mit einer Rettungsmannschaft rechnen können, sollten Sie bleiben, wo Sie sind. Es kann allerdings auch aus verschiedenen Gründen notwendig werden, das Lager zu verlegen. Wildtiere könnten sich über Ihre Vorräte hermachen, oder eine Naturkatastrophe in Form einer Überschwemmung oder eines Waldbrandes könnte die Vegetation um Sie herum zerstören. Bevor Sie zu einer Unternehmung aufbrechen, sollten Sie versuchen, das Terrain das Sie zu durchqueren haben, sorgfältig zu beurteilen.

Überschwemmungen
Überschwemmungen zerstören die Vegetation und hinter lassen überall eine dicke Schlammschicht. Dadurch kann es schwierig werden, eßbare Pflanzen und trockenes Holz für Unt schlüpfe und Feuerstellen zu finden.

Beurteilung des Geländes

Gebirge
Oberhalb der Baumgrenze bieten die Berge nur wenig Schutz, und Steinschläge, Schnee, Eis und wechselhafte Wetterbedingungen stellen eine ständige Bedrohung dar. Zur Überwindung gefährlicher Steilhänge werden Sie eine spezielle Ausrüstung und viel bergsteigerisches Können benötigen (siehe Seite 146).

Wälder der gemäßigten Regionen
In den Wäldern müssen Sie mitunter damit rechnen, daß tote Bäume auf Sie herabstürzen könnten. Wildschweine und andere gefährliche Wildtiere leben häufig in bewaldeten Gegenden (siehe Seite 166). Das Vorwärtskommen kann unter Umständen beschwerlich werden, dafür aber dürften Material zum Bau eines Unterschlupfes und Nahrung relativ leicht zu finden sein.

Wüsten
Wasser spielt in der Wüste eine Schlüsselrolle (siehe Seite 142). Durch die Wolkenarmut kann keine Wärme gehalten werden, was dazu führt, daß tagsüber die Temperaturen in die Höhe schnellen und nachts rapide absinken. Sollten Sie ein Wüstengebiet zu durchqueren haben, ist es ratsam nur während der Nacht zu reisen, von einer Wasserstelle zur nächsten.

Einschätzen ihrer Gefährten

In der Wildnis – fern jeder Zivilisation – sollte eine Gruppe einen Anführer wählen. Dieser muß die Fähigkeiten jedes einzelnen in der Gruppe richtig einschätzen, bevor der Weitermarsch geplant wird. Der Anführer muß sorgfältig und für sich alleine die Stärken und Schwächen jeder einzelnen Person abwägen, da er seine Strategie an dem orientieren muß, was die Gruppe als Gemeinschaft leisten kann. Die Führungsverantwortung in einer Situation zu tragen, in der eine Fehlentscheidung den Tod bedeuten kann, ist eine schwierige Aufgabe, besonders dann, wenn sich einzelne Personen nichts sagen lassen wollen.

Mütter mit Kindern sind ziemlich widerstandsfähig, dennoch muß man Rücksicht auf sie nehmen

Verletzte könnten die anderen aufhalten und so der Gefahr aussetzen

Einige Personen tragen vielleicht für einen Marsch unpassende Bekleidung

Gemeinsames Vorgehen
Die Gruppe hat dann die besten Überlebenschancen, wenn sie zusammenbleibt und der Zusammenhalt unter ihnen durch eine gute und einfühlsame Führung aufrechterhalten wird.

Achten Sie auf Anzeichen von Niedergeschlagenheit und beziehen Sie jede und jeden in die Aktivitäten der Gruppe mit ein.

Alte Menschen können besonders anfällig, aber auch wesentlich robuster als junge Menschen sein

Vorbereitet sein
Bevor Sie aufbrechen, sollten Sie sich so gut wie möglich über die Gegend informieren, die Sie durchqueren wollen. Denken Sie bei Ihrer Planung – vor allem was das Anlaufen von Wasserstellen anbelangt – daran, daß auch Landkarten manchmal ungenau sein können (siehe Seite 126). Es wird sich mehr als bezahlt machen, einige kürzere, leicht ausgerüstete Erkundungsausflüge durchzuführen, bevor Sie endgültig losmarschieren.

Handhabung von Ferngläsern

Ferngläser ersparen Ihnen viel unnötige Lauferei. Stellen Sie den Augenabstand und die Sehschärfe so ein, daß sich beide Sehkreise decken und Sie ein scharfes Bild erhalten, dann widmen Sie sich dem Gelände. Beobachten Sie die Umgebung von verschiedenen Aussichtspunkten aus und versuchen Sie so, sich eine Vorstellung vom Gelände zu verschaffen.

Abtasten
Sehen Sie sich die Landschaft nicht nur an, sondern beobachten und beurteilen Sie sie sorgsam.

Flüsse
Flüsse sind gefährlich und Sie sollten mit Vorsicht an sie herantreten. Um einen Fluß überqueren zu können, müssen Sie eventuell nach umgestürzten Bäumen Ausschau halten, die sich als Brücke benützen lassen oder nach einer flachen Furt, durch die Sie hinüberwaten können (siehe Seite 150). Geben Sie acht auf gefährliche Tiere (siehe Seite 75).

Dschungelgebiete
Das feucht-heiße Klima des Dschungels ist für den Menschen recht unangenehm und ungesund, bietet aber für Insekten und Bakterien ideale Voraussetzungen. Kleine Schnittwunden entzünden sich, Lebensmittel verderben schnell und die Kleidung ist ständig feucht vom Regen, von Ihrem Schweiß oder von beidem. Vor allem im Sekundärwald fällt das Vorwärtskommen schwer (siehe Seite 145).

Savanne
Die Wasserversorgung kann in der Trockensavanne zu einem Problem werden. Sie werden vielleicht auch Schwierigkeiten damit haben, einen Unterschlupf zu finden (siehe Seite 53). Außerdem sollten Sie daran denken, daß nicht nur die großen Tierherden, die gewöhnlich zum Grasen in diesen unendlichen Weiten unterwegs sind, von Raubtieren gejagt werden können, sondern Sie selbst auch.

Strand und Meer
Sie dürfen das Meer niemals unterschätzen – es ist immer auch eine Gefahr. Es ist an Küsten mit Gezeiten wesentlich leichter bei Ebbe über den flachen Sand zu gehen, als die landeinwärts gelegenen Dünen und Kliffs zu passieren. Sie müssen allerdings das Meer ständig im Auge behalten, damit die Flut Sie nicht überraschen kann. Am Strand und den Untiefen können gefährliche Lebewesen zuhause sein (siehe Seite 109).

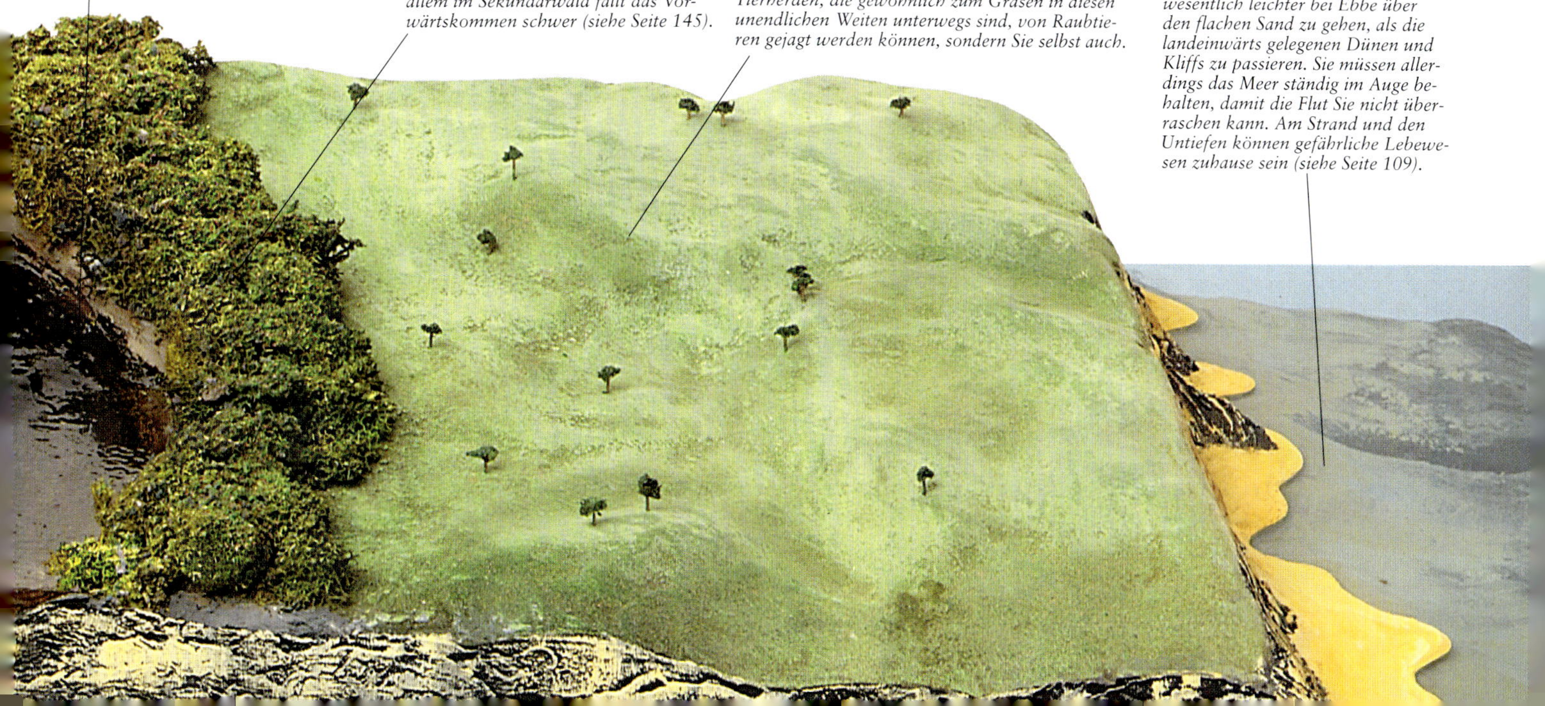

Wegfindung

Den richtigen Weg finden zu können ist beim Navigieren über Land das wichtigste überhaupt, weswegen ein verläßlicher Kompaß Ihr wichtigstes Handwerkszeug für unterwegs sein sollte. Eine Armbanduhr oder ein Wecker (allerdings nicht mit Digitalanzeige) wären dazu die nächstbeste Alternative, da sie sowohl die Richtung anzeigen können als auch die verstrichene Zeit. Es gibt viele verschiedene Kompaßmodelle, die aber allesamt deswegen funktionieren, weil die Spitzen ihrer Nadeln von den Polen des Erdmagnetfeldes angezogen werden. Wenn Sie keinen Kompaß dabei haben, können Sie sich auch mit Hilfe der Sonne und der Sterne grob orientieren sowie durch Beobachtung von Tieren und Pflanzen.

Kompasse

Eine Kompaßnadel zeigt Ihnen Magnetisch-Nord und Magnetisch-Süd an, die beiden Pole des natürlichen Erdmagnetfeldes. Stellen Sie sich vor, im Innern der Erde befände sich ein riesiger, senkrecht stehender Stabmagnet, dann finden Sie die Pole dort, wo die magnetische Strömung herausfließt, am oberen und unteren Ende des Magneten. Wanderer sollten für Notfälle einen einfachen Knopfkompaß mitführen (siehe Seite 28), aber für die normale Orientierungs- und Kompaßarbeit (siehe unten) einen Orientierungskompaß mit Neigungswinkelskala – zum Beispiel einen Silva Kompaß – verwenden. Prisma- oder Marschkompasse besitzen ein eingebautes Prisma, durch das sich die Marschkompaßzahlen ablesen lassen, und sind robust und sehr genau. Einige dieser Modelle weisen neben dem Prisma, oder stattdessen, auch einen Spiegel auf. Sie sind allerdings sehr kostspielig. Ein gewöhnlicher Silva Kompaß genügt eigentlich schon, um über Land genau navigieren zu können, und er erspart Ihnen Komplikationen.

Sobald der Kompaß eingestellt wurde, zeigt der Richtungspfeil die einzuschlagende Richtung an

Entfernungs-Meßstriche für unterschiedliche Kartenmaßstäbe

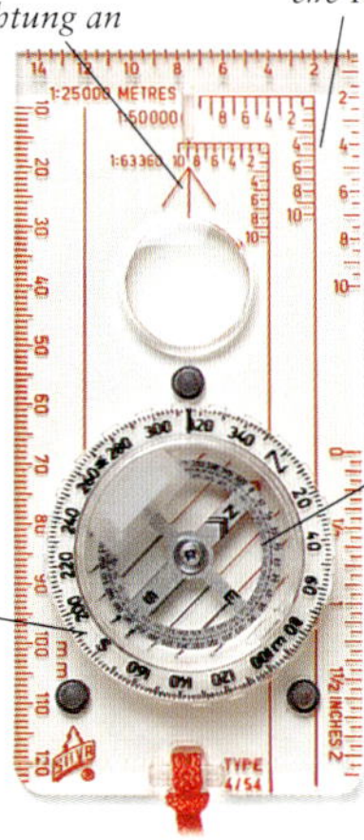

Drehring mit Kompaßzahlen

Hilfslinien zur Ausrichtung des Kompasses an horizontalen und vertikalen Gitterlinien der Karte

Silva Kompaß
Dieser Orientierungskompaß erlaubt es Ihnen, den Kurs anhand der Kompaßzahlen auf der Karte genau zu bestimmen, ohne den Kompaß selbst verschieben zu müssen (siehe Seite 130). Dadurch ersparen Sie sich die Mühe zusätzlich einen Winkelmesser mitzunehmen oder Ihre Route im Kopf berechnen zu müssen.

Improvisierter Kompass

Wird ein magnetisiertes eisenhaltiges Metallstück freischwebend aufgehängt, wird es sich so lange drehen, bis es in Nord-Süd-Richtung zeigt. Sie können sich dieses ganz einfache Phänomen zunutze machen, indem Sie ein Metallstück magnetisch aufladen und sich somit Ihren eigenen Kompaß machen.

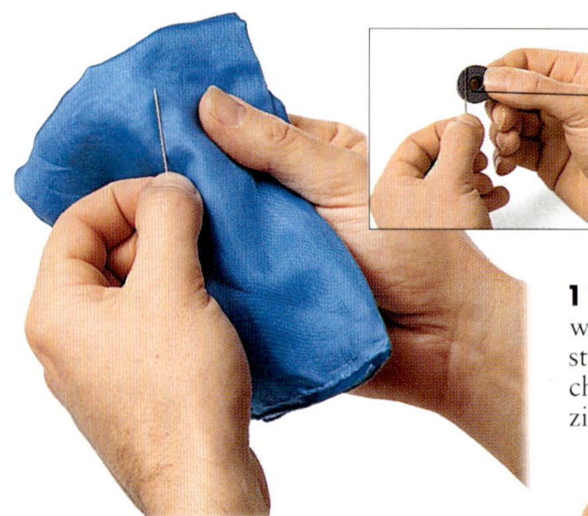

Wenn Sie zum Magnetisieren statt der Seide einen Magneten verwenden, geht es schneller

1 Magnetisieren Sie eine Nadel, indem Sie sie wiederholt in einer Richtung gegen einen Seidenstoff, wie etwa Ihren Schal (siehe Seite 142) streichen. Sie lädt sich dadurch mit statischer Elektrizität auf.

Die Nadel sollte frei beweglich in einer Schale mit Wasser treiben können

2 Lassen Sie einen Grashalm in einer Schale mit Wasser treiben und legen Sie die Nadel darauf. Die Nadel wird sich so drehen, daß sie in Nord-Süd-Richtung zeigt.

3 Sobald die Nadel zur Ruhe gekommen ist, stellen Sie anhand anderer Hinweise (siehe Seite 125) fest, wo Norden liegt und markieren Sie das nördliche Ende Ihrer Nadel dementsprechend. Jetzt läßt sich die Nadel als Kompaß verwenden.

Verwenden einer Rasierklinge

Wenn Sie eine Rasierklinge dabei haben, können Sie notfalls auch daraus einen Kompaß machen, statt aus einer Nadel. Allerdings sollten Sie zuvor die Klinge an einem Stein »entschärfen« und sehr vorsichtig sein, wenn Sie sie – wie oben beschrieben – magnetisieren.

Rasierklingenkompaß
Magnetisieren Sie eine abgestumpfte Rasierklinge und binden Sie sie dann so an einen Faden, daß sie sich frei bewegen und nach Norden zeigen kann.

... MIT HILFE DER SONNE

Da die Sonne stets im Osten auf- und im Westen wieder untergeht, kann man sie als einfachen Richtungsanzeiger verwenden. Solange Sie also die Sonne sehen können und in etwa die Tageszeit kennen, können Sie sich an der Sonne orientieren. Sie können auch die ungefähre Richtung bestimmen, wenn Sie eine Sonnenuhr bauen, oder eine Uhr zur Feststellung der Himmelsrichtungen einsetzen.

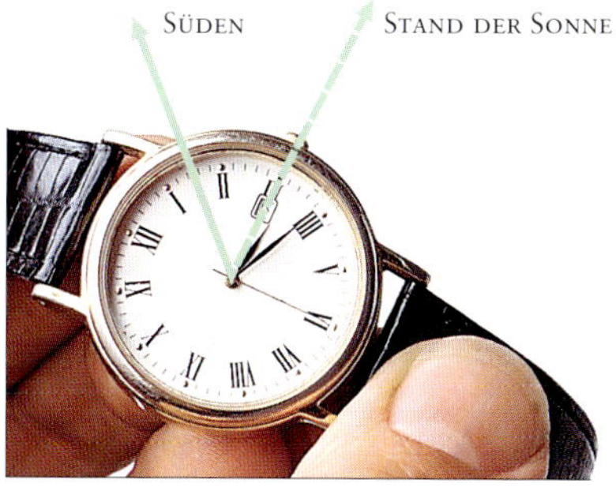

Nördliche Hemisphäre
Richten Sie den Stundenzeiger auf die Sonne. Zwischen dem Stundenzeiger und 12 Uhr denken Sie sich eine Linie. Dort, wo diese Linie hindeutet, ist Süden.

Südliche Hemisphäre
Auf der Südhalbkugel halten Sie die 12 Uhr-Markierung auf der Uhr Richtung Sonne. Süden liegt dann in der Mitte zwischen 12 Uhr und dem Stundenzeiger.

SONNENUHR

Schlagen Sie einen Pfosten senkrecht in den Boden. Am Morgen markieren Sie die Spitze des Pfostenschattens. Binden Sie eine Schnur, die die gleiche Länge wie der Schatten haben muß, an den Pfosten und ziehen Sie einen Kreisbogen um ihn herum. Machen Sie eine weitere Markierung dort, wo der Schatten am Nachmittag den Kreisbogen berührt.

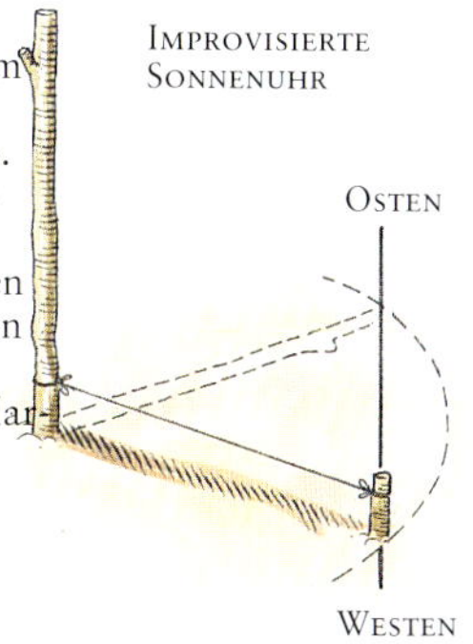

... MIT HILFE DER STERNE

Sterne bewegen sich immer in derselben Relation zueinander. Nur ein einziger Stern scheint stillzustehen – der Nord- oder Polarstern. Mit Hilfe dieses Sternes läßt sich in der nördlichen Hemisphäre relativ einfach Norden bestimmen. In der Südhalbkugel müssen Sie das Kreuz des Südens finden, um damit die Südrichtung zu bestimmen.

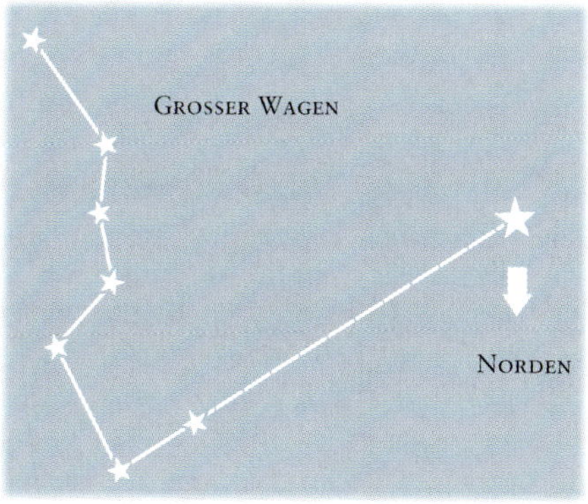

Nördliche Hemisphäre
Verbinden Sie die beiden Sterne, die die Hinterachse des Großen Wagens (Großer Bär) ausmachen, mit einer gedachten Linie und verlängern Sie die Entfernung zwischen diesen beiden Sternen etwa viermal, um so den Polarstern zu finden. Dieser helle Stern steht im Norden über dem Horizont.

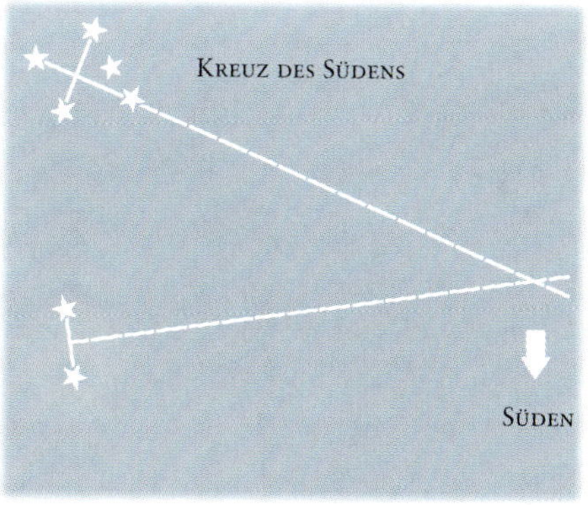

Südliche Hemisphäre
Um in etwa die Südrichtung bestimmen zu können, halten Sie sich an das Kreuz des Südens. Verlängern Sie die gedachte Längsachse des Kreuzes um ihr Viereinhalbfaches. Am Horizont unterhalb dieses Punktes müßte Süden sein. Zwei helle Sterne unterhalb des Kreuzes werden Ihnen helfen, den richtigen Punkt zu finden.

RICHTUNGSHINWEISE AUS DER NATUR

Die natürliche Welt ist wesentlich besser auf das Magnetfeld der Erde und damit auch auf Himmelsrichtungen abgestimmt als der Mensch. Pflanzen wachsen immer zur Sonne hin – auf der Nordhalbkugel zeigen sie nach Süden und nach Norden auf der Südhalbkugel. Sonnenblumen folgen dem Verlauf der Sonne am Himmel. Die südafrikanische Nordpolpflanze zeigt nach Norden. Häufig werden die Jahresringe der Bäume zur sonnenzugewandten Seite hin breiter.

Termitenhügel
Termiten bauen ihre Nester oft entlang einer Nord-Süd-Achse. Dadurch haben sie in der Früh und am Abend maximale Sonnenwärme und sind dennoch vor der mittäglichen Glut geschützt.

Webervögel
Auch einige Vögel können als Richtungsweiser herangezogen werden. Einige Spezies des Webervogels bauen etwa ihre Nester nur auf der Westseite der Bäume. Wenn Sie sich in einem Gebiet aufhalten, in dem diese Vögel leben – beispielsweise in Südafrika – können sie Ihnen als zuverlässige Anzeiger der Himmelsrichtung dienen.

Karten lesen

Es gibt die unterschiedlichsten Arten von Karten, die für unterschiedliche Zwecke gedacht sind. Es ist daher sehr wichtig, sich für die richtige Landkarte zu entscheiden. Sie werden kleinmaßstäbliche Übersichtskarten (Bezeichnung für Karten mit großer Maßstabszahl) des Gesamtgebietes brauchen in das Sie wollen, als auch der Gegenden, die Sie durchwandern möchten. Gerade für Wanderer sind Karten im Maßstab 1 : 50 000 ideal (diese Maßstabsangabe bedeutet, daß etwa jedem Zentimeter auf der Karte 50 cm – also 500 m – in der Natur entsprechen). Sie weisen gewöhnlich ein rechtwinkliges Gitternetz mit einem Linienabstand von 2 cm auf, also 1 km in der Natur, wobei jeder Gitterlinie eine zweistellige Koordinatenzahl, von 01 bis 99, zugeordnet ist. Landkarten können sich allerdings auch aus einer Vielzahl von Gründen als ungenau erweisen. Korrigieren Sie unterwegs Ihre Karten und kalkulieren Sie solche Ungenauigkeiten mit ein.

Karten verstehen

Ihre Gestalt hat die Erdoberfläche dem Wasser zu verdanken, das in Bächen und Flüssen über sie hinwegfließt und dabei Hügelkämme, Berge und Täler formt. Straßen und andere von Menschenhand geschaffene Merkmale können sich recht rasch verändern. Um anhand einer Karte die Anordnung des Geländes zu verstehen, suchen Sie zuerst die Flüsse zu identifizieren und anschließend die dazwischenliegenden Erhebungen und Höhenzüge im Gelände, die sich während der Lebensdauer Ihrer Karte nur minimal ändern werden.

Tal
Eine Geländevertiefung erscheint auf einer Karte, gemeinsam mit dem Fluß, der sie geschaffen hat, als kompliziertes System von Linien (Höhen- oder Schichtenlinien genannt) gleicher Höhe, die ihre genaue Form wiedergeben – besonders der Bereiche, die für den Betrachter, der sich ihr vom Boden her nähert, nicht einsehbar sind. Die Höhenlinien sind von Zahlen unterbrochen, die ihre Höhe über dem Meeresspiegel (Normalnull) bezeichnen.

Berg
Eine Karte zeigt den vollständigen Grundriß einer Erhebung, von der vom Boden her der größte Teil nicht sichtbar ist. Sie müssen sich die Abschnitte, die Sie von Ihrem Standpunkt aus nicht sehen können, im Geist vorstellen. Höhenangaben sind so bezeichnet, als ob sie an die Hangseiten gemalt worden wären.

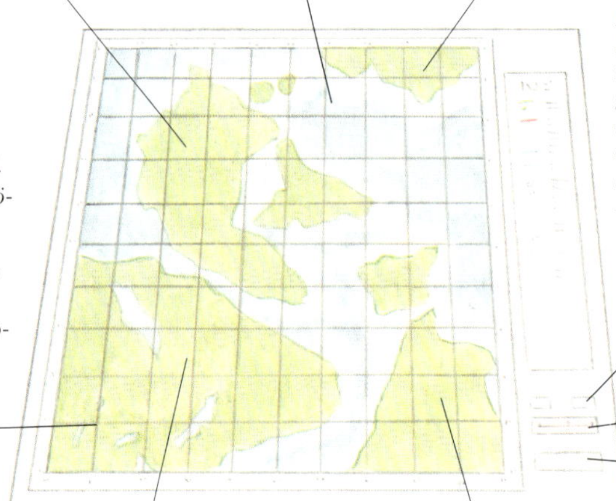

Sattel
Ein Sattel, der nach seinem Aussehen so heißt, bezeichnet einen Einschnitt in einem Höhenzug zwischen zwei Erhebungen oder Berggipfeln. Wenn Sie vom Boden her von der Seite aus emporblicken, können Sie nur eine der beiden Erhebungen erkennen. Auf der Karte wird ein Sattel gewöhnlich durch zwei Kreise gekennzeichnet die von geschwungenen Höhenlinien umrahmt werden.

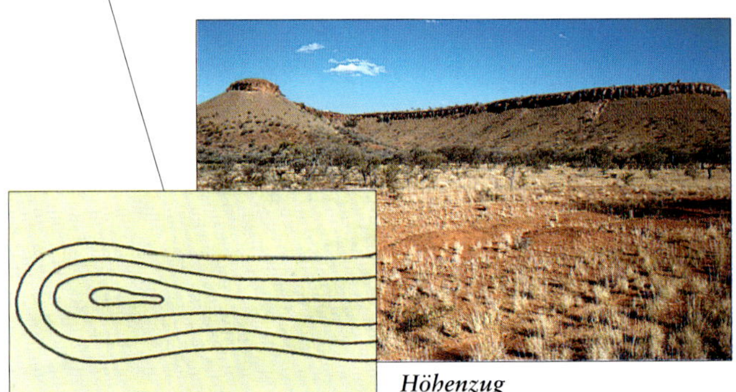

Höhenzug
Flüsse werden stets durch Höhenzüge voneinander getrennt. Auf einer Karte erinnert ihre Darstellung an die Finger einer Hand, die beiderseits eines Berges nach unten verlaufen. Es ist häufig einfacher am Kamm eines Höhenzugs entlang zu marschieren als unten im Tal, besonders in dichtem Dschungel.

Gefälle

Die Höhenlinien einer Karte verbinden alle Geländepunkte gleicher Höhe miteinander, so daß das Relief des Geländes erkennbar wird. Einige dieser Höhenlinien tragen Zahlenangaben (Höhenzahlen), die gewöhnlich so angebracht sind, daß die Ziffern-Basen zum Tal weisen, als ob sie an die Hangseiten gemalt wären.

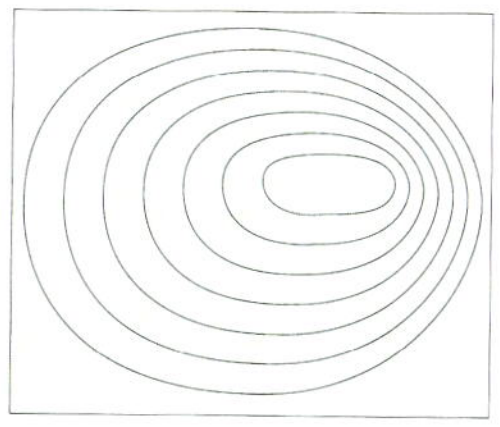

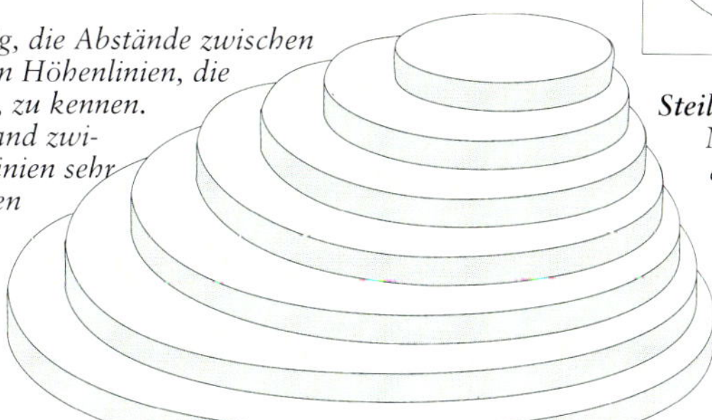

Klippe
Es ist wichtig, die Abstände zwischen den einzelnen Höhenlinien, die Schichthöhe, zu kennen. Ist der Abstand zwischen den Linien sehr groß, könnten steile Klippen »unsichtbar« werden.

Steilhang
Normalerweise fällt das Gelände zwischen Höhenlinien ganz allmählich ab. Liegen die Linien sehr eng beisammen, deutet das auf einen steilen Hang hin.

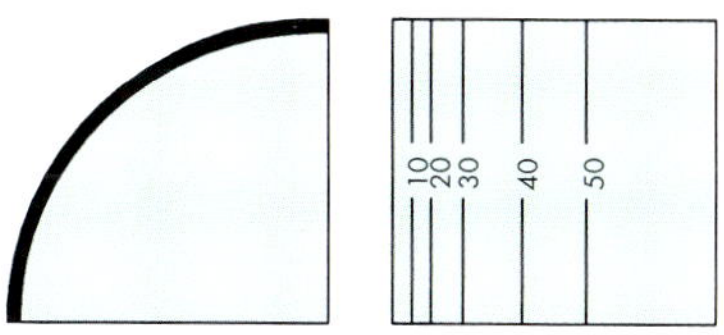

Konvexer Hang
Wenn Sie sich direkt vor einem konvexen Hang befinden, läßt sich sein Gipfel nicht erkennen. Die Höhenlinien liegen am Fuß des Hanges dicht beieinander und fächern sich zum Gipfel hin auf.

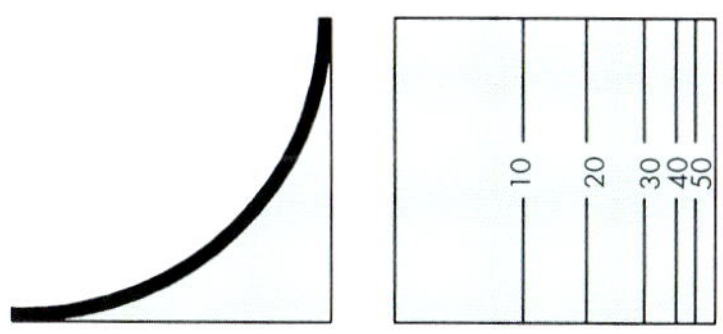

Konkaver Hang
Bei einem konkaven Hang kann man den höchsten Punkt vom Boden aus sehen, da er an seinem Fuß ein sanftes Gefälle aufweist. Auf einer Karte erscheinen die Höhenlinien zum Gipfel hin dichter gedrängt.

Kartenkoordinaten

Mit Hilfe der Koordinaten des Gitternetzes (des Rasters) können Sie eine Position auf der Karte genau bestimmen. Die vertikalen Linien nennt man »Ostwerte«, während die horizontal verlaufenden Linien die »Nordwerte« bezeichnen. Bei der Angabe einer Kartenkoordinate wird stets zuerst der Ostwert angegeben. Unter Umständen wird der Kartenabschnitt, in dem die gesuchte Position liegt, noch über einen Buchstabencode näher bezeichnet. Um eine Kartenkoordinate zu bestimmen, folgen Sie der vertikalen Linie, die der Position am nächsten liegt, bis zum unteren Kartenrand und finden dort die entsprechende Koordinatenzahl, den Ostwert – in unserem Beispiel 04. Schätzen Sie die Anzahl der Zehntel zwischen Gitterlinie und Position – in unserem Fall wären es 5. Wiederholen Sie das ganze mit der der Position nächstgelegenen horizontalen Gitterlinie (410). Falls notwendig, können Sie den Buchstabencode mit angeben.

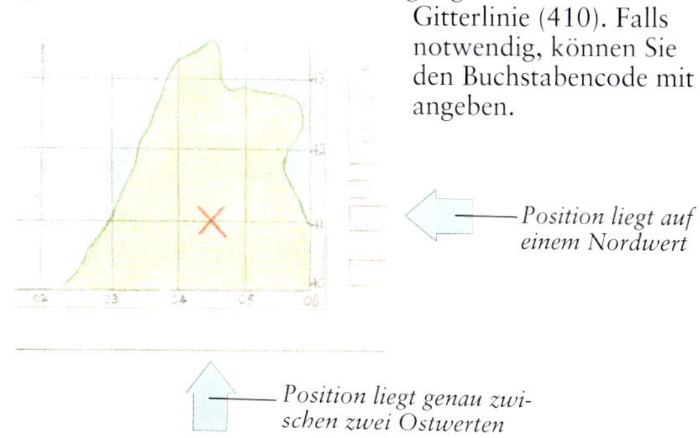

Genaue Positionsbestimmung
Mit der oben beschriebenen Methode erhalten Sie eine sechsstellige Koordinatenzahl (045410). Wenn auf Ihrer Karte noch ein Koordinaten-Buchstabencode angegeben ist, geben Sie die für Ihre Position relevanten Buchstaben am Anfang der Koordinatenzahl an.

Kartenprojektionen

Landkarten stellen den Versuch dar, den Grundriß der Erdoberfläche, einer unregelmäßigen Kugel, so genau wie möglich abzubilden. Da es jedoch zwangsläufig bei diesem Versuch, nämlich den Globus auf die Oberfläche eines Zylinders oder eines Kegels zu projizieren, zu vielen Ungenauigkeiten und Verzerrungen kommt, müssen diese entsprechend umgesetzt werden, bevor eine Landkarte gedruckt wird. Aus diesem Grund sind die meisten Karten nicht völlig genau, besonders in den höheren Breitenkreisen. Die bekannteste Kartenprojektion ist wohl die Mercatorkarte, die weltweit in der Seefahrt verwendet wird.

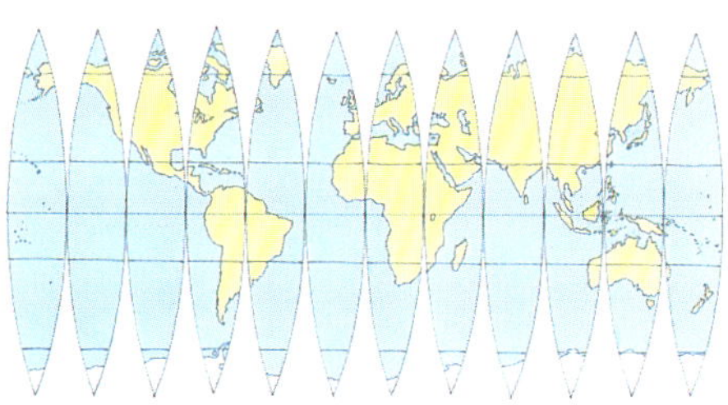

Die Erde als »Orange«
Wenn man die Erde »schält« wie eine Orange, liegt die Erdkruste flach auf einer Ebene, weist aber in den höheren Breitenkreisen große Lücken auf. Werden sie zur Darstellung einer flachen Karte ausgefüllt, führt dies zu Verzerrungen.

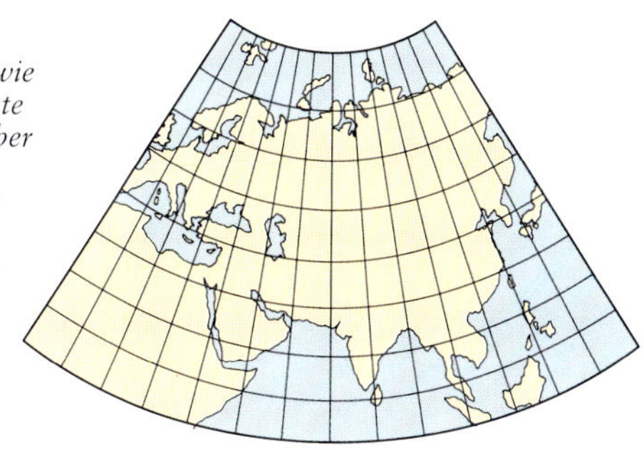

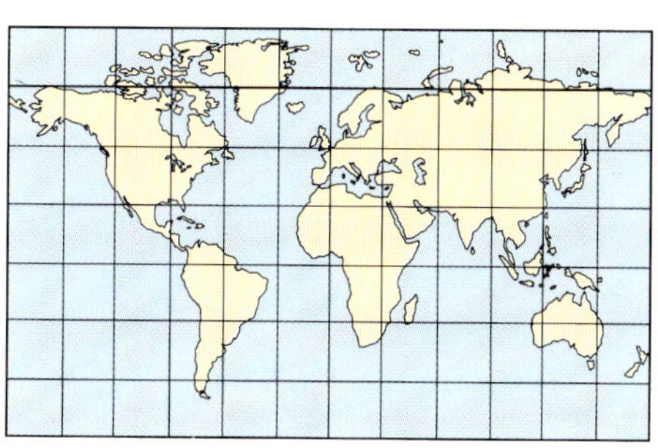

Zylinderprojektion
Die Mercatorprojektion stellt die ganze Erde so dar, als ob sie auf einen Papierzylinder projiziert worden sei. Wickelt man diesen Zylinder ab, erscheint die Erde auf einer planen Ebene. Obwohl die Mercatorprojektion eine zweckmäßige, rechteckige Karte ergibt, bei der die Längen und Breitengrade senkrecht zueinander stehen wie auf der Erdkugel auch, bildet sie die Länder zu den beiden Polen hin unverhältnismäßig groß ab (siehe oben).

Kegelprojektion
Es gibt viele Projektionsmodelle, die alle verschiedene Eigenschaften aufweisen. Wird die Erde auf einen Kegel projiziert und dann abgerollt, entsteht eine Karte wie die hier abgebildete. Kegelprojektionen werden in Atlanten häufig für Regionalkarten verwendet. Obwohl auch hier noch Verzerrungen auftreten, besonders um den Fuß des Kegels herum, sind sie dennoch nicht so gravierend wie bei vielen anderen Projektionsmodellen.

Standortbestimmung

Es ist nicht möglich sich vollkommen zu verirren. Zur Bestimmung des eigenen Standorts müssen Sie die verschiedenen sich anbietenden Möglichkeiten immer weiter eingrenzen, bis sich endlich ein Punkt auf der Karte ermitteln läßt. Sie werden schneller gerettet werden können, wenn Sie in der Lage sind, über Funk die genauen Kartenkoordinaten Ihrer Position durchzugeben. Wenn Sie wissen, daß Ihr Aufenthaltsort auf einem bestimmten Kartenblatt zu finden ist, sind Sie wohl kaum »verloren gegangen«. Ermitteln Sie die grobe Lage des Gebietes, suchen Sie nach Geländepunkten, die ins Auge fallen und übertragen Sie diese Informationen auf Ihre Karte, so wird der Ausscheidungsprozeß nicht allzulange dauern. Aus diversen Gründen sind Sie vielleicht auch gezwungen sich Ihre eigene Karte anzufertigen – sei es, weil Sie keine Karte dabei haben, oder weil diejenige, die Sie dabei haben, ungenau ist. Mit eigenen, selbstgezeichneten Karten stellen Sie sicher, daß sich Ihr Lager sowie Nahrungs- und Trinkwasserquellen wiederfinden lassen.

Bestimmung der eigenen Position

Um mittels Karte und Kompaß herauszufinden, wo Sie sich gerade befinden, müssen Sie Ihre Position in Bezug zu allen sichtbaren Geländepunkten bringen, die Sie auf der Karte erkennen können. Bevor Sie aus Ihrem Lager aufbrechen, etwa um zu einem Beobachtungspunkt zu marschieren, sollten Sie die Kompaßzahl feststellen, um hinterher wieder zurückzufinden. Die Kompaßzahl bezeichnet den Winkel zwischen einer angepeilten Richtung und Magnetisch-Nord.

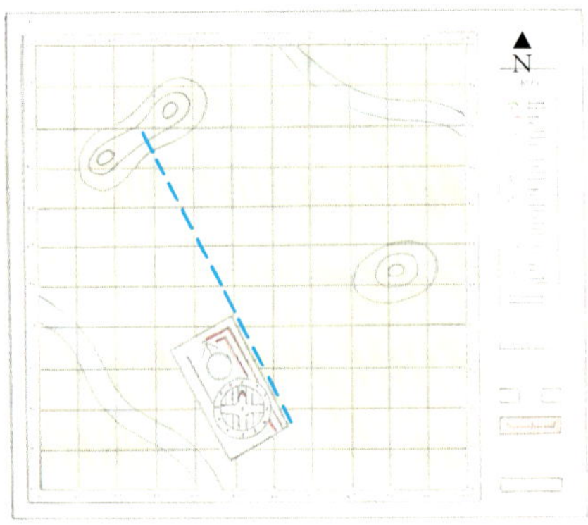

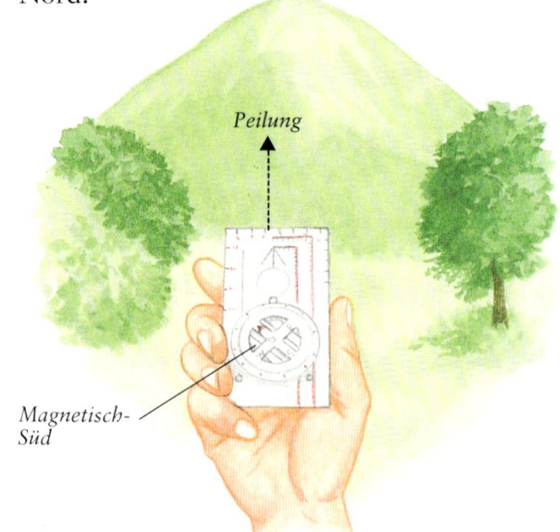

1 Richten Sie Ihren Kompaß auf einen auffälligen Geländepunkt zu Ihrer Rechten, etwa einen Bergsattel. Drehen Sie den Drehring des Kompaßes solange, bis die Nordmarke des Drehringes in dieselbe Richtung wie die Magnetnadel zeigt.

2 Legen Sie den Kompaß mit seiner Kante an das Symbol für den Geländepunkt auf der Karte an. Drehen Sie den ganzen Kompaß solange, mit dem Symbol als Drehpunkt, bis die Nordmarke des Drehringes mit Norden auf der Karte übereinstimmt. Ziehen Sie eine Linie entlang der Anlegekante und verlängern Sie diese.

3 Richten Sie den Kompaß auf einen weiteren Geländepunkt, der grob in einem 90-Grad-Winkel zum ersten Punkt liegen sollte und wenigstens 1 km von Ihnen entfernt sein muß. Die Spitzen von sich scharf abzeichnenden Erhebungen eignen sich hierfür am besten.

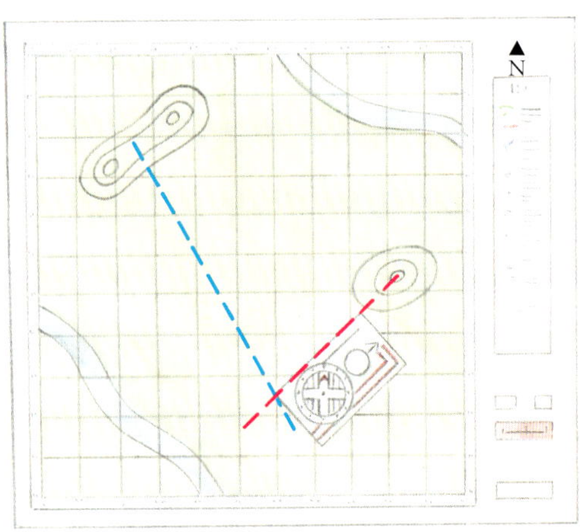

4 Nach der oben beschriebenen Methode führen Sie auch für den zweiten Geländepunkt einen Rückwärtseinschnitt aus. An dem Punkt, an dem sich die beiden Linien schneiden, liegt Ihre eigene Position. Wenn Sie wollen, können Sie zur größeren Genauigkeit noch eine dritte Peilung durchführen.

Navigieren mit GPS

Das sogenannte »Global Positioning System« (etwa mit »Globalem Standortbestimmungssystem« zu übersetzen) ist eine revolutionäre Neuerung für die Navigation auf See und über Land. Diese Navigationstechnik funktioniert dank einer Konstellation von 24 Satelliten, die durch den Orbit kreisen und Funksignale zur Erde senden. Diese Signale können mit einem Empfangsgerät aufgefangen werden, das daraus den Längen- und den Breitengrad Ihres Standortes errechnet. Festinstallierte Sender berechnen die jeweilige Position der Satelliten in ihrer Umlaufbahn. Die Kursangaben ermöglichen eine sehr genaue Aufzeichnung Ihrer Reise, gleichgültig wo Sie sich gerade befinden mögen. Früher war das Navigieren durch eine gesichtslose Wüste oder über See eine komplizierte Kombination aus Peilungen mit dem Kompaß und anschließender Überprüfung der Ergebnisse mittels Sextanten und Chronometer. Als Unterstützung des GPS sind diese herkömmlichen Methoden immer noch sinnvoll.

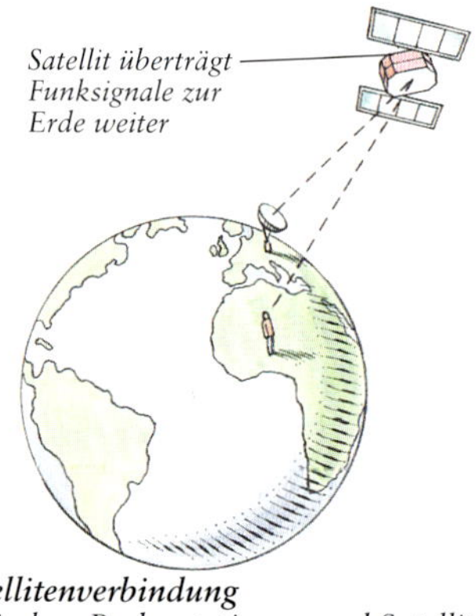

Satellitenverbindung
Zwischen Bodenstationen und Satelliten in der Erdumlaufbahn besteht ständiger Funkkontakt. Diese Funksignale können über spezielle Empfangsgeräte aufgefangen werden und helfen bei der Navigation.

Herstellung einer eigenen Karte

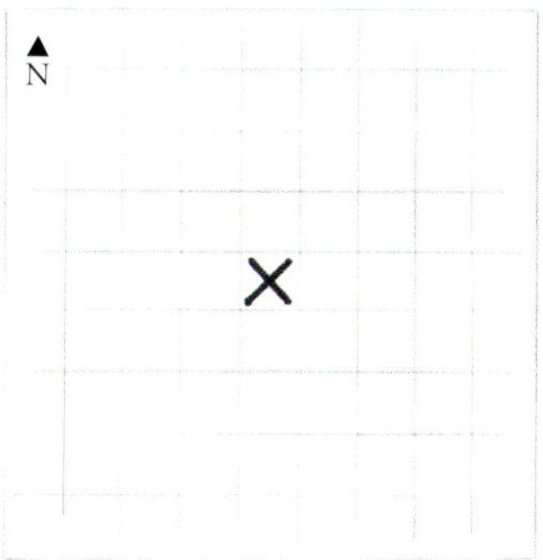

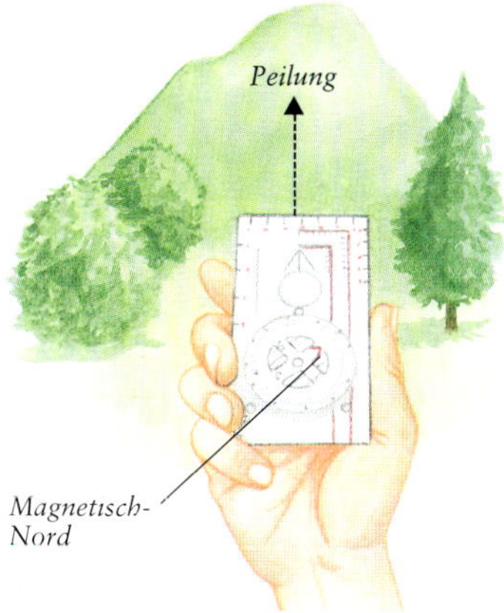

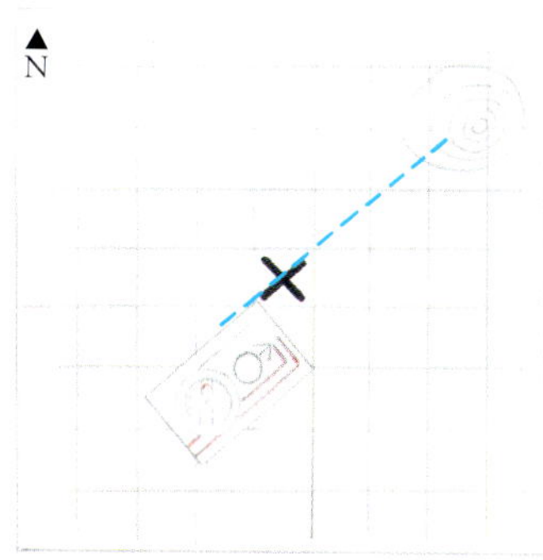

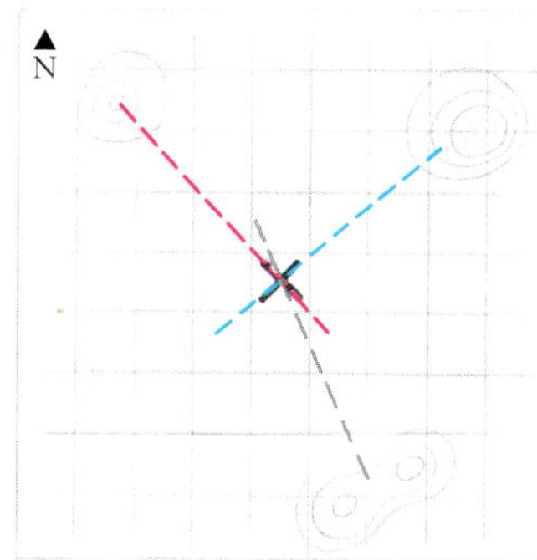

1 Zeichnen Sie ein Gitternetz, wobei jedes Kästchen 1 km² darstellt. In die Mitte malen Sie ein X, das Ihren Standort repräsentiert.

2 Gehen Sie zu einem Aussichtspunkt von dem aus Sie gut sehen können. Peilen Sie einen Geländepunkt an und schätzen Sie die Entfernung (siehe unten).

3 Norden Sie Ihre Karte ein und übertragen Sie dann die Peilung darauf. Zeichnen Sie den Hügel in der geschätzten Entfernung ein.

4 Peilen Sie noch zwei weitere Geländepunkte an und halten Sie diese auf der Karte fest. An dem Punkt, an dem sich ihre Peilungslinien schneiden, befindet sich Ihr eigener Standort.

Entfernungsmessen

Um einen Geländepunkt auf Ihrer Karte einzeichnen zu können, müssen Sie zuerst herausfinden, wie weit er von Ihnen entfernt ist. Das läßt sich durch Rückwärtseinschneiden feststellen, allerdings müssen Sie dazu von »X« in eine andere Position wechseln, die sich auf Ihrer Karte exakt verzeichnen läßt. Die Peilungslinie zwischen Ihrer neuen Position und dem Geländepunkt wird sich mit der ersten Linie an einer Stelle schneiden – und Sie können den Geländepunkt in Ihre Karte einzeichnen.

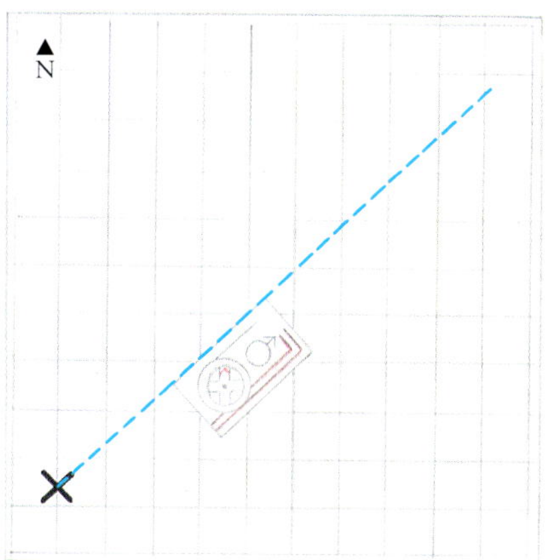

1 Die Entfernung zwischen Ihnen und einem bestimmten Punkt im Gelände läßt sich auf einer gekauften ebenso wie auf einer selbergemachten Karte messen. Haben Sie das Gitternetz selber gezeichnet, müssen die Kästchen ganz exakt stimmen. Peilen Sie zuerst einen Geländepunkt an, etwa einen Hügel. Nun übertragen Sie diesen Kompaßwert als Linie in das Gitternetz, von dem Kreuz (Ihre eigene Position) ausgehend, in Richtung des Geländepunktes.

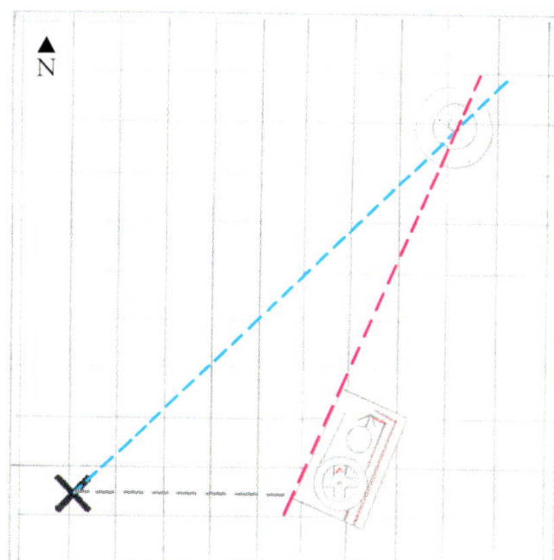

2 In einem 90-Grad-Winkel zu Magnetisch-Nord marschieren Sie (nach dem Kompaß) über eine abgemessene Strecke (siehe Seite 131), bis Ihre nächste Peilung auf den Geländepunkt sich um mindestens 30° von der ersten unterscheidet. Markieren Sie Ihre neue Position und den neuen Kompaßwert. Der Hügel liegt dort wo sich die beiden Peilungslinien schneiden. Durch Abzählen der Quadrate des Gitternetzes können Sie die Entfernung zum Hügel ermitteln.

Magnetische Abweichungen

Das Einnorden von Karten, und damit auch die Orientierung, wird durch die Tatsache, daß es drei leicht unterschiedliche Nordrichtungen gibt, ein wenig kompliziert. An den meisten Punkten der Erde ist dieser Unterschied allerdings so geringfügig, daß sich ein gewöhnlicher Wanderer deswegen keine Gedanken zu machen braucht. In anderen Gegenden jedoch, besonders den Breitengraden des hohen Nordens, ist die Magnetabweichung so groß, daß teilweise Kompasse durch sie unbrauchbar werden. Daher ist es äußerst wichtig, die Abweichung für das Gebiet zu kennen, in dem man sich gerade aufhält. Je nach Aufenthaltsort muß diese Abweichung dann von Ihrem Kompaßkurs subtrahiert oder addiert werden. Die magnetischen Abweichungen werden auf den meisten Kartenblättern mit angegeben, entweder durch drei Pfeile oder als »Nadelabweichung«.

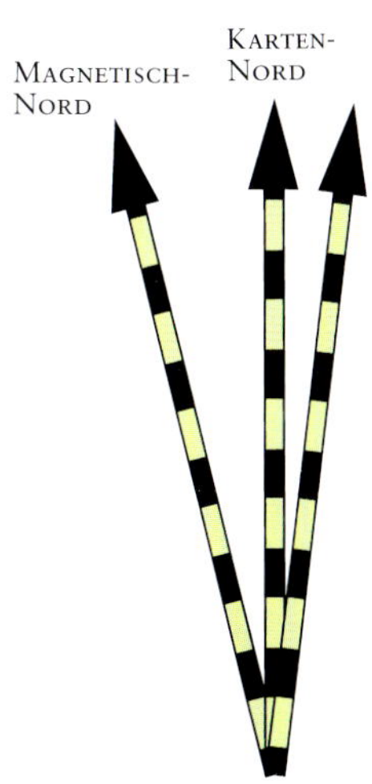

Drei Nordrichtungen *Magnetisch-Nord ist der von der Kompaßnadel gewiesene Norden; Karten-Nord ist die Nordrichtung, die auf Landkarten verzeichnet ist; und Geographisch-Nord ist der wirkliche, geographische Nordpol. Die Winkeldifferenz zwischen Karten-Nord und Magnetisch-Nord wird als magnetische Abweichung bezeichnet.*

Tips zur Bestimmung des Standortes

- Die goldene Regel lautet: »Vertraue Deinem Kompaß«. Viele Menschen verlaufen sich, weil sie ihren eigenen verwirrten Sinnen mehr Vertrauen schenken als ihrem Kompaß.
- Messen Sie Ihre Kompaßkurse und Entfernungen stets selber.
- Stellen Sie sicher, daß Sie die Zusammenhänge innerhalb eines Geländes verstehen und wissen, wie Täler, Berge und Höhenzüge verlaufen.
- Norden Sie Ihre Karte mit dem Kompaß ein (siehe Seite 130), halten Sie dann nach den prägnantesten Geländepunkten Ausschau und versuchen Sie schon vorher, bevor Sie nach einem Kompaßkurs losmarschieren, Ihren Marschweg zu studieren.

Grundlagen der Orientierung

Das Orientieren im Gelände erfolgt durch den kombinierten Einsatz von Karte und Kompaß. Dies ist der sicherste und einfachste Weg, um sich in unterschiedlichem Terrain zurechtzufinden. Verglichen mit der Navigation auf See, wo fern der Küste Strömungen und Winde das einzige sind, das sich verändert, ist die Landnavigation allerdings sehr ungenau. Die Marschgeschwindigkeit wird erheblich durch das Gelände, die Gesteins oder Bodenart, das Wetter, das Klima und die Vegetation mitbestimmt. Über Land muß die Marschroute ständig neu überdacht und angepaßt werden, nicht nur um möglichen Gefahren aus dem Weg zu gehen, sondern auch um sich nicht zu verlaufen.

Vogelzug
Viele Vögel verfügen über ein natürliches »Navigationssystem«, das sie befähigt, Jahr für Jahr zu ihren angestammten Brutplätzen zurückzufinden.

Norden der Karte

Bevor Sie losmarschieren, sollten Sie mit dem Kompaß Ihre Karte einnorden, um zu wissen wo sich auf der Karte Ihr eigener Standpunkt befindet und wo Ihr Ziel. Abgesehen vom Kompaßkurs, der zu Ihrem Ziel führt, sollten Sie auch seine Entfernung wissen, die sich entweder anhand der Meßleiste an der Kompaßkante oder dem Balkenmaßstab am unteren Kartenrand berechnen läßt. Solange Sie nach Kompaßzahlen marschieren, vergleichen Sie immer wieder die Karte mit dem durchquerten Gelände.

1 Um die Kompaßzahl von Punkt A nach Punkt B zu ermitteln, legen Sie den Kompaß so an diese beiden Punkte auf der Karte an, daß der Richtungspfeil am Kompaß in die Richtung zeigt, die Sie einschlagen wollen. Lesen Sie die Entfernung zwischen A und B an der Meßleiste des Kompasses ab und berechnen Sie dann die Real-Entfernung anhand des Kartenmaßstabes.

2 Ohne den Kompaß zu verschieben, drehen Sie den mittleren Drehring bis die parallel darauf verlaufenden Nord-Süd-Linien mit den Gitterlinien der Karte übereinstimmen. Die Nordmarke des Drehringes (rot) sollte nach Karten-Nord zeigen (siehe Seite 129). Dadurch stellen Sie die Kompaßzahl (Richtungswinkel zwischen der Linie A-B und Magnetisch-Nord) auf Ihrem Kompaß ein.

Pfeil zeigt Ihre Marschrichtung an

3 Drehen Sie den ganzen Kompaß bis die Nordmarke des Drehringes nach Magnetisch-Nord zeigt, sich also mit der Magnetnadel deckt. Der Richtungspfeil am Kompaß deutet nun in die Richtung der eingestellten Kompaßzahl.

4 Nun nehmen Sie den Kompaß in die Hand und folgen dem Richtungspfeil. Achten Sie darauf, daß die Nordmarke des Drehringes und die Magnetnadel dabei übereinander stehen. Wenn Sie nach einer Kompaßzahl marschieren, muß der Kompaß stets absolut waagrecht gehalten werden.

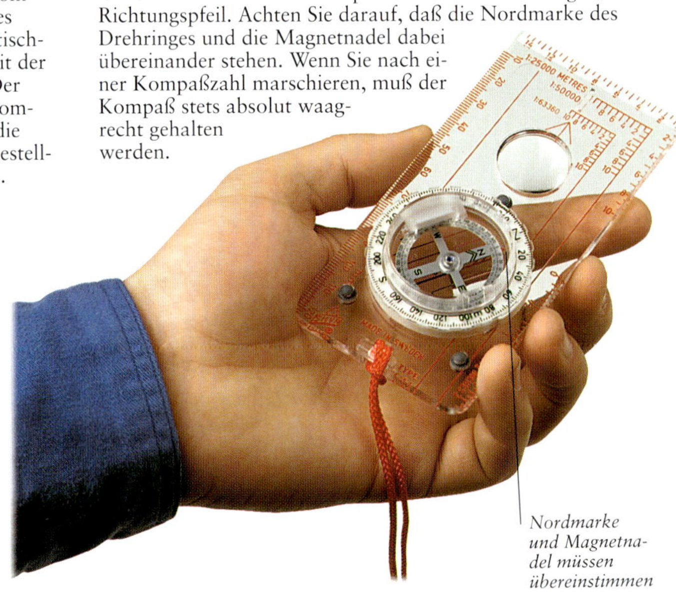

Nordmarke und Magnetnadel müssen übereinstimmen

Orientierung im Gelände

Es ist über Land nicht immer möglich oder sinnvoll, dem Kompaßkurs schnurstracks in einer geraden Linie zu folgen. Die folgenden »Insider-Techniken« sollen Ihnen zeigen, wie man nach der Kompaßzahl selbst schwieriges Terrain auf dem einfachsten Weg bewältigt, ohne Zeit durch ständige Standortkontrollen zu verlieren oder sich zu verlaufen. An dieser Stelle muß noch ausdrücklich betont werden, daß Sie in jedem Fall auf Ihrem Kompaß eine Kompaßzahl eingestellt haben müssen (siehe Seite 130), selbst wenn Sie sie nur als Bezugspunkt verwenden.

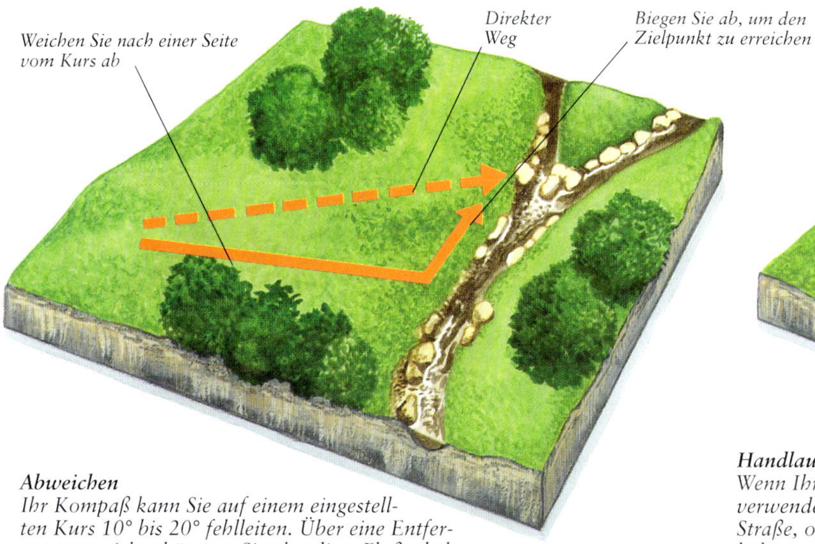

Abweichen
Ihr Kompaß kann Sie auf einem eingestellten Kurs 10° bis 20° fehlleiten. Über eine Entfernung von 1 km könnten Sie also diese Flußgabelung zu beiden Seiten um mehr als 300 m verfehlen. Außerdem würden Sie nicht wissen, in welcher Richtung Sie zu suchen hätten. Weichen Sie also absichtlich nach einer Seite vom Kurs ab. Wenn Sie dann den Fluß erreichen, werden Sie genau wissen, ob Sie nach links oder nach rechts müssen, um zu der Gabelung zu kommen.

Handlauf
Wenn Ihr Zielpunkt nicht einsehbar ist, verwenden Sie einen Höhenzug, einen Fluß, eine Straße, oder ein ähnliches Merkmal im Gelände als Anhaltspunkt, oder »Handlauf«, an dem Sie sich orientieren können. Ermitteln Sie zuerst die Kompaßzahl zum Handlauf, in diesem Fall einem Fluß, und marschieren darauf zu. In unserem Beispiel beträgt der Winkel zwischen Fluß und dem ihm am nächsten liegenden Punkt des Hügels etwa 250°. Folgen sie dem Flußlauf bis der Hügel auftaucht (bei 250°), und biegen dann nach links ab, auf diesen Kompaßkurs.

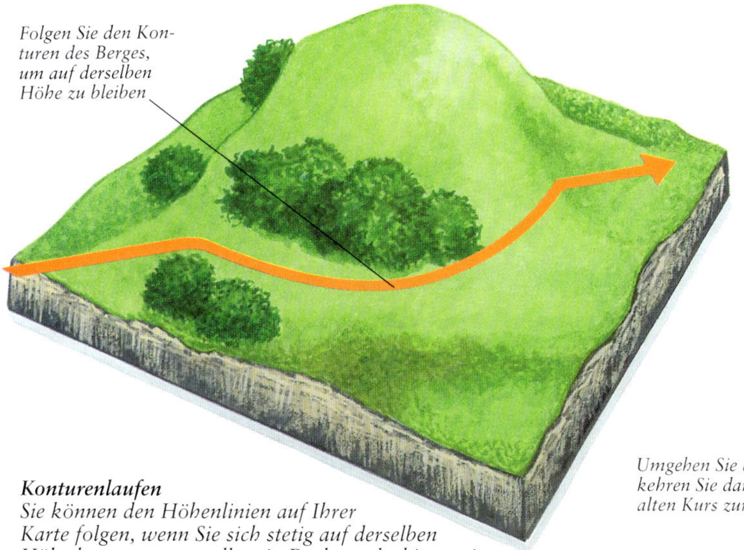

Konturenlaufen
Sie können den Höhenlinien auf Ihrer Karte folgen, wenn Sie sich stetig auf derselben Höhe bewegen – vor allem in Dschungelgebieten eine ausgezeichnete Methode um sich zurechtzufinden, denn hier ist es leichter, sich an den Höhenlinien zu orientieren als nach Kompaßzahlen zu marschieren. Das Konturenlaufen ist außerdem noch kräftesparend, da Sie keine Höhenunterschiede zu bewältigen haben.

Schätzen der zurückgelegten Entfernung

Wenn Sie zu Fuß unterwegs sind, können Sie entweder Ihre Doppelschritte zählen (immer auf dem linken Fuß) oder Ihre Uhr zu Rate ziehen. Die Schrittweite ist vom Gelände und der Reisegeschwindigkeit abhängig. Daher ist Zeit ein verläßlicherer Maßstab für die zurückgelegte Strecke. Halten Sie nach den ersten 10 Minuten an, um auf der Karte abzumessen, wie weit Sie vorangekommen sind und ermitteln Sie so Ihr Marschtempo. Von da an legen Sie einmal pro Stunde einen Halt ein, bei dem Sie anhand der Karte den Kurs überprüfen und die Ausrüstung nachsehen. Sie werden schon bald lernen, Ihre Reisegeschwindigkeit erstaunlich genau einzuschätzen. In unwegsamem Gelände mit schwerem Gepäck stellen 4 km/h ein flottes Tempo dar.

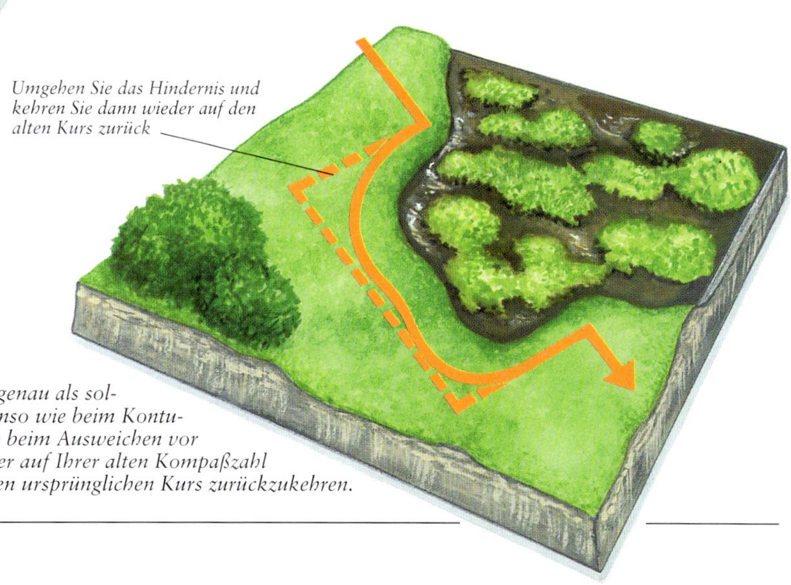

Umgehen
Sümpfe und andere große Hindernisse sind auf Karten nicht immer genau als solche zu erkennen. Belassen Sie beim Umgehen von Hindernissen, ebenso wie beim Konturenlaufen, auf Ihrem Kompaß den geradlinigen Kurs und messen Sie beim Ausweichen vor dem Hindernis die dabei zurückgelegte Entfernung. Sobald Sie wieder auf Ihrer alten Kompaßzahl marschieren, wissen Sie somit, wie weit Sie gehen müssen, um auf den ursprünglichen Kurs zurückzukehren.

WETTERKUNDE

WETTERÄNDERUNGEN WERDEN durch Luftdruck- und Temperaturunterschiede bedingt. Örtlich begrenzte Luftbewegungen, die über verschiedenen Landschaftsarten hinwegziehen, verursachen dabei Wind und Regen. In den Küstenregionen weht der Wind tagsüber normalerweise von See her und nachts dann vom Festland in Richtung Meer. Einige Gegenden weisen ein relativ stabiles Wetter auf, während in anderen Regionen komplizierte und wechselhafte Wetterbedingungen herrschen. In den äquatorialen Tropen gibt es keine unterscheidbaren Jahreszeiten, dafür aber eine tägliche Routine von Regen und Sonnenschein.

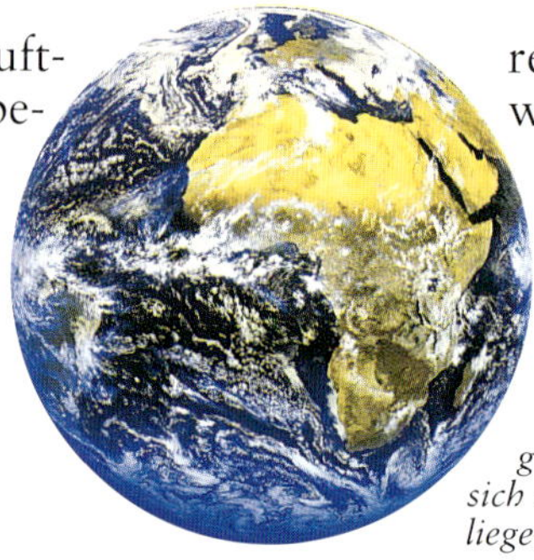

Globales Wetter
Eine Wetterlage kann sich entweder auf ein kleines Gebiet begrenzt halten, oder aber um den gesamten Globus ziehen und sich auf Orte auswirken, die Hunderte von Kilometern auseinanderliegen – dies etwa ist bei Wirbelstürmen der Fall.

WOLKEN ALS WETTERBOTEN

Wolken sind riesengroße Massen kondensierten Wasserdampfes. Ihre Anwesenheit, Form und Größe können Aufschluß über die Temperatur und den Luftdruck geben, und erlauben dadurch eine Prognose des bevorstehenden Wetters. Je höher die Wolken wandern, desto besser und stabiler dürfte das Wetter werden. Gewitterwolken hängen gewöhnlich recht tief und schwarz und zu großen Haufen gedrängt, während Schönwetter-Wolken weit oben und weiß sind. Sehr tiefziehende Wolken können in Höhenlagen leicht zur Bildung von Nebel führen.

Cumulonimbus
Cumulonimbus- oder Gewitterwolken bringen Hagel, starken Wind und Gewitter. Diese dunklen, schweren Wolken können sehr groß werden und sich amboßförmig auftürmen. Wenn sie am Himmel stehen, muß man mit Gewitterregen und Blitzschlägen rechnen (siehe Seite 171).

Cumulus
Flockige Cumulus- oder Haufenwolken sind meistens ein Anzeichen für gutes Wetter; wenn sie sich aber verdichten und dunkel werden, können sie auch Regen bedeuten. Sieht man Cumuluswolken über der offenen See, kann das bedeuten, daß Land in der Nähe ist (siehe Seite 165).

Stratocumulus
Stratocumulus- oder Haufenschichtwolken bilden sich manchmal über Cumuluswolken, wo sie sich zu einer dikken Schicht zusammenschieben. Stratocumuluswolken können leichte Schauer mitführen, die sich aber gegen Abend wieder auflösen.

Cirrus
Cirrus- oder Federwolken sind sehr weiß und ausgefranst. Sie formen sich normalerweise in großen Höhen bei gutem Wetter. Bedingt durch die extrem niedrigen Temperaturen in diesen Höhen, bestehen diese kleinen Wolken ausschließlich aus Eiskristallen.

EINFLÜSSE DER LANDSCHAFT AUF DAS WETTER

Wenn die mit Feuchtigkeit beladenen Winde, die vor allem vom Meer her kommen, durch Gebirgsketten oder Berge gezwungen werden zu steigen, entstehen dabei Wolken, die ihre Feuchtigkeit als Regen abgeben. Diese Regenwolken »prallen« an der Vorderseite der Gebirge wieder ab und wandern zum Meer zurück, wodurch der Küstenstreifen eine hohe Niederschlagsquote hat. Die mittlerweile trockenen Winde sinken auf der anderen Seite der Gebirge wieder ab und ziehen ins Landesinnere. Da sie nun keinen Regen mehr enthalten, entstehen sogenannte »Regenschatten« die im Binnenland für eine große Trockenheit sorgen (etwa an der Ostküste Australiens).

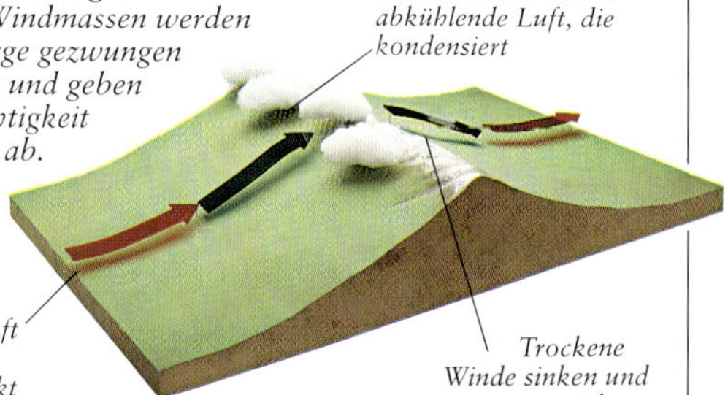

Erzwungener Regen
Feuchte Windmassen werden durch Berge gezwungen zu steigen und geben ihre Feuchtigkeit als Regen ab.

Wetterprognosen aus der Natur

Viele sogenannte »Volksweisheiten« basieren auf aufmerksamen Beobachtungen. So ist etwa der uralte Spruch: »Abendrot – des Hirten Brot; Morgenrot – des Hirten Not« eine häufig zutreffende Vorhersage. Auch das Verhalten von Tieren kann Wetteränderungen ankünden, genauso wie ein atmosphärisches Phänomen, etwa der Regenbogen.

Regenbogen
Ein Regenbogen entsteht, wenn nach einem Regen das Sonnenlicht durch Wasserdampftröpfchen in der Luft scheint. Die Tropfen fungieren als Prismen, die das Sonnenlicht in seine Spektralfarben zerlegen. Ein Regenbogen ist gewöhnlich ein Zeichen für gutes Wetter, besonders wenn er nachmittags erscheint.

Tierbewegungen
Tiere spüren die atmosphärischen Veränderungen, die allen Wetterumschwüngen vorausgehen. Nähert sich ein Sturm oder steht Schnee bevor, versammeln sich Herdentiere der höhergelegenen Regionen meistens schon vorher und ziehen in tiefere, sicherere Lagen.

Morgenrot
Wenn bei Sonnenaufgang der Himmel rot strahlt, ist das ein Zeichen dafür, daß die Atmosphäre viel Feuchtigkeit enthält, da die Sonne von den Wolken reflektiert wird. Dieses Naturphänomen bedeutet meist, daß ein Unwetter im Anzug ist.

Andere natürliche Vorzeichen

Ein Wetterumschwung kann sich durch eine Änderung der Windrichtung oder -geschwindigkeit ankündigen, oder durch wechselnde Wolkenformationen. Winde, die meist aus der gleichen Richtung wehen, bringen gewöhnlich jedesmal ein bestimmtes Wetter von dort mit. Wenn ein trockener, konstanter Wind umschwenkt oder abflaut, kündigt dies meistens Regen an. Morgennebel oder Frühdunst ist ein Zeichen für gutes Wetter, aber Wind – vor allem bei Bodennebel in höheren Lagen – kann Regen nach sich ziehen. Ist am Abend der Himmel klar, wird die Nacht kalt, vielleicht sogar mit Frostbildung, da keine Wolken den Wärmeverlust verhindern. Wenn Regen bevorsteht, führt das Ansteigen des atmosphärischen Drucks bei Menschen mit Rheumatismus zu erhöhten Schmerzen, es bringt Pflanzen dazu ihre Poren zu öffnen (wodurch sie intensiver riechen) und es läßt Gegenstände aus Holz aufquellen. Geräusche scheinen weiter zu tragen, und eine eigentümliche Spannung liegt in der Luft.

Kiefernzapfen
Kiefernzapfen reagieren verstärkt auf erhöhte Luftfeuchtigkeit. Wenn die Luft trokken ist, schrumpfen sie zusammen und schließen sich, jedoch kurz bevor es regnet, nehmen sie die Feuchtigkeit auf und quellen auf.

Feuchtes Wetter

Trockenes Wetter

BEAUFORT WINDSTÄRKE-SKALA

Windstärke	Windbezeichnung	Windgeschwindigkeit (in km/h)	Windwirkung
0	Windstille	0–0,7	Rauch steigt senkrecht auf
1	Zug	0,8–5,4	Rauchablenkung wird sichtbar
2	leichte Brise	5,5–11,9	Wind wird im Gesicht spürbar; Blätter flattern
3	schwache Brise	12,0–19,4	Blätter und kleine Zweige in ständiger Bewegung; Wimpel strecken sich
4	mäßige Brise	19,5–28,4	Staub und loses Papier wird aufgeweht; kleine Äste bewegen sich
5	frische Brise	28,5–38,5	kleinere Laubbäume beginnen sich zu wiegen
6	starker Wind	38,6–49,7	große Äste bewegen sich; Regenschirme lassen sich nur noch schwer handhaben
7	steifer Wind	49,8–61,6	ganze Bäume bewegen sich; Schwierigkeiten beim Gehen
8	stürmischer Wind	61,7–74,5	Äste werden abgerissen; alles Vorwärtskommen fällt schwer
9	Sturm	74,6–87,8	leichte Schäden an Häusern; Schornsteine und Dachziegel kommen herunter
10	schwerer Sturm	87,9–102,2	Bäume werden entwurzelt; beträchtliche Schäden an Häusern
11	orkanartiger Sturm	102,3–117,4	schwere Zerstörungen
12	Orkan	über 117, 5	Landschaft wird verwüstet

Beaufort-Windstärke-Skala
Veränderungen im Wetter kündigen sich immer auch durch die sich ändernde Windgeschwindigkeit an. Anhand der Auswirkungen des Windes auf bestimmte Objekte, auf die Landschaft und das Meer, läßt sich mit Hilfe der Beaufort-Skala die Windstärke abschätzen. In dieser Skala wird die Windintensität in 12 Stärken unterteilt, die von völlig still bis zum Hurrikan reichen.

Marschvorbereitungen

Sobald Sie sich einmal zur Weiterreise entschieden haben, ist es sehr wichtig, alles Erforderliche gut vorzubereiten. Sehen Sie zu, daß Ihre gesamte Ausrüstung gewaschen, ausgebessert und verpackt ist. Beurteilen Sie das Terrain, das Sie zu durchqueren haben werden, und planen Sie Ihre Route so genau wie Sie nur können. Sorgen Sie dafür, daß Sie genügend Lebensmittel- und Wasserreserven haben, und packen Sie alles ein, was auf der Strecke oder für den nächsten Lagerplatz irgendwie nützlich sein könnte. Wenn Sie Ihr Lager verlegen, müssen Sie sicherstellen, daß Sie und Ihre Gefährten kräftig genug sind, um einen Marsch zu überstehen. Sie müssen vielleicht vor der Weiterreise noch einige Ausrüstungsgegenstände herstellen (*siehe Seite 135*).

Packen des Rucksacks

Dank Ihrem Rucksack können Sie die Nahrungsmittel und Kleidung, die Sie unterwegs brauchen werden, verstauen und dazu noch Ihre übrige Camping-Ausrüstung bequem transportieren. Befestigen Sie nichts an seiner Außenseite – es könnte beschädigt werden oder verloren gehen. Alle Teile die Sie schnell greifbar haben sollten, bewahren Sie am besten in den Außentaschen auf. Ganz unten in den Rucksack packen Sie die leichten und sperrigen Gegenstände –die zusätzlich durch einen großen, robusten und wasserdichten Beutel geschützt werden – während die schwersten Teile nach oben kommen sollten, damit der Schwerpunkt Ihres Gepäcks möglichst hoch liegt. Schützen Sie Ihre Kleidung, die Nahrungsmittel, das Waschzeug, eine Erste-Hilfe-Ausrüstung und andere Ausrüstungskleinteile im Rucksack mit getrennten, wasserdichten Packbeuteln. Solange Sie sich in einem Lager aufhalten, sollten Sie alles, was Sie nicht unmittelbar benötigen, im Rucksack belassen.

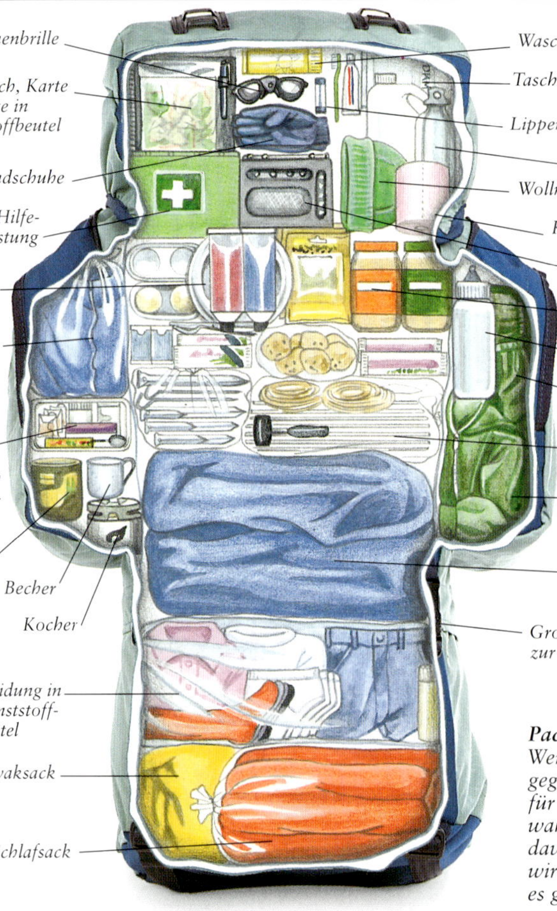

Packen mit System
Wenn Sie alle Ihre Ausrüstungsgegenstände stets am selben und für sie geeignetsten Platz aufbewahren, werden Sie nie etwas davon verlieren und jedes Stück wird immer greifbar sein, wenn es gebraucht wird.

Richtiges Tragen des Rucksacks
Der Schwerpunkt Ihres Rucksacks sollte möglichst hoch liegen, damit er Sie nicht nach hinten zieht. Das Hauptgewicht des Rucksacks sollte nur auf Ihren Beinen lasten. Mit einem gepolsterten Hüftgurt läßt sich ein Teil der Last von den Schultern auf die Hüften übertragen, so daß die Schultern und die Wirbelsäule entlastet werden können. Brustgurte verteilen einen Teil des Gewichtes auf den Brustbereich. Verstellbare Tragegurte ermöglichen es Ihnen, den Rucksack weit oben auf dem Rücken zu tragen.

Taschen und Daypacks

Auf kurzen Ausflügen läßt sich ein kleiner Tagesrucksack, in dem Nahrung, Kleidung und Notrationen für 24 Stunden enthalten sind, wesentlich angenehmer tragen als ein Trekkingrucksack. Das Zubehör für die Körperpflege paßt in einen Waschbeutel, während Reisedokumente, Brieftaschen und Reiseschecks in eine wasserdichte Dokumententasche gehören.

Daypack

Waschbeutel

Dokumententasche

Herstellung eines einfachen Tragegestells

1 Schneiden Sie einen leichten Ast etwa 30 cm unterhalb der Gabelung, und etwa 1 m über dieser Stelle ab. Entfernen Sie alle Knoten und Auswüchse.

2 Schnitzen Sie Kerben in alle drei Arme des Astes. Als Trageriemen für Ihre Schultern binden Sie ein Seil oder doppelt-gelegte Schnur an den beiden oberen Kerben fest.

Gepäck ist fest ans Gestell gebunden

Träger werden von den Schultern weggehalten, damit sie nicht scheuern

3 Das andere Ende der Schnüre befestigen Sie um die Kerbe des zentralen Armes. Achten Sie darauf, daß die Träger um Ihre Schultern einen guten Sitz haben, ohne jedoch zu eng zu sein.

4 Schlagen Sie Ihre Ausrüstung in eine Zeltbahn oder einen wasserdichten Poncho ein und binden Sie dann das Ganze möglichst weit oben an dem Gestell fest.

5 Überladen Sie Ihren Behelfs-Rucksack nicht zu sehr – obwohl sich damit durchaus ein ziemliches Gewicht tragen läßt. Binden Sie die beiden Trageriemen in Höhe der Schultern zusammen, damit die dünnen Schnüre Ihnen nicht zu sehr ins Fleisch schneiden. Unter die Trageriemen kann man Pflanzenmaterial als Polster legen.

Bau eines Travois

Stutzen der Zweige ergibt glatte Oberflächen

Stangen sollten möglichst gerade sein

2 Binden Sie zwischen den Stangen mehrere Stöcke im Abstand von je 10 cm als Querstreben fest.

Querstreben werden fest mit den Stangen verbunden

Berücksichtigen Sie die Stangenabnutzung und lassen Sie unten genug überstehen

3 Die unterste Strebe darf nicht zu dicht am Ende der Stangen befestigt werden, da sie durch Gebrauch abgeschliffen werden. Daher sollten Sie die letzte Strebe etwa 5 cm vor dem Stangenende anbringen.

4 Vergewissern Sie sich, daß Ihre ganze Ausrüstung gut auf dem Travois festgebunden ist. Sie können das Travois selber ziehen oder ein Tier davorspannen, etwa einen Hund oder ein Pferd. Sehen Sie zu, daß die Ladung Ihnen oder Ihrem Zugtier nicht zwischen die Füße fällt, oder heruntergerüttelt wird.

1 Schneiden Sie zwei stabile, gerade Stangen von mindestens 2 m Länge zurecht. Mit einem Messer glätten Sie die Innenseiten der Stangen, damit später die gepäcktragenden Querstreben einen guten Sitz haben wenn sie daran festgebunden werden.

Gehen im Gelände

Gehen als Mittel zur Beförderung, vor allem wenn man noch schwer mit seiner Ausrüstung beladen ist, hat nur wenig gemein mit dem in der Stadt üblichen Einkaufsbummel. Wenn eine ganze Gruppe zu Fuß unterwegs ist, muß sie sich an der Geschwindigkeit des langsamsten Gruppenmitglieds orientieren. Legen Sie zu Beginn des Marsches nach etwa 10 Minuten einen kurzen Halt ein, um den richtigen Sitz Ihrer Socken, Stiefel, Kleidung und Ausrüstung nachzusehen und nötigenfalls zu ändern, um zu überprüfen ob die eingeschlagene Richtung wirklich stimmt und ob alle Personen in Ordnung sind.

Kleine Gehschule

Gehen Sie langsam und gleichmäßig, und bewegen Sie Ihre Arme dabei im Gehrhythmus. Dadurch können Sie Ihren Schwung und das Gleichgewicht besser halten, und auch die Beine schwingen leichter vorwärts. Versuchen Sie einen gleichmäßigen und beständigen Schritt zu finden – einen, den Sie über lange Zeit hinweg aufrechterhalten können, ohne daß Sie außer Atem geraten oder Schmerzen verspüren. Rasten Sie in regelmäßigen Abständen und sehen Sie dabei Ihre Ausrüstung nach.

Bergauf gehen
Wenn Sie bergauf gehen, sollten Sie Ihren Schritt verkürzen, den Gehrhythmus aber beibehalten. Neigen Sie Ihren Körper leicht vor und setzen Sie Ihre Füße mit der ganzen Sohle auf.

Bergab gehen
Beim Abstieg machen Sie größere Schritte und halten Sie den Oberkörper möglichst senkrecht. Gehen Sie nicht zu schnell.

Gehen auf Sand
Auf Sand drosseln Sie Ihr Tempo und setzen Sie jeden Schritt bewußt, den Fuß nur langsam belastend. Wenn Sie seitwärts gehen, vermeiden Sie, daß die Fußspitzen im Sand versinken.

Gehen in der Gruppe

Wenn Sie in einer größeren Gruppe unterwegs sind, sollte vor dem Rest der Gruppe ein Voraustrupp aus kräftigen Leuten marschieren, die die Aufgabe haben, die Route zu überprüfen, einen geeigneten Weg zu finden und Ausweichmöglichkeiten um Hindernisse zu suchen. Gegen Abend können die Mitglieder des Trupps auch nach einem Lagerplatz suchen, die Zelte oder Unterschlüpfe errichten, Wasser besorgen und das Feuer in Gang bringen. Es sollten aber auch genügend kräftige Personen bei der Hauptgruppe bleiben, um diejenigen im Auge zu behalten die nicht mehr so schnell vorankommen und um etwaigen Kranken oder Verletzten der Gruppe zu helfen.

Zusammen bleiben
Es ist extrem wichtig, daß die Gruppe geschlossen läuft – mit Ausnahme der kräftigen Personen die als Erkunder unterwegs sind – vor allem in einer Überlebenssituation. Lassen Sie Kinder oder Verletzte nicht zurückfallen. Schlagen Sie ein Marschtempo ein, dem alle folgen können.

Planung der Route

Die beste Methode, um eine Route auszuarbeiten, besteht darin, sie zuerst abzulaufen. Bevor Sie sich daranmachen, suchen Sie zuerst nach einem erhöhten Punkt, etwa ein Hügel oder ein Baum, der sich gefahrlos erklettern läßt. Von dort aus können Sie dann mit Fernglas, Landkarte und allen anderen zur Verfügung stehenden Hilfsmitteln versuchen, den besten Weg auszumachen. Im Dschungel sind die Höhenzüge meistens nicht so dicht bewachsen wie die Täler, so daß es einfacher fällt auf ihnen voranzukommen. Allerdings kann es auch sein, daß entlang der Wasserwege bequem begehbare Pfade verlaufen, die von der einheimischen Bevölkerung angelegt wurden. Versuchen Sie immer der einfachsten Route zu folgen.

Rast
Es ist wichtig, in regelmäßigen Abständen Rastpausen einzulegen, besonders dann, wenn Sie in der Gruppe unterwegs sind. Versuchen Sie diese Pausen auf 10 Minuten zu begrenzen, die von dem Zeitpunkt an gerechnet werden, an dem alle angekommen sind und sich gesetzt haben. Solange sich die anderen ausruhen, können die Kundschafter den nächsten Wegabschnitt erkunden.

Gehen bei Nacht

Marschieren Sie nachts langsam und tasten Sie dabei den Untergrund mit dem Fuß ab, bevor Sie Ihr ganzes Gewicht darauf verlagern. Machen Sie sich das Licht des Mondes und der Sterne möglichst gut zunutze, indem Sie sich an offenes Gelände und von Bäumen weg halten. Hocken Sie sich nieder und blicken Sie nach oben, damit sich der Weg vor Ihnen gegen den Himmel abzeichnet. Schauen Sie Gegenstände nicht direkt an, sondern leicht von der Seite. Halten Sie in regelmäßigen Abständen an und verharren Sie vollkommen ruhig, um auf Geräusche vor Ihnen zu lauschen. Arbeiten Sie die ganze Zeit über mit Karte und Kompaß.

Nachtsicht
Es dauert 30 Minuten oder noch länger bis Sie im Dunkeln sehen können, weswegen Sie diese Fähigkeit sorgfältig hüten sollten. Wenn Sie im Licht Ihrer Taschenlampe Karte oder Kompaß zu Rate ziehen, schließen Sie zuvor eines Ihrer Augen. So werden Sie Ihre Nachtsicht schnell wiedererlangen.

Gefahren auf dem Marsch

Wenn Sie durch die Wildnis gehen, können Sie unterwegs vielen Unannehmlichkeiten begegnen, die von einfachen Verletzungen bis zu Insekten- und Schlangenbissen reichen. Passen Sie Ihren Gehstil dem Gelände an, durch das Sie marschieren, um Verletzungen zu vermeiden (siehe Seite 145). Eine weitere Bedrohung stellt die Hitzeerschöpfung dar. Stellen Sie sicher, daß Sie Ihre Kleidung zum Lüften lockern können, um den Körper abkühlen zu können, ohne frieren zu müssen (siehe Seite 23).

Hornisse
Die diversen Hornissenarten können für Wanderer in den gemäßigten Klimazonen zur Bedrohung werden, da ihre Stiche enorm schmerzhaft sind.

Herstellung eines Hudson-Bay-Tragesacks

1 Wenn Sie keinen Rucksack haben, können Sie Ihre Ausrüstung auch in diesem improvisierten Tragesack transportieren. Wickeln Sie zuerst in jedes Eck einer Zeltplane oder eines Ponchos einen Stein hinein, um einen guten Halt für die Schnur zu bekommen.

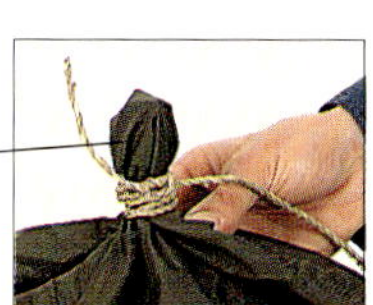

Binden Sie in die Ecke der Plane einen Stein

2 Verteilen Sie Ihre Habseligkeiten in einer Reihe auf dem Poncho. Wickeln Sie den Poncho um das Kleiderbündel und schlagen Sie ihn an den Enden ein, so daß eine »Wurst« entsteht.

3 Schnüren Sie mit Bindfaden das Bündel gut zusammen und überzeugen Sie sich, daß Ihre ganzen Sachen sicher verstaut sind und nicht herausfallen können. Verbinden Sie die beiden Enden mit einem Stück Schnur, die als Trageriemen dienen soll.

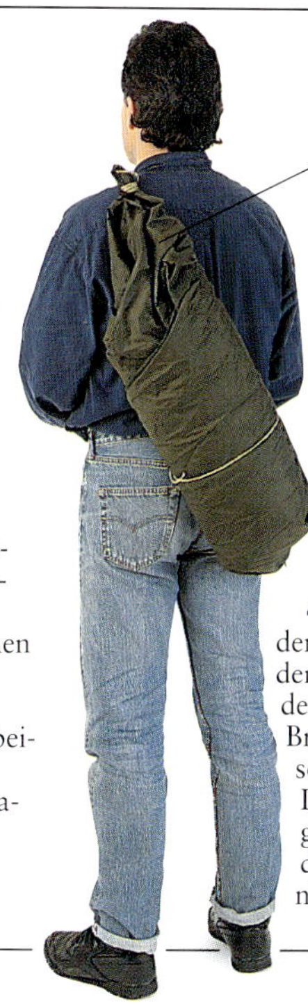

Bündel hängt über dem Rücken wie ein Rucksack

4 Hängen Sie sich den Tragesack über den Rücken, wobei der Riemen über die Brust verlaufen sollte. Sie können Ihre Schulter mit Vegetation polstern, damit die Schnur nicht so einschneidet.

Gehen in Schnee und Eis

Die Beschaffenheit des Terrains und die Auswirkungen von Kälte auf den menschlichen Körper sind die wesentlichen Gründe, die das Gehen in Schnee und Eis so gefährlich machen. Sich warm zu halten, ist in polaren Regionen ein wesentlich kleineres Problem als die Gefahr der Überhitzung. Um unter den in der Arktis herrschenden Bedingungen voranzukommen, müssen Sie sehr fit sein und Sie brauchen die richtige Ausrüstung. Das Wandern durch Schnee und Eis kann sogar in gemäßigten Klimaten riskant sein und sollte daher nicht ohne gute Vorplanung versucht werden.

Kleidung für die Polargebiete

Die extreme Kälte, die in den polaren Regionen herrscht, macht spezielle Kleidung erforderlich. Um in diesen Gebieten überhaupt gehen zu können, werden Sie Hilfsmittel wie Schneeschuhe, Steigeisen oder Skier brauchen, während Gletscher und ähnliche gefährliche Eisfelder nur mit Eisäxten sicher überquert werden können. Sie müssen Ihre Kleidung »lüften« können, entweder durch Öffnen von Reißverschlüssen, oder durch Ablegen von einigen Schichten, um damit der Überhitzung vorzubeugen. Es ist entscheidend sich an das Zwiebelschalenprinzip (siehe Seite 22) zu halten und als letzte Schicht windundurchlässige Kleidung zu tragen. Aufgrund der schneidenden Kälte und eisigen Winde müssen Sie in der Lage sein, auch das kleinste Stückchen entblößter Haut bedecken zu können, da sonst schwere Erfrierungen drohen (*siehe Seite 141*). Auch Schneebrillen gehören zur Ausstattung dazu, um Schneeblindheit zu vermeiden.

Kapuze
Die Kapuze sollte sich tief ins Gesicht ziehen lassen und möglichst viel davon bedecken. Tragen Sie eine warme Haube darunter.

Jacke
Die Jacke sollte windundurchlässig sein, sich leicht belüften lassen und außerdem so weit geschnitten sein, daß mehrere Kleiderschichten darunter getragen werden können. Sie sollte zudem ein leichtes, isolierendes Futter besitzen.

Handschuhe
Tragen Sie drei Schichten übereinander – dünne Seidenhandschuhe, damit die Finger nicht an Metall festfrieren, Innenhandschuhe aus Wolle und Überfäustlinge, die wind- und wasserabweisend sind. Verbinden Sie die zusammengehörigen Handschuhe jeweils durch ein Stück Schnur miteinander, das Sie durch die Ärmel und über die Schultern führen, damit sie nicht verloren gehen.

Eispickel
Mit einem Eispickel lassen sich Stufen in vereiste Hänge hauen. Wenn Sie einmal ausrutschen und stürzen, kann er auch als Bremse genutzt werden.

Hosen
Die Hosen oder Trägerhosen (Hosen mit sehr hohem Bund und integrierten Hosenträgern) sollten an der Außenseite windabweisend und darunter wärmeisoliert sein. Die Hosen sollten mit einer verschließbaren Gesäßklappe ausgerüstet sein, damit zur Verrichtung der Körperfunktionen die Jacke nicht ausgezogen werden muß oder zuviel Fleisch der frischen Luft ausgesetzt ist.

Eishammer
Damit werden beim Bergsteigen Mauer- und Kletterhaken in Eiswände gehauen (siehe Seite 146).

Warm bleiben
In kalten Regionen sollte die Kleidung aus mehrere Schichten bestehen, damit warme Luft sich zwischen den einzelnen Lagen hält und somit den Körper gegen Kälte isoliert (siehe Seite 23).

Stiefel
Sie sollten einen isolierten Außenschuh aus Kunststoff aufweisen und feste Innenschuhe mit Sohlen, die sich im Zelt oder dem Lager tragen lassen. Tragen Sie darunter mehrere Paare dünner und dicker Socken.

Lebenswichtige Ausrüstung

Schneeblindheit läßt sich durch spezielle Brillen verhindern. Steigeisen können verhindern, daß Sie im Eis ausrutschen, während Sie mit Hilfe von Schneeschuhen auch über Tiefschnee gehen können. Eine Eisaxt ist auf vereisten Hängen als Stütze unentbehrlich, während Skistöcke bei der Beibehaltung des Gleichgewichtes helfen.

Schneebrille

Schneeschuh

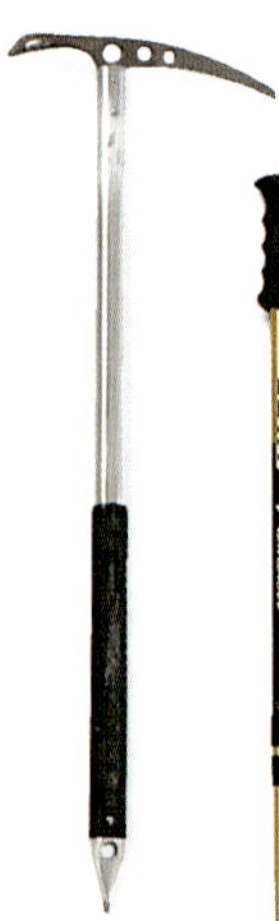

Eisaxt

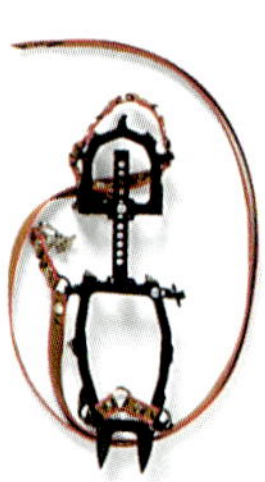

Steigeisen

Skistock

Herstellung von Schneeschuhen

1 Biegen Sie einen grünen Schößling nach und nach um Ihr Knie, solange bis er in seiner ganzen Länge geschmeidig ist.

2 Mit Ihrem Messer dünnen Sie vorsichtig die Innenseite seiner Biegung aus. Dadurch läßt sich das Holz noch leichter formen.

3 Schneiden Sie die beiden Enden des Astes angeschrägt zu, so daß sie bündig miteinander abschließen.

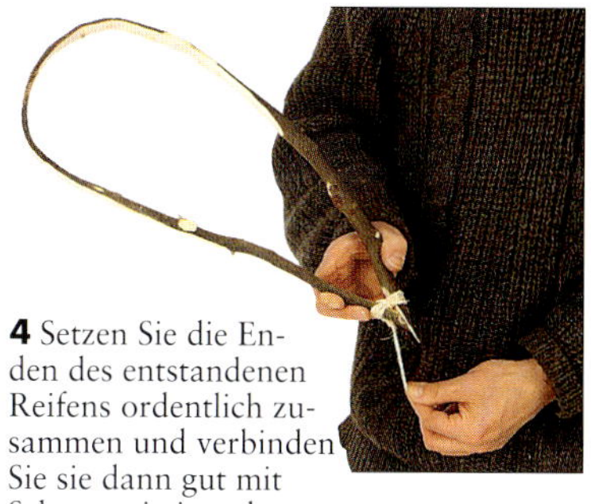

4 Setzen Sie die Enden des entstandenen Reifens ordentlich zusammen und verbinden Sie sie dann gut mit Schnur miteinander.

5 Binden Sie zwei kurze Stöcke an ihren Mittelpunkten mit Schnur zusammen. Fertigen Sie so noch zwei weitere Stockpaare an.

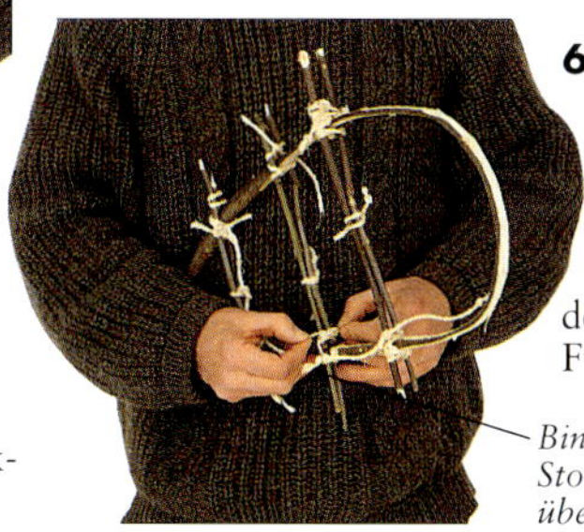

Binden Sie jedes Stockpaar quer über den Reifen fest

6 Verteilen Sie diese drei Stockpaare über den Reifen und zurren Sie sie fest. Sie werden später den Fuß tragen.

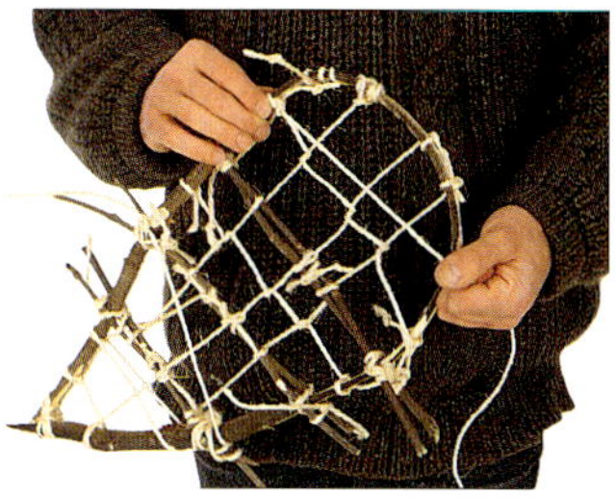

7 Flechten Sie Schnur in, über und um die Stützstöcke, um so die Grundfläche des Schneeschuhs zu bekommen.

8 Die fertigen Schneeschuhe binden Sie mit Schnur an Ihren Wanderstiefeln fest. Schneeschuhe verteilen das Gewicht des Körpers auf dem Schnee über eine größere Fläche als die Füße alleine.

Techniken zum Gehen in Schnee und Eis

Tiefschnee
Wenn Sie in der Gruppe über umfangreiche Schneeflächen marschieren wollen, sollten Sie am besten in einer Reihe hintereinander und in Reichweite zueinander gehen. Dadurch kann niemand in einem Schneesturm verloren werden, und sollte jemand von Ihnen stürzen, können die anderen schnell zur Hilfe kommen. Häufig trägt die Eiskruste, die auf Tiefschnee zu finden ist, Ihr Gewicht, verlassen Sie sich aber nicht darauf. Verwenden Sie Ihre Eisaxt als Gehhilfe.

Überwinden von Hängen
Lassen Sie die allergrößte Vorsicht walten, wenn Sie über Eishänge oder zugefrorene Seen gehen. Bilden Sie mit Ihren Begleitern zusammen eine Seilschaft, und verwenden Sie Ihre Eisaxt um den Schnee vor Ihnen auf unsichtbare Spalten hin zu untersuchen, aber auch zum Abstützen, falls Sie ausrutschen sollten. Bekommt das Eis Risse, dann verteilen Sie Ihr Gewicht über die größtmögliche Fläche und ziehen sich mit Ihrer Eisaxt wieder heraus. Überqueren Sie niemals ein zugefrorenes Wasserreservoir. Wenn Wasser abgepumpt wird, entsteht unter dem Eis eine Luftglocke von manchmal mehreren Metern; bricht das Eis, werden Sie nicht in der Lage sein, sich herauszuziehen. Wenn Sie an einem vereisten Hang ins Rutschen kommen, dann rammen Sie das spitze Ende Ihrer Eisaxt in den Boden und legen Sie Ihr ganzes Gewicht darauf. Mit etwas Glück kann Sie das vielleicht bremsen.

Querfeldein auf Skiern

Langlauf-Skier sind lang und schmal. Sie werden eingewachst, damit sie sowohl gleiten als auch greifen, wodurch Sie sich vorwärts bewegen können ohne zurückzurutschen. Der Antrieb kommt dadurch, daß das hintere Bein rückwärts drückt und das andere Bein dabei vorwärts gleitet. Langlauf-Skier sind bei tiefem Pulverschnee am effektivsten, da man hier mit Gehen nicht vorankommt.

Lautloses Gleiten
Mit Langlauf-Skiern kann man effizient und dennoch beinahe lautlos durch die Wildnis reisen, durch Gegenden die einem Wanderer vielleicht verschlossen bleiben.

In der Arktis

Mit besonderen Kufen und Skiern läßt sich gut und schnell vorankommen. Allerdings kann das Durchqueren von Eis und selbst der dünnsten Schneedecke zur totalen körperlichen Erschöpfung führen. Nur Leute, die extrem fit sind und die richtige Ausrüstung mithaben, sollten Reisen in die Polargebiete unternehmen, denn die dortigen eisigen Temperaturen können alles Denkvermögen lähmen, die scheinbar endlosen Winternächte können auch den fröhlichsten Menschen völlig deprimieren und selbst vergleichsweise laue Winde lassen das Erfrierungsrisiko erheblich ansteigen.

Schneefahrzeuge
Der Motorschlitten, sportlich und praktisch wie er ist, hat im arktischen Alltag den Hundeschlitten weitgehend abgelöst.

Reisen mit eigener Kraft

Über Eis und verkrusteten Schnee sind Pulks (Schlitten, die von Menschen gezogen werden) sehr wirkungsvoll, besonders dann, wenn Sie Skier tragen. In weicherem Schnee wird das Skifahren immer mühsamer und Schneeschuhe bieten sich stattdessen an, obwohl auch das harte Arbeit ist. Hüten Sie sich vor Überhitzung, denn sonst schwitzen Sie und Ihre Kleidung wird schweißnaß. Achten Sie darauf, daß Sie Ihre Kleider belüften können, um überschüssige Wärme hinauszulassen.

Ziehen eines Pulks
Der Pulk erspart es Ihnen ein Gewicht auf den Schultern tragen zu müssen, und über Eis und verkrusteten Schnee gleitet er leicht hinweg. Bergab allerdings können Pulks eine beachtliche Zugkraft entwickeln und lassen sich dann nur schwer anhalten, und lenken schon gar nicht. Vergewissern Sie sich, daß Sie rasch aus dem Geschirr herauskönnen, halten Sie Ihren Pulk aber stets unter Kontrolle und stoppen Sie nach jedem Abstieg – auch wenn das mitunter sehr schwierig werden kann.

Ausrüstung ist unter wasserdichter Plane auf dem Pulk befestigt

WARNUNG

Achten Sie sorgfältig auf etwaige Anzeichen für Erfrierungen. Zuerst werden Finger, Nase, Füße, Ohren und Gesicht betroffen, da sie am wenigsten durchblutet sind. Wenn die Haut zu erfrieren beginnt, verspürt man ein leichtes Prickeln. Dann erscheinen wächsern aussehende Flecken, die sich taub anfühlen. Wärmt man diese Stellen nicht wieder auf, verhärten und röten sich, es bilden sich Blasen, die absterben, und schließlich fallen sie ab.

Reisen mit dem Hundeschlitten

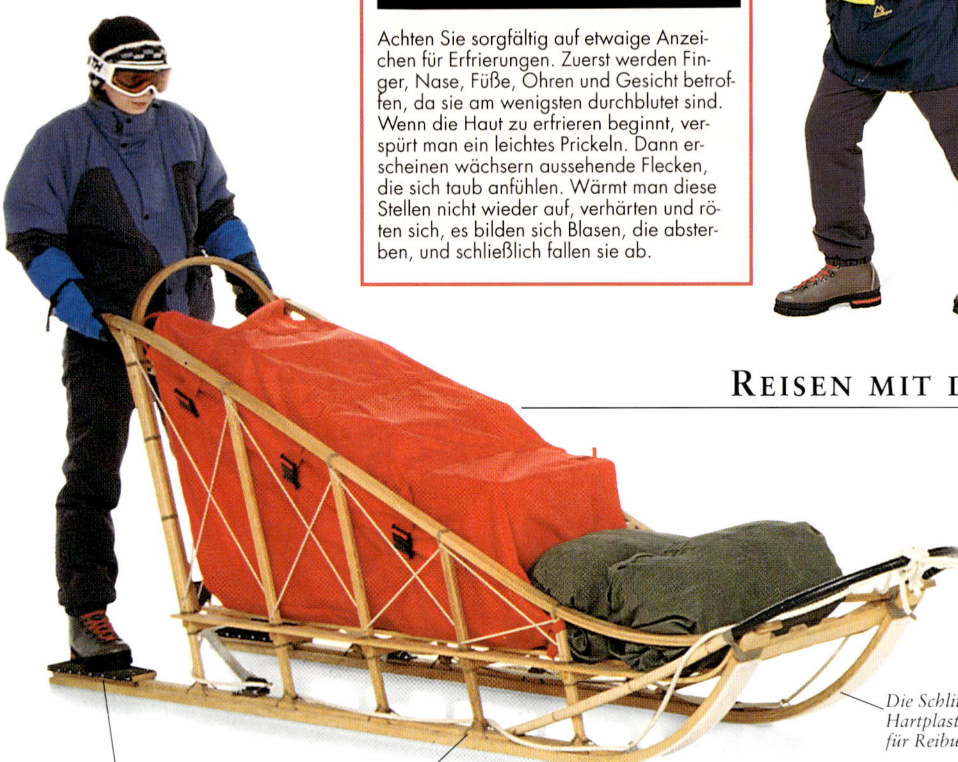

Die Schlittenkufen sind mit Hartplastik überzogen, um für Reibung zu sorgen

Die Steuerung erfolgt durch den Fahrer, der sein Gewicht von einer Seite auf die andere verlagert

Zur Erhöhung der Stabilität und der Elastizität ist der Schlitten mit Riemen zusammengebunden

Traditionelles Transportmittel
Schlittenhunde werden traditionell zum Transport in der Arktis eingesetzt, und auch heute noch betrachten viele Forschungsreisende sie als die beste Methode, um ihre Ausrüstung über Schnee und Eis zu transportieren. Die Tiere sind unglaublich zäh und widerstandsfähig, können auch bei Schneestürmen draußen schlafen und bewegen sich behende über jedes Terrain (außer es ist sehr vereist, denn dann zerschneiden sie sich die Pfoten). Hunde sind viel einfacher zu »warten« als die Motorschlitten und sie sind wesentlich bessere Gefährten.

Teamwork
Das Hundegespann arbeitet als Rudel zusammen, mit einem Leithund an der Spitze. Dieser wiederum betrachtet den Fahrer als sein Alpha-Tier.

DIE ABKÜHLENDE WIRKUNG DES WINDES															
Geschwindigkeit	**Temperatur (°C)**														
Windstille	–4	–7	–9	–12	–15	–18	–20	–23	–26	–29	–31	–34	–37	–40	–43
	Entsprechender Auskühlungseffekt (°C)														
8 km/h	–7	–9	–12	–15	–18	–20	–23	–26	–29	–32	–34	–37	–40	–43	–45
16 km/h	–12	–15	–18	–23	–26	–29	–32	–37	–40	–43	–45	–51	–54	–57	–59
24 km/h	–18	–20	–23	–29	–32	–34	–40	–43	–45	–51	–54	–57	–62	–65	–68
32 km/h	–18	–23	–26	–32	–34	–37	–43	–45	–51	–54	–59	–62	–65	–70	–73
40 km/h	–20	–26	–29	–34	–37	–43	–45	–51	–54	–59	–62	–68	–70	–76	–79
48 km/h	–23	–29	–32	–34	–40	–45	–48	–54	–57	–62	–65	–70	–73	–79	–82
56 km/h	–23	–29	–34	–37	–40	–45	–51	–54	–59	–62	–68	–73	–76	–82	–84
64 km/h	–26	–29	–34	–37	–43	–48	–51	–57	–59	–65	–70	–73	–79	–82	–87

☐ Bedingungen bei normalen Vorkehrungen noch recht angenehm

☐ Bedingungen sehr unerfreulich; Thermo-Überbekleidung erforderlich

☐ Hautstellen, die längere Zeit der frischen Luft ausgesetzt sind, erfrieren

☐ Ungeschützte Körperstellen können innerhalb einer Minute erfrieren

☐ Extrem gefährliche Bedingungen; ungeschützte Körperstellen können innerhalb von 30 Sekunden erfrieren

Windfrost-Effekt
Der Wind der nördlichen Regionen kann Sie töten, denn er kann die Luft auf Temperaturen abkühlen, die weit unter der wirklichen Außentemperatur liegen. Je kräftiger der Wind bläst, desto größer ist sein Einfluß auf die Temperatur.

Bau eines Schlittens

1 Aus einem größeren, gegabelten Ast läßt sich ein Schlitten oder Pulk herstellen. Binden Sie die Enden der Gabeln auf den Hauptarm des Astes zurück, damit die Bögen unter Spannung stehen.

2 Alle Schnur, die über den Boden schleift, wird schnell durchgescheuert sein; binden Sie daher Längsstreben an den Kufen fest, die als Grundlage für eine Plattform dienen.

Aus einem Ast und Schnur machen Sie einen Handgriff

Beladener Schlitten
Wickeln Sie Ihre Ausrüstung in einen Poncho ein und binden Sie das Ganze gut auf dem Schlitten fest.

3 Binden Sie mehrere Stöcke über die Längsstreben fest, die die Hauptträger der Schlittenplattform darstellen.

Stöcke werden an den Längsstreben befestigt, auf denen später das Gepäck ruht

4 Befestigen sie möglichst viele Querstangen an den Längsstreben, damit die Plattform, auf der das Gepäck verstaut werden soll, wirklich stabil wird.

Das Geschirr verbindet alle Hunde miteinander, so daß sie mit vereinten Kräften arbeiten

Das dichte Fell hält Wind und Schnee ab

Zuverlässige Gefährten
Huskies sind wegen ihres dichten, derben Felles und ihrer sehr pelzigen Pfoten für die Reise durch polare Regionen geradezu prädestiniert.

Durch die Wüste

Wüsten sind gewöhnlich menschenleer, da es in ihnen weder genügend Wasser noch ausreichende Vegetation gibt, um eine Besiedlung zu erlauben. Es herrschen extreme Temperaturunterschiede; tagsüber kann die Hitze sehr groß werden und nachts, wenn keine Wolkendecke vorhanden ist, die die Wärme zurückhält, fallen die Temperaturen oft bis unter den Gefrierpunkt. Aber auch das Wetter kann sich von einem Moment auf den nächsten ändern und gewaltige Sandstürme und wolkenbruchartige Regenfälle mitbringen. Die Wüste ist eine sehr fremd anmutende Lebenswelt, in der Wasser das wichtigste Bedarfsgut ist.

Kleidung für die Wüste

Die Hauptaufgabe der Wüstenbekleidung besteht darin, die Körpertemperatur konstant zu halten. Die Kleider müssen während des Tages den Körper gegen die sengende Sonne schützen und nachts, wenn die Temperaturen plötzlich fallen, die körpereigene Wärme halten können. Alle Körperteile sollten bedeckt werden, damit Sie sowohl gegen die Sonne, als auch gegen die unangenehmen Auswirkungen von Sandstürmen geschützt sind. In der Wüste herrscht praktisch keine Luftfeuchtigkeit, wodurch sich ihre extreme Hitze etwas leichter ertragen läßt als die der anderen heißen Klimazonen. Da Ihre Wüstenbekleidung Sie nicht gegen Regen zu schützen braucht, kann sie aus durchlässigem Gewebe bestehen. Dadurch läßt sie sich angenehmer tragen, trägt zur guten Belüftung zwischen den einzelnen Schichten bei und sorgt auf diese Weise in der Nacht für eine wärmende Isolierung.

Improvisierte Ausrüstung

Da die Wüste ein sehr gefährlicher Aufenthaltsort sein kann, ist es entscheidend die richtige Ausrüstung mitzuführen. Dazu zählt besonders auch die Kleidung, die Ihnen Schutz vor der Hitze und der ultravioletten Sonnenstrahlung bieten muß. Sie können sich aus einem Filmstreifen eine behelfsmäßige Sonnenschutzbrille anfertigen, aus einem Handtuch oder Halstuch läßt sich ein Schal zum Schutz des Nackens machen, und aus Stoff kann man improvisierte Schuhe fertigen.

Schutzbrille
Die Augen müssen stets vor der Sonnenstrahlung geschützt werden. Improvisieren Sie eine Schutzbrille, indem Sie sich mit Bindfaden einen Filmstreifen um den Kopf binden und Sehschlitze oder -löcher hineinmachen.

Hut
Ein heller Hut mit breiter Krempe reflektiert heiße Sonnenstrahlen und wärmt nachts den Kopf.

Sonnenbrille
Sonnenschutzbrillen mit hoher UV-Filterwirkung verhindern Erblindung durch Sonneneinwirkung

Baumwollhemd
Das leichte Hemd aus Baumwolle sollte langärmlig sein, um die Arme vor der Sonneneinwirkung zu schützen. Tragen Sie ein T-Shirt darunter, das den Schweiß aufsaugt und Ihnen dadurch hilft, den Körper kühl zu halten.

Jacke
Eine windundurchlässige Jacke schützt gegen dornige Vegetation, Sonne, Wind und die nächtliche Kälte.

Gürtel
Ein Web- oder Baumwollgürtel verhindert nicht nur, daß Sand in Ihre Kleidung eindringt, sondern läßt sich auch als Schlinge in Erste-Hilfe-Fällen einsetzen (siehe Seite 179).

Hände
Reiben Sie Ihre Hände mit Sonnenöl ein, um sie vor Sonnenbrand zu schützen.

Baumwollhose
Dicht gewebte Baumwollhosen sind windundurchlässig und bieten den Beinen Schutz gegen die Sonne, Sand und Dornengestrüpp.

Wüstenbekleidung
Bekleidung für den Wüsteneinsatz muß leicht sein und aus einem durchlässigen, aber widerstandsfähigen Material bestehen. Sie sollte Sie vor der intensiven ultravioletten Strahlung und Hitze der Sonne am Tage ebenso schützen wie vor der strengen Kälte in der Nacht.

Stiefel
Wüstenstiefel haben dicke, wärmeschutzisolierte Sohlen und einen durchlässigen Aufbau aus Wildleder, durch den die Füße atmen können.

Erscheinungsformen der Wüste

Eine Landschaft wird gewöhnlich dann als »Wüste« bezeichnet, wenn dort im Jahr weniger als 25 cm Niederschlag fällt. Wüsten unterscheiden sich weltweit, je nach ihrer geographischen Lage und dem Klima (siehe Seite 16) erheblich voneinander. Es kann sich um steinige Einöden handeln, um riesengroße Gebiete voller Wanderdünen, um Gebirgswüsten und um trockenes Buschland; dennoch können Pflanzen und Tiere, die sich besonders an dieses trostlose Land angepaßt haben, dort leben.

Erg
Die riesigen, heißen Sandwüsten mit ihren Dünen werden als Erg bezeichnet. Es gibt sie in Australien, Nordafrika und Asien.

Felswüste
Die flachen, felsigen Einöden waren vor Jahrtausenden meist Meeresböden. Diese Wüsten, die überall auf der Welt zu finden sind, sind extrem unwirtlich.

Kaktuswüste
In einigen Wüsten können bestimmte, anpassungsfähige Pflanzen leben, etwa der Kaktus, der in seinem Fruchtfleisch Wasser speichern kann. Solche Wüsten gibt es in Süd- und Nordamerika, Australien und Asien.

Dornenstrauch-Savanne
Obwohl hier Dornengestrüpp wachsen kann, ist es zu trocken um Grasland ernähren zu können. Solche Savannen finden sich in Süd- und Nordamerika, Zentralasien und Australien.

Schutz bei einem Sandsturm

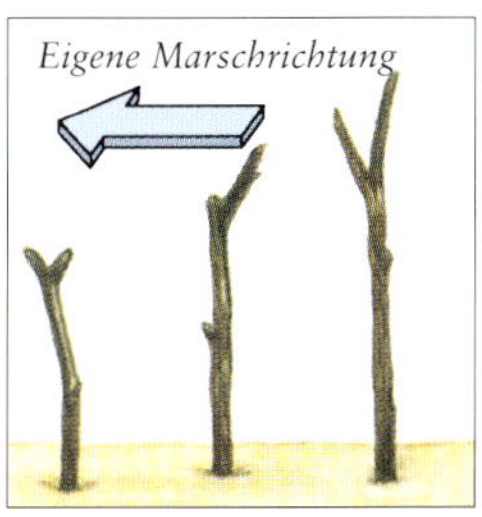

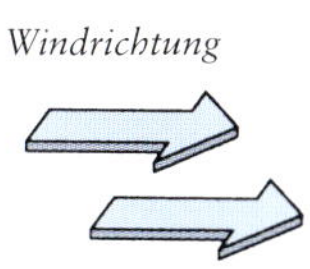

2 Verkriechen Sie sich hinter jeglicher Deckung die Sie finden können, mit dem Rücken zum Wind. Bedecken Sie Ihren gesamten Körper und schützen Sie besonders Gesicht und Hals gegen den Sandstaub. Warten Sie mit dem Weitermarsch, bis der Sandsturm sich völlig gelegt hat.

1 Sandstürme sind recht unangenehm und können die Wüstenlandschaft stark verändern. Sie sollten Ihre eigene Marschrichtung mit Stöcken oder Steinen markieren.

Wüstenreisen

Wenn Sie sich in der Wüste in einer Survival-Situation befinden, sollten Sie sich nur dann bewegen, wenn es unbedingt notwendig ist. Müssen Sie beispielsweise weiterziehen um Wasser zu finden, oder weil es an dem momentanen Standort keinerlei Hoffnung auf Rettung mehr gibt, dann reisen Sie nur in der Kühle der Nacht, am besten im Licht des Mondes. Da die Wüste kaum auffällige Geländepunkte aufweist, ist es enorm schwierig, sich in ihr zu orientieren und den eigenen Standort zu bestimmen; eine Oase zu finden (vorausgesetzt Sie wissen überhaupt wo eine sein sollte), ist daher beinahe Glückssache.

Schatten im Eigenbau
Sie können sich selber ein schattiges Plätzchen schaffen, wenn Sie eine Rettungsdecke oder einen Schlafsack über eine Schnur hängen, die Sie zuvor zwischen Steinstapeln oder Pfosten gespannt haben. Buddeln Sie in den Sand eine Vertiefung, damit Sie mehr Bewegungsfreiheit unter dem Dach haben.

ÜBERLEBENSDAUER IN DER WÜSTE BEI EINGESCHRÄNKTEM WASSERVORRAT				
Im Schatten ruhend				
°C	Ohne Wasser	2 Liter	10 Liter	°F
50	2–5 Tage	2–5 Tage	3–5 Tage	122
30	7 Tage	5–8 Tage	14 Tage	86
20	12 Tage	14 Tage	23–25 Tage	68
Nachts marschierend				
50	1 Tag	2 Tage	3–5 Tage	122
30	4 Tage	5 Tage	5–7 Tage	86
20	9 Tage	10–15 Tage	5–15 Tage	68

Ohne Wasser überleben
Ein Mensch der zu Fuß reist, braucht dabei mindestens 4–5 Liter Wasser täglich für ein Mindestmaß an Sicherheit. In der Wüste ist es ungeheuer wichtig, auf den Wasserhaushalt des Körpers zu achten und daher nur nachts zu arbeiten, körperliche Anstrengungen weitgehend zu vermeiden und zu versuchen,möglichst wenig zu schwitzen. Wenn Sie bei Temperaturen von 50°C (122°F) nichts anderes tun als im Schatten zu liegen, werden Sie ohne Wasser höchstens fünf Tage überleben. Diese Zeit halbiert sich noch, wenn Sie wandern, selbst wenn es bei Nacht geschieht. Daher sollten Sie sich in einer Überlebenssituation die Notwendigkeit jeder einzelnen Bewegung vorher gut überlegen, es sei denn, Sie verfügen über genügend Wasser.

Im Dschungel

Obwohl der Dschungel heiß, stickig und voller Insekten ist, stellt er doch in vieler Hinsicht ein Paradies dar. Es gibt reichlich Nahrung, Verknappungen existieren nicht und aus dem Himmel regnen große Mengen von Süßwasser herab. Allerdings sieht jemand, der mit dem Dschungel nicht vertraut ist, nur seine Feuchtigkeit, die Dunkelheit und den Lärm. Die Schwüle und die immense körperliche Anstrengung, mit der jede Bewegung durch den Urwald verbunden ist, lassen hitzebedingte Erschöpfungszustände zu einer ständigen Bedrohung werden, weshalb Sie umfangreiche Wasservorräte mitführen sollten.

Vorbereitungen für den Dschungel

Sie sollten bei Reisen durch den Dschungel Ihren gesamten Körper bedeckt halten und leichte, feste Kleidung tragen, die relativ schnell trocknet. Sie werden wahrscheinlich die meiste Zeit ziemlich durchnäßt sein und müssen Ihre Kleider täglich in frischem Wasser waschen, da sie sonst verrotten wird. Wasserabweisende Stücke zu tragen, hat wenig Sinn, Sie werden darunter nur noch mehr schwitzen. Für kalte Nächte ist ein leichter Pullover hilfreich. Sie sollten stets einen Satz sauberer und trockener Kleidung zur Hand haben, in den Sie nachts zum Schlafen wechseln. Verpacken Sie Ausrüstungsstücke, die Sie nicht mehr brauchen, umgehend wieder im Rucksack. Die Teile, die nur locker befestigt sind, können leicht in der Vegetation hängenbleiben und abgerissen werden. Hängen Sie daher Ihre wichtigsten Ausrüstungsgegenstände an festen Kordeln um den Hals.

Erste-Hilfe-Satz

Passen Sie auf, daß kleine Verletzungen sich nicht entzünden. Wenn Sie sich durch das dornige oder messerscharfe Unterholz arbeiten, lassen sich Schnitte an den Händen nicht vermeiden. Ein antibiotisches Puder eignet sich sehr gut, um eine Entzündung zu verhindern. Seien Sie extrem vorsichtig, wenn Sie sich mit der Machete Ihren Weg durch den Dschungel bahnen, denn wenn Sie sich damit verletzen, könnten Sie schwerste Wunden davontragen. Sie werden eine Menge wasserfester Heftpflaster benötigen, um all die kleinen Stiche und Schnittwunden bedeckt zu halten.

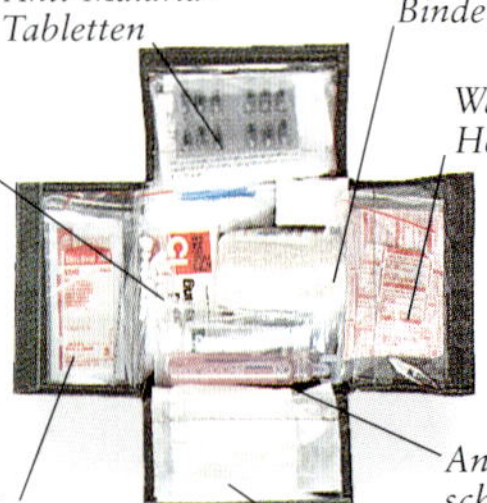

Tropenapotheke
Es gibt Erste-Hilfe-Sätze, die speziell für die tropischen Regionen zusammengestellt wurden. Darin finden sich auch Medikamente, die gegen typische Tropenkrankheiten und -beschwerden zum Einsatz kommen.

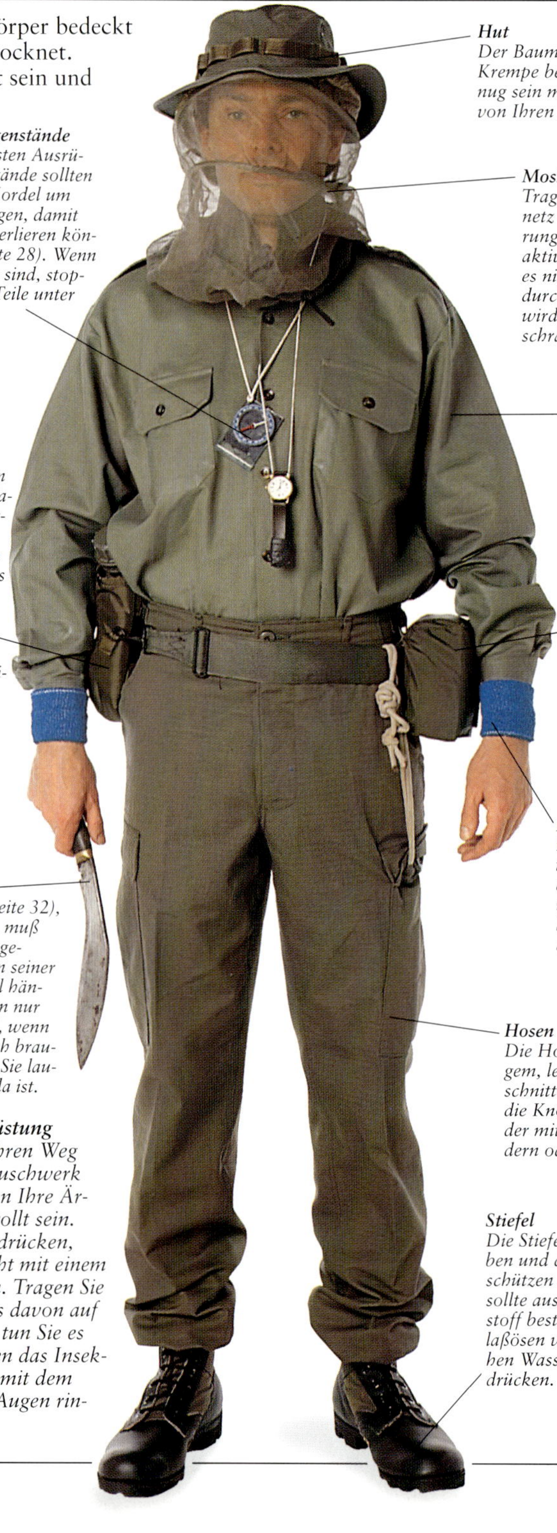

Wichtige Gegenstände
Ihre wertvollsten Ausrüstungsgegenstände sollten Sie an einer Kordel um den Hals hängen, damit Sie sie nicht verlieren können (siehe Seite 28). Wenn Sie unterwegs sind, stopfen Sie diese Teile unter Ihr Hemd.

Wasserflasche
Eine Wasserflasche muß sein. Tragen Sie sie an einem Gürtel, damit sie nicht verloren gehen kann. Vergessen Sie niemals, alles Wasser, das Sie gesammelt haben, vor dem Trinken zu filtern und zu reinigen (siehe Seite 74).

Messer
Ihr Kukri (siehe Seite 32), oder die Machete, muß gut gegen Verlust geschützt sein und in seiner Scheide am Gürtel hängen. Tragen Sie ihn nur dann in der Hand, wenn Sie ihn gerade auch brauchen. Überprüfen Sie laufend, ob er noch da ist.

Dschungelausrüstung
Wenn Sie sich Ihren Weg durch dichtes Buschwerk schlagen, müssen Ihre Ärmel heruntergerollt sein. Reiben Sie Handrücken, Hals und Gesicht mit einem Insektenstift ein. Tragen Sie allerdings nichts davon auf Ihre Stirn auf – tun Sie es doch, wird Ihnen das Insektenschutzmittel mit dem Schweiß in die Augen rinnen.

Hut
Der Baumwollhut sollte eine Krempe besitzen, die groß genug sein muß, um Vegetation von Ihren Augen fernzuhalten.

Moskitonetz
Tragen Sie das Moskito-Kopfnetz nur in der Abenddämmerung, da dann die Moskitos am aktivsten sind. Verwenden Sie es nicht auf dem Marsch, denn durch das feinmaschige Netz wird Ihre Sicht stark eingeschränkt.

Hemd
Ihr Hemd sollte lange Ärmel haben und aus Baumwolle bestehen. Es sollte auch einen Kragen besitzen der sich zum Schutz des Halses hochschlagen und zuknöpfen läßt.

Erste-Hilfe-Ausrüstung
Führen Sie stets eine Erste-Hilfe-Ausrüstung mit, entweder an einem Gürtel oder in einer Tasche.

Insektenschutz-Bänder
Diese mit Insektenschutzmittel getränkten Bänder werden um die Handgelenke und die Knöchel getragen. Sie vertreiben Moskitos und andere Plagegeister.

Hosen
Die Hose aus widerstandsfähigem, leichtem Stoff muß weit geschnitten sein. Raffen Sie sie um die Knöchel zusammen, entweder mit integrierten Zugbändern oder einem Hosengummi.

Stiefel
Die Stiefel sollten derbe Sohlen haben und den Zehen- und Ristbereich schützen (siehe Seite 25). Der Schaft sollte aus rasch trocknendem Leinenstoff bestehen und mit speziellen Auslaßösen versehen sein, die beim Gehen Wasser aus dem Stiefel herausdrücken.

Merkmale des Dschungels

Baldachin aus Blättern
Im Primär-Urwald wachsen die Bäume bis zu einer Höhe von 60 m und bilden dabei einen dichten Blätterbaldachin, der das Sonnenlicht abhält. Der Baldachin folgt der Form des Untergrundes, doch aus der Luft läßt sich nur ein beinahe einheitliches Dach aus Blättern erkennen. Der Großteil der tropischen Tierwelt bevölkert diesen Baldachin.

Schattiger Forst
Unter dem Blätterdach ist der Dschungelboden selber vergleichsweise wenig bewachsen. Riesige Lianen hängen zum Boden herab, und ganze Heerscharen von Tieren und Pflanzen leben auf den unterschiedlichen Ebenen dieser Welt aus Feuchtigkeit und Schatten.

Üppige Vegetation
Der Sekundär-Urwald entsteht dort, wo der Mensch zuvor für seine Felder den Dschungel brandgerodet hat. Werden diese Lichtungen nach der Ernte wieder aufgegeben, kann das Sonnenlicht bis hinunter zum Boden des Dschungels vordringen, wo es ein ungeheures Wachstum bewirkt. Das Vorankommen durch diesen Dschungel ist sehr schwierig. Sie müssen sich mit der Machete einen Pfad durch das Unterholz schlagen, eine enorm anstrengende Arbeit.

Fortbewegung durch den Dschungel

Im Primär-Urwald fällt das Vorwärtskommen zwar relativ leicht, doch der Sekundär-Urwald mit seinem dichten Bewuchs ist unangenehm zu durchqueren. Es ist harte Arbeit, sich den Weg durch das Unterholz zu schlagen, und man kommt nur sehr langsam voran. Es wimmelt nur so von stechenden Insekten und Kletterpflanzen mit scharfen Blättern und gefährlichen Dornen. Wenn Sie sich darin verheddern, ist Rückwärtsgehen die beste Methode, um sich wieder zu befreien, also den umgekehrten Weg einzuschlagen, der zur »Gefangenschaft« geführt hatte.

»Warte-ein-Weilchen«
Einige Arten von Rotang-Kletterpalmen, die unter dem Namen »Warte-ein-Weilchen« bekannt sind, können Kleider in Fetzen reißen. Verfangen Sie sich darin, dann warten Sie geduldig bis ein Begleiter Sie befreit.

Regenwaldroutine

Je mehr Sie sich dem Äquator nähern, desto gleichmäßiger werden die Tage. In den äquatorialen Tropen findet der Sonnenauf- und -untergang jeden Tag zur gleichen Zeit statt, und auch der Regen fällt häufig zu den exakt gleichen Zeiten – gewöhnlich gerade dann, wenn es dunkel wird. Es gibt keinen allmählichen Anbruch der Dunkelheit wie in höheren Breitengraden, sondern es wird schlagartig Nacht. Die Tagesroutine sollte so aussehen, daß man bei Sonnenaufgang aufsteht, bis zur Mittagszeit arbeitet und dann während der größten Tageshitze ruht. Wenn Sie unterwegs sind, sollten Sie spätestens ab 15 Uhr Ausschau nach einem Lagerplatz halten.

Entfernen von Blutegeln
Ziehen Sie Blutegel nicht einfach ab, denn dann könnte ihr Kopf zurückbleiben und zu einer Entzündung führen. Betupfen Sie die Tiere stattdesssen mit einem glühenden Zweig oder Insektenschutzmittel, sie werden daraufhin ihren Biss lockern und können entfernt werden.

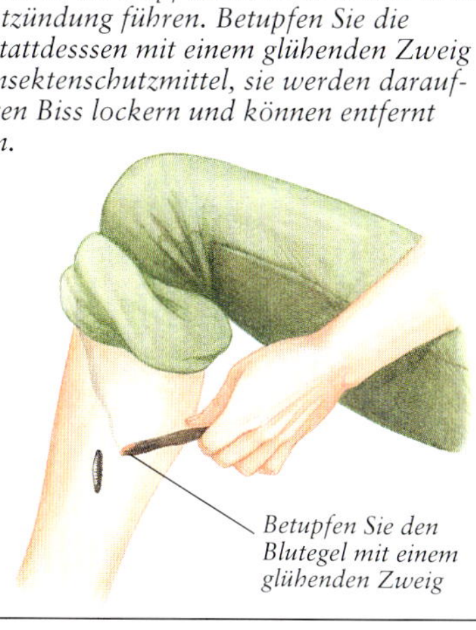

Betupfen Sie den Blutegel mit einem glühenden Zweig

Gefahren des Dschungels

Im Dschungel drohen vielerlei Gefahren – sie reichen von wilden Tieren bis hin zu Krankheiten wie der Malaria. Die ständige Feuchtigkeit kann an den Füßen zu Pilzinfektionen führen, weswegen sie regelmäßig eingepudert werden sollten (siehe Seite 24). Schütteln Sie Ihre Kleidung und die Schuhe jedesmal gut aus, bevor Sie hineinschlüpfen, es könnte nämlich sein, daß giftige Schlangen oder Spinnen Zuflucht darin gesucht haben. Bevor Sie in ein Urwaldgebiet reisen, müssen Sie eine Malaria-Schutzimpfung durchführen lassen und die entsprechenden Malariaprophylaxe-Medikamente einnehmen. Verwenden Sie Ihre Insektenschutzmittel ausgiebig und hängen Sie nachts ein Moskitonetz auf, damit Sie nicht gebissen werden.

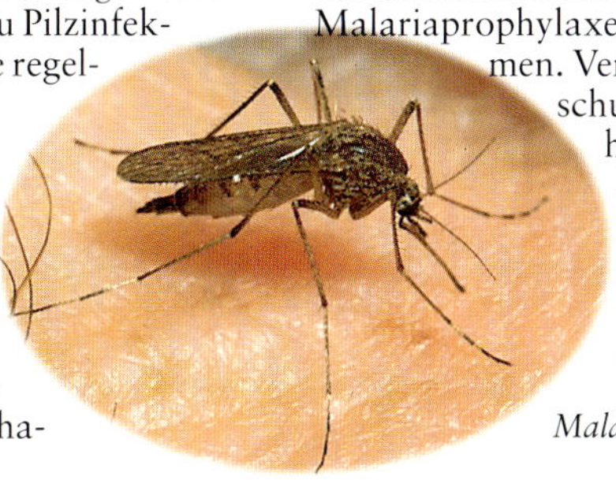

Tödlicher Gegner
Das Weibchen des Anopheles Moskitos kann den tödlichen Malariaerreger übertragen.

Klettern im Gebirge

Klettern Sie nur dann, wenn es wirklich keinen anderen Weg gibt, ein Hindernis zu umgehen – und klettern Sie niemals, wenn Sie alleine sind. Die goldene Regel beim Klettern besteht darin, jederzeit an drei Punkten Kontakt mit dem Fels zu haben, also der Stabilität eines Dreibeins nachzueifern. Überlegen Sie sich jede Bewegung gut, und versuchen Sie zu jedem Zeitpunkt mit drei Punkten Ihres Körpers (den Zehen, Fingern, Füßen, oder Händen – niemals den Knien) den Kontakt zum Felsen zu halten. Geben Sie sich große Mühe den Zustand des Felsens vorher einzuschätzen und ebenso die Sicherheit Ihrer Griffe und Tritte.

Griffe und Tritte

Bevor Sie einen Griff oder einen Tritt belasten, sollten Sie ihn zuerst durch einen Fußkick oder einen Schlag mit der Hand auf seine Stabilität testen. Versuchen Sie nicht nach hohen Griffen zu angeln. Belassen Sie Ihr Körpergewicht auf den Beinen und stemmen Sie sich mit ihnen nach oben. Die Arme dienen normalerweise nur zur Erhaltung des Gleichgewichts und nicht zum Hochziehen.

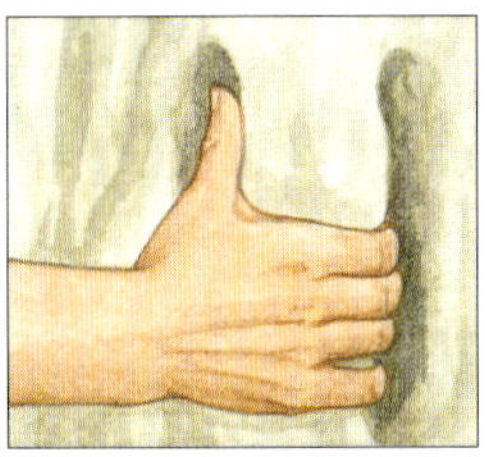

Seitengriff
Es gibt vielleicht seitlich einen Haltepunkt, mit dem man sein Gleichgewicht halten kann. Wenn auch noch der Daumen Platz findet und mithalten kann, ist es ideal.

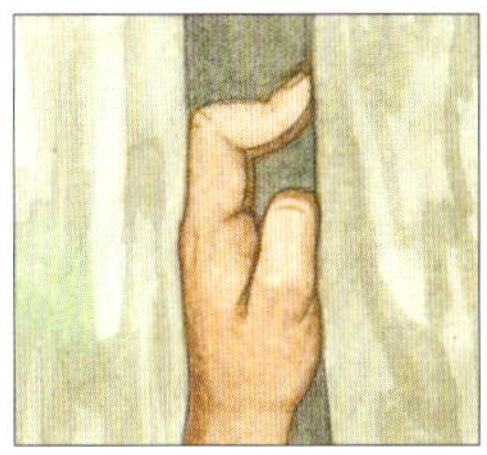

Handriß
Wenn sonst kein Griff zu finden ist, können Sie Ihre Hand oder die Faust oftmals auch in einem kleinen Riß »verkeilen« und sich dann mit diesem Hand- oder Faustriß nach oben ziehen.

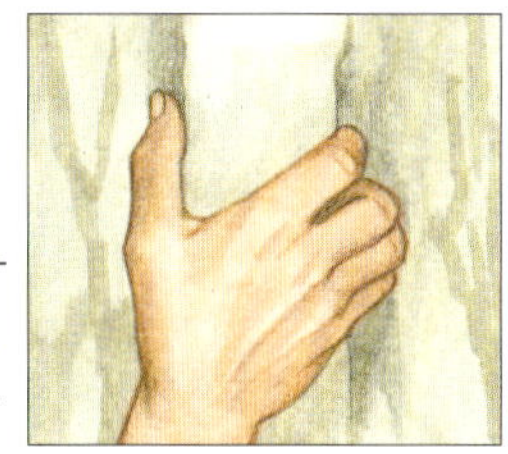

Zangengriff
Können Sie an einem Felsvorsprung keinen ordentlichen Halt finden, dann ergreifen Sie ihn wie einen Ziegelstein. Versuchen Sie, durch den Fels hindurchzukrallen.

Rißtritt
Zwängen Sie Ihren Fuß mit dem Sohleninnenrand in den Riß. Tasten Sie sich mit dem Fuß im rechten Winkel zum Fels an dem Riß entlang.

Zehenloch
Solche Vertiefungen werden als »Zehenloch« bezeichnet und geben einen guten Tritt ab. Achten Sie darauf, daß Ihr Gewicht gleichmäßig auf Armen und Beinen ruht.

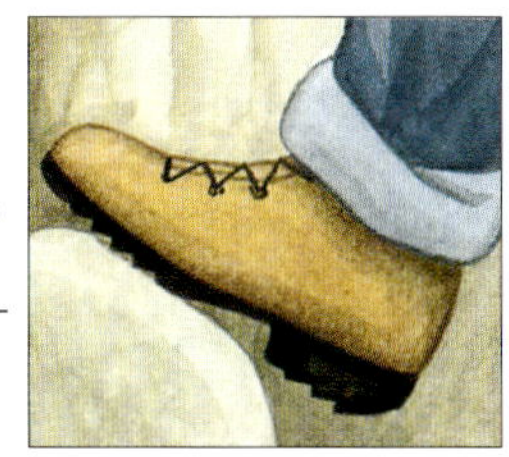

Runder Tritt
Sie sollten möglichst mit der ganzen Sohle auf diesen runden Tritt stehen. Wenn allerdings nur der Fußballen auf dem Vorsprung Platz findet, dann halten Sie die Ferse tief.

Klettergrundlagen

Anfänger sollten niemals klettern, ohne daß ein erfahrener Bergsteiger sie mit einem Seil sichert. In einer Überlebenssituation aber bleibt manchmal keine andere Wahl. Suchen Sie nach der einfachsten und sichersten Route noch ehe Sie losklettern, und steigen Sie auch weiterhin »mit den Augen zuerst« voran. Sollten Ihnen Bedenken über die eingeschlagene Route kommen, klettern Sie wieder etwas zurück und starten neu.

Um das Gleichgewicht möglichst gut halten zu können, sollten die Arme relativ hoch eingesetzt werden

Sehen Sie sich nach den Seiten ebenso wie nach oben um

Aufstieg
Planen Sie Ihren Weg stets schon um mehrere Züge voraus, und seien Sie auch bereit, seitwärts zu queren, wenn es nach oben einmal nicht geht. Stemmen Sie Ihr Gewicht mit den Beinmuskeln nach oben und verlassen Sie sich nicht auf die Arme.

Bewegen Sie sich fließend und stocken Sie unterwegs nicht. Wenn ein bestimmter Zug nicht funktioniert, gehen Sie zum Ausgangspunkt zurück

Machen Sie lieber zwei kleinere Züge als einen großen, um Überstreckungen zu vermeiden

Belasten Sie Tritte nur allmählich – es könnte sein, daß sie Ihr Gewicht nicht tragen, dann müssen Sie Ihren Fuß wieder zurückziehen können

Abstieg
Bergab zu klettern ist ein ziemlich ungewohntes Gefühl, und Haltepunkte sind nur schwer erkennbar. Einen sanften Hang können Sie in Fallinie hinabsteigen (siehe Seite 136). Wird der Hang steiler, gehen Sie allmählich immer mehr seitwärts, bis Sie dann mit dem Gesicht zur Wand absteigen. Halten Sie nach Haltepunkten Ausschau – rudern Sie nicht mit den Füßen herum.

Halten Sie stets auch Ausschau nach Griffen und Tritten über sich und zu den Seiten, falls Sie sich einmal festlaufen

Haben Sie einen Tritt gefunden, dann bleiben Sie nicht auf dem Fußballen stehen, sondern stemmen den ganzen Fuß hinein

Seilsicherung

Das Sichern ist eine Technik, bei der der Kletternde an einem Seil hängt, um im Falle eines Sturzes aufgefangen werden zu können. Bevor Sie mit der Sicherung beginnen, müssen Sie eine Selbstsicherung vornehmen (an einem »Standplatz«). Bei der Abstiegssicherung, oder wenn Ihr Partner zum Aufstieg mehr Seil benötigt, erfolgt die Seilausgabe in umgekehrter Reihenfolge zum Einziehen des Seils.

Seil einziehen
Das belastete Seilende (B), an dem Ihr Partner hängt, führen Sie durch Ihre rechte Hand, um den Rücken herum und dann in einer Windung um Ihren linken Unterarm. Halten Sie das Seil während des Aufstiegs des Partners ständig gestrafft, indem Sie die lockeren Abschnitte um den Rücken herum einziehen, über die Unterarm-Windung führen und dann weiter in Ihrer rechten Hand verkürzen. Das lose Ende des Seils (L) können Sie zu Ihren Füßen angehäuft lassen.

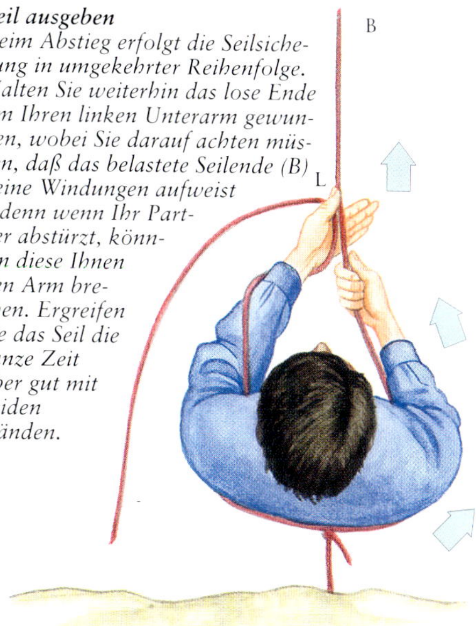

Seil ausgeben
Beim Abstieg erfolgt die Seilsicherung in umgekehrter Reihenfolge. Halten Sie weiterhin das lose Ende um Ihren linken Unterarm gewunden, wobei Sie darauf achten müssen, daß das belastete Seilende (B) keine Windungen aufweist – denn wenn Ihr Partner abstürzt, könnten diese Ihnen den Arm brechen. Ergreifen Sie das Seil die ganze Zeit über gut mit beiden Händen.

Bremsen eines Sturzes

Seien Sie stets darauf vorbereitet, Ihren Partner zu halten, falls er abstürzen sollte. Um das Seil zu blockieren, verschränken Sie Ihren linken Arm vor dem Oberkörper und stemmen den Unterarm gegen die Brust. Lehnen Sie sich gegen das Seil und Ihren Standplatz und stützen Sie sich gut ab.

Bereit sein
Seien Sie bereit ihren Partner zu bremsen, falls er stürzt.

Abseilen

Das Abseilen ist eine rasche und einfache Art des Abstiegs. Schlingen Sie das Seil um einen sicheren Fixpunkt und werfen Sie dann die Seilenden über den Felsrand. Stellen Sie sich leicht breitbeinig über das doppeltgelegte Seil und führen Sie es zwischen den Oberschenkeln hindurch über Ihre Hüfte, die gegenüberliegende Schulter und auf den Rücken. Ergreifen Sie mit der rechten Hand (die Bremshand) das untere Seil und mit der linken (die Führungshand) das obere Ende des Seiles. Gehen Sie dann mit aufrechtem Rumpf die Klippe rückwärts hinab, wobei Sie das Seil durch Ihre Hände und um Ihren Körper gleiten lassen.

Abseilen
Die Abseilgeschwindigkeit wird mit der rechten, der Bremshand gesteuert.

Gestaffelter Aufstieg

Um eine Felswand hinaufklettern zu können die höher ist als die Länge Ihres Seiles, müssen Sie eine der gestaffelten Aufstiegsarten anwenden. Dabei legen Sie auf geeigneten Felsterrassen Zwischenstops ein, und sichern die übrigen Mitglieder Ihrer Gruppe, bevor es weiter den Berg hinauf geht.

1 Der Vorsteiger geht vor und sucht die einfachste und sicherste Aufstiegsroute über die Felswand. Ist der erste Abschnitt sehr steil und riskant, kann der Vorsteiger Haken in den Fels schlagen, in die er Sicherungsschlingen für das Seil einhängt. Der Nachsteiger (zweiter Kletterer) gibt das Seil aus, während er selber an einem Standplatz gesichert ist.

2 Sobald er den Felsvorsprung erreicht hat, fixiert sich der Vorsteiger an seinem Standplatz und übernimmt dann die Sicherung des zweiten Kletterers, der seiner Route folgt. Hat der Vorsteiger bei seinem Aufstieg Sicherungsschlingen verwendet, entfernt der Nachsteiger diese während seines Aufstiegs wieder.

Zweiter Kletterer wird durch den Vorsteiger gesichert

Notfall-Klettertechniken

Auch erfahrenen Bergsteigern kann es passieren, daß sie nicht mehr weiterkommen, abstürzen, oder gerettet werden müssen. Diese anspruchsvolleren Techniken werden von Bergprofis angewendet, um sich aus prekären Situationen zu befreien. Sie sind recht riskant und bei weitem nicht so einfach, wie sie nach diesen Zeichnungen vielleicht scheinen mögen. In einer Situation, in der es um Ihr Überleben geht, müssen Sie sämtliche zur Verfügung stehenden Mittel ausschöpfen, um ernstzunehmende Probleme zu lösen. Daher sollten Sie diese Techniken zumindest verstehen, falls Sie jemals darauf angewiesen sein könnten.

Kaminklettern

Das Kaminklettern ist eine Methode um Felsspalten emporzuklettern, die breit genug für den ganzen Körper sind. Sie müssen allerdings vorausschauend vorgehen und sich bereits im Vorfeld überlegen, wie Sie am oberen Ende des Kamins wieder herausgelangen können. Ansonsten könnten Sie nämlich genau an dieser Stelle scheitern.

1 Suchen Sie nach anderen Routen, bevor Sie wirklich einen Kamin emporklettern. Bleiben Sie nahe der Kaminaußenseite. Stemmen Sie sich mit beiden Beinen gegen die eine Kaminwand und mit dem Rücken und Armen gegen die andere Wand.

2 Drücken Sie mit einem Fuß gegen die hintere Wand und stützen Sie sich mit dem Arm derselben Seite gegen die vordere Wand. Lösen Sie Ihr Gesäß und den Rücken von der Wand und schieben Sie sich mit den Beinen nach oben.

Rasten im Kamin

Das Kaminklettern ist für die Muskeln eine große Belastung. Ruhen Sie sich daher regelmäßig aus, indem Sie sich mit ausgestreckten Beinen gegen die hintere Wand zurücklehnen und die Arme hängen lassen.

Ruhestellung

Durchstützen

Von unten gesehen, wirken Simse im Fels recht entmutigend, besonders dann, wenn man keinerlei Haltepunkte erkennen kann, die dahinterliegen. Um derartige Überhänge zu überwinden, wird die Technik des Durchstützens angewendet. Diese Technik ist sehr anspruchsvoll, und Sie müssen extrem fit sein, um sie anwenden zu können.

1 Ziehen Sie sich an dem Überhang hoch, bis Sie beide Ellbogen darauflegen können. Stehen Sie dabei auf einem guten Tritt, auf dem Ihr Gewicht ruht.

2 Stützen Sie sich auf einen Ellbogen, wobei Ihr Körperschwerpunkt so nahe an der Felswand liegen sollte wie möglich. Haken Sie einen Fuß in dem Überhang ein.

3 Stützen Sie die Arme voll durch und schwingen Sie Ihr Knie auf den Sims. Drücken Sie Ihren Körper in einer flüssigen Bewegung weiter hoch und auf den Sims.

Binden eines Prusikknotens

Der Prusikknoten ist ein Klemmknoten, der sich bei Belastung festzieht, sich aber leicht wieder lösen läßt. Prusikknoten sind eine sichere Methode, um sich an einem Kletterseil festzumachen und können dazu verwendet werden, ein Seil hinaufzuklettern.

1 Legen Sie mit Ihrer Hand eine Schlinge in das eine Seil (hier golden eingefärbt) und legen Sie diese dann über das Hauptseil (rot eingefärbt). Führen Sie die Enden des goldenen Seils durch die goldene Schlinge hindurch.

2 Als nächstes schlagen Sie das goldene Seil erneut, wie in Schritt 1, locker um das rote Seil herum, wodurch Sie vier Schlaufen erhalten.

3 Ziehen Sie an dem goldenen Seil und schieben Sie dabei die Schlaufen hoch, bis sie alle fest angezogen sind und gleichmäßig um das rote Seil herum liegen. Achten Sie darauf, daß die Schlaufen nicht übereinander zu liegen kommen.

4 Um den Reibungswiderstand noch zu erhöhen, können Sie Schritt 2 und 3 wiederholen, und haben dann um das rote Seil herum sechs feste Schlaufen. Rücken Sie den Knoten solange zurecht, bis alle Windungen sauber und fest nebeneinander liegen.

Karabiner

Karabiner sind Haken mit einer Sicherungszunge, die sich gut für Seilverbindungen und die Sicherung von Ausrüstungsteilen eignen (siehe Seite 152). Karabinerhaken mit Schnappsicherung (Schnellverschlußkarabiner) sind schneller und einfacher in der Anwendung als die Karabiner mit einem geschraubten Schnapperverschluß; allerdings bieten die Schraubverschlußkarabiner bei Seilsicherungen, Abseilarbeiten und anderen potentiell gefährlichen Situationen wesentlich mehr Sicherheit (siehe Seite 147).

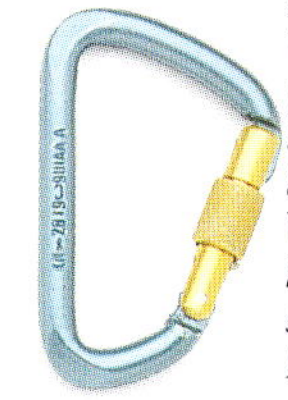

Schraubverschlußkarabiner *Verwenden Sie für Techniken, bei denen es auf besonders sichere Verbindungen ankommt, ausschließlich diesen Karabinertyp.*

Das Prusikknoten-Steigbügelverfahren

Sie können mit zwei kurzen Seilstücken und einem Klettergurt an einem festen Sicherungsseil hinaufklettern und sich so aus ernsthaften Schwierigkeiten retten. Wenn Sie, etwa bei einem Notfall, über keinen richtigen Klettergurt verfügen, können Sie sich aus einem Seil ein behelfsmäßiges Geschirr anfertigen. Machen Sie sich eine Sitzschlaufe aus dem Seil und sichern Sie es mit einem Doppelten Fischerknoten (siehe Seite 184) an einem um die Hüften getragenen Seil.

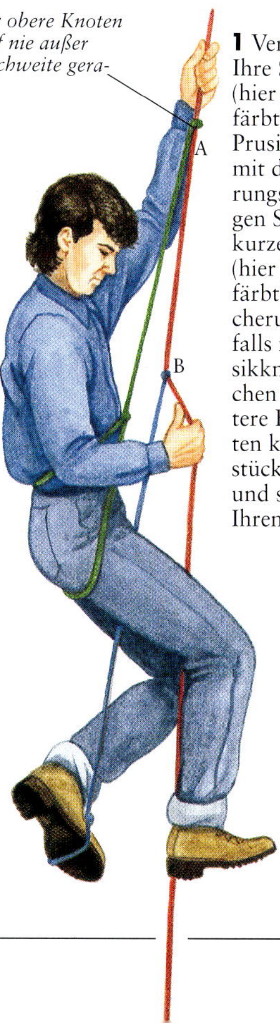

1 Verbinden Sie Ihre Sitzschlaufe (hier grün eingefärbt) mittels eines Prusikknotens (A) mit dem Sicherungsseil. Befestigen Sie ein zweites kurzes Seilstück (hier blau eingefärbt) an dem Sicherungsseil, ebenfalls mit einem Prusikknoten (B). Machen Sie in das untere Ende des zweiten kurzen Seilstücks eine Schlinge und setzen Sie Ihren Fuß hinein.

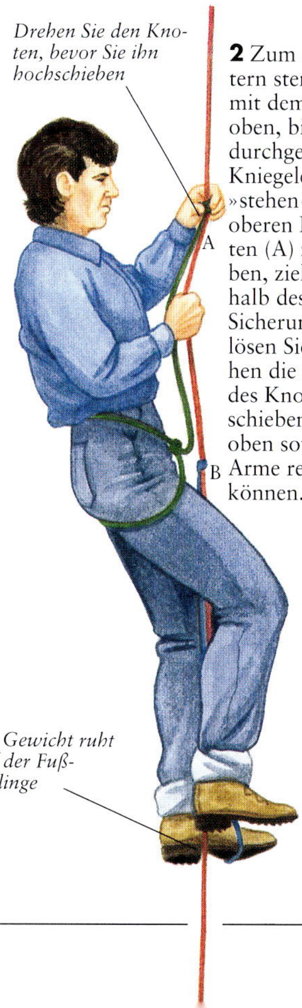

2 Zum Aufwärtsklettern stemmen Sie sich mit dem Bein nach oben, bis Sie mit durchgedrücktem Kniegelenk aufrecht »stehen«. Um den oberen Klemmknoten (A) zu verschieben, ziehen Sie unterhalb des Knotens am Sicherungsseil. Dann lösen Sie durch Drehen die Spannung des Knotens und schieben ihn nach oben soweit Ihre Arme reichen können.

3 Lassen Sie sich nun langsam in eine sitzende Haltung zurücksinken, bis Ihr Gewicht auf dem Doppelten Fischerknoten Ihrer Sitzschlaufe ruht. Durch Straffen des Sicherungsseils unterhalb des zweiten Prusikknotens (B) können Sie diesen lösen und hochschieben. Klettern Sie das Seil dann, wie in Schritt 2 und 3 beschrieben, weiter hinauf.

Überqueren von Gewässern

Flüsse und Ströme sind stets gefährlich – von ihren Oberläufen oder Ursprüngen, wo sie schnellfließend, schmal und seicht sind, bis hin zu den Tiefen ihrer langsam dahinfließenden Mündungen. Selbst dann, wenn es so aussieht, als ob das Wasser ruhig fließen würde, seicht und sicher sei, sollten Sie dennoch davon ausgehen, daß verborgene Gefahren lauern. Die Oberläufe lassen sich leichter überqueren als tiefere Gewässer, doch müssen Sie sich in acht nehmen, wenn Sie schnelle Wasser überqueren. Gewöhnlich sind die Stellen, an denen das Wasser langsamer fließt, tiefer als die schnellen Abschnitte, und es befinden sich häufig tückische Wasserpflanzen, Schlammbänke und andere gefährliche Hindernisse darin, die von außen nicht sichtbar sind.

Wo man einen Fluss durchquert

Die besten Stellen, um auf die andere Seite irgendeines Gewässers zu gelangen, sind dort, wo Brücken, Pontons oder Fähren zu finden sind. Bevor Sie also klatschnaß werden, sollten Sie besser die Gegend flußaufwärts und -abwärts ausführlich auskundschaften. Vielleicht finden Sie dabei eine Brücke, oder eine breite und ebene Furt mit festem Flußbett, an der Sie gefahrlos durch das Wasser können. Achten Sie aber darauf, daß die gegenüberliegende Uferböschung nicht zu steil ist.

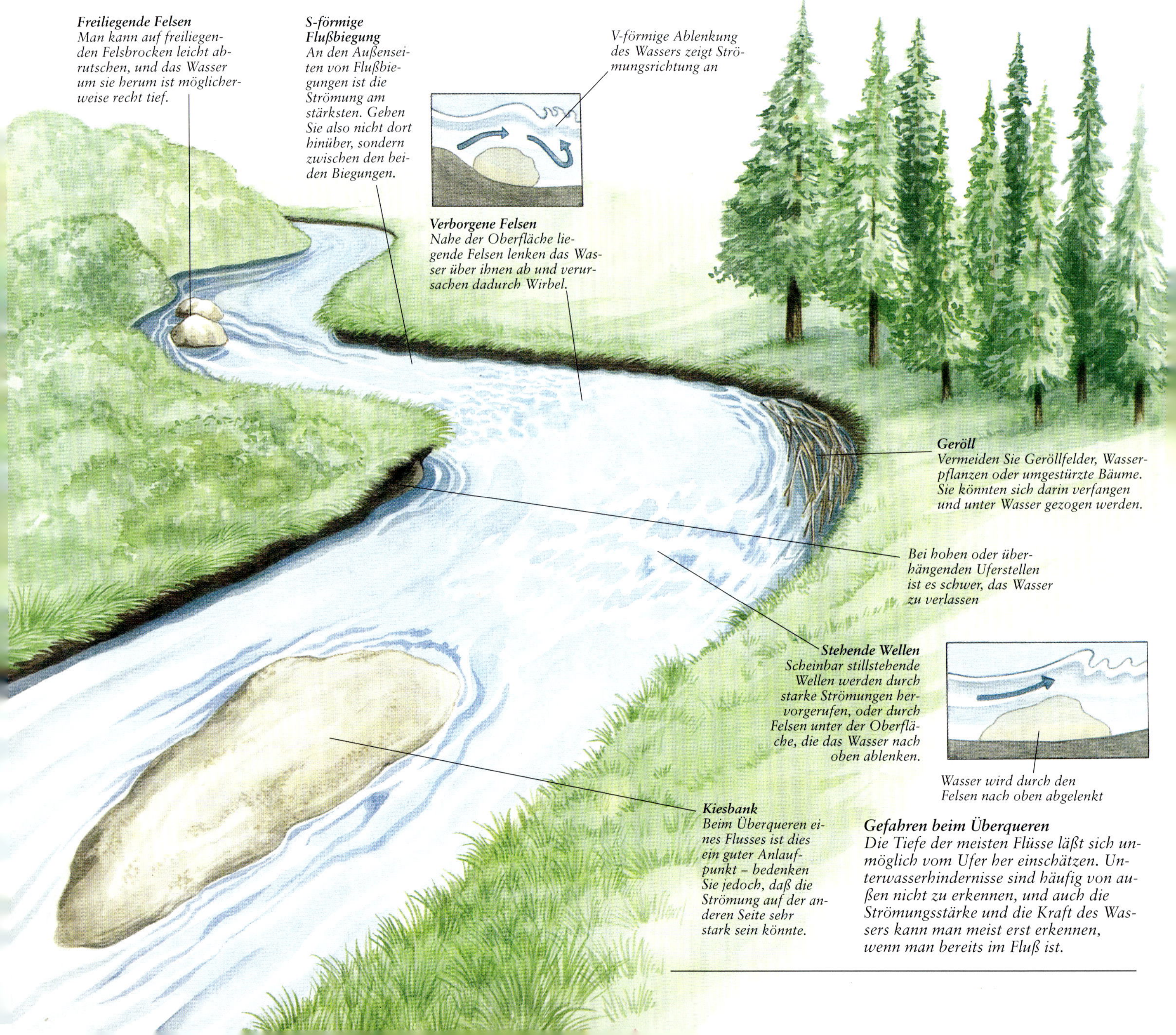

Gefahren beim Überqueren
Die Tiefe der meisten Flüsse läßt sich unmöglich vom Ufer her einschätzen. Unterwasserhindernisse sind häufig von außen nicht zu erkennen, und auch die Strömungsstärke und die Kraft des Wassers kann man meist erst erkennen, wenn man bereits im Fluß ist.

Waten

Behalten Sie zum Waten die Stiefel an. Damit schützen Sie Ihre Füße und haben einen besseren und sichereren Stand. Seien Sie auf Überraschungen vorbereitet. Beobachten Sie das Wasser gut, bevor Sie sich hineinwagen. Schauen Sie, wie sich die Wellen verhalten und ob es irgendwelche Anzeichen für Unterwasserhindernisse gibt. Tasten Sie sich stets sehr langsam voran.

Überqueren als Einzelperson
Verwenden Sie einen Stock als Stütze, um zuerst die Tiefe auszuloten und dann im Wasser als »drittes Bein«. Halten Sie den Stock stromaufwärts von sich in den Fluß, und lehnen Sie sich darauf, während Sie Ihren führenden Fuß langsam anheben, ihn quer zur Strömung durch das Wasser bewegen und fest wieder auf dem Flußbett abstellen. Machen Sie kleine Schritte, damit die Strömung Ihnen nicht plötzlich ein Bein nach hinten reißen kann und Sie ins Wasser stürzen.

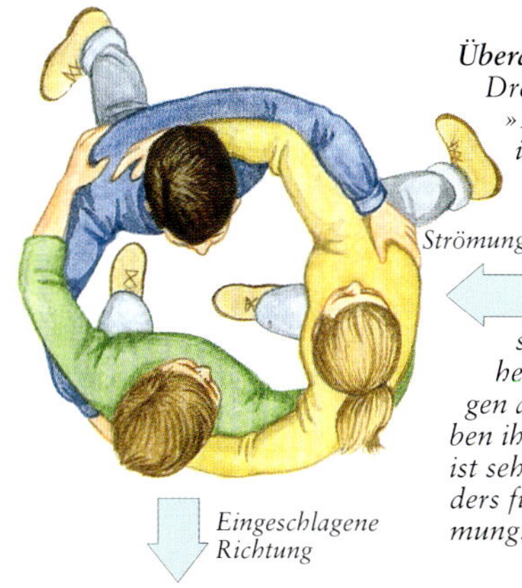

Überqueren in der Gruppe
Drei Personen können in einer Art »Dreifuß«-Formation einen Fluß überqueren. Dazu verschränken sie ihre Arme fest untereinander und beugen sich alle zur Mitte vor, wobei sie in den Hüften leicht abknicken müssen. Die kräftigste Person sollte auf der stromaufwärts liegenden Seite gehen und mit den ersten Bewegungen anfangen. Die anderen beiden geben ihr dabei Halt. Diese Formation ist sehr stabil und eignet sich besonders für Gewässer mit starker Strömung.

Überqueren in einer Reihe
Mehrere Leute können einen Fluß auch in einer Reihe überqueren. Die kräftigste Person geht auf der stromaufwärts gelegenen Seite, während die übrigen für Stabilität sorgen und dafür, daß niemand von der Strömung fortgenommen wird. Die führende Person bestimmt die Stelle, an der die Überquerung stattfinden soll und sollte auch die ersten Schritte ins Wasser anführen. Die anderen haken sich bei ihr unter, die leichtesten und schwächsten der Gruppe gehen in der Mitte. Das Durchwaten muß langsam und vorsichtig vor sich gehen.

Schwimmen

Ist das Wasser zu tief, um hindurchwaten zu können, müssen Sie vielleicht schwimmen. Fertigen Sie eine Schwimmhilfe an. Halten Sie, noch bevor Sie ins Wasser gehen, Ausschau nach geeigneten Stellen auf der anderen Uferseite, an denen Sie leicht an Land gehen können.

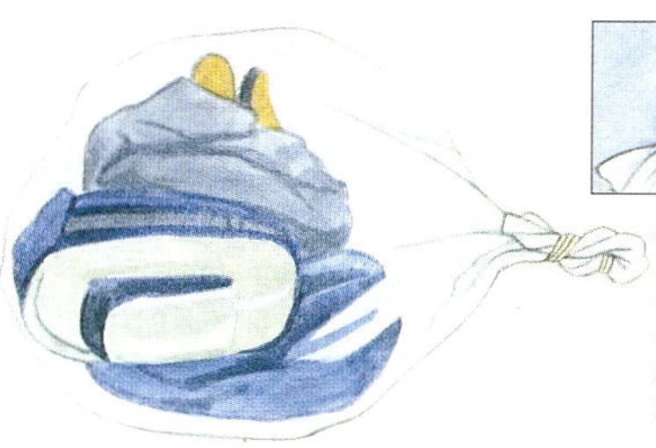

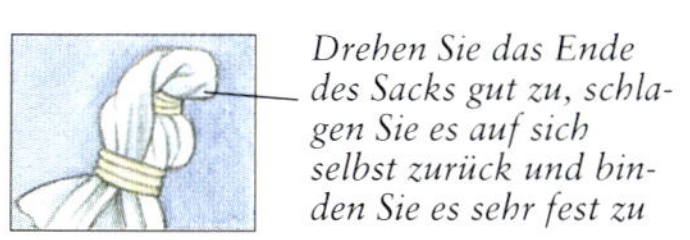

1 Ziehen Sie Ihre Kleider aus, damit diese trocken bleiben, verschnüren Sie sie mit Ihrer Ausrüstung zusammen zu einem Bündel, und dieses geben Sie in einen wasserdichten Survival-Sack.

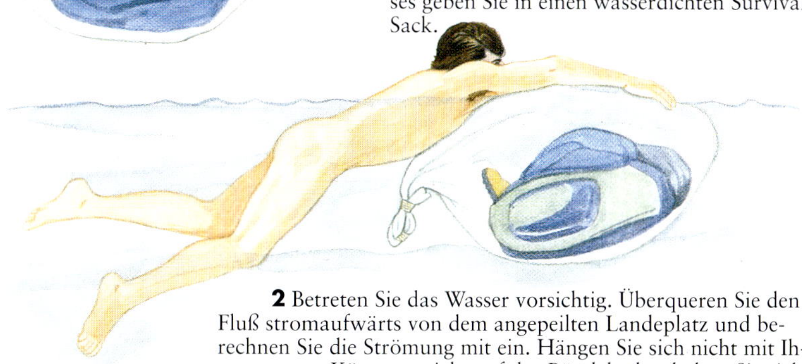

2 Betreten Sie das Wasser vorsichtig. Überqueren Sie den Fluß stromaufwärts von dem angepeilten Landeplatz und berechnen Sie die Strömung mit ein. Hängen Sie sich nicht mit Ihrem ganzen Körpergewicht auf das Bündel, aber halten Sie sich mit den Armen gut daran fest. Paddeln Sie mit Ihren Füßen.

Unterkühlung

Ziehen Sie alles (außer Ihren Schuhen) aus, bevor Sie ins Wasser gehen. Eventuell könnten Sie auch Ihre wasser- oder winddichte Überbekleidung tragen, um zumindest etwas Schutz zu haben. Durch die Kälte werden Sie lethargisch. Trocknen Sie sich unmittelbar nach der Überquerung gut ab und ziehen Sie warme, trockene Kleidung an. Wenn Sie die Möglichkeit dazu haben, sollten Sie sich außerdem ein heißes, gezuckertes Getränk zubereiten. Stehen Sie den Gefährten bei, die zögerlich sind. Arbeiten Sie immer paarweise. Der Anführer der Gruppe muß sorgfältig darauf achten, ob sich bei jemandem Symptome für eine Unterkühlung bemerkbar machen und bereit sein, in diesem Falle sofort Hilfe zu leisten. Wird das Opfer nämlich nicht sofort wiedererwärmt, kann seine Körpertemperatur so weit absinken, daß es stirbt (siehe Seite 163). Die beste Methode, jemanden wiederaufzuwärmen, besteht darin, das Opfer mit einer zweiten Person zusammen in einen Schlafsack zu stecken. Außerdem sollten Sie dem Patienten heiße Getränke zuführen, ihn in wärmende Kleidungsstücke einpacken und ihm Mut machen – das alles wird dazu beitragen, daß seine Körpertemperatur bald wieder auf normale Werte ansteigt. Die Anzeichen für eine Unterkühlung treten gewöhnlich in der folgenden Reihenfolge auf:

- Schüttelfrost, Gänsehaut und bleiche, gefühllose Haut.
- Apathie, Orientierungslosigkeit, irrationale Verhaltensweisen, Amnesie, unzusammenhängendes Gerede und Gereiztheit.
- Lethargie, im Wechsel mit plötzlichen Energieausbrüchen.
- Bewußtlosigkeit, die von flacher Atmung und unregelmäßigem Herzschlag begleitet wird.
- Langsamer Puls, der allmählich schwächer wird. Dies kann schließlich zum Herzstillstand führen (siehe Seite 176).

Gefährliche Gewässer

Plötzliche Regenfälle können eine eigentlich sichere Furt zur tödlichen Falle werden lassen. Die einzige zuverlässige Methode, um sich ein genaues Bild der Strömungsverhältnisse und der Wassertiefe zu machen besteht darin, einen Mann auf die andere Seite vorzuschicken. Dazu muß er sich an einer Sicherungsleine einhängen, die von einem anderen Gruppenmitglied am Ufer festgehalten wird. Sind Sie gezwungen zu schwimmen, sollten Sie unbedingt eine verläßliche Schwimmhilfe verwenden.

Verwendung von Seilsicherungen

Wenn Sie einen gefährlichen Fluß unbedingt alleine überqueren müssen, ist der einzige Weg, um ein Sicherungsseil anzubringen, das Seil um einen Felsbrocken oder einen Baum herumzuschlingen und mit schnell lösbaren Knoten zu verankern. Bei zwei oder mehr Personen können Sie dann mit Sicherungsleinen arbeiten, wodurch auch die Risiken erheblich geringer werden.

1 Das Ende eines langen Seils (die »Sicherungsleine«) wird um einen Fels festgebunden und durch einen Mann (B) ausgegeben. Die kräftigste Person (A) ergreift das andere Seilende und überquert den Fluß. Er führt außerdem auch noch das Ende eines zweiten Seils (die »Querungsleine«) mit, dessen anderes Ende von einer weiteren Person (C) gehalten wird. In der Mitte dieses zweiten Seils ist ein Karabinerhaken eingebunden (siehe Seite 147). Person A trägt Schutzhelm und Stiefel, und er benützt einen Stock, um den Weg zu sondieren.

2 Hat Person A dann das andere Ufer erreicht, bindet sie ihr Ende der Sicherungsleine um einen Felsbrocken. Nun hängt Person A den Karabiner in die Sicherungsleine ein und wickelt sich das Ende der Querungsleine um die Hüften, um die Person zu sichern, die als nächstes quert. Der Karabiner wird herübergezogen und Person B hakt ihn in ihren Gürtel ein. Mit einer Hand an der Sicherungsleine watet sie nun langsam zum jenseitigen Ufer hinüber, wobei auch B einen Stock benützt. Die Person C gibt die Querungsleine aus, während A ihr anderes Ende einholt.

3 Sobald jemand das andere Ufer erreicht hat, löst er den Karabinerhaken vom Gürtel und hängt ihn wieder in die Sicherungsleine ein. Der Karabiner wird dann zum diesseitigen Ufer zurückgezogen. Auch die Rucksäcke können auf diese Art über den Fluß befördert werden, indem man sie an den Tragegurt-Aufhängungen in den Karabiner hakt. Eventuell muß die Sicherungsleine etwas nachgespannt werden, damit die Rucksäcke nicht im Wasser hängen.

4 Der letzte Mann, der den Fluß überquert (C), entfernt die Sicherungsleine vom Felsen. Er schlingt das Ende der Sicherungsleine um sich herum und überquert den Fluß, ebenfalls mit einem Stock den Weg abtastend. Die übrigen Gruppenmitglieder halten die Sicherungsleine dabei gestrafft, um ihm im Falle eines Sturzes herauszuhelfen.

Bau einer Behelfsbrücke

1 Um eine Brücke zu bauen, müssen Sie zuerst einen langen Baumstamm mit Hilfe von Seilen über den Fluß ablassen. Stützen Sie das auf der ersten Uferseite verbleibende Ende des Stammes mit einem kurzen Stamm ab, der durch Pflöcke festgehalten wird.

2 Sobald der erste Stamm an seinem Platz liegt, schieben Sie einen zweiten Stamm an ihm entlang, bis auch dessen Ende die gegenüberliegende Seite erreicht hat. Rollen Sie dann den zweiten Stamm vom ersten herunter, auf die Uferböschung. Die Stämme sollten möglichst eng nebeneinander liegen.

3 Krabbeln Sie über die beiden Stämme auf die andere Uferseite und legen Sie ein kurzes Holzstück unter ihre Enden, damit sie nicht in den Boden einsinken können. Sichern Sie die Stämme mit Pflöcken, um ein Auseinanderrollen zu verhindern.

4 Schieben Sie einen dritten Stamm entlang der beiden anderen. Plazieren Sie auch auf der ersten Uferseite ein kurzes Holzstück unter den Stammenden und pfloken Sie sie, wie in Schritt 3 beschrieben, fest. Sie können die Brücke beliebig breit machen, doch normalerweise reichen drei Stämme aus.

Überqueren von sumpfigem Grund

Ohne fremde Hilfe
Im Grunde genommen sind Treibsand und Sümpfe nichts anderes als unter Wasser stehendes Gelände. Vorausgesetzt Sie können Ihr Körpergewicht über eine möglichst große Fläche verteilen, um nicht zu versinken, müßte es Ihnen also möglich sein, diese Abschnitte zu durchschwimmen oder sich darübertreiben zu lassen. Versuchen Sie allerdings zuerst, von Grasbüschel zu Grasbüschel springend, hinüberzurennen. Sollten Sie dabei einsinken, werfen Sie Ihren Rucksack ab und lassen Sie sich auf den Rücken fallen. Strecken Sie alle viere von sich und schwimmen Sie mit Paddelbewegungen (siehe Seite 163) in Rückenlage langsam auf das Ufer zu. Versuchen Sie ruhig zu bleiben und nicht wild um sich zu schlagen.

Mit Hilfestellung
Sind Sie in dem Moment, in dem Sie auf Treibsand oder sumpfigem Grund einzusinken drohen, nicht alleine, kann Ihr Gefährte Sie wieder befreien, indem er sich am Sumpfrand flach auf den Boden legt, Ihnen das Ende eines langen Astes hinüberreicht und Sie daran herauszieht. Auch hierbei ist es sehr wichtig, nicht in Panik auszubrechen und sich nicht heftig zu bewegen, denn dadurch wühlen Sie nur die Oberfläche auf und versinken noch schneller, als wenn Sie sich einfach nur treiben lassen oder langsame Bewegungen machen. Es kann auch helfen, wenn Sie sich auf Ihren Rucksack stützen, denn er wird Ihr Gewicht über eine größere Fläche verteilen, so daß Sie nicht weiter sinken.

Bau eines Flosses

Wenn Sie eine große Menge an Vorräten und Ausrüstung auf die andere Seite eines Flusses transportieren müssen, oder Sie den Fluß hinab reisen wollen, aber kein Boot haben, dann sollten Sie sich ein Floß bauen, denn es ist das Wasserfahrzeug, das sich am einfachsten bauen läßt. Gewöhnlich werden Baumstämme als Material für den Bau von Flößen genommen, doch auch Bambus oder Ölfässer lassen sich verwenden, wenn man über sie verfügt. Der wichtigste Grundsatz beim Bau eines Floßes besteht darin, möglichst wenig Einschnitte in das Bauholz zu machen, damit seine Schwimmfähigkeit nicht verloren geht und das Floß hinterher auf dem Wasser möglichst stabil bleibt. Einen Fluß, bei dem Sie mit Stromschnellen rechnen müssen, sollten Sie nicht mit dem Floß befahren. Wenn Sie Holz als Baumaterial verwenden, ist es am besten, geneigt stehende Bäume zu fällen, da sich bei diesen die Fallrichtung gut abschätzen läßt.

1 Für das »Schiffsdeck« schneiden Sie 12 bis 14 dicke, kräftige Stämme auf die gleiche Länge zurecht. Sechs weitere Stämme werden so zugeschnitten, daß sie alle etwa 30 cm länger sind als die zukünftige Floßbreite. Sie dienen als Druckbalken und halten später einmal das Floß zusammen. Bevor Sie die Balken für das Deck miteinander verbinden, legen Sie zwei der langen Stämme über zwei der kürzeren Pfähle, um so eine Gleitbahn (siehe Seite 156) zu erhalten.

2 Mit einem Messer schneiden Sie nun in alle vier verbliebenen Druckbalken eine Kerbe, die jeweils über deren gesamte Länge verläuft, lassen jedoch die letzten 30 cm an beiden Enden unbearbeitet. Die Kerben sollten bis zur Hälfte des Stammdurchmessers reichen. Achten Sie darauf, daß Sie nicht zu tief schneiden und dadurch die Druckbalken schwächen.

3 Überzeugen Sie sich davon, daß alle Kerben die gleiche Länge haben und relativ eben verlaufen. Die langen Stämme, die das Deck ergeben werden, müssen flach auf den Druckbalken aufliegen können, damit das Deck möglichst eben ist.

4 Legen Sie zwei der eingekerbten Stämme mit den Kerben nach oben auf die beiden entgegengesetzten Enden der Gleitbahn. Sie stellen die unteren Stützbalken des Floßes dar. Verlegen Sie nun die ersten langen Stämme zwischen diesen beiden Stützen, damit das Floßdeck entstehen kann.

5 Arbeiten Sie sich langsam von beiden Enden zur Floßmitte hin vor, indem Sie die langen Stämme mit ihren Enden sorgfältig in die Kerben der Stützbalken legen. Plazieren Sie unterschiedlich starke Baumstämme nebeneinander, damit ihr Gewicht gleichmäßig über das Floß verteilt wird und drehen Sie sie solange herum, bis sie alle sauber sitzen.

6 Der zuletzt gesetzte Stamm sollte genau in die verbleibende Lücke passen und dadurch die übrigen Stämme gegeneinander verklemmen, damit das Floß zusammenhält. Allerdings müssen Sie vielleicht sogar noch im Wasser weitere Maßnahmen ergreifen, um die Stämme an ihrem Platz zu halten, indem Sie etwa zusätzliche Laschungen anbringen, wenn es notwendig werden sollte.

7 Legen Sie die beiden letzten eingekerbten Stämme, mit den Kerben nach unten, quer über alle Deckbalken auf das Floß. Sie ergeben hinterher die Querstreben, die alle Teile des Floßes zusammenhalten müssen. Denken Sie daran, daß die Deckbalken später vom Wasser gegen diese Streben gedrückt werden.

8 Die Enden der beiden Druckbalken über Deck müssen mit denen der Druckbalken unter Deck so fest wie möglich verschnürt werden, so daß eine stabile und straffe Verbindung entsteht. Machen Sie die Knoten möglichst weit oben, damit sie leichter nachgesehen und, falls es nötig sein sollte, auch angezogen werden können wenn das Floß erst einmal im Wasser ist.

9 Binden Sie die Druckbalken zu beiden Seiten der Deckstämme mit Kreuzknoten (siehe Seite 35) zusammen.

10 Überprüfen Sie nochmals, ob alle Seilverbindungen sicher halten und gut verknotet sind. Wenn Sie noch genügend Zeit haben, können Sie auch noch die Deckbalken miteinander verschnüren.

11 Binden Sie zwei Holzstücke so zusammen, daß sie ein Kreuz bilden. Es muß stabil genug sein um das Gewicht des Ruders tragen zu können.

Binden Sie das Kreuz für das Ruder fest zusammen

12 Dieses Ruderkreuz wird am hinteren Ende des Floßes zwischen zwei Deckbalken festgekeilt, um sicher zu gehen, daß es halten wird. Falls nötig, müssen Sie die Verschnürung dem anpassen. Binden Sie es zu diesem Zeitpunkt noch nicht an seinem Platz fest.

13 Stellen Sie ein Paddel her (siehe Seite 157). Es wird als Ruder dienen und Ihnen erlauben das Floß zu steuern. Wenn Sie Ihr Floß stehend steuern wollen, müssen Sie die »Ruderpinne« (der Paddelgriff) vielleicht durch Anbinden eines längeren Zweiges verlängern.

14 Kontrollieren Sie, ob das Ruder auf das Ruderkreuz paßt und binden Sie dann beide fest zusammen. Damit das Ruder und das Ruderkreuz beim »Stapellauf« des Floßes nicht abbrechen, sollten Sie sie vorher abnehmen. Sobald das Floß dann im Wasser ist, befestigen Sie die beiden an ihrem Platz. Das Floß sollte groß genug sein, um Sie mitsamt Ihrer Ausrüstung sicher den Fluß hinunter, oder auch nur auf die andere Flußseite zu tragen. Bevor Sie das Floß beladen, müssen Sie sichergehen, daß es wirklich schwimmfähig ist.

Flösse und Flössen

- Anstatt Holz können auch dicke Bambusrohre für das Deck des Floßes verwendet werden. In diesem Falle sollten Sie zwei Lagen Bambus übereinander binden, da eine einzelne Lage vielleicht Ihr Gewicht nicht trägt. Anstatt Druckbalken über und unter das Floß zu binden, können Sie auch seitwärts Löcher in die Rohre schneiden und dünne Zweige oder ein Seil hindurchfädeln und damit die Bambusrohre untereinander verbinden, um das Deck zu erhalten. Laschungen zwischen den einzelnen Rohren erhöhen die Stabilität.
- Sie werden nicht wissen, wie gut oder schlecht Ihr Floß schwimmt, bevor Sie es nicht zu Wasser gelassen haben. Bei manchen Holzarten kann es sein, daß das Floß ziemlich tief eintaucht, wenn es beladen wird und knapp unter der Wasseroberfläche treiben wird, obwohl dies kein ernsthaftes Problem darstellt.
- Ein Floß dreht sich sehr schwerfällig. Berechnen Sie diese Tatsache beim Steuern mit ein.
- Vermeiden Sie nach Möglichkeit Zusammenstöße mit dem Ufer oder großen Gegenständen, da sich das Floß dabei wahrscheinlich verziehen wird und die Verbindungen aufreißen könnten.

Mit Floss und Boot

In der Wildnis erschweren dichte Vegetation oder extrem unbegehbares Gelände ein Vorwärtskommen oftmals so sehr, daß die Nutzung von Wasserwegen, also Flüssen, Seen oder entlang der Küsten, die beste Alternative dazu darstellen. Allerdings sollten Sie dabei bedenken, daß es gefährlich werden kann, sich auf das Wasser hinauszuwagen, besonders wenn improvisierte Boote dazu verwendet werden. Aus diesem Grund müssen Sie sicherstellen, daß Ihr Boot für den Einsatz in den jeweiligen Gewässern, die Sie darin überqueren wollen, auch wirklich geeignet ist. Wasserverhältnisse können sich ganz plötzlich ändern und eine vergleichsweise sichere Reise schnell in ein gefährliches Unternehmen verwandeln.

Ein Floss zu Wasser bringen

Ein Floß ist nur für den Einsatz in langsamfließenden Gewässern geeignet. Es sollte möglichst in der Nähe des Ufers gebaut werden, da die fertige Konstruktion zu schwer ist, um sie bis zum Wasser zu tragen. Bevor Sie das Floß ins Wasser setzen, binden Sie es an einem Felsen oder einem Baum fest; das Seil muß so lang sein, daß Sie das Floß zu Wasser bringen können.

Ausnützen der Hebelwirkung
Um das Floß vom Stapel zu lassen, stemmen Sie eine Seite mit langen Stangen hoch, so daß es ins Wasser gleitet.

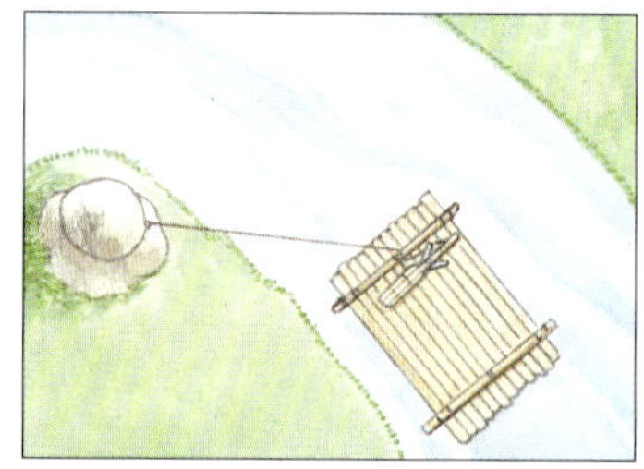

Im Wasser
Sobald Sie sich sicher sind, daß das Floß nicht im Wasser auseinanderfallen wird, können Sie das Ruder daran festbinden und in der Floßmitte mit dem Laden Ihrer Ausrüstung beginnen.

Einfach (F)Lossegeln

Wenn Sie vorhaben, mit dem Floß eine längere Reise auf einem geraden Fluß zu unternehmen, dann takeln Sie einen improvisierten Mastbaum auf und setzen Segel, um sich auf diese Weise den Wind zunutze zu machen – zumindest solange, wie der Wind in die Richtung bläst, in die Sie möchten. Da kein Kiel vorhanden ist, läßt sich das Floß nur bei leichtem Wind mit dem Ruder steuern, aber Sie können es wenigstens damit gerade halten. Taucht der Bug zu sehr ins Wasser ein, reduzieren Sie die Segelfläche. Sie können nur flußabwärts fahren, mit der Strömung.

Die Maststützen werden in Einkerbungen gesteckt und gut festgebunden

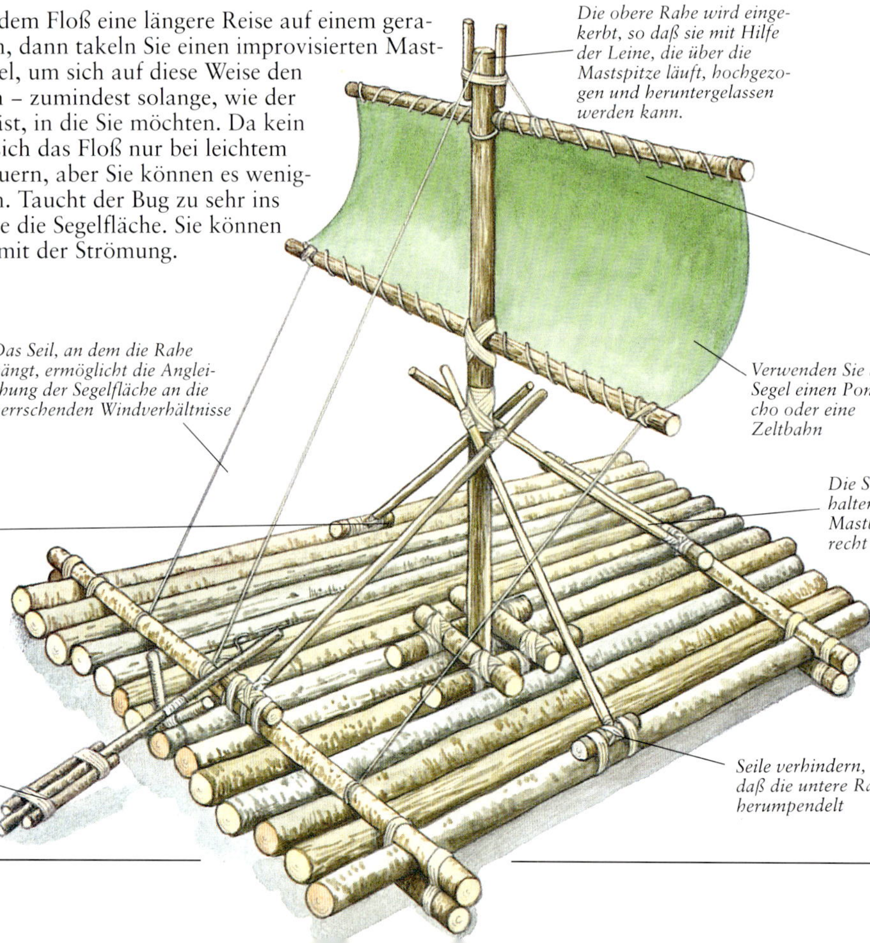

Improvisierter Mastbaum mit Segel
Schneiden Sie sich als Masten einen Baumstamm zurecht, stellen Sie ihn zwischen vier kurze Holzstücke und binden Sie ihn gut fest. Stützen Sie den Mastbaum mit vier Stangen ab, die jeweils am Deck und dem Masten angebunden werden. Nehmen Sie einen wasserdichten Poncho als Segel.

Die Wahl des richtigen Bootes

Jeder dieser kleinen Bootstypen hat seine eigenen Stärken und Schwächen und sollte nie zweckentfremdet eingesetzt werden, oder unter Bedingungen für die er nicht ausgelegt wurde. Einige Konstruktionen eignen sich ausschließlich für ruhige, träge fließende Gewässer, während andere auch unter Bedingungen einsetzbar sind, in denen andere Boote völlig überfordert wären.

Schlauchboot
Selbst in einer vergleichsweise rauhen See kann das Schlauchboot noch verwendet werden. Es läßt sich auch dann noch gut steuern, wenn schwere Brecher darauf niedergehen. Allerdings können die Schwimmzellen durch Eisschollen und andere Hindernisse im Wasser aufgeschlitzt werden. Beim Einsatz eines Schlauchbootes sollten Sie das Gewicht möglichst weit nach vorne verlegen, damit das Boot nicht von der Wasseroberfläche abhebt und umgeblasen wird.

Außenbordmotor
Für breite Flüsse mit gleichmäßiger Strömung ist ein flacher Kahn mit Außenbordmotor am besten geeignet. Damit lassen sich große Distanzen zurücklegen. Das Heck eines schmalen Bootes wird durch einen Außenbordmotor ziemlich weit heruntergedrückt, besonders wenn der Propeller sich ins Wasser wühlt, was durch Gegengewichte im Bug ausgeglichen werden muß. Die Propellerschaftlänge kann den Tiefgang des Bootes bis zu einem gewissen Grad verschlechtern.

Coracle
Zu Bau und Handhabung eines Coracles gehört viel Geschick. Biegsame Äste die in Form einer Halbkugel zusammengebunden werden, bilden den Rahmen, der anschließend mit einer Tierhaut oder einer Persenning überzogen wird. Das Coracle taugt nur für den Einsatz in extrem windgeschützten und langsamfließenden Binnengewässern.

Kajak
Das traditionelle Kajak der Eskimo dient von seiner Konstruktion her als Vorbild aller, für den Extremeinsatz konzipierten, modernen Kanumodelle. Die Ausführungen, deren Außenhaut aus Stoff oder Tierhaut besteht, sind zwar nicht so widerstandsfähig wie die Fiberglasmodelle, aber sie haben nur ein geringes Gewicht und können daher leicht um die Stromschnellen herumgetragen werden, die mit dem Boot unbefahrbar sind. Zum Paddeln eines Kajaks gehört viel Geschick, besonders dann, wenn es schwer mit Ausrüstung beladen ist, oder durch stürmisches Wasser gesteuert wird. Da Kajaks keinen Kiel haben, kentern sie leicht.

Tips rund ums Boot

- Tragen Sie immer eine Schwimmweste, oder improvisieren Sie eine, indem Sie leere Wasserflaschen in Ihre Taschen stecken.
- Sichern Sie jedes Stück der Ausrüstung mit einem Seil, das am Boot angebunden wird.
- Überladen Sie das Boot nicht.
- Erforschen Sie den Fluß, den Sie befahren wollen, bevor Sie Ihr Wasserfahrzeug zu Wasser lassen.
- Wenn Sie einen Außenbordmotor benützen, dann beschleunigen Sie, bis das Boot auf der Oberfläche gleitet, und drosseln dann den Motor, um es so zu halten.

Bau eines Paddels

1 Um ein Paddel herzustellen, entfernen Sie mit einem Messer alle Zweige von einem stabilen, grünen Ast. Schneiden Sie ein Ende keilförmig zu und glätten Sie es.

2 Binden Sie links und rechts von dem Keil zwei kürzere Holzstücke am Astende fest. Sie fungieren als Blatt des Padels.

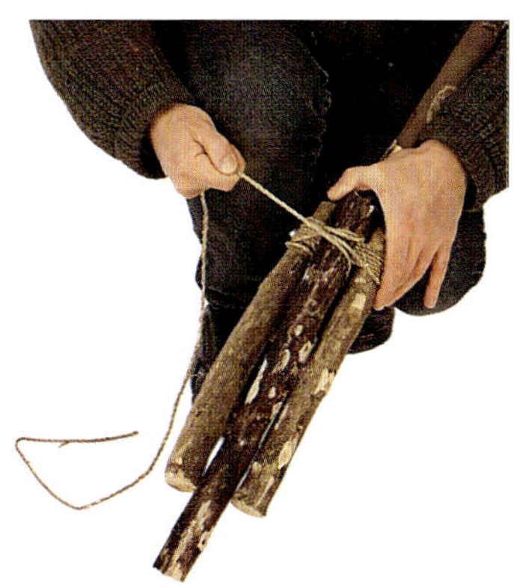

3 Zwängen Sie ein drittes Stück Holz in die Lücke, und binden Sie es so fest, daß es auf dem keilförmigen Abschnitt am unteren Ende des Astes zu ruhen kommt.

Fertiges Paddel
Es kann sein, daß Sie die Schnüre nachstraffen müssen, wenn das fertige Paddel einmal längere Zeit im Wasser war, da die Verbindungen ausleiern könnten.

Reisen mit dem Auto

Die Grundvoraussetzungen für Off-Road-Reisen mit dem Geländewagen sind eine gleichmäßige Gewichtsverteilung, geeignete Reifen mit dem richtigen Reifendruck, und ein guter Fahrer. Hohe PS-Leistung pro Kilogramm führt nur zu einem erhöhten Spritverbrauch und schnellerer Reifenabnutzung. Sie sollten auf einer Expeditionsreise niemals weniger als zwei Fahrzeuge mitnehmen – mit drei sind Sie allerdings am besten beraten, denn dann kann einer der Wagen von den beiden anderen abgeschleppt werden, ohne daß diese zwei zu sehr beansprucht würden. Ein Laster mit großem Reifendurchmesser und hoher Bodenfreiheit kann die ganze schwere Ausrüstung befördern, während für den Personentransport und zum Abschleppen zwei Allrad-Geländewagen mit kurzem Radstand Verwendung finden.

Wahl des Expeditionsfahrzeugs

Die leistungsstärksten Fahrzeuge mit Allrad-Antrieb kommen zwar beinahe überall durch, haben aber einen zu großen Benzinverbrauch, um für Expeditionen wirklich geeignet zu sein. Benzinmotoren sind leichter und billiger als Dieselmotoren, und sie bringen mehr Leistung. Allerdings ist die Kraftübertragung bei großen Dieselmotoren bei niedrigen Drehzahlen sehr hoch, was gerade in schwerem Gelände ein stetes Vorwärtskommen ermöglicht. Dazu kommt noch, daß Dieseltreibstoff erheblich billiger ist als Normalbenzin. Bei einem langen Radstand hat man im Fahrzeuginneren viel Platz; er kann aber auch zu Problemen führen, wenn man mit dem Wagen über extreme Holperstrecken fährt, da man leicht steckenbleibt oder mit der Bodenwanne aufsetzt.

Dachgepäckträger
Der Dachträger sollte hohe und stabile Seitenteile aufweisen, und muß die sperrige Ausrüstung, die nicht ins Innere des Fahrzeugs paßt, aufnehmen können. Im Idealfall sollte er so konstruiert sein, daß sich das ganze Gerät mit Schnüren am Dachträger befestigen läßt. Transportieren Sie auf dem Dachgepäckträger ausschließlich feste Ausrüstungsstücke wie Kisten und ähnliches.

Das ideale Fahrzeug
Es gibt auf dem Markt eine große Menge von unterschiedlichen, robusten Fahrzeugmodellen, die sich für Expeditionen verwenden lassen. Das Fahrzeug, für das Sie sich entscheiden, sollte im Idealfall die meisten der unten gezeigten Eigenschaften aufweisen.

Trittleiter
Eine Leiter die zum Dach hinaufführt erleichtert das tägliche Be- und Entladen, und Sie kommen leichter auf das Dach Ihres Wagens, wenn Sie es nutzen wollen – zum Beobachten, zum Filmen und als Zufluchtsort, aber auch als luftiges Plätzchen, um sich dort oben ausruhen zu können.

Motor
Motoren, die mit Normalbenzin laufen, sind leichter, leistungsstärker und im allgemeinen billiger als die mit Dieseltreibstoff betriebenen Motoren. Der Vorteil von Dieselmotoren liegt jedoch darin, daß sie bei sehr niedrigen Drehzahlen viel Leistung bringen und gewöhnlich eine längere Lebensdauer haben als Benzinmotoren.

Reifen
Für Off-Road-Touren eignen sich Radialreifen am besten. Sie müssen nur darauf achten, daß ihre Reifenwände nicht durch spitze Steine beschädigt werden. Bevor Sie über feinen Sand fahren, müssen Sie aus den Reifen ein wenig Luft ablassen; sobald Sie dann festen Boden erreicht haben, erhöhen Sie den Reifendruck wieder.

Hohe Bodenfreiheit
Um durch schweres Gelände zu kommen, ist es sehr wichtig, eine gute Bodenfreiheit zu haben. Liegen bei Ihrem Fahrzeug die Radachsen zu weit unten, ist die Wahrscheinlichkeit recht groß, daß Sie in weichem Untergrund steckenbleiben oder sogar an einem Felsbrocken hängenbleiben und das Fahrgestell dabei beschädigt wird.

Allrad-Antrieb
Der Allrad-Antrieb ist im unwegsamen Gelände, morastigen Wegen und im Sand unentbehrlich. Wenn Sie kein Fahrzeug finden können, das Allrad-Antrieb hat, sollten Sie wenigstens eines mit Vorderrad-Antrieb nehmen, damit Sie sich aus weichem Boden wieder herausarbeiten können, wenn Sie darin steckenbleiben (siehe gegenüberliegende Seite).

Reserverad
Sie sollten immer mehrere Ersatzreifen mitführen, sich dabei aber sorgfältig überlegen, wo am Fahrzeug Sie sie verstauen wollen. Werden sie an Hecktüren, Motorhauben oder Dachträgern festgeschraubt, dann sind sie zwar gut zugänglich, können dafür aber auch leichter beschädigt oder gestohlen werden.

Fahren unter extremen Umständen

Fahren Sie stets langsam und vorsichtig. Wenn Sie Zweifel über den Zustand der Straße haben, dann steigen Sie aus dem Wagen aus und erkunden den Weg zuerst zu Fuß. Benützen Sie immer die Reifen, die den Umständen angemessen sind. Wenn der Untergrund sehr weich ist, können Sie den Reifendruck verringern, müssen ihn aber wieder erhöhen, sobald Sie auf die Straße zurückfahren.

Wasserdurchquerungen
Fahren Sie durch Wasser langsam aber zügig hindurch, nachdem Sie den Keilriemen ausgehängt und die Achsentlüfter zugestopft haben. Decken Sie die Elektrik des Motors mit Leinwand zu, lassen Sie aber dabei die Ansaugkrümmer frei. Halten Sie nicht an.

Schlammpisten
Machen Sie auf schlammigen Wegen langsam, und achten Sie darauf, weder wegzurutschen oder die Reifen durchdrehen zu lassen, noch den Motorblock auf den Felsen aufzusetzen oder mit dem Fahrzeug steckenzubleiben. Halten Sie sich in der Mitte des Weges.

Sandstrecken
Sandboden kann sehr verschieden sein und reicht von festen, flachen Oberflächen bis hin zu tiefen Dünen, in die man einsinken kann. Achten Sie auf mögliche Felsbrokken, die Ihnen die Motorwanne zerschmettern können. Wenn Sie über Sandboden fahren, sollten Sie sehr wachsam sein.

Kontrollen vor dem Fahrtantritt

Führen Sie jeden Morgen vor der Weiterfahrt folgende Fahrzeug-Checks durch:

- Kontrollieren Sie Treibstoff, Öl und Wasser, außerdem noch die Brems- und Hydraulikflüssigkeiten sowie den Stand des Differentialgetriebeöls.
- Werfen Sie den Motor an und lassen Sie ihn warmlaufen.
- Gehen Sie um das Fahrzeug herum und überprüfen Sie dabei das Profil der Reifen und die Reifenwände, die Radmuttern, die Achsschenkel, die Fahrzeugbeleuchtung und sämtliche äußeren Halterungen.
- Prüfen Sie die Bremsen. Sehen Sie im Motor nach, ob irgendwo Wasser oder Öl ausläuft und ob die Dichtungen irgendwelche Risse haben.

Befreiung aus weichem Boden

1 Sollten Sie trotz Allrad-Antrieb mit Ihrem Fahrzeug in Schlamm, Sand oder Schnee steckenbleiben, dann versuchen Sie den Wagen rückwärts mit dem Ersten und dem Rückwärtsgang wieder »herauszuschaukeln«. Wenn auch das nichts nützt, versuchen Sie nochmals vorwärts zu fahren, während Ihre Mitfahrer von hinten den Wagen schieben. Stellen Sie die Versuche rechtzeitig ein, bevor Sie sich völlig festgefahren haben.

2 Wenn auch das Anschieben zu nichts geführt hat, oder Sie niemanden haben, der Ihnen hilft, legen Sie zuerst die Reifen frei, indem Sie den Boden davor weggraben und schaufeln Sie dann weiter bis vor den Löchern eine allmählich ansteigende Schräge entstanden ist. Versuchen Sie nun vorsichtig vorwärts herauszufahren. Geben Sie nur ganz wenig Gas, denn sonst drehen die Reifen durch und graben sich noch tiefer in den Untergrund.

Holz unter den Rädern sorgt für eine stabile Unterlage, über die man fahren kann

3 Kommen Sie noch immer nicht frei, obwohl Sie die Reifen freigeschaufelt haben, legen Sie Holzbohlen oder Sandbleche – wenn Sie welche dabei haben – unter die Räder. Sogar eine Decke kann vielleicht ausreichen, um den Reifen mehr Halt zu geben. Fahren Sie den Wagen vorsichtig heraus. Unter Umständen müssen Sie immer wieder neue Holzbohlen unterlegen, bis Sie endlich festen Grund erreicht haben.

Mit Seilwinde

Wenn Ihr Wagen mit einer Seilwinde ausgerüstet ist, können Sie ihn damit herausziehen, wenn Sie in weichem Untergrund steckenbleiben. Befestigen Sie das Kabel an einem Baum oder einem anderen sicheren Punkt. Legen Sie einen Holzklotz unter das Kabel, damit es nicht am Boden schleift. Fahren Sie bei eingeschalteter Winde behutsam vorwärts.

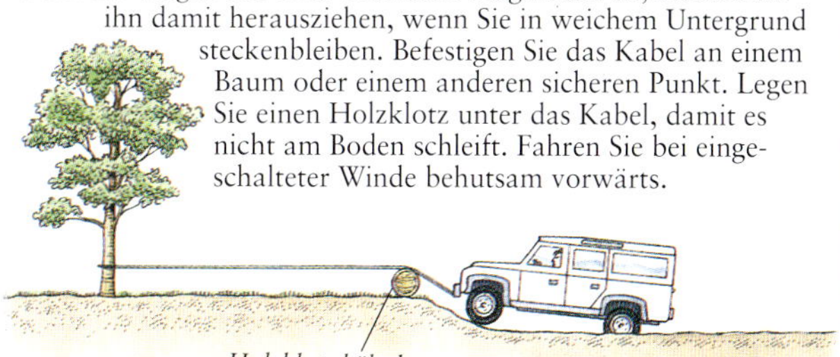

Holzklotz hält das Kabel weg vom Boden

Andere Transportmittel

Im Umfeld unserer Städte betrachten wir Radfahren, Reiten oder Motorradfahren als pure Freizeitvergnügungen. Doch in der Wildnis stellen Fahrräder, Pferde und Motorräder ausgezeichnete Möglichkeiten dar, um uns und unsere Ausrüstung zu befördern. Tiere und Fahrzeuge dürfen nicht zu schwer beladen oder überfordert werden. Das kann sogar bedeuten, daß Sie vielleicht langsamer vorankommen, als wenn Sie zu Fuß gehen würden. Überlegen Sie, wie das Gelände beschaffen ist, das Sie durchqueren wollen, wie lange Ihre Reise dauern soll und wieviel Gepäck Sie dafür mittragen müssen.

Verwendung von Tieren

Kamele
Ungefähr 270 kg können Kamele tragen und dabei auch über unwegsames Land hinweg ein gleichmäßiges Tempo beibehalten. Die Einsatzmöglichkeiten für sie sind sehr vielfältig und reichen von Schnee bis hin zu weichem Sand. Allerdings können die Tiere sehr eigensinnig sein und sie lassen sich schwer lenken.

Elefanten
Elefanten sind unglaublich kräftig, aber sie sind nicht die schnellsten Geher und auch nicht unbedingt die geeignetsten Tiere zum Transport der Ausrüstung. Sie haben ganz spezielle Bedürfnisse und arbeiten nur für einen ihnen vertrauten Elefantenführer. Manchmal kann es Monate dauern, bis sie zu einem neuen Besitzer Vertrauen gefaßt haben. Sie benötigen große Mengen an Futter, das extra mitgeführt werden muß.

Hunde
Ein siebenköpfiges Schlittenhundegespann kann 270 kg am Tag etwa 32 km weit ziehen. Huskies, die auch im Schnee draußen leben können, sind enorm widerstandsfähige Hunde und sie haben Freude daran Schlitten zu ziehen. Allerdings brauchen sie viel frisches Fleisch, das zusätzlich transportiert werden muß.

Pferde
Packpferde müssen Sie jeden Tag füttern, tränken und ausruhen lassen, und sie brauchen regelmäßig einen Ruhetag – dafür können sie aber auch 80 km pro Tag zurücklegen und zwar mehrere Tage hintereinander. Am besten eignen sich für Trecks durch die Wildnis die Pferde- und Ponyrassen der Gebirgsregionen.

Versorgung von Tieren

Sie müssen sich sehr sorgfältig um Ihre Tiere kümmern und auf deren Bedürfnisse eingehen. Sie müssen eine tägliche Routine für das Füttern und Tränken einführen und sich von da an immer an diese Routine halten. Behandeln Sie alle etwaigen Verletzungen sofort. Versorgen Sie zuerst Ihre Tiere und sorgen Sie erst danach für sich selbst. Packtiere sollten gestriegelt werden, bevor Sie sie satteln oder beladen, um sicherzugehen, daß keine kleinen Steinchen und ähnliches den Rücken unter der Ladung aufscheuern können. Elefanten müssen täglich gebadet werden, um zu verhindern, daß ihre Haut wund wird, und sie brauchen ihre Staubbäder, damit sie nicht so sehr von stechenden Plagegeistern heimgesucht werden. Die Hufe von Pferden, Maultieren und sonstigen Huftieren müssen jeden Tag mit einem Hufkratzer gereinigt werden. Wenn sie viel auf Straßen laufen müssen, sollten sie Hufeisen bekommen. Lamas, Ochsen, Yaks, Esel und sogar Schafe zählen zu den Tieren, die teilweise ebenfalls zum Lastentragen verwendet werden.

Striegeln
Tiere müssen regelmäßig gestriegelt werden, wobei Sie sie gleichzeitig auf Verletzungen, wunde Stellen und Zecken überprüfen. Schenken Sie den Beinen und Hufen besondere Beachtung, und beobachten Sie die Gangweise jedes einzelnen Tieres. Jede verhärtete oder überempfindliche Stelle muß ohne Verzögerung sofort behandelt werden.

Verwendung von Motorrädern

Mit einem schweren Motorrad kommen Sie beinahe durch jedes Gelände, doch muß es sorgfältig gewartet werden. Es ist ungemein wichtig, das Motorrad richtig zu beladen, wobei Sie sowohl auf das Gesamtgewicht als auch auf eine gleichmäßige Verteilung des Gepäcks achten müssen. Ersatzteile und Werkzeuge werden zwar einen beträchtlichen Teil der Zuladung ausmachen, die Sie zu packen haben, aber die tägliche Wartung muß für Sie zur selbstverständlichen Routine werden.

Der Tankrucksack sollte nachgiebig sein, so daß Sie Ihren Oberkörper daranlegen können

Die schwersten Lasten gehören direkt über das Hinterrad

Gewichtsverteilung
Das Gewicht muß gleichmäßig verteilt werden. Liegt hinter dem Hinterrad zuviel, läßt sich das Vorderrad nicht mehr lenken. Ruht zuviel Gewicht vorne, wird die Vorderradaufhängung überlastet.

Laden Sie nicht zu viel Gewicht auf den Gepäckträger, damit das Motorrad nicht ins Schlingern kommt

Die Seitenkoffer sollten möglichst schmal sein, um den Luftwiderstand gering zu halten und die Stabilität nicht zu beeinträchtigen

Auspufftöpfe werden sehr heiß, halten Sie daher die Ausrüstung davon fern

Motorrad-Tips

Wenn es sehr warm ist, können Motorräder mit Luftkühlung bei niederen Geschwindigkeiten heißlaufen, es gibt Fehlzündungen und der Motor hat Aussetzer. Parken Sie Ihr Krad im Schatten und lassen Sie es dort abkühlen. Fahren Sie vorsichtig, und halten Sie die anderen Verkehrsteilnehmer im Auge, die Motorräder vielleicht nicht gewöhnt sind. Halten Sie Ihr Motorrad so sauber wie möglich, dadurch wird es länger halten. Waschen Sie es mit heißem Wasser und Seifenlauge und spülen hinterher jedes Teil gut wieder ab. Überprüfen Sie jedesmal, wenn Sie das Motorrad säubern, alle Anschlüsse nach, ebenso bei den Kontrollen vor Fahrtantritt (siehe Seite 159).

Verwendung von Fahrrädern

Mountain-Bikes können als eine Art von Hilfsmittel zum Wandern angesehen werden. In schwerem Gelände sollten Sie besser einen Rucksack tragen, anstatt das Fahrrad mit Radtaschen zu beladen, denn sonst wird das Rad zu schwer um es noch tragen zu können. Bleiben Sie weit weg von anderen Rädern – und allen sonstigen Benutzern des Weges oder der Straße. Wenn Sie einen Rucksack tragen, sollten Sie nicht zu schnell fahren, besonders dann nicht, wenn es steile Hänge hinuntergeht.

Allround-Talent
Mountain-Bikes können in fast jedem Gelände und Klima eingesetzt werden. Sie müssen allerdings auch bereit sein, abzusteigen und Ihr Rad zu schieben – durch Flüsse, Schlamm oder steile Hänge hinauf.

Radfahrbekleidung
Sie können zum Radfahren beinahe alles tragen, jedoch sollten die Hosen im Knöchelbereich durch Gamaschen geschützt werden, so daß sie sich nicht in der Kette verfangen. Tragen Sie stets Radhelm und Schutzbrille.

Die Lenkstange muß stabil genug sein, um das Gewicht Ihres Oberkörper und Ihres vollbeladenen Rucksacks tragen zu können

Tragen Sie eine windundurchlässige Jacke, und halten Sie für die Rastpausen einen Pullover bereit

Die Felgen verbiegen sich leicht, vor allem wenn viel Gepäck auf dem Fahrrad lastet

Fahrradgamaschen halten die Hosenbeine aus der Kette heraus, und sie verhindern, daß die Hosen von der Vegetation zerrissen werden

Sie können Turnschuhe, Wanderstiefel oder spezielle Radlerschuhe tragen, die in die Fußhaken passen

Behelfs-Reparaturen

Die Zahl der Ersatzteile, die Sie mitnehmen können, ist begrenzt, also sollten Sie besser nicht das Risiko eingehen, an dem Fahrrad etwas zu beschädigen. Wenn Sie eine Reparatur durchführen müssen, dann sollten Sie anschließend extrem vorsichtig fahren, bis Sie das betroffene Teil in einer Werkstatt richten lassen konnten. Draht eignet sich zum Ersetzen von Nieten in der Kette, zum Ausbessern gerissener Kabel und zum Befestigen der Bremshebel. Mit Gaffertape lassen sich Löcher im Fahrradschlauch vorübergehend flicken. Wenn Sie Ihre Luftpumpe verloren haben, kann ein platter Reifen auch mit Gras und Blättern ausgestopft werden, bis Sie den Reifen wieder aufpumpen lassen können.

Anhang A

Verlassen eines Schiffes

Mitten auf See die Sicherheit eines Schiffes verlassen zu müssen, ist eine sehr ernste und gefährliche Angelegenheit. Selbst ein schwer beschädigtes Schiff kann Ihnen noch Wärme, Schutz, Wasser und Nahrung bieten. Es wird außerdem auch Funkgeräte, Leuchtraketen und andere lebensrettende Ausrüstung enthalten. Verlassen Sie es erst im allerletzten Moment und nur, wenn es zu gefährlich wäre, zu bleiben. Das Zeichen zum Verlassen des Schiffes wird immer vom Kapitän gegeben, da er derjenige ist, der am besten beurteilen kann, wann dieser Zeitpunkt gekommen ist. Bevor Sie von Bord gehen, sollten Sie alles mitnehmen, von dem Sie glauben, daß es nützlich werden könnte – und soviel Nahrungsmittel und Trinkwasser wie Sie tragen können.

Rettungsfloß
Die meisten Handelsschiffe sind mit Rettungsflößen oder -booten ausgerüstet. Die Bandbreite reicht dabei von gewöhnlichen aufblasbaren Schlauchbooten bis hin zu denen mit Überdachung, Notfallwerkzeugen und Proviant.

Evakuierung

Wenn es sich vermeiden läßt, sollten Sie ins Wasser nie direkt hineinspringen. Klettern Sie stattdessen eine Leiter bis zu einem Rettungsfloß hinunter. Ihre Überlebenschancen verringern sich erheblich, wenn Sie naß werden. Es kann allerdings auch passieren, daß Ihnen gar keine andere Wahl bleibt, als zu springen. Stellen Sie zuerst sicher, daß Sie Ihre Schwimmweste gut um sich herum festgebunden haben, sie aber noch nicht aufgeblasen ist, da Sie sonst leicht irgendwo hängenbleiben könnten. Springen Sie dann vom tiefstmöglichen Punkt des Schiffes.

1 Bedecken Sie Ihren Mund und halten Sie Ihre Nase zu, damit kein Salzwasser eindringen kann. Mit Ihrem freien Arm umklammern Sie Ihren anderen Oberarm, damit er nicht verrutschen kann, und drücken Sie mit dem Ellbogen die Schwimmweste flach gegen den Körper.

2 Halten Sie den Kopf aufrecht und den Rücken gerade. Springen Sie an einer Stelle ins Wasser die frei von Treibgut ist. Halten Sie sich in der Luft aufrecht. Kurz vor dem Eintauchen kreuzen Sie Ihre Beine und Fußgelenke übereinander und verschränken sie gut.

3 Um Ihre Schwimmweste aufzupumpen, ziehen Sie an der Ventilschnur oder blasen sie über das Mundstück auf. Bleiben Sie weg von dem untergehenden Schiff. Schwimmen Sie langsam rückwärts, wozu Sie Ihre Beine einsetzen.

Merkregeln

- Verlassen Sie das Schiff nicht, außer es besteht die absolute Gewißheit, daß es sinken wird.
- Bevor Sie ins Wasser springen, sollten Sie sichergehen, daß Sie Ihre Schwimmweste sicher um sich herum zugebunden und Sie genügend Kleidung anhaben, die Ihnen hilft, warm zu bleiben.
- Blasen Sie niemals die Schwimmweste auf, bevor Sie im Wasser sind.
- Wenn Sie auf sich aufmerksam machen müssen, dann verwenden Sie die Trillerpfeife an Ihrer Schwimmweste dazu, oder Sie winken mit einem Arm oder schlagen damit auf das Wasser.
- Sollte brennender Treibstoff auf dem Wasser treiben, tauchen Sie darunter weg, oder Sie schwimmen im Bruststil durch und versuchen dabei sich für den Kopf ein Atemloch freizuplantschen.
- Schwimmen Sie nie gegen die Gezeiten, selbst dann nicht, wenn Sie bereits Land sehen können.

Treiben mit einer Schwimmweste

Help
Diese Körperhaltung verhindert, daß die Wärme aus dem Körperinneren zu schnell verloren geht (die Abkürzung steht für Heat-Escape-Lessening-Posture). Ziehen Sie Ihre Knie an den Körper und kreuzen Sie Ihre Arme, um so die Körperwärme in Ihrem Unterleib zu halten.

Als Gruppe
Wenn Sie in einer Gruppe sind, dann plazieren Sie Kinder in die Mitte und drängen sich mit den anderen so dicht aneinander, wie es geht, möglichst so, daß die Oberkörper sich berühren. Achten Sie darauf, daß niemand einschläft.

Überlebensschwimmen

Salzwasser trägt Menschen sehr gut. Dies gilt auch für Nichtschwimmer, selbst wenn sie noch bekleidet sind – also entspannen Sie sich und geraten Sie nicht in Panik. Spülen ständig Brecher über Sie hinweg und machen es Ihnen somit unmöglich, sich mit dem Kopf über Wasser auf dem Rücken treiben zu lassen, dann wenden Sie die folgende Technik an. Sie können damit in Ruhe dahintreiben und in regelmäßigen Abständen an die Oberfläche kommen, um Luft zu holen.

1 Treiben Sie ganz ohne eigenes Zutun knapp unterhalb der Wasseroberfläche. Sobald Sie zum Atmen an die Oberfläche wollen, strampeln Sie sich mit Ihren Füßen nach oben.

2 Atmen Sie unter Wasser aus und rudern Sie mit Ihren Händen, damit Sie Ihren Kopf knapp über dem Wasser halten können. Pressen Sie das letzte bißchen Luft aus Ihren Lungen und atmen Sie dann tief ein.

3 Legen Sie Ihren Kopf mit geschlossenem Mund wieder ins Wasser zurück, und strecken Sie Ihre Arme aus. Ihre Beine lassen Sie treiben, bis Sie wieder Luft holen müssen.

Schwimmhilfen

Greifen Sie sich alles Treibgut, das Sie finden können, denn es wird Ihnen helfen, über Wasser zu bleiben. Vielleicht finden Sie auch Treibholz oder Abfälle, die von Schiffen stammen.

Verwendung von Treibgut
Mit Hilfe von Treibgut können Sie sich über Wasser halten.

Überleben im kalten Wasser

Durch Schwimmen verlieren Sie mehr wertvolle Körperwärme (und sterben dadurch auch schneller), als wenn Sie sich nicht bewegen. Bleiben Sie aus diesem Grund ruhig in der Help-Stellung in Ihrer Schwimmweste hängen, oder ziehen Sie Treibgut als Schwimmhilfe heran. Behalten Sie Ihre Kleidung an, ebenso die Schuhe – darin wird Wasser festgehalten, das Ihr Körper, wie bei einem Neopren-Taucheranzug, aufwärmt. Halten Sie Kopf und Schultern aus dem Wasser heraus, damit darüber keine Wärme verloren gehen kann.

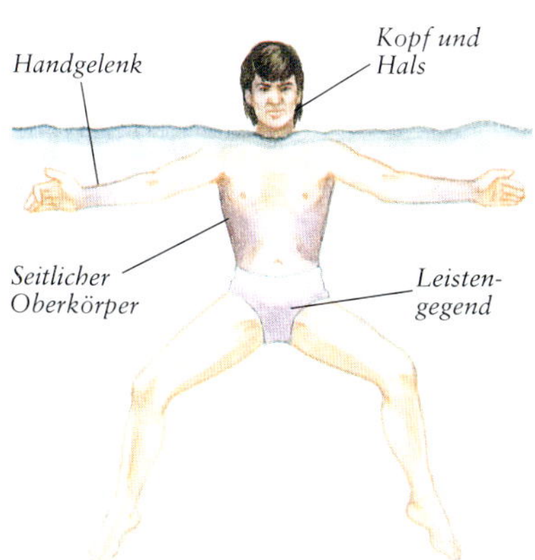

Empfindliche Bereiche
Im Bereich dieser Körperstellen geht am meisten Körperwärme verloren, da große Mengen von Blut dicht unter der Haut fließen. Durch Einnehmen der Help-Stellung werden diese Stellen weitgehend geschützt.

Improvisierter Schwimmkragen

Selbst wenn Sie ein guter Schwimmer sind, ist ein Schwimmkragen für Sie unentbehrlich, denn er hilft Ihren Kopf über Wasser zu halten, so daß Sie atmen können und damit keine Körperwärme über den Kopf verloren geht. So ein Schwimmkragen läßt sich aus einer Hose improvisieren.

1 Binden Sie die Hosenbeine kurz über den Aufschlägen zusammen, und ziehen Sie den Knoten mit Ihren Zähnen fest zu, während Sie mit Ihren Beinen wassertreten.

2 Halten Sie die Hose am Gürtel oder am Hosenbund fest, und schwingen Sie sie über Ihren Kopf nach vorne, so daß sich möglichst viel Luft darin fängt. Nötigenfalls wiederholen Sie diese Aktion.

3 Stecken Sie Ihren Kopf zwischen den Hosenbeinen hindurch und halten Sie den Hosenbund unter Wasser zu. Sie können die Hose nach Bedarf wieder »aufpumpen«.

WARNUNG

Selbst wenn Sie im Wasser treiben und keine Aussicht auf Rettung zu bestehen scheint, sollten Sie ruhig bleiben und nicht in Panik geraten. Um überleben zu können, müssen Sie einen klaren Kopf behalten. Der Kälte ausgesetzt zu sein wird Sie schläfrig machen – kämpfen Sie dagegen an. Langeweile kann genauso destruktiv werden, also beginnen Sie damit die Sekunden zu zählen, um Ihr Gehirn zu beschäftigen.

Überleben auf See

Wenn Sie auf hoher See Ihr Schiff verlassen müssen, benützen Sie alle vorhandenen Rettungsflöße und besetzen sie bis zur obersten noch sicheren Grenze mit Überlebenden. Kinder, gebrechliche Personen und die Verletzten werden in die Mitte gesetzt. Sollte das Rettungsfloß zu klein sein, können sich in warmen Gewässern einige der Gesündesten und Kräftigsten an den Seiten des Floßes festhalten. Sie sollten regelmäßig mit denen im Floß die Plätze tauschen. Verpacken Sie sämtliche Ausrüstungsgegenstände wasserdicht, und befestigen Sie diese an Ihrem schwimmenden Untersatz. Binden Sie alle Personen mit einer Sicherheitsleine fest.

Haie
Weltweit gibt es Hunderte von Haiarten, von denen einige auch dem Menschen gefährlich werden können. Haie werden von Geräuschen angelockt, die auf eine Notlage hindeuten und durch den Geruch von Blut. Sie sollten ihnen möglichst keinen Anlaß für ihr Interesse geben.

Verbesserungsmöglichkeiten am Rettungsfloss

Obwohl es durchaus auch Rettungsflöße gibt, die bereits mit einer Notausrüstung und Vorräten geliefert werden, sind doch die meisten Flöße eher spartanisch ausgerüstet und mehr dafür ausgelegt, sich leicht auf dem Mutterschiff verstauen zu lassen, als wirklich über längere Zeit hinweg eingesetzt zu werden. In solch einem einfach ausgestatteten Rettungsfloß müssen Sie umgehend eine Schutzvorrichtung gegen Regen, Wind und Gischt improvisieren und sich Wege überlegen, um ein Segel aufzuziehen.

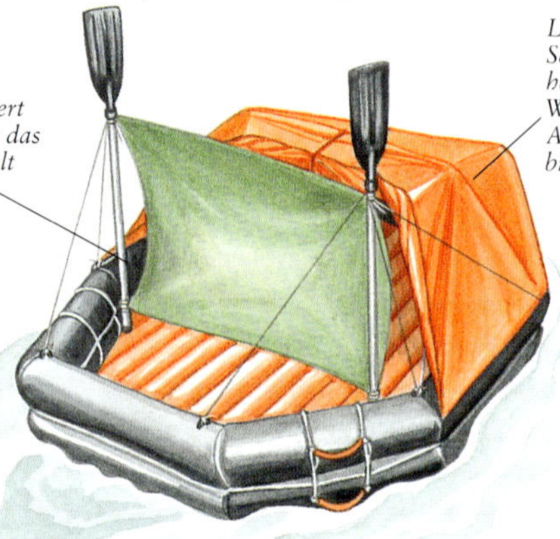

Improvisiertes Segel
Ein großer Poncho, oder ein Leintuch, der zwischen zwei aufrecht stehenden Paddeln gespannt wird, läßt das Rettungsfloß vor dem Wind treiben, auch wenn das Schlauchboot ohne ein behelfsmäßiges Ruder recht schwer zu steuern sein wird.

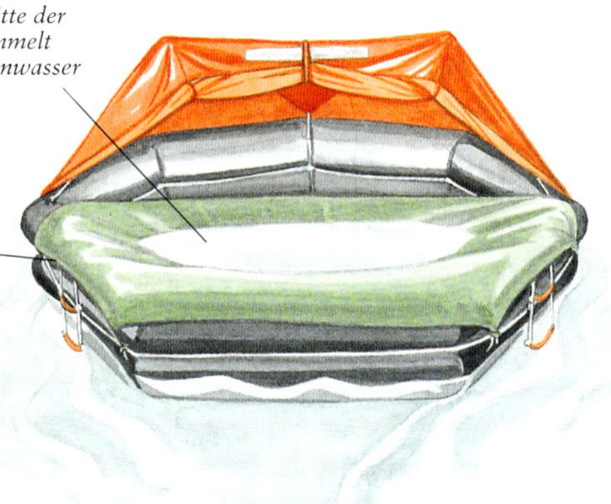

Sammeln von Regenwasser
Auf dem Meer kann es sehr schwer werden, sich Trinkwasser zu besorgen. Spannen Sie eine Plastikplane über das Rettungsfloß wenn es regnet, um darin das Regenwasser zu sammeln. Schöpfen Sie es sofort in Behälter um, damit es sich nicht mit der Salzwassergischt vermischen kann.

Herstellung eines Treibankers
Ein Eimer, der an einer Schnur hinter dem Rettungsfloß hergezogen wird, hält Sie immer im Wind, so daß das Boot nicht kentert. Wurden Notsignale abgeschickt, bevor Sie das Schiff verlassen mußten, dann sollten Sie versuchen, möglichst an derselben Stelle zu bleiben, damit die Suchmannschaften Sie leichter finden können. Ein Treibanker wird auch die Drift verringern.

Abwehr von Haien

Möglicherweise nähern sich Haie Ihrem Rettungsfloß. Kommen sie so nahe an das Rettungsfloß heran, daß es dabei beschädigt werden könnte, dann versuchen Sie, die Tiere durch laute Geräusche und kräftige Bewegungen zu verscheuchen. Häufig kann sie auch ein fester Schlag auf die Nase mit einem Paddel oder einem anderen harten Gegenstand vertreiben. Gefährlicher wird es, wenn der Hai hungrig ist und Blut oder Ausscheidungen gerochen hat, oder wenn er schwache und unsichere Bewegungen geortet hat, denn all dies sind für ihn Anzeichen für eine leichte Beute. Chemische Haiabwehrmittel sollten erst dann eingesetzt werden, wenn der Hai das Rettungsfloß immer enger umkreist und dabei plötzliche Ausfallbewegungen macht, denn dann steht sein Angriff kurz bevor. Um Haie davon abzuhalten unter dem Rettungsfloß »durchzuschrammen«, ziehen Sie ein Stoffstück oder eine Decke hinter sich durch das Wasser.

Leben auf dem Rettungsfloss

Eine Schutzmöglichkeit vor Sonne, Regen und Wellen ist absolut unerläßlich. Versuchen Sie mit den Angelhaken und Bleigewichten aus Ihrer Survival-Notausrüstung (siehe Seite 28) oder mit einem Netz Fische zu fangen. Wenn Ihnen kein Trinkwasser zur Verfügung steht, sollten Sie allerdings nichts essen, denn sonst werden zur Verdauung die körpereigenen Wasserreserven angegriffen. Bewegen Sie sich so wenig wie möglich, um einen weiteren Wasserverlust durch Schwitzen zu vermeiden.

Nahrungsbeschaffung
Binden Sie ein Hemd oder ein anderes Kleidungsstück an ein Paddel und befestigen Sie dieses seitlich am Rettungsfloß. Dadurch erhalten Sie eine Art Schleppnetz, mit dem sich Oberflächenfische fangen lassen. Geben Sie gut acht, daß Sie weder selber ins Wasser fallen, noch das Paddel verlieren. Vielleicht können Sie sogar auf Treibholz und Wrackteilen Krabben und andere Küstenbewohner finden, die sich daran festklammern.

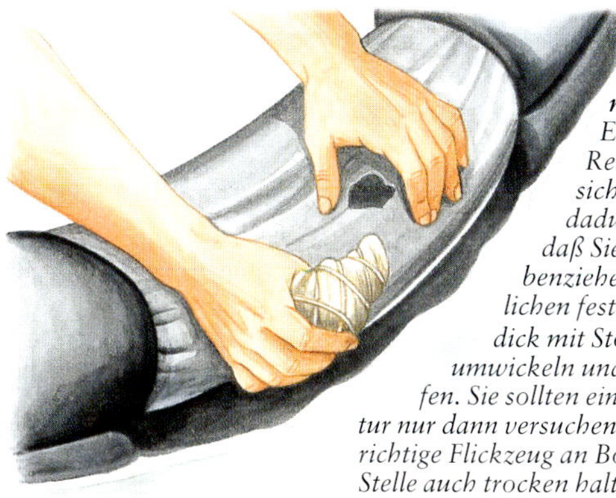

Ausbessern eines Lecks
Ein Leck in Ihrem Rettungsfloß läßt sich vorübergehend dadurch beheben, daß Sie einen Schraubenzieher, oder einen ähnlichen festen Gegenstand, dick mit Stoff und Schnur umwickeln und in das Leck stopfen. Sie sollten eine richtige Reparatur nur dann versuchen, wenn Sie das richtige Flickzeug an Bord haben und die Stelle auch trocken halten können.

Signalisieren von einem Rettungsfloss

In einem Rettungsfloß entdeckt zu werden, ist recht schwierig; doch mit Leuchtsignalen kann man Schiffe oder Flugzeuge auf sich aufmerksam machen. Einige dieser Leuchtsignale sind nur für den Einsatz bei Nacht, in Küstennähe oder bei Nebel gedacht, während andere im Tageslicht am besten zu sehen sind. Einige können in der Hand gehalten werden, während Raketen mit einer speziellen Leucht- oder Signalpistole in die Luft abgeschossen werden müssen.

Bei Nacht

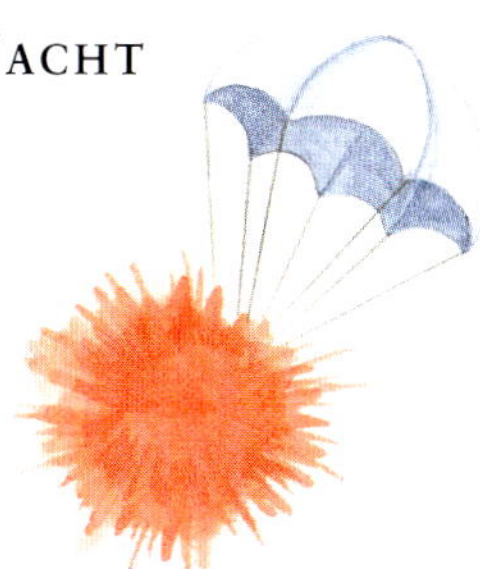

Rote Fallschirmleuchtrakete
Sie platzt in 90 m Höhe auf und ist etwa 11 km weit sichtbar. Sie sind länger zu sehen als andere Leuchtsignale.

Rote Handfackel
Halten Sie dieses Leuchtsignal so hoch wie möglich, entweder in der Hand, oder an ein Paddel gebunden. Das Signal ist bis zu 5 km weit sichtbar. Verwenden Sie es bei schlechten Sichtverhältnissen, in der Dunkelheit oder bei starkem Wind.

Bei Tag

Rauchkörper »orange«
Nur tagsüber einsetzbar, vorausgesetzt es herrscht nur leichter Wind und gute Sicht. Halten Sie ihn dem Wind zugekehrt.

Signalisieren mit den Armen
Wenn Sie ein Schiff oder ein Flugzeug sehen können, dann winken Sie mit beiden Armen.

Weiße Anti-Kollisions-Handfackel
Sie wird auf Wasserfahrzeugen mitgeführt, um Zusammenstöße zu verhindern, indem man auf seine Anwesenheit hinweist. Verwenden Sie dieses Signalmittel, wenn alle anderen Leuchtsignale aufgebraucht sind. Am besten ist sie nachts zu erkennen, oder auf kurze Entfernungen.

Anzeichen für Land

Haben Sie sich an den Ausblick von Ihrem Rettungsfloß gewöhnt, wird es Ihnen nicht allzu schwer fallen alles Ungewöhnliche zu bemerken, was vielleicht auf nahes Land hinweisen könnte. So bilden sich etwa Cumuluswolken (siehe Seite 132) bei klarem Himmel normalerweise nur über Land. Oft weisen sie auch einen grünlichen »Lagunenschein« auf, der dadurch entsteht, daß das Sonnenlicht von seichtem Wasser auf ihre Unterseite reflektiert wird. Obwohl einzeln auftauchende Seevögel vom Land weit entfernt sein können, tauchen die Vögel im Schwarm meist nicht mehr als 100 km vom Festland entfernt auf.

Seehunde
Tauchen Seehunde im Wasser auf, ist das ein sicheres Zeichen dafür, daß Land in der Nähe ist, denn die Tiere wagen sich nie zu weit von der Küste weg.

Probleme mit der Gesundheit

Auf See sind Sonnenbrand, Hautreizungen durch Wind sowie Salzwasserfurunkel wohl die am häufigsten auftretenden Gesundheitsprobleme. Halten Sie sich bedeckt und bleiben Sie möglichst aus der Sonne. Schützen Sie Ihre Haut vor Salzwasser und achten Sie darauf, daß Ihr Rettungsfloß so trocken wie möglich bleibt. Waschen Sie sich mit Süßwasser, wenn Sie können und benützen Sie ein Öl oder Hautschutzcreme um Furunkel zu vermeiden. Besteht Ihre Diät vorwiegend aus rohem Fisch, dann fallen nur wenig Abfallstoffe an, so daß auch die Darmtätigkeit auf ein Mindestmaß beschränkt sein wird, die allerdings durch Verstopfung teilweise recht unangenehm werden könnte.

GEFÄHRLICHE LEBEWESEN

DIE MEISTEN TIERE werden versuchen, dem Menschen aus dem Weg zu gehen, es sei denn, sie werden gereizt, sind verletzt oder hungrig, oder man treibt sie in die Enge. Allerdings kann es passieren, daß Sie sie versehentlich provozieren, was besonders dann leicht geschehen kann, wenn die Tiere Junge führen, denn selbst friedliche Pflanzenfresser werden ihren Nachwuchs wütend verteidigen. Sie sind in ihrer Welt nur ein Besucher – versuchen Sie das zu respektieren.

Grizzlybär (Ursus arctos horribilis) *Der Grizzlybär ist von Natur aus nicht aggressiv, und er wird eher Reißaus nehmen, wenn er einem Wanderer begegnet, als ihn anzugreifen. Die lebensgefährliche Ausnahme für diese Regel stellt eine Bärin mit Jungen dar, denen Sie aus dem Weg gehen sollten.*

NORDAMERIKA

Auf dem Kontinent herrscht größtenteils ein gemäßigtes Klima, obwohl dort auch Gebirge, trockene Ebenen und heiße Wüsten zu finden sind. In den unzugänglichen Waldgebieten leben immer noch große Beutejäger, etwa der Grizzlybär und der nordamerikanische Timberwolf (Canis lupus lupus), während in den wärmeren Regionen kleinere, aber giftige Lebewesen wie die Diamantklapperschlange (Crotalus) und die braungefärbte Speispinne (Loxosceles reclusa) zu Hause sind. Die meisten, der für den Menschen gefährlichen Lebewesen der gemäßigten Zonen, verfallen während der kalten Jahreszeit in eine Winterstarre oder halten Winterschlaf.

Korallenschlange (Micrurus) *In Nordamerika leben viele Korallenschlangen-Arten, die allesamt auffällig bunt gefärbt sind. Weitere Arten finden sich auch in Südostasien und Südamerika. Die Schlangen werden bis zu 1 m lang. Sie sind zwar sehr giftig, haben aber nur kurze Fangzähne, so daß ihr Biß nicht durch die Kleidung dringen kann.*

Mississippi-Alligator (Alligator mississippiensis) *Er lebt in den Sumpfgebieten im Südosten der Usa. Bewegungslos lauert er seiner Beute auf, manchmal über Stunden hinweg; er kann sich aber auch unglaublich schnell bewegen.*

SÜDAMERIKA

Tropische Regenwälder (siehe Seite 145) bedecken weite Teile Südamerikas. Hier leben Tausende von unterschiedlichen Tierarten, unter ihnen auch viele giftige Spezies. In der üppigen tropischen Vegetation sind Insekten und Schlangen zahlenmäßig am stärksten vertreten. Es gibt aber auch größere Tiere – Wildschweine, Jaguare, oder Amphibien – die dem Menschen gefährlich werden können. Die Bullen der am südlichsten Zipfel des Kontinents anzutreffenden See-Elefanten (Mirounga) können während der Brunftzeit extrem aggressiv werden.

Piranha (Serrasalmus) *Dieser gefürchtete südamerikanische Fisch besitzt rasiermesserscharfe Zähne. Verletzte Tiere werden in Schwärmen angegriffen und binnen kurzer Zeit bis auf die Knochen abgefressen.*

Drachenkopf (Scorpaenidae) *Der Drachenkopf, oder Skorpionfisch, kommt im Indischen und im Pazifischen Ozean ebenso wie im Atlantik und im Mittelmeer vor. Tritt man auf ihre langen, giftigen Stacheln, so führt das zu extrem schmerzhaften, brennenden Schmerzen (siehe Seite 180).*

Plattschwanz-Seeschlange (Laticauda) *Einige Seeschlangen des Indischen Ozeans sind sehr giftig, aber sie sind glücklicherweise nicht aggressiv.*

Pfeilgiftfrosch (Sminthillus) *Die Hautdrüsen dieses südamerikanischen Baumfrosches sondern eines der tödlichsten Gifte ab, das wir kennen. Schon eine kleine Menge davon auf der Haut genügt, um einen Menschen zu töten.*

Europa

Die einst ausgedehnten Wälder Europas mußten Städten und Vororten weichen, nur noch selten trifft man mal in abgelegenen Gegenden auf eine vereinzelte Wildsau. Doch auch die geringen Giftmengen der Hornisse (Vespa) oder der Kreuzotter (Viper berus) können Sie das Leben kosten, da sie einen anaphylaktischen Schock herbeiführen können (siehe Seite 180).

Schwarze Witwe (Latrodectus mactans)
Man findet sie in den warmen, trockenen Regionen rund ums Mittelmeer, ebenso in Nordamerika. Die Schwarze Witwe gehört zu den gefürchtetsten Spinnen der Welt, auch wenn ihr Biß nicht immer tödlich ausgehen muß. Das Gift verteilt sich jedoch bei Panikreaktionen schneller im Körper, was zu Herz und Atemstillstand führen kann.

Afrika

Viele Tiere der afrikanischen Wildnis können dem Menschen gefährlich werden, wenn sie provoziert werden, vor allem die großen Beutejäger sollten mit besonderer Vorsicht behandelt werden. Aber es gibt auch tödliche Schlangen, etwa die Schwarze Mamba (Dendroaspis polylepis) oder die Boomslang (Dispholidus typus). Die größte Gefahr geht jedoch von dem die Malaria übertragenden Moskito (Anopheles) aus.

Puffotter (Bitis arietans)
Diese Schlange mit ihrem gedrungenen Körperbau, dem großen, flachen Kopf und dem kurzen Schwanz, lebt in semiariden Gebieten Afrikas und der Arabischen Halbinsel, meist in Wassernähe. Sie ist gewöhnlich von strohgelber Farbe, mit dunkelbrauner Zeichnung. Die Puffotter gehört zu den Vipern mit langen Fangzähnen, was bedeutet, daß ihre Giftzähne die Kleidung durchdringen können. Ihr Biß kann tödlich sein.

Asien

Ein Großteil der Fläche Südostasiens wird von tropischen Regenwäldern bedeckt, in denen nur wenig Menschen leben. Auch hier gibt es viele Tiere, die dem Menschen gefährlich werden können. Dazu gehört das Sumpfkrokodil (Crocodylus palustris), die tödlich giftige indische Krait-Schlange (Bungarus) und die Rotrückenspinne (Latrodectus).

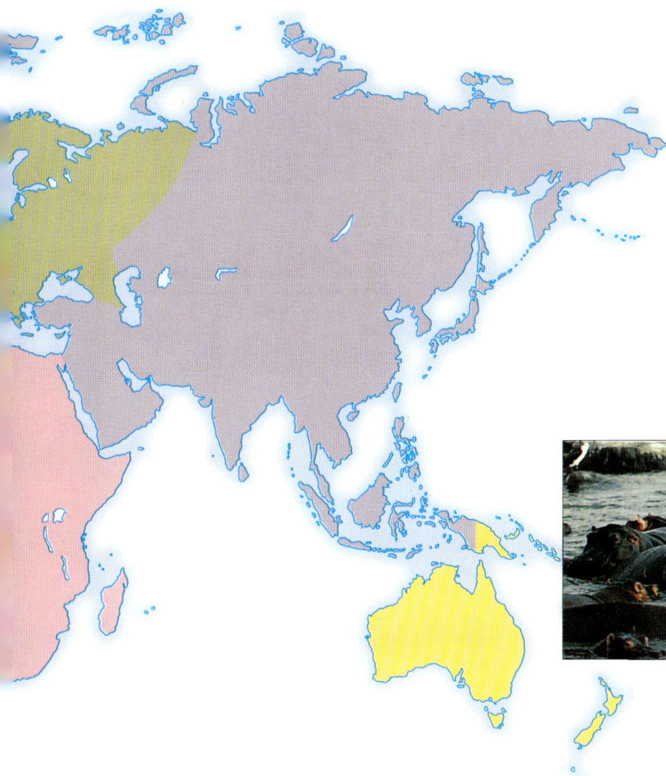

Tiger (Panthera tigris)
Der Tiger lebt meist als Einzelgänger in den Dschungeln Südostasiens und meidet den Menschen. Er kann allerdings zu einem furchtbaren Gegner werden, besonders wenn es sich dabei um eine Tigerkatze handelt, die ihren Nachwuchs verteidigt.

Flußpferd (Hippopotamus amphibius)
Man sagt von ihm, daß es eines der gefährlichsten Tiere Afrikas sei. Das Flußpferd lebt, wie sein Name schon sagt, in Flüssen und obwohl es normalerweise harmlos ist, wird es sofort angreifen, wenn ihm sein Fluchtweg versperrt wird oder wenn seine Jungen bedroht sind.

Falltürspinne (Atrax)
Falltürspinnen kommen in Australien vor und ihr Biß ist tödlich. Sie sind nach der Form ihres Netzes benannt, das sie spinnen, und sie sind nachts am aktivsten, vor allem in relativ kühlen, feuchten Gegenden.

Australien

Einige der giftigsten und angriffslustigsten Lebewesen dieser Erde leben in Australien. Darunter befindet sich eine der tödlichsten Giftschlangen überhaupt, die Taipan (Oxyuranus scutellatus), der Weiße Hai, der tödliche Steinfisch (Synanceidae) und der ebenso gefährliche Kugelfisch (Arothron).

Weißer Hai
(Carcharodon carcharias)
Er kommt sowohl in gemäßigten als auch in tropischen Gewässern vor. Einige Haiarten können sehr angriffslustig sein (siehe Seite 164).

Umgang mit gefährlichen Tieren

Es ist immer ratsam, Gefahren von vorneherein zu vermeiden. Wenn Sie durch das Unterholz gehen, dann tun Sie das so geräuschvoll wie möglich. Die meisten Tiere werden davonlaufen. Machen Sie um weibliche Tiere mit Jungen einen großen Bogen. Wenn Sie plötzlich einem Raubtier begegnen, dann bleiben Sie sofort unbeweglich stehen und ziehen sich dann ganz langsam rückwärtsgehend zurück. Rennen Sie auf keinen Fall – dadurch würden Sie den Jagdinstinkt des Tieres auslösen. Kommt es dennoch zu einem Angriff, dann rennen Sie im Zickzack davon, oder stürmen selber schreiend und mit den Armen fuchtelnd auf den Angreifer zu. Lernen Sie die Gewohnheiten der Tiere in Ihrer Gegend kennen, damit Sie ihnen aus dem Weg gehen können. Werden Sie gebissen, dann behalten Sie einen ruhigen Kopf (siehe Seite 180). Spannen Sie nachts ein Moskitonetz auf, um gefährliche Insekten fernzuhalten. Schütteln Sie Ihre Kleidung und Ihre Stiefel aus, bevor Sie sie morgens wieder anziehen – möglicherweise haben Skorpione oder Spinnen die Nacht darin verbracht.

Naturkatastrophen

Auf dem Bildschirm sehen wir Katastrophen beinahe täglich, so daß wir uns bis zu einem gewissen Maße daran gewöhnt haben. Wir können uns nicht vorstellen, daß uns so etwas jemals selber widerfahren könnte. Dennoch ist es sehr wichtig, sich vor Augen zu führen, daß bestimmte Katastrophen in vielen Teilen der Erde ziemlich verbreitet sind und in diesen Gebieten daher entsprechende Sicherheitsvorkehrungen getroffen werden. Deshalb sollten Sie Warnungen der Einheimischen immer sehr ernst nehmen.

Waldbrände

Brandursachen
Bei sehr trockener Vegetation können leicht Wald- und Buschbrände ausbrechen. Die Ursache kann ein Lagerfeuer sein, das sich ausgebreitet hat, oder Glasscherben, die durch Bündelung der Sonnenstrahlen verdorrtes Gras in Brand gesetzt haben. Sollte in Ihrer Nähe ein Feuer ausbrechen, müssen Sie sofort versuchen, es mit einem Schlafsack oder einem Mantel zu ersticken, oder es mit dem Mantel auszuschlagen, bevor es außer Kontrolle gerät.

Anzeichen und Vorkehrungen

Sie werden das Feuer zuerst riechen können und vielleicht bemerken, daß die Tiere nervös werden. Weht der Wind auf das Feuer zu, dann müssen Sie sich entgegen der Windrichtung bewegen. Steht der Wind hinter dem Waldbrand, so werden die Flammen sich rasch voranfressen. Suchen Sie eine Straße auf, eine natürliche Schneise im Wald oder einen Fluß, und bleiben Sie dort, bis das Feuer an Ihnen vorübergezogen ist. Ziehen Sie keinesfalls bergauf.

Lawinen

Schneerutsch
Lawinen stellen in allen schneebedeckten Gebirgsregionen eine ständige Gefahr dar. Fragen Sie stets die einheimische Bevölkerung um Rat, bevor Sie sich in diese Gebiete aufmachen. Benutzen Sie Ihren gesunden Menschenverstand, um die Risiken auf ein Minimum zu reduzieren, die im Laufe des Tages größer werden, wenn nämlich der Schnee an steilen Südhängen (auf der Südhalbkugel an den Nordhängen) durch die Sonne erwärmt wird. Eine Lawine kann durch ein Erdbeben ausgelöst werden, durch Schreien und andere laute Geräusche oder durch Skifahrer.

Vorkehrungen

Wenn über Ihnen eine Lawine losbricht, dann entfernen Sie sich, zu Fuß oder auf Skiern, bergab so schnell es geht. Suchen Sie Schutz unter dem erstbesten Felsüberhang oder sonst einer Deckung. Sollte die Lawine Sie einholen, dann werfen Sie Ihren Rucksack und die sonstige Ausrüstung ab. Bedekken Sie Mund und Nase mit Ihren Armen und legen Sie sich flach hin, wobei Sie versuchen sollten Ihren Kopf über den ansteigenden Schneemassen zu halten. Sobald die Lawine zum Stillstand gekommen ist, räumen Sie um Ihren Kopf herum den Schnee weg, damit Sie atmen können.

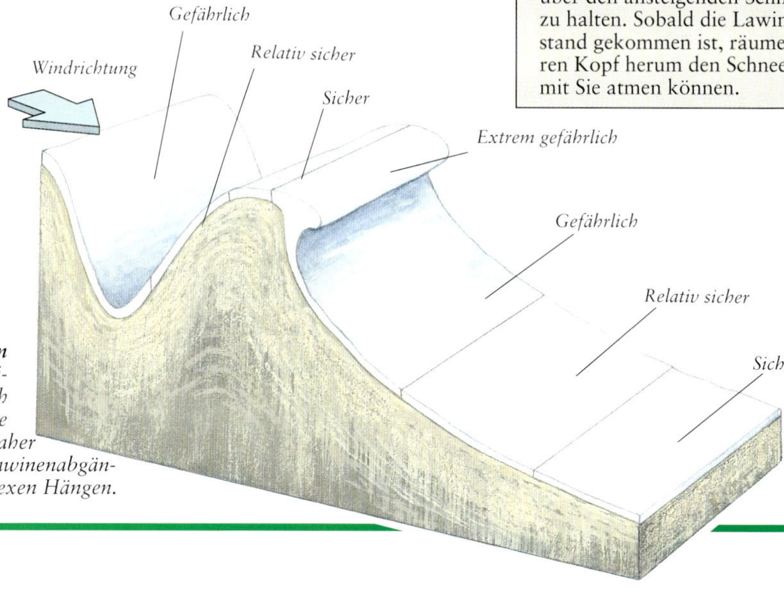

Gefahrenzonen
Schnee hat aufgrund der Schwerkraft eine natürliche Tendenz bergabwärts zu rutschen, wodurch am Fuß eines Berges eine kompaktere und stabilere Schneedecke entsteht als auf dem Gipfel. Daher kommt es im Bereich der Berggipfel leichter zu Lawinenabgängen, vor allem an konvexen Hängen.

Die instabile Erde

Die Erdbeben- und Vulkanismuszonen folgen dem Verlauf der Plattenränder der Erdkruste. Diese Platten bewegen sich gegeneinander, was zu einem gewaltigen Spannungsaufbau führt. Wenn sich diese Spannungen wieder abbauen, was mit einer ruckartigen Erdbewegung geschieht, kommt es zu einem Erdbeben. Die auslösende Bewegung der Erde kann einige Zentimeter betragen oder mehrere Meter. In diesen geologisch instabilen Gebieten sind auch Vulkane häufiger anzutreffen, und geschmolzenes Magma erzwingt sich seinen Weg aus dem Erdinnern an die Oberfläche.

Feuergürtel der Erde
Die meisten Erdbeben- und Vulkanismuszonen findet man rund um die Pazifikplatte – der »Feuergürtel der Erde«.

▲ VULKANE   ERDBEBENZONEN

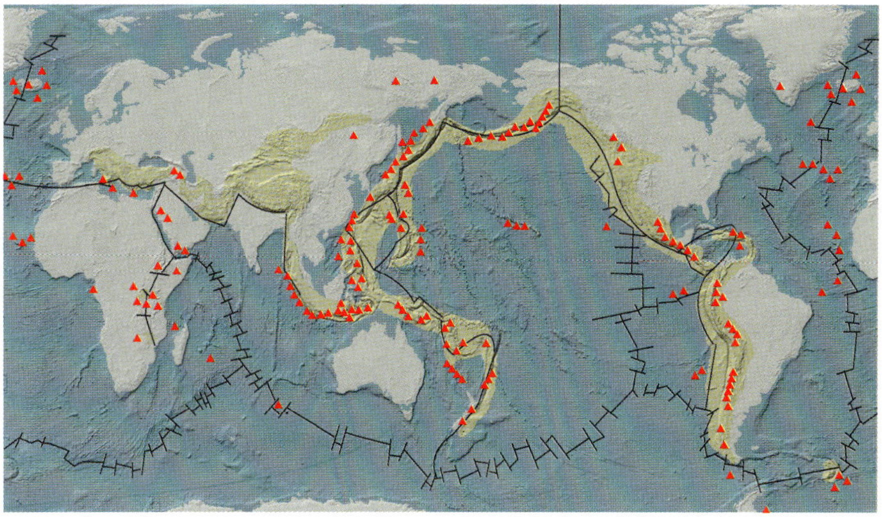

Erdbeben

Gefürchtete Naturgewalt
Die Schäden, die diese wohl gefürchtetste Naturkatastrophe anrichten kann, sind ebenso bizarr wie völlig unberechenbar. Suchen Sie den Gipfel eines Berges auf, oder einen Strand (jedoch weg von den Klippen). Betreten Sie keine Gebäude, und legen Sie sich in offenem Gelände flach auf den Boden. Sind Sie im Auto unterwegs, dann halten Sie es an und bleiben darin sitzen. Befinden Sie sich in einem festen Keller oder im Erdgeschoß, dann halten Sie sich nahe der Mauern auf, am besten unter einem stabilen Tisch.

Nach einem Erdbeben

Auch wenn es so scheint, als ob das Beben vorüber sei, kann es immer noch zu Nachbeben kommen. Vermeiden Sie alle beschädigten Gebäude, da sie einstürzen und Sie unter den Trümmern begraben könnten. Nehmen Sie sich vor offenen Stromleitungen in acht. Nach dem Beben kann es durch aufgeplatzte Abwasserkanäle und Wasserleitungen zur Ausbreitung von Seuchen kommen, kochen Sie also Ihr Wasser ab und reinigen Sie es, bevor Sie es trinken. Stellen Sie auf dem Radio die lokalen Sender ein, und befolgen Sie alle Anweisungen der zuständigen Behörden.

Tsunami

Ein Erdbeben am Meeresboden – auch Seebeben genannt – kann Flutwellen auslösen, die bis zu 30 m hoch werden und ganze Küstengebiete unter Wasser setzen können. Im Angesicht solch einer gewaltigen Wasserwand gibt es so gut wie nichts, was Sie dagegen unternehmen könnten.

FLUTWELLE

Vulkane

Eruptionen
Aktive Vulkane sind Teil der tektonischen Aktivitäten in den Erdbebenzonen. Sie fördern Lava, Asche, heiße Gase, Schlammlawinen und umherfliegende Gesteinsbrokken (»Vulkanbomben«) zu Tage. Die Lavaströme selbst sind meistens so langsam, daß man ihnen ausweichen kann, doch die Glutwolke, die Asche und die Vulkanbomben sind eine tödliche Bedrohung. Die starke Schwefeldioxid-Konzentration greift die Lungen und die Haut an. Sie sollten die Stellen vermeiden, an denen Lava entlangfließen könnte, beispielsweise Flußbette. Verlassen Sie die Gegend umgehend.

Vorkehrungen

Bemerken Sie Anzeichen einer zunehmenden Vulkanaktivität, sollten Sie das Gebiet sofort verlassen. Hat der Ausbruch nämlich erst einmal begonnen hat, machen Ascheregen und Schlammlawinen die Straßen glitschig und gefährlich, außerdem zerstören sie Gebäude und schneiden Fluchtmöglichkeiten ab. Halten Sie Staubschutzmasken (oder feuchte Stoffstreifen) bereit, falls die Luft zu giftig wird. Waschen Sie sämtliche Rückstände auf Ihrer Haut so bald wie möglich ab.

WETTEREXTREME

Ein Wetterwechsel ist das Resultat von Temperatur und Luftdruckschwankungen in der Atmosphäre. Werden diese Schwankungen größer als gewöhnlich, kommt es zu schweren Unwettern, die sich jedoch durch das Studium exakter Wetterkarten, der sogenannten synoptischen Karten, vorhersagen lassen. Unter Zuhilfenahme von Wetterdaten, die täglich zu bestimmten Zeiten in der gesamten Region gesammelt werden, lassen sich anhand dieser Karten schwere Stürme entdecken oder voraussagen. Dadurch ist es möglich, rechtzeitig Sturmwarnungen herauszugegeben und Schritte zu unternehmen, mit denen sich die Gefahr auf ein Minimum reduzieren läßt und der Verlust von Menschenleben verhindert werden kann.

Grossräumige Wettervorgänge

Die Prognose von schweren Unwettern basiert darauf, ob man vorhersagen kann, wie unterschiedliche, gewaltige Luftmassen voraussichtlich miteinander interagieren werden. Über großen Landmassen entstehen stabile Hochdruckgebiete, die durch Tiefdruckgebiete, den Tiefs, durcheinandergebracht werden. Nachstehend sehen Sie eine idealisierte synoptische Karte, auf der extreme Wetterbedingungen verzeichnet sind.

Wettervorhersage

Unter einer synoptischen Karte versteht man eine Karte, auf der die Wetterbewegungen verzeichnet werden. Sobald alle verfügbaren Daten von den Wetterstationen und -satelliten gesammelt und auf der Wetterkarte verzeichnet wurden, läßt sich der voraussichtliche Wetterverlauf bis zu einer Woche im voraus prognostizieren.

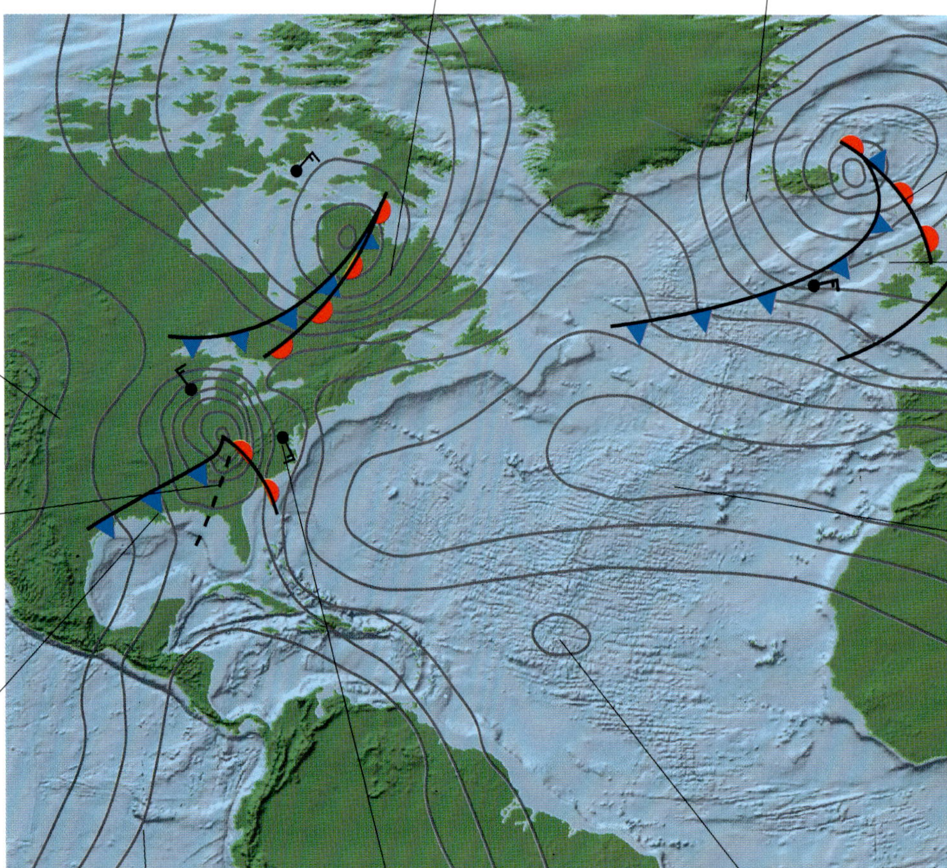

Wirbelstürme

Heftige Wirbelstürme können jeden Teil der Welt heimsuchen, zu jeder Zeit des Jahres, und man kann nichts unternehmen, um sie zu verhindern. Wirklich schwere Stürme, wie die Tornados und Hurrikane, entwurzeln Bäume, zerstören Häuser und unterbrechen Verkehrsverbindungen. Auf dem Meer können diese Stürme Wellen verursachen, die ganze Schiffe zum Kentern zu bringen.

Tornado
Ein Tornado entwickelt sich dann, wenn feucht-warme Luft auf hochreichende Kaltluft trifft, die in Verbindung mit Gewitterwolken vorstößt. Dabei entsteht ein rotierender Windwirbel, der bis zu 620 km/h schnell werden kann.

Anzeichen und Vorkehrungen

Sie können es sehen und hören, wenn ein Tornado naht – weichen Sie ihm schnellstens aus. Sind sie im Freien, dann suchen Sie in einer Höhle Zuflucht oder legen Sie sich in einen Graben und verbergen Ihren Kopf unter den Armen. Sind Sie im Haus, dann schließen Sie die zum Tornado hinweisenden Türen und Fenster und öffnen die auf der ihm abgewandten Seite.

Hurrikan
Der Hurrikan ist ein tropischer Wirbelsturm, der durch warme Luft verursacht wird, die vom Meer aufsteigt. Dabei entsteht ein Tiefdruckkern, der schnelle, wirbelnde Windmassen und Gewitter miteinander verbindet.

Anzeichen und Vorkehrungen

Steigt der Atmosphärendruck außergewöhnlich und fällt dann ganz plötzlich wieder ab, kann das ein Vorzeichen für einen Hurrikan sein. Verlassen Sie die Gegend wenn ein Hurrikan gesichtet wurde. Befinden Sie sich im Freien, dann vermeiden Sie Küsten und Flüsse, und suchen Sie Schutz in einer Höhle oder einer tiefen Schlucht. Sind Sie im Haus, dann räumen Sie alle losen Gegenstände weg, die Schäden verursachen könnten, wenn sie umhergeblasen werden. Nageln Sie die Fenster mit Bohlen zu.

Schwere Regenfälle

Plötzliche, sehr heftige Niederschläge können den Erdboden völlig durchtränken, so daß das Wasser nicht mehr wie üblich durch die Erde und in das darunterliegende Grundgestein versickern kann. Stattdessen fließt das meiste Wasser überirdisch ab und reißt dabei alles fort – Erde, Pflanzen und Gebäude. Es kann auch die Abwasserkanäle überfluten und die Stromversorgung kurzschließen.

Überschwemmung
Überschwemmungen können entstehen, wenn Flüsse und Wasserreservoirs über ihre Ufer treten oder die Dämme brechen, oder durch plötzliche, schwere Regenfälle. Normalerweise sind sie in sehr trokkenen Gegenden am schlimmsten, da dort das Erdreich sofort durchtränkt und die Ackerkrume fortgespült wird. Es läßt sich ziemlich leicht vorhersehen, welche der tieferliegenden Geländeabschnitte bei heftigen Regenfällen wahrscheinlich überflutet werden dürften. Halten Sie sich also davon fern, wenn Sie denken, daß eine Überschwemmung bevorstehen könnte.

Vorkehrungen

Wenn sich eine Überschwemmung vorhersagen läßt, dann sparen Sie so viel Trinkwasser auf wie möglich. Tragen Sie Nahrungsmittel, Streichhölzer und Bettzeug zusammen, und suchen Sie höhergelegenen Grund auf oder die oberen Stockwerke eines Gebäudes. Wenn dem Gebäude, in dem Sie Schutz gefunden haben, keine unmittelbare Gefahr droht, dann bleiben Sie wo Sie sind, bis der Wasserspiegel wieder sinkt oder Sie gerettet werden. Sich zu Fuß oder mit dem Auto durch ein überschwemmtes Gebiet zu bewegen, kann extrem gefährlich sein.

Vorkehrungen

Tragen Sie Schuhe mit Gummisohlen und nehmen Sie auf einer Sitzmöglichkeit Platz, die vollkommen trocken ist und keinen Strom leitet. Bleiben Sie dem Boden fern und bieten Sie so wenig Angriffsfläche wie es geht. Bleiben Sie von allen großen oder metallenen Gegenständen weg. Wenn der Blitz irgendwo einschlägt, gibt es ein grelles Licht, eine Druckwelle und große Hitze, durch die Menschen verletzt werden können, obwohl sie nicht direkt getroffen wurden.

Elektrischer Sturm
Trifft die aufsteigende Warmluft auf kältere Luftschichten, so entsteht bei der wilden Hin- und Herbewegung der Wassertröpfchen statische Elektrizität. Dieser Stromfluß hat enorm hohe Spannungen zur Folge und schießt als »Blitz« zwischen den Wasserteilchen herum auf dem bequemsten Weg zur Erde, um in den ersten Gegenstand einzuschlagen, der ihm begegnet.

Signalisieren

Bevor Sie zu einer Expedition aufbrechen, sollten unbedingt mehrere Leute über Ihre Absichten, die Reiseroute und die erwarteten Ankunftszeiten Bescheid wissen. Die wesentlichen internationalen Notsignale – die jeder Abenteurer kennen sollte – sind die Buchstabenfolge »SOS« (Save Our Souls – Rettet Unsere Seelen), die entweder mit einem Spiegel, einer Taschenlampe oder Rauchsignalen per Morsecode, oder mit dem Flaggenalphabet übermittelt werden kann; und das Funksignal »May Day« (»Helft mir«).

Flaggenalphabet

Verwenden Sie ein Fernglas, um eine genaue Entzifferung zu gewährleisten. Wenn Sie senden, dann zählen Sie langsam von »eintausend-und-eins« bis »eintausend-und-sechs« bevor Sie einen neuen Buchstaben zeigen. Sind Sie der Empfänger der Meldung, so zeichnen Sie zuerst die Armpositionen mit, und entziffern die Buchstaben erst, wenn die ganze Nachricht gesendet wurde.

Boden-Luft-Signale

Sollten Sie auf Ihre Rettung warten, so müssen Sie in der Lage sein, die Aufmerksamkeit von Flugzeugbesatzungen auf sich zu lenken und ihnen genau zu übermitteln, was Sie benötigen. Wenn eine Rettung nicht erforderlich ist, und Sie nur Proviant brauchen, müssen Sie das unmißverständlich klar machen. Viele Piloten sind bereit, ihre Maschine und die Besatzung aufs Spiel zu setzen, wenn sie versuchen, an gefährlichen Plätzen zu landen. Diese ehrliche Hingabe darf nicht mißbraucht werden.

Zuhilfenahme von Marken

Bodenmarken
Diese Zeichen sind international gültig. »Fill« ist eine Eselsbrücke um sich die wichtigsten zu merken. Piloten sind bereit ein beträchtliches Risiko einzugehen, sobald sie das »I« für »Ernsthafte Verletzung« sehen. Machen Sie die Zeichen so groß Sie können, entweder aus Stöcken oder Steinen, oder indem Sie sie auf den Boden zeichnen.

Benötige Nahrung und Wasser

Geben Sie Richtung für Weitermarsch an

Hier wahrscheinlich sichere Landung

Ja (oder Y für »Yes«)

Ernsthafte Verletzung/ benötige Arzt

Benötige Karte und Kompass

Marschiere in dieser Richtung

Negativ

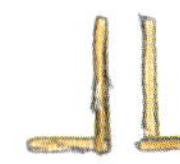

Nicht verstanden

Alles in Ordnung

Zuhilfenahme des Körpers

Einweisung von Flugzeugen
Mit diesen Körpersignalen läßt sich ein Hubschrauber bei seiner Landung sicher einwinken, oder man kann sich Flugzeugbesatzungen verständlich machen. Sie müssen dazu aufrecht stehen und alle Bewegungen stark übertreiben. Halten Sie sich irgendwo fest, wenn der Hubschrauber landet – der Fallstrom des Rotors kann Sie umwerfen.

Fliegen Sie auf mich zu/Bitte um Aufnahme

Schwebflug/benötige technische Hilfe

Sinkflug

(Winken mit dem rechten Arm) mehr nach links halten

(Winken mit dem linken Arm) mehr nach rechts halten

Fliegen Sie auf mich zu

Anzeigen der Richtung für einen sicheren Abflug

Zuhilfenahme der Sonne

Nehmen Sie einen reflektierenden Gegenstand, in dessen Mitte Sie ein Loch gestoßen haben, und sehen Sie durch das Loch in Richtung der Sonne. Neigen Sie dann den Reflektor nach unten, bis ein strahlender Lichtfleck der Sonne auf den Boden reflektiert wird. Richten Sie diesen Lichtfleck zum Himmel hin und auf das Flugzeug. Neigen Sie den Reflektor ein bißchen, um die Aufmerksamkeit des Piloten zu erlangen, aber blenden Sie ihn dabei nicht.

Signalspiegel
Mit einem Signalspiegel können die Sonnenstrahlen reflektiert werden, um so auf sich aufmerksam zu machen.

Morsecode

Der Morsecode läßt sich mit dem Funkgerät, mit einer Trillerpfeife, einem Reflektor oder Rauchsignalen übermitteln. Es ist leichter, Morsenachrichten abzusetzen, als selber welche zu empfangen, weshalb Sie sehr langsam senden sollten. Machen Sie hinter jedem Wort eine Pause. Aaaaaa bedeutet : Ich habe eine Nachricht; Tttt bedeutet : Ich kann Sie empfangen; und R (roger) bedeutet : Nachricht empfangen. Senden Sie langsam.

A	•—	N	—•	1	•————
B	—•••	O	———	2	••———
C	—•—•	P	•——•	3	•••——
D	—••	Q	——•—	4	••••—
E	•	R	•—•	5	•••••
F	••—•	S	•••	6	—••••
G	——•	T	—	7	——•••
H	••••	U	••—	8	———••
I	••	V	•••—	9	————•
J	•———	W	•——	0	—————
K	—•—	X	—••—		
L	•—••	Y	—•——		
M	——	Z	——••	SOS	•••———•••

Anhang B

Erste Hilfe

Um zu gewährleisten, dass verletzte Personen in der Wildnis überleben, müssen sofort Erste-Hilfe-Maßnahmen geleistet werden. Das bedeutet, daß jedes Mitglied Ihrer Gruppe wissen muß, was zu tun ist, und genügend Selbstvertrauen besitzen muß, um umgehend zu handeln. Ohne die fachliche Unterstützung von Rettungssanitätern und Krankenhäusern kann sich die weitergehende Versorgung von Schwerverletzten problematisch gestalten, doch können Sie durchaus kleinere Verletzungen behandeln und schwere Fälle solange stabilisieren, bis weitere Hilfe geholt werden kann. Es gibt zwar unzählige Verletzungen und Krankheiten, mit denen Sie oder ein Mitglied Ihrer Gruppe es zu tun bekommen könnten, doch mit den Grundlagen der Ersten Hilfe können Sie diese in fast allen Situationen anwenden.

Einfache Erste-Hilfe-Ausrüstung

Ihre Rucksackapotheke sollte sorgfältig zusammengestellt sein und speziell ausgewählte Artikel umfassen, so daß Sie in der Lage sind, mit den meisten gesundheitlichen Notlagen fertigzuwerden und Sie den Zustand des Opfers so lange stabilisieren können, bis ärztliche Hilfe verfügbar ist. Auch wenn man im Handel Erste-Hilfe-Ausrüstungen angeboten bekommt, ist es besser, sich die eigene Grundausstattung selbst zusammenzustellen.

Grosser Pflasterstrip

Mittlerer Pflasterstrip

Kleiner Pflasterstrip

Heftpflaster
Verwenden Sie Pflaster um eine Infektion kleinerer Wunden zu verbinden, und um Blasen abzudecken (siehe Seite 181).

Gaze-Wundauflage

Mullbinde

Elastische Binde

Verbände
Verbände sind vielseitig einsetzbar, denn damit lassen sich Wundauflagen festhalten und Wundränder geschlossen halten, aber auch gebrochene Gliedmaßen hochbinden.

Sicherheitsnadeln
Sicherheitsnadeln eignen sich gut zum Fixieren von Verbänden und als provisorische Wundklammern.

Schmerzmittel
Sparen Sie sich Ihre Schmerzmittel solange auf, bis Sie sie wirklich benötigen.

Kompressen
Diese Gazepolster dienen dazu, Blut aufzusaugen und Wunden sauberzuhalten, bis sie verheilen können.

Dreiecktuch
Man kann es als Stützschlinge für einen gebrochenen Arm einsetzen oder als großen Verband, etwa um einen Fuß zu verbinden. Es läßt sich aber auch als Halstuch verwenden.

Schere
Eine Schere ist wahrscheinlich das nützlichste Werkzeug für die Erste Hilfe. Schaffen Sie sich ein Modell mit abgerundeter Spitze an, und zwar der besten Qualität.

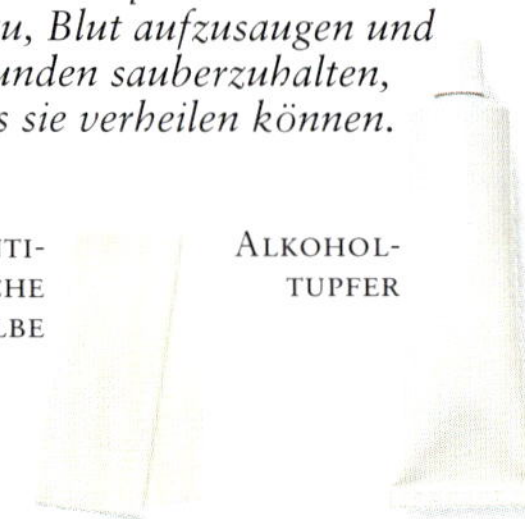
Antiseptische Salbe

Alkoholtupfer

Antiseptika
Verwenden Sie die antiseptischen Tupfer um Wunden zu säubern. Auf kleinere Wunden können Sie antiseptische Salbe auftragen, damit sie gut verheilen ohne sich zu entzünden.

Druckschutz- und Hühneraugenpflaster
Probleme mit den Füßen sind ganz normal, wenn Sie viel zu Fuß gehen. Hühneraugen und Druckschutzpflaster sind recht hilfreich, wenn Sie verhindern wollen, daß aus kleinen Wunden große werden. Schneiden Sie den Druckschutzfilz so zurecht, daß er über die wundgelaufene Stelle paßt. Sie können ihn mit Heftpflaster festkleben.

Hühneraugenpflaster

Druckschutzfilz

Einschätzung der Verletzten

Wenn Sie sich dem Ort eines Unfalls nähern, so nehmen Sie sich zuerst einmal die Zeit, in Ruhe die Situation zu überblicken. Stellen Sie die Zündungen von Fahrzeugen ab, um das Ausbrechen eines Brandes zu verhindern und schalten Sie alle sonstigen Gefahrenherde aus. Sehen Sie sich alle Opfer rasch an und stellen Sie sicher, daß niemand mehr außer Sichtweite liegt oder noch irgendwo eingeklemmt ist. Versuchen Sie dann die Schwere der Verletzungen jedes einzelnen einzuschätzen und überlegen Sie anhand dieser Einschätzung, wer so schwer verletzt ist, daß sowieso jede Hilfe zu spät käme; wer einer umgehenden lebensrettenden Soforthilfe bedarf; und wer noch warten kann. Geraten Sie nicht in Panik. Fassen Sie sich ein Herz und machen Sie sich an die Arbeit.

WARNUNG

Versuchen Sie nicht, Verletzte zu bergen, bevor Sie sich nicht im klaren darüber sind, was ihnen fehlt (außer es ist gefährlicher, sie dort liegen zu lassen, wo sie gerade sind). Bei Personen die eine Wirbelsäulenverletzung erlitten haben könnten die Bewegungen nämlich eine Lähmung zur Folge haben.

Erste Schritte der Wiederbelebung

1 Um sich über den Zustand eines bewußtlosen Opfers ein Bild machen zu können, legen Sie eine Hand auf seine Stirn und zwei Finger unter sein Kinn. Biegen sie seinen Kopf nach hinten, um die Atemwege zu öffnen. Entfernen Sie aus seiner Mundhöhle sämtliche Fremdstoffe.

2 Horchen und fühlen Sie, ob der Verletzte noch atmet. Atmet er noch, dann bringen Sie ihn in eine stabile Seitenlage (siehe unten). Atmet er nicht mehr, beginnen Sie mit der künstlichen Beatmung (siehe unten).

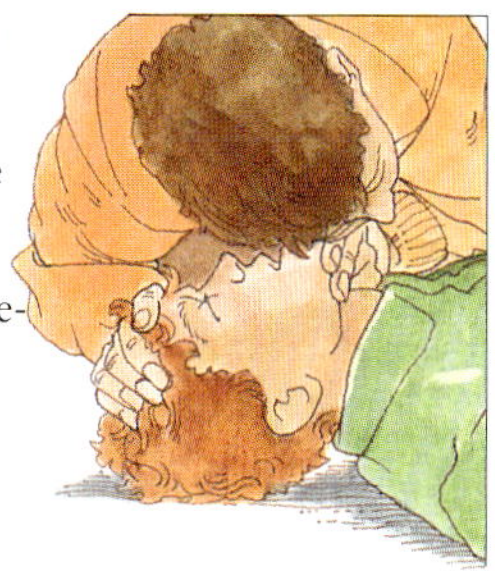

3 Überprüfen Sie den Herzschlag des Verletzten, indem Sie nach seinem Puls fühlen, seitlich der Luftröhre (Halsschlagader). Ist kein Puls feststellbar, dann beginnen Sie umgehend mit der Herzdruckmassage (siehe Seite 176).

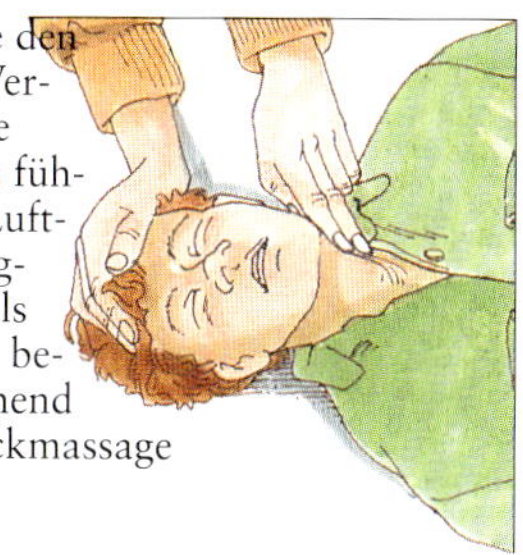

Stabile Seitenlage

1 Ist das Opfer zwar bewußtlos, atmet aber noch, dann legen Sie seinen vorderen Arm im rechten Winkel zum Körper hin. Die hintere Hand des Opfers kommt auf die Ihnen zugewandte Wange. Ziehen Sie nun sein hinteres Knie zu sich her, nachdem Sie sein vorderes Bein gerade ausgestreckt haben.

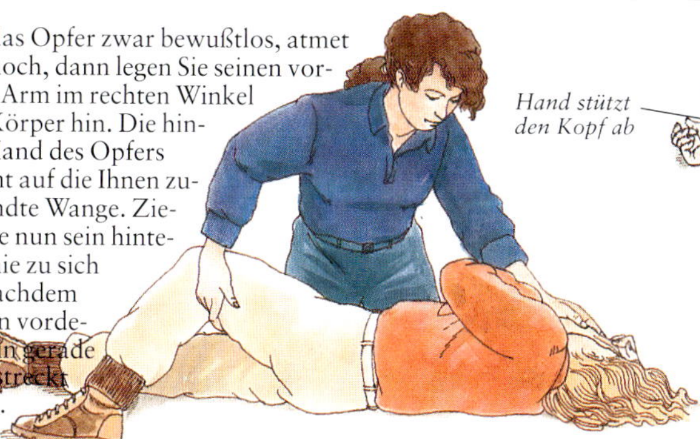

2 Sobald das Opfer auf der Seite liegt, plazieren Sie sein oberes Bein angewinkelt vor dem Körper. Sein Kopf wird durch die Hand des obenliegenden Armes abgestützt. Biegen Sie seinen Kopf nach hinten, damit es nicht erstickt, wenn es sich erbrechen sollte.

Künstliche Beatmung

1 Um sicher zu gehen, daß die Luftwege frei sind, säubern Sie zuerst die Mundhöhle des Verletzten von Fremdstoffen. Dann legen Sie eine Hand unter sein Kinn, die andere auf seine Stirn, und biegen seinen Kopf zurück.

2 Drücken Sie die Nase des Verletzten zu, pressen Sie Ihren Mund über den seinen und blasen Sie etwa zwei Sekunden lang kräftig und gleichmäßig hinein, bis sein Brustkorb sich hebt. Geben Sie seinen Mund wieder frei, und warten Sie ab, bis sich seine Brust wieder gesenkt hat.

3 Hören Sie auf die Atmung des Verletzten und überprüfen Sie seinen Pulsschlag. Ist noch ein Puls vorhanden, dann geben Sie ihm so lange 10 Atemstöße pro Minute, bis entweder Hilfe eintrifft, oder der Verletzte selbständig zu atmen beginnt. Ist kein Puls mehr vorhanden, dann beginnen Sie unverzüglich die künstliche Beatmung in Verbindung mit der Herzdruckmassage (siehe Seite 176).

Herzdruckmassage

Hat das Herz eines Menschen aufgehört zu schlagen, müssen Sie bei ihm unter Umständen eine Herzdruckmassage anwenden. Dabei handelt es sich um eine Kombination aus rhythmischem Niederdrücken des Brustbeins, um die Blutzirkulation zum Gehirn aufrechtzuerhalten und künstlicher Beatmung (siehe Seite 174) des Opfers, um das Blut mit Sauerstoff anzureichern. Geben Sie etwa 80 Kompressionen pro Minute und zählen Sie dabei »Eins-und-zwei-und…«.

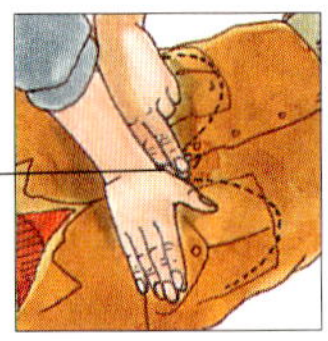

Stellen Sie mit zwei Fingern fest, wo das Brustbein endet, und schieben Sie dann Ihre andere Hand nach unten, bis sie den Zeigefinger berührt

1 Legen Sie Ihren Handballen auf das Brustbein, zwei Finger breit oberhalb seinem Ende und die andere Hand darüber. Drücken Sie fest nach unten und heben Sie dann den Druck wieder auf.

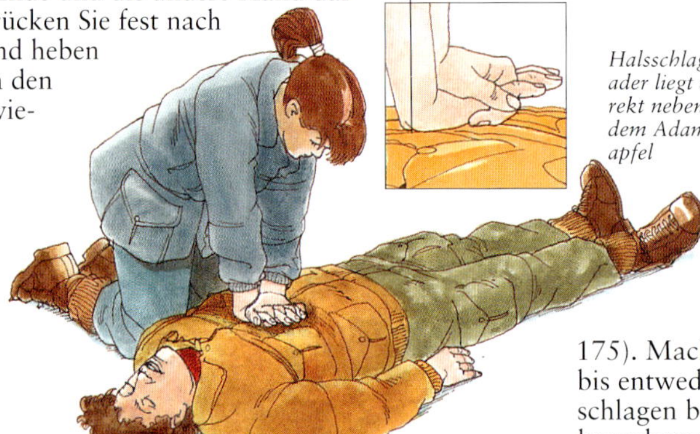

Üben Sie nur mit Ihren Handballen Druck aus und halten Sie dabei Ihre Finger von der Brust fern

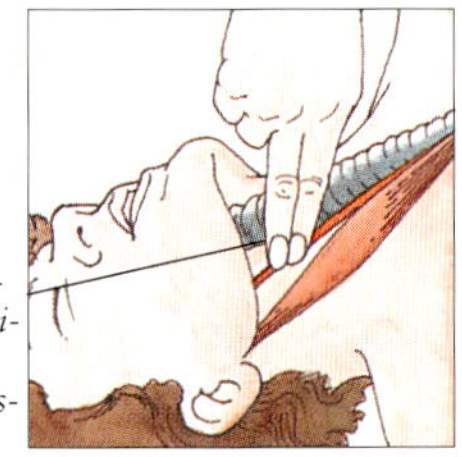

Halsschlagader liegt direkt neben dem Adamsapfel

2 Überprüfen Sie den Puls. Nach jeweils 15 Kompressionen beatmen Sie das Opfer (siehe Seite 175). Machen Sie solange weiter, bis entweder das Herz wieder zu schlagen beginnt, ärztliche Hilfe herankommt, oder Sie zu erschöpft sind, um fortzufahren.

Erstickungsanfälle

Schläge auf den Rücken
Um einer Person zu helfen, die sich verschluckt hat, lassen Sie sie so hinsitzen, daß ihr Kopf tiefer als die Brust hängt. Schlagen Sie ihr nun fünfmal kräftig auf den Rücken, zwischen die Schulterblätter, und lassen sie dabei abhusten.

Der Heimlich-Griff
Stellen Sie sich hinter das Opfer, verschränken Sie Ihre Hände unter seinem Rippenbogen und ziehen Ihre Arme kräftig nach oben. Durch den plötzlichen Druck der ausgeatmeten Luft müßte sich der Fremdkörper wieder aus der Luftröhre lösen.

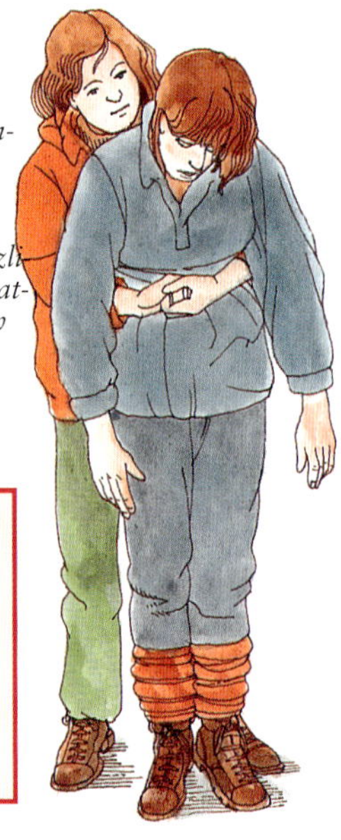

WARNUNG

Legen Sie ein Opfer, das nicht bei Bewußtsein ist, auf den Boden. Geben Sie ihm zuerst fünf Schläge auf den Rücken und wenden Sie anschließend fünfmal den Heimlich-Griff an. Führen Sie dann die ersten Schritte zur Wiederbelebung durch (siehe Seite 175).

Erstickungen bei Kindern

Beugen Sie das Kind über Ihr Knie und klopfen Sie ihm mit dem Ballen Ihrer Hand zwischen die Schulterblätter. Ein Baby sollten Sie über Ihren Unterarm halten. Wenden Sie den Heimlich-Griff nicht bei Kindern an.

Rückenklopfen

Schockbehandlung

1 Legen Sie das Opfer flach auf den Boden, am besten auf einen Mantel oder einen Schlafsack. Die Füße müssen höher als sein Kopf liegen. Lockern Sie seine Kleidung, reden Sie ihm beruhigend zu und messen Sie seinen Puls.

2 Decken Sie das Opfer zu. Kontrollieren Sie seine Atmung und seinen Puls. Seien Sie bereit, ihn wiederzubeleben, falls sein Herz stehen bleibt.

Der Schlafsack hält das Opfer warm

Schlimme Blutungen

1 Drücken Sie die Wundränder zusammen. Wenn sich ein Fremdkörper aus der Wunde nicht entfernen läßt, dann drücken Sie die Haut seitlich dagegen.

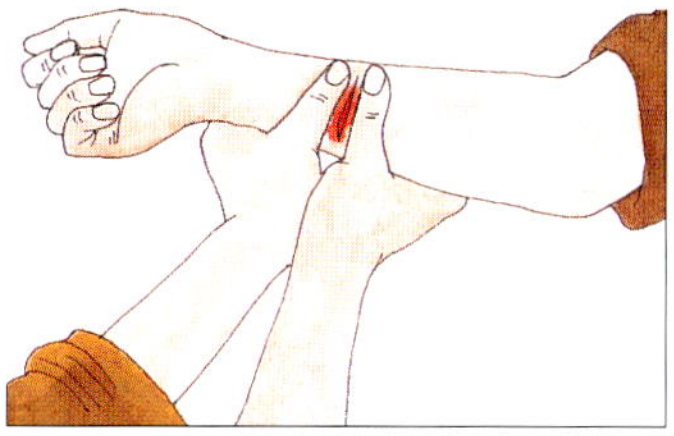

2 Legen Sie den Verletzten auf den Boden. Prüfen Sie zuerst nach, ob er sich irgendetwas gebrochen hat, heben Sie dann die blutende Extremität hoch und pressen Sie eine Kompresse auf die Wunde, bis die Blutung aufgehört hat.

WARNUNG

Innere Blutungen können sehr gefährlich sein. Es kann bei dem Opfer zu einem Schock kommen; außerdem können innere Organe nachhaltig geschädigt werden. Geben Sie dem Betroffenen dieselbe Behandlung wie bei Schockzuständen und suchen Sie schleunigst ärztliche Hilfe auf.

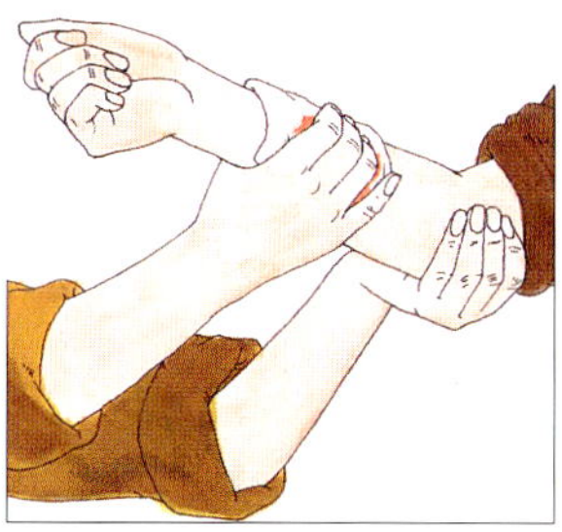

3 Bedecken Sie die Wunde mit einer sterilen Wundauflage. Sollte ein Fremdkörper aus der Wunde ragen, so polstern Sie ihn auf beiden Seiten sorgfältig ab.

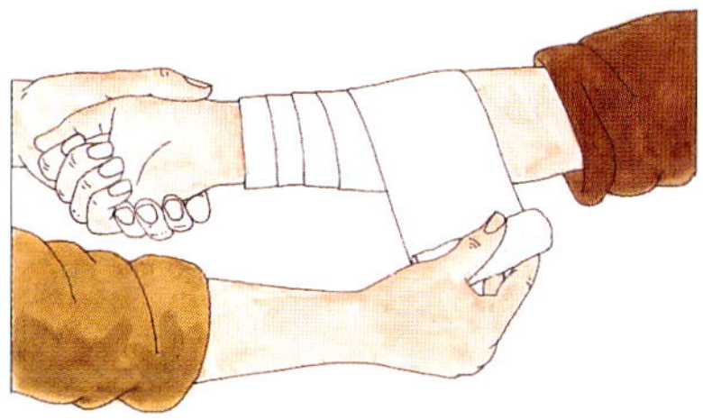

4 Verbinden Sie die Wunde fest mit einer Binde, jedoch nicht so fest, daß Sie dabei den Blutstrom unterbrechen. Achten Sie auf Fremdkörper!

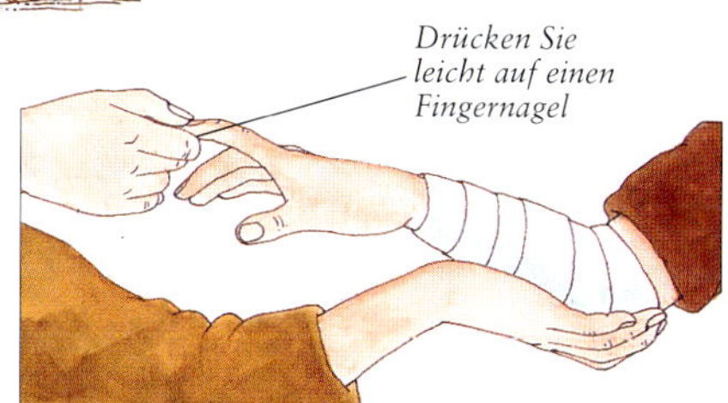

5 Drücken Sie leicht auf einen Finger- oder Zehennagel. Kehrt die Farbe nicht schnell wieder in ihn zurück, müssen Sie den Verband neu, und diesmal lockerer, binden.

Nasenbluten

In extremen Höhenlagen beginnt manchmal überraschend die Nase zu bluten. Der Betroffene sollte sich mit leicht nach vorne gebeugtem Kopf hinsetzen und seinen Nasenrücken an der Stelle fest drücken, an der die Blutgefäße über das Nasenbein verlaufen.

Ausgeschlagene Zähne

Stecken Sie den Zahn in seine Zahnhöhle zurück, und halten Sie ihn dort mit einem sterilen Tupfer fest, so bestehen die besten Chancen, daß er wieder anwächst. Sollte der Zahn dreckig sein, können Sie ihn mit Milch abwaschen, doch achten Sie darauf, die Wurzel nicht mit den Fingern zu berühren. Wächst der Zahn nicht wieder an, sollte das Opfer ihn in seiner Backe verwahren, bis er medizinische Hilfe bekommen kann.

Krampfaderblutungen

1 Die Krampfadern in den Beinen können leicht platzen, wobei viel Blut verloren geht. Heben Sie das Bein an und pressen Sie kräftig die betroffene Stelle.

2 Hat die Blutung nachgelassen, legen Sie eine saubere Wundauflage darauf und umwickeln das Bein fest mit einer Mullbinde. Überzeugen Sie sich, daß die Blutzirkulation nicht unterbrochen ist (siehe oben).

WARNUNG

Legen Sie eine Aderpresse nie oberhalb einer Wunde an. Sie könnten sonst nämlich die Blutzirkulation zu lange unterbrechen und dadurch Gewebsschäden verschulden. Wenn direkter Druck auf eine Krampfader nicht zum Erfolg führt, dann versuchen Sie mit Ihren Daumen an dem Punkt kräftig dort in die Leiste zu drücken, an der eine Hosennaht über den unteren Rand von Boxershorts verlaufen würde (Oberschenkelschlagader). Lösen Sie den Druck alle 10 Minuten.

Gebrochenes Bein

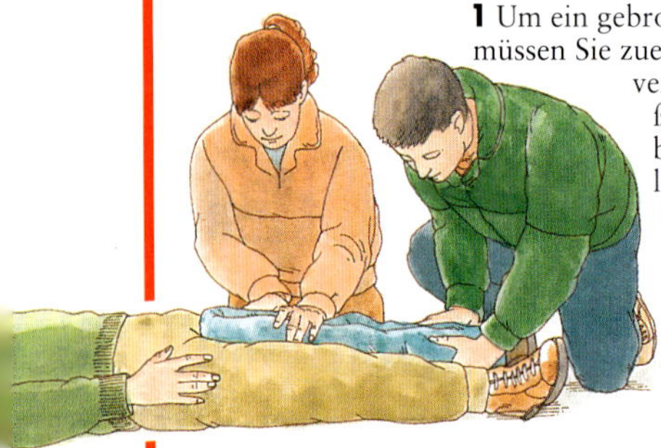

1 Um ein gebrochenes Bein zu versorgen, müssen Sie zuerst etwaige offene Wunden verbinden. Legen Sie anschließend eine Polsterung zwischen beide Beine. Wenn Sie den Verletzten bewegen müssen, dann führen Sie eine Traktion durch. Dabei wird das gebrochene Bein am Fußgelenk ergriffen und kräftig aber vorsichtig geradegezogen, während man es gleichzeitig am Knie unterstützt.

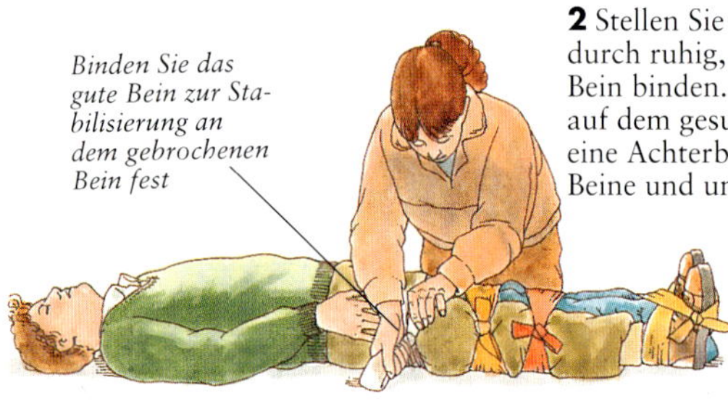

Binden Sie das gute Bein zur Stabilisierung an dem gebrochenen Bein fest

2 Stellen Sie das gebrochene Bein dadurch ruhig, daß Sie es an das gesunde Bein binden. Knüpfen Sie die Knoten auf dem gesunden Bein zu. Legen Sie eine Achterbandage als Stütze um die Beine und um die Füße.

3 Um den Verletzten transportieren zu können, müssen Sie eine Tragbahre bauen. Nehmen Sie zwei kräftige Stangen und stecken Sie diese durch die Ärmel einer zugeknöpften Jacke.

Ziehen Sie die Ärmel nach innen, das begünstigt die Stabilität

4 Testen Sie die Bahre zuerst selber aus, damit Sie sicher sein können, daß sie stabil genug ist, um einen Menschen zu tragen. Dann rollen Sie den Verletzten vorsichtig auf eine Seite und schieben die Bahre unter seinen Körper.

Schieben Sie die Tragbahre unter den Verletzten, eine Seite nach der anderen

Transport von Verletzten

Einen Menschen durch ein unwegsames Gelände zu transportieren, der ernsthaft verletzt ist, ist ein wahrer Alptraum – sowohl für den unverletzten Träger als natürlich auch für das Opfer selbst. Um zu verhindern, daß die Verletzung während des Transports möglicherweise noch schlimmer wird, muß der verletzte Körperteil so gesichert und ruhiggestellt werden, daß es für das Opfer auch bequem ist.

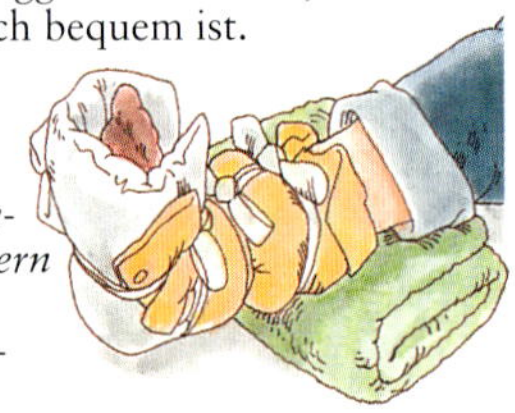

Gebrochener Fuß *Stellen Sie diesen mit Kleidern ruhig, die Sie mit Binden fixiert haben.*

Transport eines Verletzten

1 Polstern Sie das verletzte Körperteil so fest es geht ab. Ergreifen Sie einen Arm des stehenden Verletzten, und stecken Sie Ihren anderen Arm zwischen seinen Beinen durch. Diese Technik läßt sich auch bei einer Person anwenden, die nicht bei Bewußtsein ist, doch muß sie dann zuerst auf die Beine gestellt werden.

Stecken Sie Ihren Arm zwischen den Beinen des Verletzten durch, so daß Sie sein Knie ergreifen können

Gehen Sie in die Knie, um das Gewicht des Verletzten aufnehmen zu können

WARNUNG

Wenden Sie keine dieser Transportmethoden an, wenn das Opfer eine Rücken- oder Brustverletzung erlitten hat. In solchen Fällen ist es besser, den Verletzten zu lassen wo er ist, statt das Risiko einzugehen, die Verletzung noch zu verschlimmern. Ein Bewußtloser sollte am besten auf einer Bahre angeschnallt werden.

2 Ziehen Sie beim Aufstehen den Verletzten auf Ihre Schulter, wobei Sie darauf achten sollten, sein Gewicht mit Ihren Beinen und nicht aus dem Rücken hochzustemmen. Der Verletzte sollte sich möglichst bequem über Ihre Schultern hinlegen. Sobald Sie losmarschieren, können Sie seine Knie und den Arm mit einer Hand umfassen, so daß Sie Ihren anderen Arm frei haben.

Anheben einer bewusstlosen Person

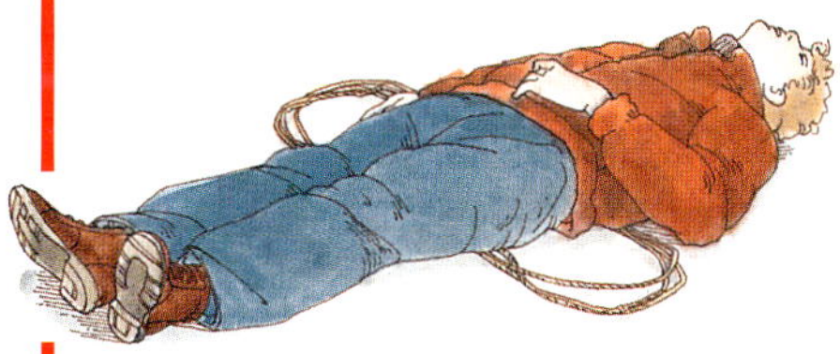

1 Verwenden Sie diese Methode, wenn Sie keine Helfer haben. Legen Sie eine Seilschlinge unter das Opfer.

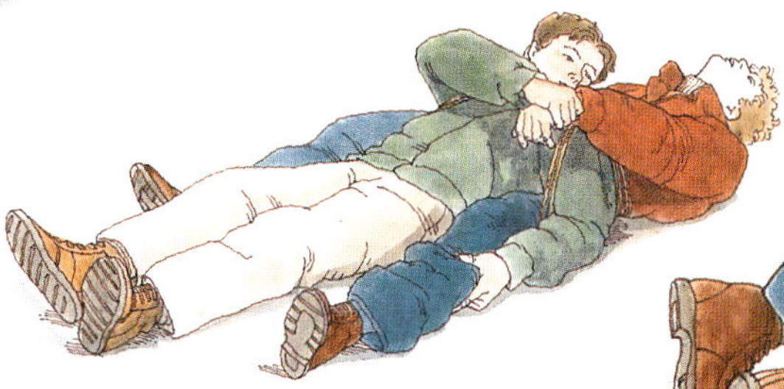

2 Legen Sie sich zwischen die Beine des Opfers und schieben Sie Ihre Arme durch die Schlingen. Sollten Sie kein Seil dabeihaben, können Sie auch einen langen Gürtel nehmen.

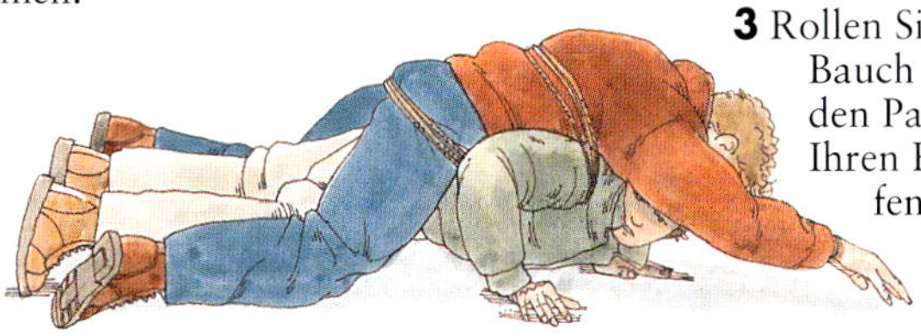

3 Rollen Sie sich auf den Bauch und ziehen Sie den Patienten dabei auf Ihren Rücken. Sie dürfen dabei mit den Armen nicht aus den Schlingen rutschen.

4 Sobald das Opfer richtig auf Ihren Schultern hängt, knien Sie sich hin, und erheben sich dann vorsichtig. Nun können Sie das Opfer über längere Strecken hinweg tragen.

Gebrochener Arm

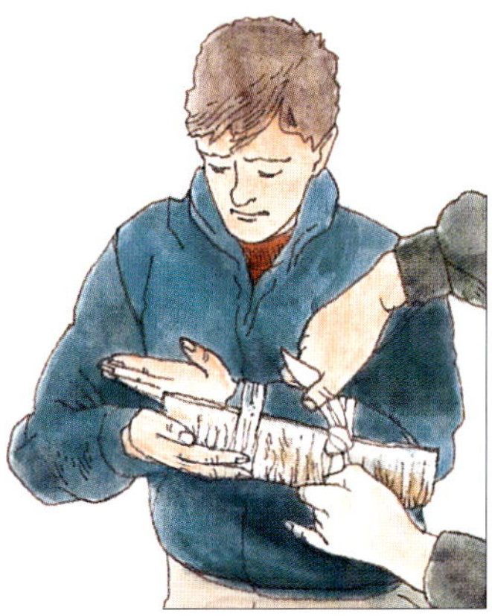

1 Schienen Sie einen gebrochenen Arm mit einem Stück Rinde oder einem kurzen Ast, um weitere Schäden zu vermeiden.

Legen Sie das Tuch zwischen Arm und Körper

2 Ziehen Sie ein Dreiecktuch vorsichtig unter dem verletzten Arm durch. Ist der Arm nahe am Ellbogen gebrochen, so dürfte das Anwinkeln zu schmerzhaft sein. In diesem Fall binden Sie den Arm gegen den Oberkörper fest, der dabei die Aufgabe einer Schiene übernimmt.

3 Schlagen Sie das Tuch vorne über den gebrochenen Arm, und binden Sie seine Enden dann so zusammen, daß der Knoten auf der unverletzten Schulter zu liegen kommt.

4 Legen Sie den unteren Zipfel des Dreiecktuchs um den Ellbogen herum und befestigen Sie ihn mit einer Sicherheitsnadel. Heben Sie den Arm vom Oberkörper weg und stekken Sie Polstermaterial dazwischen. Sie können auch die Schlinge selbst abpolstern, dort wo sie um den Hals des Opfers verläuft, damit er sich nicht den Nacken aufreibt.

Gebrochene Hand

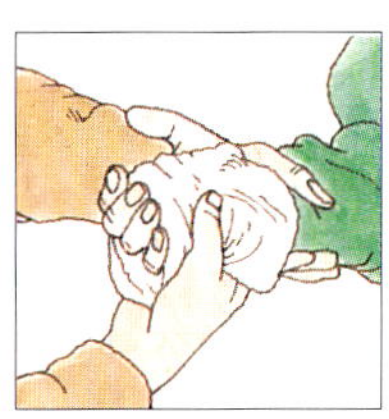

1 Umwickeln Sie die Hand mit Gazematerial, damit sie keinen Schaden nehmen kann.

2 Stellen Sie die verletzte Hand mit einem Dreieckstuch ruhig, das um den Hals des Opfers gebunden wird. Dadurch, daß der Arm erhöht eingebunden wird, schwillt die verletzte Hand nicht so leicht an, und Blutungen werden gestoppt. Gebrochene Finger können Sie mit Baumrinde schienen.

Bisse von Tieren

Kleine Bißwunden
Die Bakterien, die bei allen Tieren im Maul zu finden sind, können eine Vielzahl von Infektionen hervorrufen, unter anderem auch Tetanus (Wundstarrkrampf) oder Tollwut (siehe Seite 183). Gießen Sie, möglichst bald nachdem Sie gebissen wurden, mindestens fünf Minuten lang Wasser über die Wunde. Bedecken Sie die Bißwunde mit einem sterilen Verband.

Gießen sie kaltes Wasser über die Wunde, um sie zu reinigen

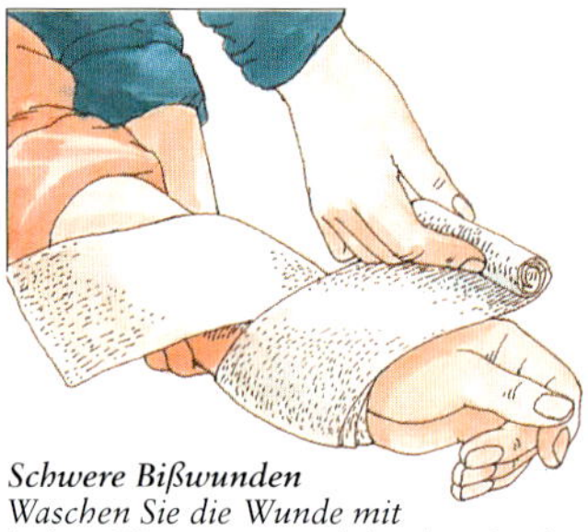

Schwere Bißwunden
Waschen Sie die Wunde mit kaltem Wasser aus, und drücken Sie dann mit einer Kompresse dagegen, um die Blutung zu stoppen. Lagern Sie die Bißstelle höher als das Herz. Verbinden Sie die Wunde und suchen Sie schleunigst ärztliche Hilfe auf.

WARNUNG

In einigen Ländern, besonders aber in Australien, leben Spinnen, deren Biß giftig ist. Wenn Sie von einer Sidney-Falltürspinne gebissen wurden, dann pressen Sie fest gegen die Bißstelle und suchen Sie rasch Hilfe auf. Der Biß einer Rotrückenspinne sollte allerdings mit einer Eiskompresse behandelt werden und nicht mit einem Druckverband.

Schlangenbisse

Mäßig giftige Schlangen
Geraten Sie nicht in Panik, wenn eine Schlange Sie gebissen hat. Panik führt nämlich zu einer Beschleunigung des Herzschlags, wodurch sich das Gift schneller im Körper ausbreitet. Wenn Sie eine Schlange mit Sicherheit als Vertreterin einer nur leicht giftigen Art bestimmen können, dann waschen Sie die Wunde aus und legen Sie einen festen Verband darüber an. Ansonsten sollten Sie die Bißwunde nicht auswaschen. Schlangen lassen sich nämlich anhand ihres Giftes bestimmen, und der Biß kann dementsprechend behandelt werden.

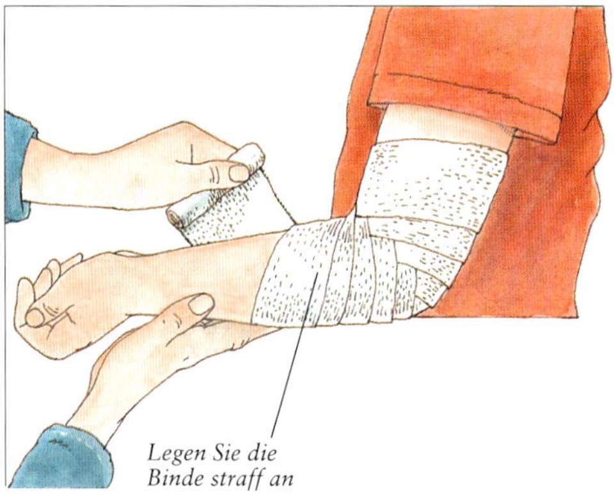

Legen Sie die Binde straff an

Anlegen eines Druckverbandes
Erfolgte der Schlangenbiß in einem Land, in dem solche Bisse häufig tödlich ausgehen (dazu gehört etwa Australien), oder sind Sie sich nicht ganz sicher, welche Schlangenart Sie gebissen hat, dann müssen Sie sofort direkten Druck auf die Bißstelle ausüben. Bandagieren Sie den gesamten Bereich ober- und unterhalb dieser Stelle fest ein, um zu verhindern, daß sich das Gift weiter ausbreiten kann.

Insekten und Zecken

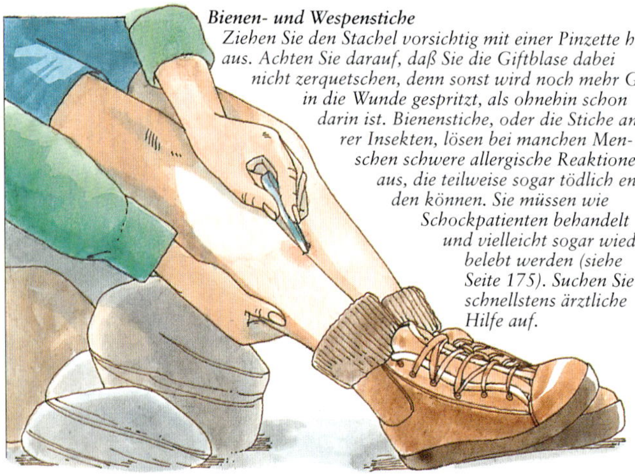

Bienen- und Wespenstiche
Ziehen Sie den Stachel vorsichtig mit einer Pinzette heraus. Achten Sie darauf, daß Sie die Giftblase dabei nicht zerquetschen, denn sonst wird noch mehr Gift in die Wunde gespritzt, als ohnehin schon darin ist. Bienenstiche, oder die Stiche anderer Insekten, lösen bei manchen Menschen schwere allergische Reaktionen aus, die teilweise sogar tödlich enden können. Sie müssen wie Schockpatienten behandelt und vielleicht sogar wiederbelebt werden (siehe Seite 175). Suchen Sie schnellstens ärztliche Hilfe auf.

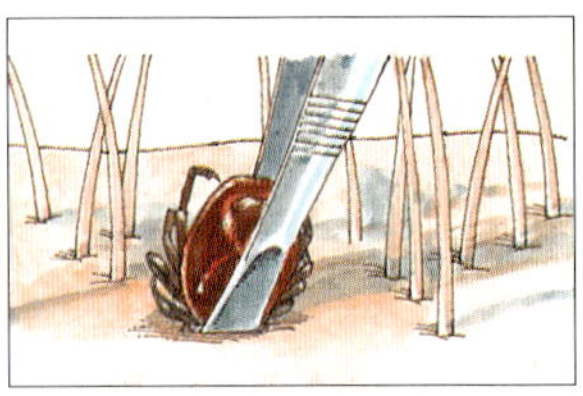

Entfernen von Zecken
Zecken besitzen kräftige Mundwerkzeuge, die steckenbleiben und Infektionen verursachen können, wenn man einfach nur ihren Körper herauszieht. Betupfen Sie eine Zecke, die sich festgebissen hat, mit einem Insektenschutzmittel oder der Glut einer Zigarette, damit sie lockerläßt, und entfernen Sie sie dann sorgfältig mit einer Pinzette.

Verletzungen durch Meerestiere

Brennfäden
Seeanemonen, Quallen und Korallen sondern häufig Brennfäden ab, wenn sie berührt werden. Diese können an der Haut des Opfers haften bleiben und dabei ein Gift absondern. Sollten Sie mit diesen Brennfäden in Berührung kommen, so waschen Sie die Stelle gründlich mit Essig oder Alkohol, um die nesselnden Fäden zu neutralisieren. Wischen Sie sie anschließend weg, aber verwenden Sie Handschuhe dazu.

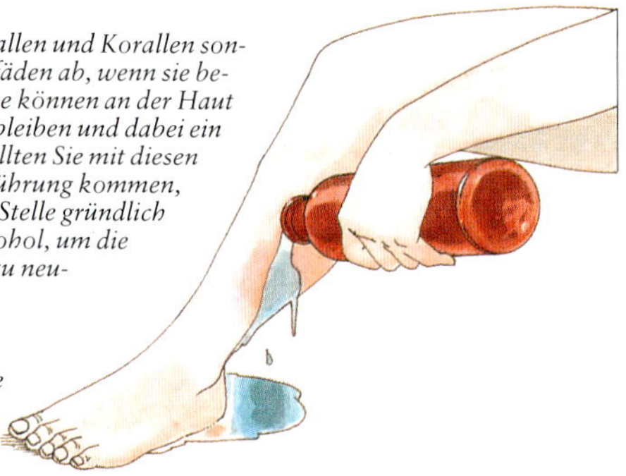

Stacheln
Wenn Sie auf einen Stachelhäuter, etwa einen Seeigel, treten, können dabei seine Stacheln abbrechen und in Ihrem Fleisch steckenbleiben. Dies ist extrem schmerzhaft und führt schnell zu Entzündungen. Stecken Sie die betroffene Stelle in Wasser, das so heiß sein sollte, wie Sie es eben noch ertragen können. Dadurch wird das Gift entschärft und auch der Schmerz läßt nach. Probieren Sie vorsichtig, ob sich die Stacheln herausziehen lassen. Suchen Sie einen Arzt auf.

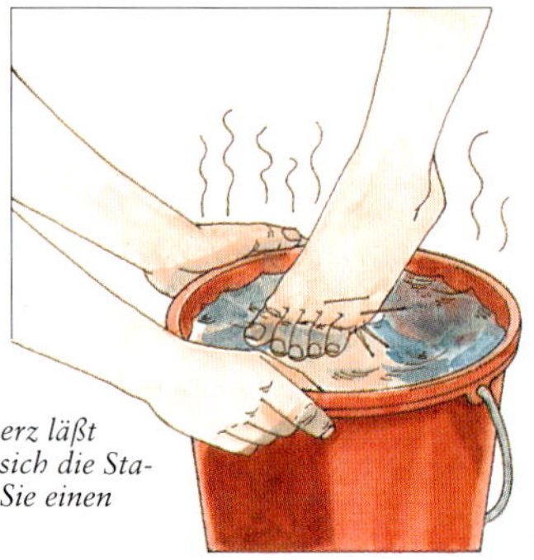

Vergiftungen

Durch Kontaktgifte
Einige Gifte führen zu schweren Hautreizungen und müssen sorgfältig abgewaschen werden, bevor die Stelle hinterher wie eine Verbrennung (siehe Seite 182) weiterbehandelt wird. Mit Alkohol (äußerlich angewendet) lassen sich alle Rückstände gut entfernen. Kleidungsstücke, die mit dem Gift in Kontakt gekommen sind, müssen ausgezogen und anschließend gründlich gewaschen oder fortgeworfen werden.

WARNUNG

Wenn Sie nicht genau wissen, was das Vergiftungsopfer geschluckt hat, dann sollten Sie nicht versuchen, es zum Erbrechen zu bringen, wodurch etwa Pflanzengifte daran gehindert werden, sich im Körper weiter auszubreiten, da nämlich einige ätzende Substanzen auf dem Weg nach oben weitere Schäden anrichten können.

Durch Verschlucken
Es ist sehr wichtig herauszufinden, was das Opfer zu sich genommen hat, damit die entsprechenden Maßnahmen getroffen werden können. Ist das Opfer zwar ohnmächtig, atmet aber noch, dann bringen Sie es in die stabile Seitenlage. Suchen Sie sofortige ärztliche Hilfe.

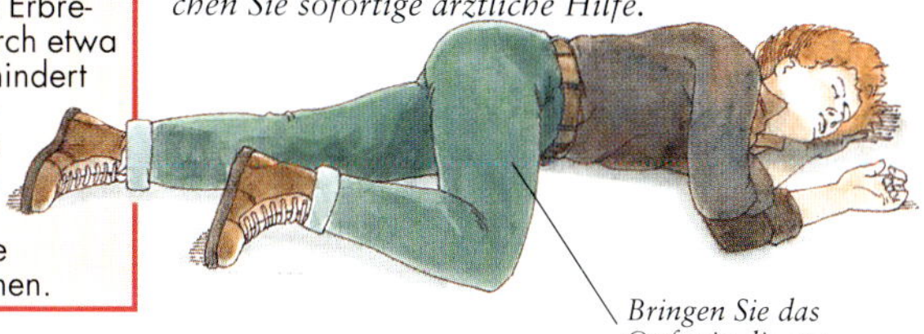

Bringen Sie das Opfer in die stabile Seitenlage

Blasen

1 Öffnen Sie niemals Verbrennungsblasen. Wenn Sie eine Marschblase am Fuß aufstechen müssen, dann reinigen Sie den Bereich um die Blase zuerst mit Wundbenzin oder Alkohol. Sterilisieren Sie eine Nadel, indem Sie sie über eine Flamme halten, bis sie rotglühend ist. Sobald die Nadel abgekühlt ist, stechen Sie damit die Blase am Rand auf, parallel zur Hautoberfläche.

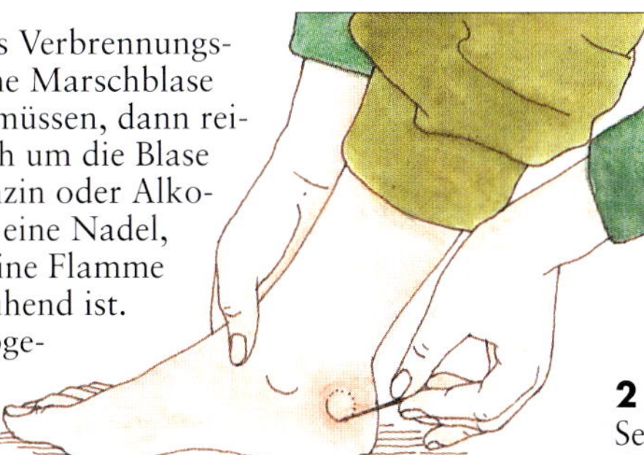

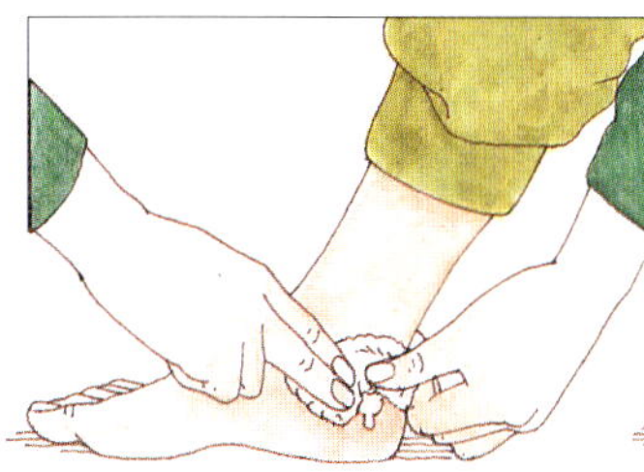

2 Drücken Sie von der anderen Seite des Einstichs her vorsichtig die Flüssigkeit aus der Blase heraus.

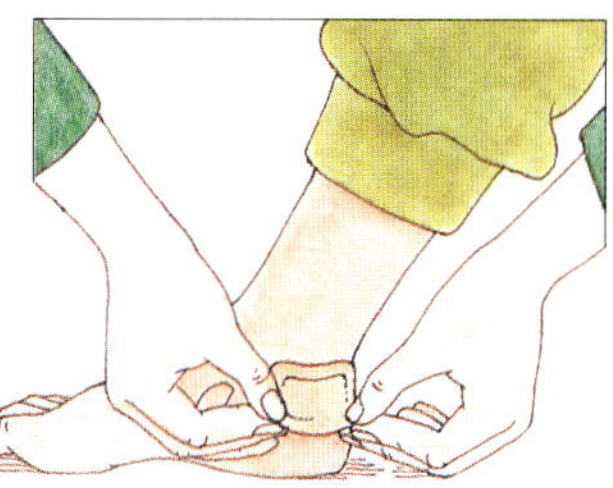

3 Kleben Sie ein sauberes Heftpflaster über die Blase, und achten Sie darauf, daß die Stelle sich nicht aufscheuern kann.

Krämpfe

Massieren Sie die Beinmuskeln, um sie zu lockern

Im Bein
Ein Krampf kann entstehen, wenn man das Marschieren oder das Laufen nicht gewohnt ist und durch übermäßiges Schwitzen zuviel Mineralsalze verliert. Um einen Krampf im Knie oder im Bein zu lösen, heben Sie das betroffene Bein hoch und massieren dann die Muskeln solange, bis sie sich wieder entspannt haben.

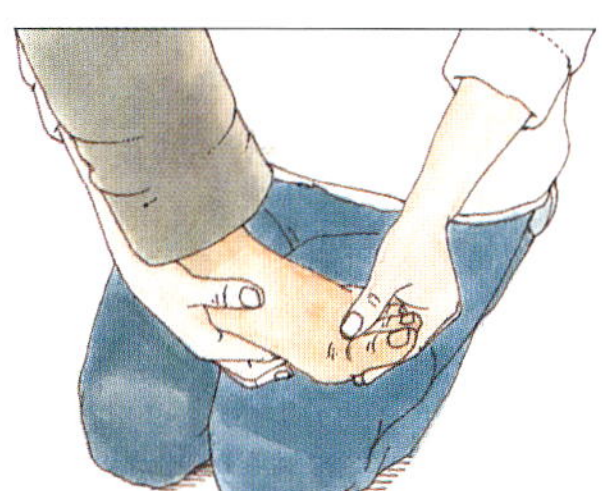

Im Fuß
Um einen Krampf im Fuß zu lösen, massieren Sie sanft den Fußballen und dehnen dabei die Zehen.

WARNUNG

Sie müssen aufpassen, ob ein Krampf wirklich nur durch eine Überanstrengung der Muskeln verursacht wird. Denn auch ein Schlangenbiß kann beispielsweise eine Lähmung der Muskeln hervorrufen, während es bei Tetanus zu einem Starrkrampf kommt. Wenn Sie sich nicht ganz sicher über die Ursachen sind, sollten Sie bei ernsthaften Krämpfen einen Arzt aufsuchen.

Durchfall und Erbrechen

Durchfall und Erbrechen können die ersten Anzeichen für viele ernste Beschwerden sein. Nahrungsmittelvergiftung und der Genuß verseuchten Wassers sind die wahrscheinlichsten Ursachen hierfür, obwohl auch schwere Infektionskrankheiten nicht ausgeschlossen werden sollten.

Flüssigkeits-Behandlung
Halten Sie den Flüssigkeitspegel Ihres Körpers konstant, indem Sie in regelmäßigen Abständen Wasser trinken, in dem Salz und Zucker aufgelöst wurde – je einen Teelöffel voll auf einen Liter.

Verbrennungen

1 Schwererwiegende Beschädigungen des Hautgewebes können verhindert werden, wenn der verbrannte Körperteil sofort in kaltes Wasser getaucht wird und darin gehalten wird, bis die Haut sich abgekühlt hat.

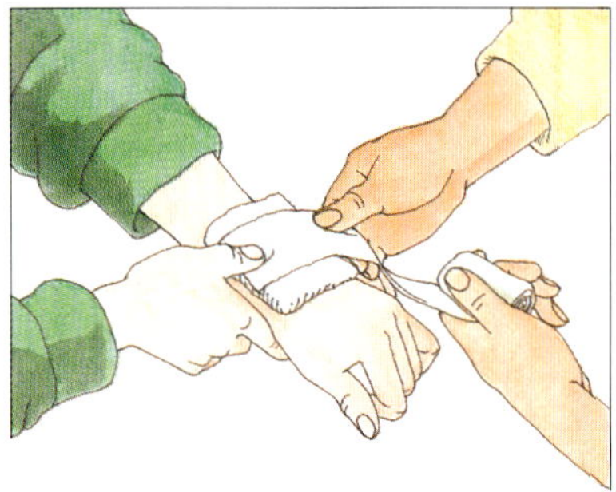

2 Sämtliche Verbrennungen sind sehr anfällig für Infektionen und müssen mit einem sterilen, nicht-fusselnden Verband geschützt werden. Tragen Sie keinesfalls eine Salbe auf die verbrannte Stelle auf.

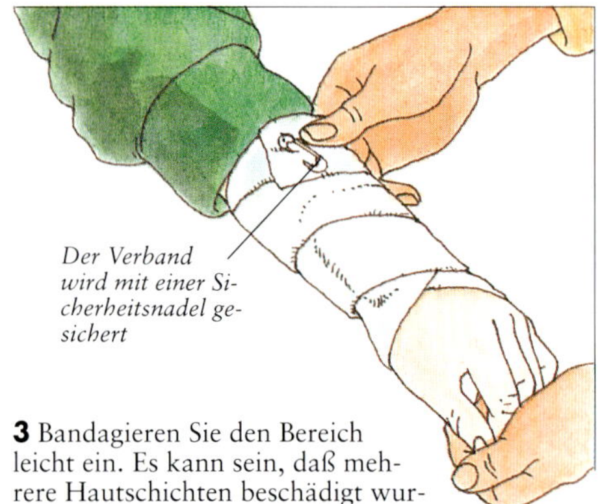

3 Bandagieren Sie den Bereich leicht ein. Es kann sein, daß mehrere Hautschichten beschädigt wurden. Das Opfer erleidet möglicherweise einen Schock (siehe Seite 176). Suchen Sie einen Arzt auf.

Die Auswirkungen der Hitze

Dehydration
Der Verlust von Flüssigkeit und Salz aus dem Körper ruft unter anderem Kopfschmerzen, Schwindel, Übelkeit und starkes Schwitzen hervor. Geleiten Sie den Betroffenen an einen kühlen Platz und geben Sie ihm genügend schwache Salzlösung zu trinken (eine Prise Salz auf einen halben Liter Wasser).

WARNUNG

Wird ein Hitzschlag-Opfer zu schnell abgekühlt, indem man es beispielsweise in kaltem Wasser untertaucht, könnte seine Körpertemperatur zu schnell absinken und einen Schock verursachen. Achten Sie darauf, den Betroffenen langsam abzukühlen.

Hitzschlag
Ein Hitzschlag verursacht Fiebrigkeit, starke Kopfschmerzen und Erbrechen, eine Einstellung der Schweißproduktion und Bewußtlosigkeit. Die Körpertemperatur des Opfers muß gesenkt werden, indem sie in den Schatten gebracht wird und am besten noch mit einem Innenschlafsack zugedeckt wird, der zuvor im Wasser angefeuchtet wurde. Fächeln Sie seinem Gesicht Luft zu, wodurch es weiter abgekühlt wird. Tauchen Sie die Person nicht direkt in kaltes Wasser.

Fremdkörper

1 Ist ein Fremdkörper ins Auge geraten, dann ziehen Sie beide Augenlider auseinander und untersuchen das ganze Auge. Versuchen Sie nie, irgendetwas zu entfernen, das im Augapfel selber steckt, sondern suchen Sie in diesem Fall sofort ärztliche Hilfe auf.

2 Versuchen Sie, den Fremdkörper mit sterilisiertem Wasser herauszuspülen. Wenn es notwendig sein sollte, können Sie über das betroffene Auge auch eine Augenklappe geben, damit der Patient nicht daran herumreiben kann.

Fremdkörper im Ohr

Gießen Sie in das Ohr vorsichtig lauwarmes Wasser hinein, bis es den Fremdkörper herausspült. Wenn dies nicht funktioniert, sollten Sie nie versuchen, das Objekt herauszupulen. Bedecken Sie stattdessen das Ohr und suchen Sie einen Arzt auf.

Herausspülen des Fremdkörpers

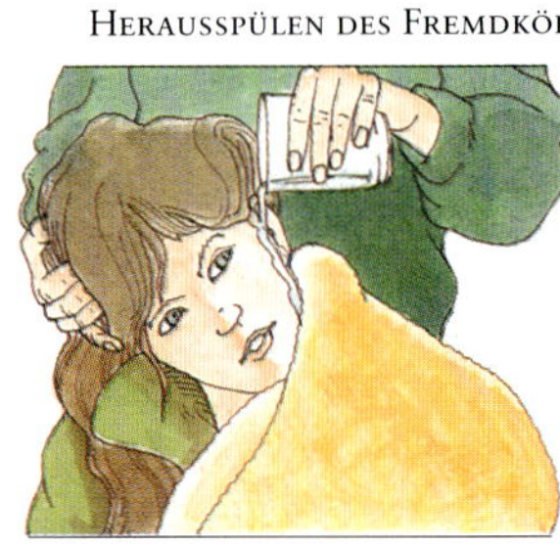

Entfernung eines Angelhakens

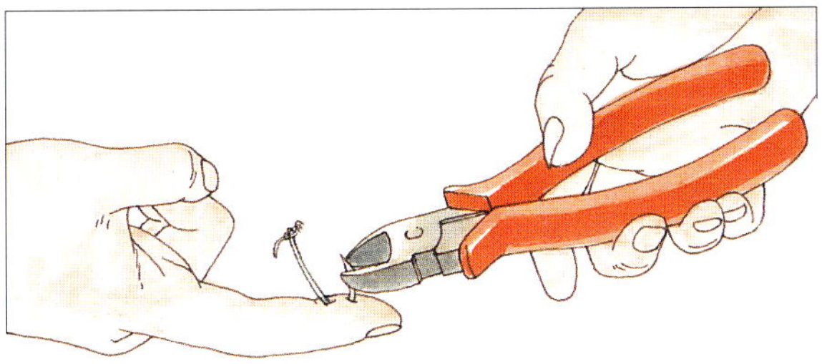

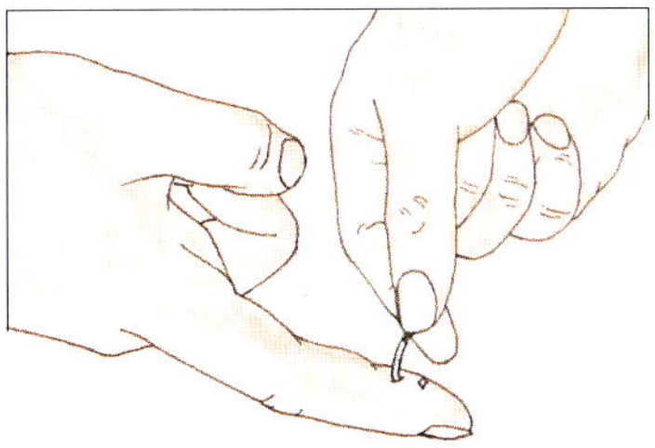

1 Sollte das mit einem Widerhaken versehene Ende des Angelhakens sichtbar sein, so schneiden Sie es, dicht an der Hautoberfläche, mit einem Seitenschneider ab. Ist der Widerhaken jedoch im Fleisch eingebettet, können Sie ihn vielleicht lösen, indem Sie gegen die Öse des Angelhakens drücken und den Haken anschließend durch Ziehen an der Angelschnur entfernen.

2 Ziehen Sie den Schaft vorsichtig auf demselben Weg heraus, auf dem er in die Haut eingedrungen ist. Säubern Sie die Stelle mit einer antiseptischen Lösung und kleben Sie dann ein Pflaster darüber, um die Blutung zu stoppen.

WARNUNG

Versuchen Sie niemals, an einem Angelhaken zu ziehen, der tief im Gewebe steckt. Stattdessen müssen Sie die Angelschnur möglichst dicht am Haken abschneiden, und anschließend den ganzen Bereich mit Watte oder Gazematerial auspolstern, bis die Stelle verbunden werden kann, ohne dabei den Haken noch weiter in das Fleisch zu treiben. Suchen Sie einen Arzt auf.

Augenverletzung

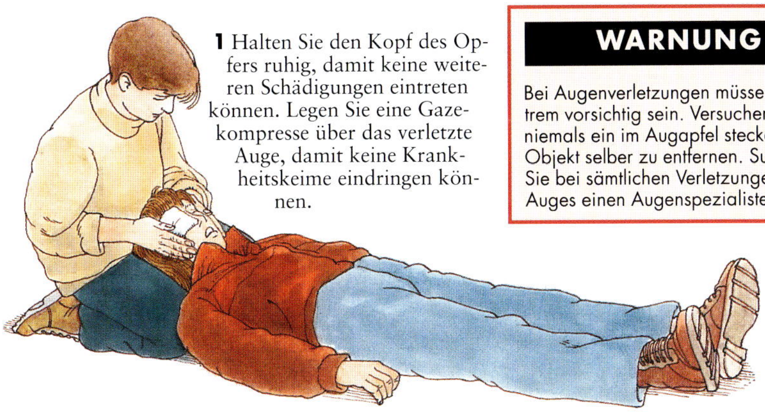

1 Halten Sie den Kopf des Opfers ruhig, damit keine weiteren Schädigungen eintreten können. Legen Sie eine Gazekompresse über das verletzte Auge, damit keine Krankheitskeime eindringen können.

WARNUNG

Bei Augenverletzungen müssen Sie extrem vorsichtig sein. Versuchen Sie niemals ein im Augapfel steckendes Objekt selber zu entfernen. Suchen Sie bei sämtlichen Verletzungen des Auges einen Augenspezialisten auf.

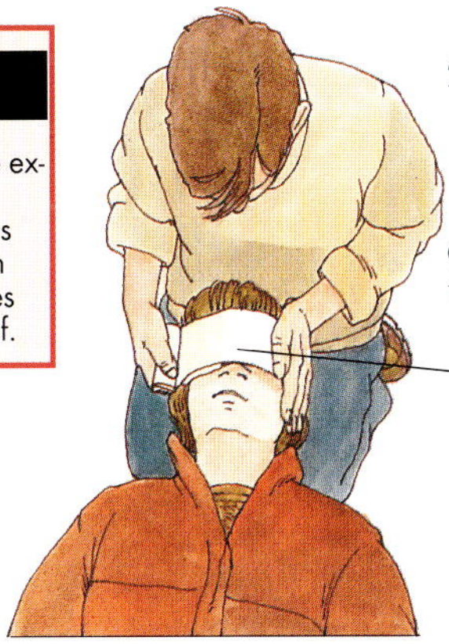

2 Führen Sie über beide Augen eine Binde, um die Kompresse an ihrem Platz zu halten, und um zu verhindern, daß das Opfer das verletzte Auge bewegen kann.

Legen Sie die Binde über beide Augen, um das verletzte Auge ruhigzuhalten

Gefährliche Krankheiten

Krankheit	Tritt auf in	Überträgt sich	Symptome
HIV/AIDS	Weltweit, besonders Afrika	Über Körperflüssigkeiten, etwa Blut	Hartnäckige Grippe, Erkältungen, Entzündungen, allgemein schlechter Gesundheitszustand, Erschöpfung
Cholera	Afrika, Asien	Durch unhygienische Zustände	Übelkeit, Durchfall, Erbrechen, Krämpfe, Dehydration, Schock
Infektiöse Hepatitis (Hepatitis A)	Weltweit	Über die Fäkalien infizierter Personen	Frösteln, Fieber, Kopfschmerzen, Schmerzen in den Knochen, Vergrößerung der Leber und der Milz
Poliomyelitis (Kinderlähmung)	Warme Gegenden	Durch mit dem Virus infiziertes Wasser	Lähmung
Typhus	Mexiko, Ferner Osten, Afrika	Durch mit dem *Salmonella*-Bazillus verseuchtes Wasser	Kopfschmerzen, Schmerzen im Unterleib, Delirium, Fieber
Gelbfieber	Westafrika, Südamerika	Über einen Moskitostich	Kopfschmerzen, Fieber, Gliederschmerzen, Erbrechen von Blut, Verstopfung
Tetanus	Weltweit	Durch in eine Wunde eindringende Bakteriensporen	Wundstarrkrampf, Fieber, Verkrampfung der Muskeln in Gesicht und Rücken, Schweißausbruch, Erstikkungstod
Tollwut	Beinahe weltweit	Über den Speichel eines infizierten Tieres	Fieber, Appetitlosigkeit, Hyperaktivität, Durst, Unfähigkeit zu Trinken, Koma, Tod
Beulenpest	Beinahe weltweit	Durch Flohbisse aus infizierten Nagetieren	Husten, angeschwollene Lymphdrüsen
Lungenentzündung	Beinahe weltweit	Durch Einatmen des Virus	Husten, Atembeschwerden

Weltweit auftretende Infektionskrankheiten
Weltweit gibt es unzählige Infektionskrankheiten. Verursacht werden diese Krankheiten durch Viren oder Bakterien, die durch Nahrungsmittel oder Wasser übertragen werden, oder über die Ausscheidungen bereits infizierter Menschen. Einige davon finden sich auch im Speichel von Tieren und Insekten, und werden durch Bisse übertragen. Gerade in einer Überlebenssituation, wenn die richtige medizinische Betreuung wahrscheinlich nicht verfügbar ist, können diese Krankheiten leicht tödlich ausgehen. Bevor Sie daher in Gegenden aufbrechen, in denen diese Infektionskrankheiten häufig anzutreffen sind, sollten Sie sich entsprechend impfen lassen. Durch Wasser übertragene Krankheiten lassen sich dadurch vermeiden, daß man alles Wasser vor dem Genuß reinigt (siehe Seite 75).

Glossar

Abseilen Sich mit Hife eines Seils an einer Felswand herablassen.
Abspannleine Eine Schnur, deren eines Ende an dem Zelt befestigt ist, und deren anderes Ende im Boden verankert wird, um dem aufgebauten Zelt Stabilität zu verleihen.
Abweichen Absichtliches Abweichen vom Kompaßkurs, um, von dem angelaufenen Punkt ausgehend, sicher zu wissen, in welcher Richtung das ursprüngliche Ziel liegt.
Aerobic-Übungen Ausdauerübungen, mit denen die körperliche Leistungsfähigkeit gesteigert werden kann, indem die Lungenkapazität vergrößert wird.
Ahle Ein Werkzeug zum Bohren der Ausweiten eines Lochs, besonders in Metall.
Allesfresser Ein Lebewesen, das sich von einer großen Vielzahl unterschiedlichster Nahrungsmittel ernähren kann, Fleisch und pflanzliche Nahrung mit eingeschlossen.
Anaphylaktischer Schock Ein Schockzustand, der durch eine plötzliche, massive allergische Reaktion hervorgerufen wird.
Antizyklon Winde, die ein Gebiet hohen Luftdrucks im Uhrzeigersinn umströmen, und dabei für gutes Wetter sorgen.
Anzündmaterial Holzstöckchen der andere Brennstoffe, die dazu verwendet werden, um aus den ersten Funken ein kleines Feuer in Gang zu bringen.
Atmungsaktives Gewebe Ein spezialbeschichtetes Gewebe, das durch seine Poren den Schweiß nach außen entweichen läßt, aber regenundurchlässig ist.
Außenschicht Die Bekleidungsschicht, die über allen anderen Schichten getragen wird und Wind und Regen abhalten soll.
Außenzelt Außenhaut des Zeltes; kann bei warmem Wetter auch für sich alleine als Schutzdach aufgestellt werden.

Biwaksack Ein wasserdichter Schlafsack-Überzug, der auch als Zeltersatz dienen kann.

Cirruswolken Hochziehende, zerfranste Wolken, die aus Eiskristallen bestehen.
Cumulonimbuswolken Dunkle Wolkenbänke, die sich aus Cumuluswolken zusammensetzen, und Unwetter bringen können.
Cumuluswolken Gehäuft auftretende, rundliche Wolken, die sich dicht über dem Horizont formieren. Sie werden normalerweise mit Hochdruckgebieten und schönem Wetter in Verbindung gebracht.

Daypack Ein kleiner Rucksack, mit dem sich bei Kurzausflügen aus dem eigentlichen Lager alles Notwendige transportieren läßt.
Dehydration Resultiert daraus, daß der Körper mehr Wasser verliert als ihm zugeführt wird. Die Anzeichen dafür sind Übelkeit, Kopfschmerzen und schließlich der Kollaps. Trinken Sie soviel Wasser, daß Ihr Urin klar, der höchstens leicht gelblich bleibt.
Doppelter Fischerknoten Ein spezieller Knoten, um Seile miteinander zu verbinden, und um sichere Verbindungen herzustellen. Er wird vor allem beim Bergsteigen eingesetzt.
Dosenklo Ein Behältnis zum Sammeln menschlicher Ausscheidungen, für die Fälle, in denen das Graben einer Latrine nicht praktizierbar oder illegal ist.

Fallgruben-Falle Ein in den Boden eingelassener und getarnter Behälter, mit dem sich vor allem Insekten fangen lassen.
Feuerbogen Eine Vorrichtung zum Feuermachen. Sie besteht aus einem Bogen, mit dem ein angespitzter Holzstock (die Spindel) in einer hölzernen Feuerstätte gedreht wird, so daß durch die Reibung Funken entstehen.
Feuergürtel der Erde Die Zone um den Pazifikrand, in der aufgrund der Bewegungen der Plattenränder der Erdkruste Erdbeben und Vulkanausbrüche recht häufig sind.
Firststange Die zentrale, horizontal verlaufende Stützstange eines Schrägdaches (auch beim Zelt).
Firstzelt Ein einfaches Zelt mit schrägem Dach und zwei spitz zulaufenden Giebeln.
Flaggenalphabet Ein Alphabet, das durch Winken mit zwei Flaggen dargestellt wird. Wird zum Signalisieren verwendet.
Fußbrand Eine Pilzinfektion der Füße, die durch ständige Feuchtigkeit verursacht wird. Kommt besonders im Dschungel häufig vor.

Gaff Ein Haken zum Anlanden von Fischen.
Gamaschen Eine Vorrichtung aus Stoff oder Kunststoff, die um die Waden befestigt wird, um diese gegen Nässe, Steine der Dornengestrüpp zu schützen.
Gefälle Ein Hang. Aber auch der Böschungswinkel eines Hanges wird als Gefälle bezeichnet.
Geodätische Kuppel Eine stabile Kuppelkonstruktion die aus miteinander verbundenen Streben besteht. Wird häufig für Expeditionszelte verwendet.
GPS »Global Positioning System« (Globales Standortbestimmungssystem), wird für die Navigation eingesetzt. Mit Hilfe von Funksignalen, die zwischen der Erde und speziellen Satelliten hin- und hergehen, kann die eigene Position bestimmt werden.
Grasziegelhaus Ein Bau, der aus aufeinandergeschichteten Grassoden besteht.

Handbohrer Ein angespitzter Stock wird zwischen den Händen in einer hölzernen »Feuerstätte« gedreht; durch die Reibung entstehen Funken, mit denen sich ein Feuer entzünden läßt.
Handfischen Einfache Methode, um Fische mit der Hand zu fangen. Dazu streicht man einem ruhenden Fisch zuerst über den Bauch, um ihn zu beruhigen, ergreift ihn dann und wirft ihn an Land.
Handlauf Eine Navigationstechnik, bei der man solange einem geradlinigen Merkmal im Gelände folgt, etwa einem Fluß oder einer Straße, bis man das ursprüngliche Ziel, das bis dahin außer Sicht war, erneut mit dem Kompaß anpeilen kann.
Help »Heat-Escape-Lessening-Posture« (Haltung zur Verminderung des Wärmeverlustes des Körpers), wird eingenommen, wenn man im Wasser treibt. Dient dazu, den Unterleib bedeckt zu halten, und so zu verhindern, daß zuviel Wärme aus dem Körperinneren entweichen kann.
Hitzeerschöpfung Erschöpfungszustand; Ergebnis von übermäßiger Sonneneinwirkung, Überanstrengung und zuwenig Wasser, um den Flüssigkeitsverlust des Körpers auszugleichen.
Hitzschlag Zustand, wenn der Körper zu überhitzt ist; kann zum Kollaps führen.
Höhenlinien Linien auf einer Landkarte, die alle Geländepunkte miteinander verbinden, die auf gleicher Höhe über dem Meeresspiegel liegen.
Hudson-Bay-Tragesack Eine improvisierte Vorrichtung zum Tragen der Ausrüstung.
Hurrikan Tropischer Sturm, der durch Wirbelwinde gekennzeichnet wird. Seine Ausdehnung kann mehrere hundert Kilometer betragen.

Iglu Ein kuppelförmiger Schutzbau aus Schneeblöcken, der seit jeher von den Ureinwohnern der Arktis verwendet wird.
Innenzelt Der Hauptbestandteil eines Zeltes; wird meist in Verbindung mit dem Außenzelt verwendet.

Isobar Linie auf der Wetterkarte, die alle Gebiete umschließt, die zu einer gegebenen Zeit denselben Luftdruck aufweisen.

Kajak Ein Kleines Ein-Personen-Kanu, das auf den traditionellen Seehundfell-Booten der Inuit basiert.
Kalorie Eine Wärmeeinheit, die den Energiegehalt von Nahrungsmitteln angibt. Eine Kilokalorie, so die eigentlich korrekte Bezeichnung, bezeichnet die Wärme, die benötigt wird, um 1 l Wasser um 1 °C zu erwärmen.
Kaminklettern Eine Technik zum Hinauf- oder Hinunterklettern einer Längsspalte zwischen zwei Felsen, bei der man sich mit Hilfe der Arme und Beine auf beiden Seiten der Spalte abstützt.
Kamm Langer, schmaler Bergrücken, oder die Spitze zweier langgezogener Hänge.
Karabiner Schnapphaken, die sich gut für Seilverbindungen eignen.
Kartenkoordinate Dient der Positionsbestimmung auf der Landkarte. Angaben erfolgen anhand des Kartenrasters.
Kegelprojektion Ein Projektionsmodell, bei dem der Globus auf einen Kegel übertragen wird, der dann abgerollt wird, und so eine Karte entsteht.
Kernmantelseil Eine Seilart, die aus einem Kern aus verdrillten Schnüren besteht, der von einer gewobenen Hülle umgeben wird.
Kernschicht Die erste Bekleidungsschicht, die direkt an der Haut getragen wird.
Kompaßzahl Winkel der eingeschlagenen Marschrichtung, der mit dem Kompaß ermittelt wird. Der Richtungswinkel wird in Graden angegeben, der mit den Strichzahlen der 6.400-Strich-Teilung der Kreisteilungs-Drehscheibe.
Konditionseinschätzung Eine Messung, mit der festgestellt wird, wie schnell sich die Pulsfrequenz nach körperlicher Betätigung wieder normalisiert. Sie ist abhängig vom Alter, dem Geschlecht und der Gesundheit.
Konkaver Hang Eine Erhebung, deren Gipfel vom Boden aus zu sehen ist.
Kontaktgift Ein Gift, das meistens aus den Härchen oder dem Saft bestimmter Pflanzen stammt, und das zu Reizungen oder Ausschlägen auf der Haut führt, wenn man damit in Kontakt kommt.
Konturenlaufen Das Überwinden eines Berges, wobei man sich an die gedachten Höhenlinien hält und stets auf derselben Höhe bleibt, während man darum herum marschiert.
Konvexer Hang Eine Erhebung, deren Gipfel vom Boden aus nicht sichtbar ist.
Kukri Ein großes Messer, das seit Jahrhunderten von den nepalesischen Gurkhas verwendet wird.
Kuppelzelt Eine stabile Zeltkonstruktion, die von gebogenen Stangen getragen wird.

Laschung Eine Technik, um verschiedene Gegenstände miteinander mit Seilen zu verbinden.
Latrine Ein Erdloch, das als Lagertoilette genutzt wird.
Leuchtsignal Ein Notsignal für die See, entweder in Form einer Handfackel der als Signalrakete.

Magnetische Abweichung Die Winkeldifferenz zwischen Magnetisch-Nord und Karten-Nord.
Mittlere Schicht Die Kleidungsschicht, die über der zweiten Schicht und unter der Außenschicht getragen wird.
Morsecode Ein aus Strichen und Punkten bestehendes Alphabet, das zum Übermitteln von Nachrichten verwendet wird. Es läßt sich auch für Geräusche, für Schrift der für visuelle Signale adaptieren, wie etwa Rauch der Licht.
Motorschlitten Ein Fahrzeug zum Durchqueren von verschneitem Gelände. Es wird von einem Motorrad-Motor angetrieben und besitzt entweder Kufen oder Gleisketten.
Muscarin Der Giftstoff, der im Amanita muscaria muscaria, dem Fliegenpilz, zu finden ist. Dieses Gift führt zu Krämpfen, Halluzinationen und manchmal sogar zum Tod.

Okklusion Eine Wetterfront, bei der eine Kaltfront aus einem Tiefdruckgebiet auf eine Warmfront stößt und diese nach oben ablenkt.

Palstek Ein Knoten, der von alleine weder rutschen, noch sich öffnen wird. Er wird normalerweise zum Sichern einer Schlinge verwendet.
Pemmikan Ein Riegel aus getrocknetem, mit ausgelassenem Fett vermischtem Fleisch. Es wurde von den Ureinwohnern Nordamerikas erdacht, um Fleisch haltbar zu machen.
Phillips-Schraubendreher Ein Schraubendreher mit kreuzförmiger Spitze, die in speziell dafür gedachte Schrauben mit kreuzförmigem Schlitz paßt. Nach dem ursprüngliche Hersteller in den USA benannt.
Primärwald Ein vom Menschen noch nie gerodeter Wald.
Prusikknoten Ein Knoten, der aus Schlaufen in einem Seil besteht, die um ein zweites Seil geführt werden. Wird vor allem beim Bergsteigen eingesetzt.
Pulk Ein Schlitten, der von einer Person gezogen werden kann.

Quinze Ein Unterschlupf, der aus einem ausgehöhlten Schneehaufen errichtet wird.

Rettungsdecke Eine beschichtete Spezialfolie, die sich unter extremen Bedingungen als Zeltersatz der als Wärmedecke verwenden läßt.
Rißtritt Eine Klettertechnik, bei der man mit der Innenkante des Fußes Halt in einem Riß sucht, anstatt auf einer Leiste.
Rückwärtseinschneiden Das Ermitteln der Kompaßzahl hin zu einem Geländepunkt, und das Übertragen dieser Angabe in die Karte, um seinen eigenen Standort in Relation zu diesem Geländepunkt bestimmen zu können.

Sattel Ein Höhenzug, der sich an beiden Enden zu einer Kuppe oder einem Berggipfel erhebt. Trägt seinen Namen wegen der Ähnlichkeit mit einem Reitsattel.
Satteltaschen Taschen für Packtiere, Fahrräder der Motorräder.
Schock Die medizinische Bezeichnung für den völligen Zusammenbruch der Körpersysteme, als Folge einer Verletzung oder eines Unfalls.
Seilsicherung Das Sichern einer Person mit Hilfe eines Seils, das er um sich befestigt hat. Damit wird beim Klettern verhindert, daß man abstürzt.
Seilwinde Ein Kabel, das an einem Ende einen Haken aufweist und das zum Ziehen verwendet wird. Manchmal an Fahrzeugen angebracht. Kann dazu verwendet werden, um das Fahrzeug aus weichem Untergrund herauszuziehen.
Sekundärwald Ein Wald, der bereits mindestens einmal gerodet wurde und wildwuchernd wieder zugewachsen ist.
Signalspiegel Ein Metallstück, um durch Reflektieren der Sonnenstrahlen Signale zu geben.
Solar-Destillieranlage Eine Vorrichtung, die die Sonnenhitze zur Gewinnung von Trinkwasser nutzt. Dabei wird verschmutztes Wasser verdunstet, das dann als Süßwasser auf einer Oberfläche kondensiert.
Sonnenschutzmittel Eine Creme oder eine Lotion, die als Schutz vor der ultra-violetten Strahlung der Sonne auf die Haut aufgebracht wird.
Sonnenuhr Ein

Instrument, mit dem sich die Zeit oder die Himmelsrichtung bestimmen läßt, indem man einen von der Sonne geworfenen Schatten mißt.
Spiralgeflochtenes Seil Eine Seilart, die aus gedrehten Fasersträngen besteht.
Stabile Seitenlage Eine in der Ersten Hilfe verwendete Körperlage, die es dem Verletzten ermöglicht, sich zu erbrechen, ohne zu ersticken und zu atmen, ohne daß die Luftröhre durch die Zunge blockiert wird.
Steigbügelverfahren Das Hinauf- oder Hinunterklettern an einer Felswand mittels Prusikknoten, die an einem festen Seil entlanggeführt werden.
Steigeisen Metallstacheln, die an den Schuhsohlen befestigt werden, mit denen man auf Eisfeldern einen Halt findet.
Stellnetz Ein Fischnetz, das gewöhnlich quer über einen Wasserlauf gespannt wird. Fische, die hindurchschwimmen wollen, bleiben mit ihren Kiemen darin hängen.
Stockbrot Ein ungesäuertes Brot, das aus Wasser und Mehl besteht. Wird oft über dem offenen Feuer gebacken.
Stratocumuluswolken Die Verbindung von Stratus- (Schichtwolken) und Cumuluswolken (Haufenwolken), die eine dichte Wolkendecke ergeben.
Stratuswolken Eine durchgehende Schicht aus dünnen Wolken, die sich manchmal zu Nebel entwickelt oder Nieselregen mitbringt.
Stufen-Test Eine Methode, mit der sich die eigene Fitness bestimmen läßt. Dabei steigt man, eine bestimmte Zeit lang, einen Schemel hinauf und hinunter und mißt dann, wie lange es dauert, bis der Pulsschlag wieder normal ist.
Synoptische Karte Eine Karte, auf der alle Informationen zusammengefaßt und mit Symbolen markiert sind, die die Wetterbedingungen in einer bestimmten Region zu einer bestimmten Zeit betreffen. Sie wird von Meteorologen verwendet, um die Informationen zueinander in Beziehung zu setzen und mögliche Wetterprognosen treffen zu können.

Taschensäge Ein Drahtgeflecht, das mit Griffen versehen ist.
Tauwerk Seile, Schnüre oder Bindfäden. Wird oft für Seilverbindungen verwendet (siehe Laschung)
Tipi Ein kegelförmiges Gebilde, das aus drei oder mehr gegeneinander gelehnten Stöcken besteht.
Tornado Ein Orkanwirbel aus wirbelnden Windmassen und trichterartiger Wolke, die dadurch zustande kommen, daß heiße Luft von einer Gewitterwolke eingesogen wird.
Trägerhose Eine, normalerweise isolierte, Hose, mit hohem Bund und integrierten Hosenträgern.
Travois Ein improvisiertes Transportmittel für Gepäck. Er besteht aus zwei langen Stangen, zwischen denen eine Plattform hängt und kann von einem Pferd, Hund der Menschen gezogen werden.
Treibanker Vorrichtung, die hinter einem Boot hergezogen wird, um die strömungsbedingte Drift zu reduzieren.
Treibsand Ein sumpfiger Sandboden, dessen feine Sandkörnchen leicht auseinanderdriften und in dem alles, was hineingerät, versinkt.
Tsunami Flutwelle, die durch ein Seebeben verursacht wird. Solch eine Welle kann mehrere hundert Kilometer zurücklegen und dabei immer mehr an Gewalt gewinnen, bis sie imstande ist, ganze Küstenstriche und deren Hinterland zu verwüsten.

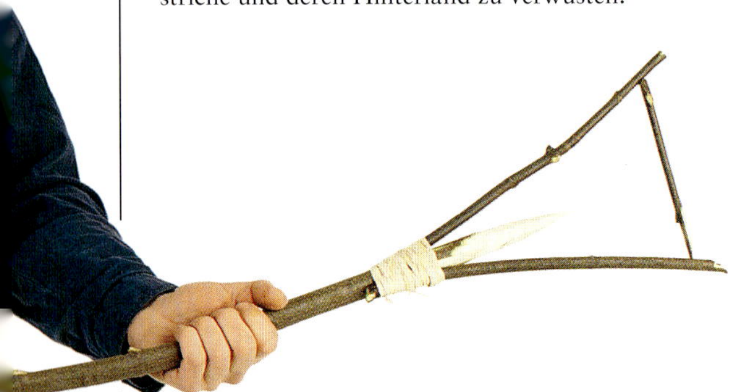

Umgehen Navigationstechnik, bei der man zum Ausweichen eines Hindernisses von seinem gesetzten Kompaßkurs abdreht, um auf den Kurs zurückzuschwenken, sobald das Hindernis umgangen wurde.
Unterkühlung Folge von übermäßigem Wärmeverlust im Körperinneren. Kann tödlich ausgehen, wenn sie nicht früh genug behandelt wird.

Vegetations-Destillieranlage Vorrichtung, mit deren Hilfe sich Wasser aus Pflanzen extrahieren läßt. Dazu wird Laubwerk mit Plastik umhüllt und sobald sich die Luft in der Plastikfolie erwärmt, gibt die Vegetation Wasserdampf frei. Dieser Dampf schlägt sich als Wassertröpfchen auf der Unterseite des Plastiks nieder und kann gesammelt werden.
Verträglichkeitstest Ein schrittweise durchgeführter Test, mit dem sich die Genießbarkeit einer unbekannten Pflanze einschätzen läßt.
Vulkan Eine kegelförmige Erhebung in der Landschaft, über die geschmolzene Stoffe und Gase aus dem Erdmantel entweichen.
Vulkanbombe Steine, Asche und Gase, die aus einem aktiven Vulkan herausgeschleudert werden.

Windfrost Der Temperaturabfall, der durch den Wind verursacht wird.
Wirbellose Tiere Tiere ohne Rückgrat. Dazu gehören unter anderem Insekten, Gliederfüßler und Schalentiere.

Yukon-Herd Ein Herd, der aus gehärtetem Lehm gebaut ist. Er weist einen kegelförmigen Kamin auf und wird von unten her befeuert.

Zecke Ein Gliederfüßler, der sich vom Blut von Säugetieren ernährt. Sie kann Krankheiten übertragen.
Zunder Kleines, feines und brennbares Material, das herangezogen wird, um ein Feuer zu starten.
Zweite Schicht Die Kleidungsschicht, die direkt über der Unterwäsche getragen wird. Durch Hinzufügen oder Ausziehen kann man seine Körpertemperatur beeinflussen.
Zwiebelschalenprinzip Eine Methode zur Wärmeisolierung, durch das Tragen mehrerer dünner Bekleidungsschichten.
Zyklon Winde, die in Tiefdruckgebieten gegeneinander strömen und für schlechtes Wetter verantwortlich sind.
Zylinderprojektion Ein Projektionsmodell für die Kartenherstellung, bei dem ein Bild des Globus auf einen Zylinder übertragen wird, der dann auf eine flache Ebene abgewickelt wird.

AUSRÜSTUNGS-CHECKLISTE

DIESE LISTE IST bei weitem nicht vollständig, sondern soll Ihnen nur zur Orientierung dienen. Je nachdem was Sie vorhaben, können Sie Ihre eigenen Listen zusammenstellen. Benützen Sie sie als eine Erinnerungsstütze, um zu sehen, was Sie mitnehmen könnten – oder, woran Sie eventuell nicht gedacht haben. Vielleicht fallen Ihnen darüber hinaus auch noch Dinge ein, die Sie brauchen könnten, und die nicht in dieser Liste stehen. Schreiben Sie sich immer auf, was Sie alles auf Ihren Touren mitnehmen. Wenn Sie dann das nächste Mal losziehen, werden Sie wissen, welche Ausrüstungsgegenstände Sie daheim lassen können, und welche für Sie unverzichtbar sind.

RUCKSÄCKE UND TASCHEN

- Rucksack
- Daypack
- Geldgürtel
- Waschbeutel

UNTERKUNFT

- Zelt, Gestänge, Heringe
- Schlafsack
- Innenschlafsack
- Biwaksack
- Isoliermatte
- Zeltflicksatz
- Nähzeug

WERKZEUGE

- Großes Messer
- Taschenmesser
- Survival-Notausrüstung

AUSRÜSTUNG FÜR KOCHEN, ESSEN UND TRINKEN

- Kocher
- Wasserfeste Streichhölzer
- Brennstoff
- Brennstoffbehältnis
- Kocherzubehör
- Topfset
- Teller
- Schale
- Besteck
- Plastikbecher
- Wasserfilter
- Wasserentkeimungstabletten
- Wasserflaschen
- Großer Wasserbehälter
- Dosenöffner
- Pfannenreiniger
- Plastiktüten und -säcke
- Nahrungsmittel

KÖRPERPFLEGE

- Handtuch
- Waschlappen
- Sonnenschutz
- Insektenschutzmittel
- Seife
- Zahnbürste
- Zahnpasta
- Lippenbalsam
- Shampoo
- Rasierklingen
- Klopapier

ORIENTIERUNG

- Kompaß
- Fernglas
- Karten (in Plastikhülle)
- Taschenlampe
- Batterien

BEKLEIDUNG

Allgemein

- Unterwäsche
- Socken
- Stiefel
- Turnschuhe
- Hose
- Hemd
- Jacke
- Kopfbedeckung
- Sonnenbrille
- Gürtel

Tropische Gebiete

- Baumwoll-Unterwäsche
- Langärmliges, reißfestes Baumwollhemd
- Reißfeste Baumwollhose
- Windabweisende Jacke
- Hut
- Moskito-Kopfnetz
- Moskito-Bettnetz
- Insektenschutzmittel
- Insektenschutzbänder
- Gürtel
- Sonnenbrille
- Dschungelstiefel

Wüstengebiete

- Baumwoll-Unterwäsche
- Langärmliges Baumwollhemd
- Baumwollhose
- Windabweisende Jacke
- Leichte Stiefel
- Sonnenbrille
- Hut
- Schal/Halstuch

Polare Gebiete

- Thermo-Unterwäsche
- Dickes Hemd
- Faserpelz-Jacke
- Parka mit Kapuze
- Gefütterte Trägerhose
- Innensocken aus Baumwolle
- Außensocken aus Wolle
- Innenschuhe
- Schwere, isolierte Bergstiefel
- Unterziehhandschuhe
- Warme Innenfäustlinge
- Dicke Überfäustlinge
- Kopfschutz/Sturmhaube
- Schutzbrille
- Gletscherbrille
- Schneeschuhe
- Steigeisen
- Langlauf-Ski
- Skistöcke
- Eisaxt
- Eishammer

SIGNALAUSRÜSTUNG

- Trillerpfeife
- Signalspiegel
- Schreibblock
- Bleistifte und Kugelschreiber

VERMISCHTES

- Kletterseil
- Schnur oder Bindfaden
- Kletterhelm
- Erste-Hilfe-Ausrüstung
- Sturmlaterne
- Vergrößerungsglas
- Flint und Stahl
- Esbitwürfel
- Einweg-Feuerzeug

»EXTRAS«

- Taschenbücher
- Spiele
- Radio
- Funkgerät
- Kamera
- Filme
- Schwimmweste

STICHWORTVERZEICHNIS

F

G

H

I

J

K

L

M

N

O

P

Q

R

S

T

U

V

W

Y

Z

Danksagungen

Danksagungen des Autors

Dieses Buch ist das Ergebnis der Arbeit vieler Mitarbeiter bei Dorling Kindersley und bedurfte sehr viel Koordinationsarbeit – des Bildmaterials, der Fotos, der Ausrüstung und des Materials, ebenso wie der redaktionellen und gestalterischen Arbeit. Es ist dem kreativen Team von Editor Lynn Parr und Designer Lee Griffiths zu verdanken, daß das Buch überhaupt entstehen konnte und die Arbeit wurde dank der Professionalität und der Geduld der Fotografen Tim Ridley, Andy Crawford und Steve Gorton zu einem Vergnügen. Während des gesamten Projekts war die Verlagsleitung von Dorling Kindersley stark beteiligt. Um das Buch überhaupt aus der Taufe heben zu können, waren eine Menge meist heiter und unbeschwert verlaufender Vorbereitungstreffs mit Publisher Christopher Davis, Editorial Director David Lamb, Managing Editor Krystyna Mayer und Managing Art Editor Derek Coombes vonnöten. Als es dann endlich losgehen konnte, hielt Krystyna Mayer uns notwendigerweise am kurzen Zügel (während sie uns gleichzeitig mit Rat und Tat zur Seite stand) und Derek Coombes beaufsichtigte höchstpersönlich einen der Foto-Außentermine. Und in der ganzen Zeit baute mich Peter Kindersley mit sehr persönlich gehaltenen Kommentaren immer wieder auf. Ich möchte auch nicht versäumen, den britischen Commando Forces und den Royal Marines meinen Dank auszusprechen, dafür, daß diese beiden Formationen mir die Ausbildung und die Gelegenheiten gaben, die in diesem Buch beschriebenen Techniken und Ideen zu erlernen und in die Tat umzusetzen.

Danksagungen des Verlages

Für Ausrüstung und Material:
Airborne Industries Ltd.; Armory Fitness Centre; Cotswold: The Outdoor People (Gratis 192-Seiten Katalog, 0285 860612); Cruisermart Discount Marine; Dr. T.J. Dean, Institute of Hydrology, National Environmental Research Council; Ellis Brigham Mountain Sports; Europa Sport; Sally Gilbert; Goodlife Foods Ltd.; Land Rover UK Ltd.; Sheila Metcalf; Paul Goodyear, Nomad Pharmacy Ltd.; Olympus; Plastimo Manufacturing UK Ltd.; Jim Sharp, Aberdeen Weather Centre; Roger Daynes und Richard Olivier, Snowsled; Survival Group Ltd.; The Colt Car Company Ltd.; Wild Country Ltd.; Zamberlan; Zodiak UK Ltd.

Für Recherche und Fachliche Beratung:
Shane Winser, Royal Geographical Society Expedition Advisory Centre; Tom Sheppard, Royal Geographical Society; Deborah McManners, M.D.

Für die Bildredaktion:
Catherine O'Rourke, Anna Lord und Joanna Thomas.

Für Seitenumbruch und Computersatz:
Jonathan Harris und Chris Clarke.

Illustrationen
Schlüssel: o = oben, u = unten, m = mitte, l = links, r = rechts
Coral Mula: 25u, 30u, 34u, 42o, 50, 51o, 51 m, 53, 54, 55o, 55 m, 56o, 56ul, 57u, 64, 65, 70, 71, 73o, 77, 91ul, 92, 93, 96, 97, 104, 105, 106, 108, 109, 110, 111, 115, 117, 118ol, 123o, 126, 127or, 128, 129, 131, 134o, 136, 143ul, 145, 146, 147, 148, 149, 150, 151, 152, 153, 156, 159, 160, 162, 163, 164, 165, 168, 173
John Woodcock: 33, 51u, 55u, 56ur, 57 mr, 61 mr, 71ur, 73ur, 75or, 77or, 97ul, 107ur, 111, 113ur, 115ur, 116ur, 118 mr, 123or, 128ur, 143ur
Jim Robins: 175–183
Colin Newman: 198–101

Statisten
Peter Griffiths: 40–41, 68–69, 100–101, 122–123
David Donkin: 132

Fotografien
Alle Fotos von Steve Gorton, Tim Ridley und Andy Crawford, mit Ausnahme von:
Charles Badby: 157or
Bruce Coleman Ltd.: David Austen 139 ml; Jen & Des Bartlett 125ur; Erwin & Peggy Bauer 16 ml, 43 ml; N. G. Blake 91ol; Bob & Clara Calhoun 84 m; John Cancalosi 88 m; Alain Compost 167 mr; Raimund Cramm Gdt 137 m; Gerald Cubitt 17 mr, 169ul; Adrian Davies 90om, 90um; A. J. Deane 132 ml; Jack Dermid 84 mr; Nicholas Devore Iii 143 ml; Hans & Joachim Flugel 69 ml; Michael & Patricia Fogden 130om, 133 ml, 145 m; Jeff Foott 13or, 95 m, 133 m; Christer Fredriksson 20–21, 160or; Michael Freeman 103ur, 167 m; C. B. & D. W. Frith 166ur; R. Glover 120–121; Keith Gunnar 2, 38–39, 126 mr, 139um, 160 mr, 168ul; Pekka Helo 89ol; Carol Hughes 69or, 75 m, 143or; Johnny Johnson 166om; Steven C. Kaufman 43 ul; Stephen J. Krasemann 91um, 145 or; Harald Lange 17ur; Olivier Langrand 69ol; Wayne Lankinen 166 m; Luiz Claudio Marigo 168ol; George McCarthy 90 mr, 91 m, 165um; Fred Mercay 126ur; John Murray 15 ml; S. Nielsen 132ul; Charlie Ott 89 mr, 143 mr; Robert Perron 15om; Dieter & Mary Plage 17ol, 66–67, 122om, 169ul, 171 m; Dr. Sandro Prato 17ul; Andy Purcell 13 ml, 90or, 91om, 132 mr; Hans Reinhard 13ur, 75 mr, 89or, 91or, 125um, 133ol, 166 mu, 171or; Gary Retherford 145ol; Norbert Rosing 140ur; Leonard Lee Rue Iii 160 ml; Frieder Sauer 91ur; John Shaw 90ol, 143om; Kim Taylor 13ol, 69 mr, 90ur; R. Wanscheidt 132 mu; Peter Ward 145um; Bill Wood 95om; Joe van Wormer 13om
Cotswold Camping: 24ol, 24ur
Peter Crump:137om
Michael & Patricia Fogden: Vorsatzblätter
Hutchison Library: Christina Dodwell 157ul; John Egan 171um; Brian Moser 169 ml; Dr. Nigel Smith 15ol; J. Wright 16um
Images Colour Library Ltd./Horizon International: Andris Apse 78–79
Land Rover UK Ltd.: 158um, 159ol, 159or, 159 m
Hugh McManners: Schutzumschlag, 160ol
Mountain Camera: John Cleare 126ul
Lynn Parr: 84om, 140om
Phoenix Mountaineering Ltd.: J. Timper 43 m
Planet Earth: Jack Jackson 164om; Marty Spiderman 167ul
Plastimo Manufacturing UK Ltd.: 162om
The Royal Geographical Society: Martha Holmes 157ol; Nigel Winser 157 m
The Harry Smith Collection: 85ol, 85om, 85 ml, 85 m 85ul, 87ol, 87 ml, 87um, 87 mr, 88ol, 88ul, 88om, 88um, 89ul, 89ur
Stockfile: F. Witmer 161 ul
Tony Stone Images: 132om, 171om
Vango Scotland Ltd.: Tim Greening 43or
David Ward: Schutzumschlag
Tony West: 10–11
Wild Country: 41or, 43om
Zefa: 126 ml

Zusätzliche Fotos von:
Beth Chatto 82or, 82 mr, 84ol, 86 mr, 87or, 87om; Eric Crichton 82ol, 84 ml, 89um; Andrew de Lory 82ul, 83 mr, 85 mr, 89 mo; Andrew Lawson 86 mo; Edrom Nurseries, Berwickshire 84ur; Royal Botanic Gardens, Kew 87ur; Jerry Young 166ut, 166ol, 166ul, 167o, 167ur, 167or